북한의 강성대국 건설전략

강성종 지음

한울
아카데미

국립중앙도서관 출판시도서목록(CIP)

북한의 강성대국 건설전략 / 강성종 지음. -- 파주 : 한울, 2004
    p. : 삽도 ;   cm. -- (한울아카데미 ; 617)

참고문헌 수록
ISBN   89-460-3213-8 93340

322.11-KDC4
338.95193-DDC21   CIP2004000354

책머리에

.

북한에 대해 생각할 때 우리는 일상적으로 북한의 권력구조나 정치
제도만 중시해왔다. 왜 그런가? 북한은 '당-국가체제'의 특징을 지닌
'수령제' 사회주의로서 정치 과잉발전 국가였기 때문이다. 하지만 이에
못지않게 중요한 것은 북한의 국가발전전략이다. 그 중에서도 경제발전
전략은 북한체제의 과거, 현재, 미래를 관통할 수 있는 '역사의 창'이다.
1990년대 중반 북한은 경제난과 식량난으로 역사상 매우 어려운 시기
를 경험하게 된다. 북한은 이 시기를 '고난의 행군'으로 부르고 있다.
북한이 '고난의 행군' 시기에 경험한 경제적 시련과 고통은 지금까지
여파를 미치고 있다.

'고난의 행군'이 시작된 시기에 북한에서 배급제, 국가임금 등 전반
적인 사회보장체계가 붕괴되면서 모든 지역, 사회계층, 기업소들은 국
가의 도움 없이 독자적인 생존수단을 찾게 된다. 그 결과 농민시장이
번성하게 되고 사회통제 수단과 국가능력이 약화되었다. 말하자면 당·
국가체제의 제도적 기반이 현저하게 이완되는 현상을 초래된 것이다.
북한체제의 '위기'와 '붕괴'라는 담론이 설득력을 갖게 된 것도 '고난의
행군' 시기 북한의 현실과 무관하지 않다.

북한은 체제생존을 위한 선택의 기로에 내몰렸다. 이 과정에서 북한
지도부는 계획경제를 복원할 것인가, 아니면 적극적인 개혁·개방정책
을 확대할 것인가 하는 문제에 직면했던 것이다. 이런 맥락에서 21세기
의 국가발전전략으로 제시된 것이 '강성대국' 건설이다. 북한은 '강성
대국' 건설 비전을 제시함으로써 정치적으로 내부통제에 주력하게 되
고, 경제적으로 개혁·개방을 확대하면서 적극적인 '실리사회주의' 경제

정책을 추진하게 된다.

북한은 1998년 9월 김정일 체제의 출범을 계기로 '고난의 행군'은 종료되었다고 선언하였다. 이른바 '고난의 행군'은 '락원의 행군'으로 대체되었다. 하지만 북한의 경제난과 식량난은 여전히 지속되고 있다. 북한의 '고난의 행군'이 종료되었다기보다는, 국내외의 경험적 자료와 다양한 정보를 종합해볼 때, 일단 '한 고개'를 넘은 것으로 평가된다. 즉 '고난의 행군' 시기 경험한 최악의 경제난과 식량난이 어느 정도 극복된 것으로 추정된다는 것이다.

북한은 '강성대국' 건설전략을 제시함으로써 김정일 시대가 갖는 특수성을 반영하고 동시에 새로운 비전과 국가발전 목표를 제시하였다고 볼 수 있다. 말하자면 1990년대의 정치적 위기를 극복하고, 21세기 국가발전 목표로 등장한 '강성대국' 건설은 국가운영의 최우선 정책으로서, 북한사회 전반에 걸쳐 매우 중요한 요소로 작용하고 있는 새로운 국가전략이다.

북한의 새로운 국가경영전략인 '강성대국' 건설전략은 국제적 고립이라는 대외적 상황뿐만 아니라, 대내적으로 경제체제의 내부모순에 따른 경제난 심화라는 경제실상의 복합적 상호작용의 결과이며, 이것이 개혁·개방을 추동할 수밖에 없게 만든 요인이었다고 평가할 수 있다.

북한의 핵심적 국가이익은 체제생존과 경제발전이다. 하지만 북핵 문제로 인한 북·미관계의 교착상황은 북한체제의 경제적 빈곤을 더욱더 가중시키고 있다. 북한의 대내외적 현실을 고려할 때 지금은 전환기다. 북한체제의 현실을 감안하면 체계적인 국가전략의 수립과 추진은 매우 중요한 문제다. 북한의 21세기 국가발전전략인 '강성대국' 건설전략에 대한 체계적인 연구를 도모해야 할 당위성도 여기에 있다. 나아가 북한의 '강성대국' 건설전략에 대한 연구는 향후 북한체제의 변화방향을 정확히 분석하고 전망할 수 있을 것으로 판단된다.

이 책은 목적은 김정일 체제의 제도적 안정화를 계기로 새로운 국가 발전전략으로 제시된 '강성대국 건설' 전략을 분석하는 것이다. 즉 '강성대국' 건설전략하의 개혁·개방정책의 변화 내용과 성격, 의미, 그리고 '경제강국' 건설전략의 특징이 무엇인가를 고찰하고 있다. 북한의 새로운 국가전략으로서의 '강성대국' 건설은 첫째, 국내적 경제개혁전략, 둘째, 국제적 개방전략을 토대로 추진되고 있다는 것을 강조하였다. 또한 '강성대국' 이라는 국가발전전략과 국내적 개혁정책과 국제적 개방전략이 경제발전의 하위전략으로서 어떤 구조적 맥락 속에서 형성되고 어떤 인과관계가 있는지, 국가전략의 변화라는 맥락 속에서 살펴보았다.

북한의 '강성대국' 건설전략은 내부적 정책노선인 경제개혁 조치와 외부적 개방조치라는 정책연계의 틀을 구성하고 있으며, 정책연계의 관점에서 국내적 자원추출 전략과 국제적 자원추출 전략으로 연계되어 있다. 즉 국내영역과 대외영역의 구조적 공간에서 북한은 '국내적 목표를 충족하기 위한 국제전략'과 '국제적 목표를 충족하기 위한 국내전략'이라는 정책연계를 구사하게 된다. 다시 말해 북한의 '강성대국' 건설은 국내적으로 경제실리주의를 '대내자원추출전략'으로, 다른 한편으로는 경제특구를 '대외자본유치전략'을 바탕으로 추진되고 있는 것이다.

북한은 변화하지 않을 수 없는 구조적 상황에 직면해 있다. 북한체제는 현재의 경제난을 타개하지 않고서는 체제존속이 위협받게 될 것이며, 개혁·개방 없이는 경제회생이 어렵다. 이런 점에서 2002년 7월 1일 단행한 '경제관리개선조치' 및 신의주, 금강산, 개성특구는 경제적 효율성과 실리추구, 해외자본 유치라는 목표를 동시에 달성하기 위한 개혁·개방의 확대를 의미하는 것으로 볼 수 있다. 이것은 북한 당국의 경제

발전에 대한 강한 의지와 '강성대국' 건설을 위한 국가전략을 나름대로
일관되게 추진하고 있다는 것을 시사한다.

 북한의 '강성대국' 건설전략의 특징은 다음과 같이 정리할 수 있다.
 첫째, 북한은 '강성대국' 건설을 국가발전 목표로 제시한 이후 '실리
사회주의' 원칙을 견지하고 있다. 즉 이념과 사상을 강조하는 '주체사
회주의'에서 물질을 중시하는 '실리사회주의'로 변화하고 있으며 그 결
과로 '7.1경제관리개선조치'와 경제특구 지정이 단행되었다. 북한이
'경제실리주의'라는 용어를 쓰는 것은 중국이 사용해온 실용주의노선을
염두에 두면서도 차별화된 북한식 발전전략을 추구하고 있음을 뜻한다.
 둘째, 북한의 '7.1경제관리개선조치'는 개혁이 시작되었음을 의미한
다. '7.1경제관리개선조치'는 과거의 변화 시도와는 근본적으로 다른
환경에서 추진되고 있다. 경제정책 변화에 있어서 과거와 달리 개방보
다 개혁이 우선적으로 진행되고 있다. 북한의 '7.1경제관리개선조치'의
내용과 특징으로 보아 지금까지 나타난 개혁 시도 중 가장 획기적인 정
책전환이라고 할 수 있다.
 셋째, 북한의 경제개혁 조치는 향후 경제특구 등 개방정책을 적극적
으로 추진할 수 있는 제도적 기반을 제공할 것이다. 비록 북한이 나진·
선봉경제특구에서 기대만큼의 성과를 거두지는 못했지만, 신의주, 금강
산, 개성특구를 지정하여 향후 대외개방 확대의 법적·제도적 토대를 마
련했다고 평가된다. 북한의 경제정책은 과거와 같이 개혁과 개방이 상
호분리되어 추진되는 것이 아니라, 내부적 경제개혁과 외부적 대외개방
정책이 동시에 병행적으로 추진되고 있다. 북한은 내부적으로는 개혁체
제를, 외부적으로는 개방체제를 구축함으로써 '자본주의와의 제한적 동
거'를 잠정 선택한 것으로 보인다. 이러한 선택은 자본주의 세계경제
내에서 생존하기 위한 북한의 발전전략의 수정을 시사하는 것이라고
볼 수 있다.

북한의 체제변화를 상징적 변화, 의미 있는 변화, 근본적이고 '불가역적'인 변화 단계 속에서 구분한다면, 북한은 '의미 있는 변화'로 진입했다고 할 수 있다. 이는 곧 북한체제가 근본적이고 '불가역적'인 변화로의 이행을 가속화 할 수 있는 여건을 조성한 것이다. 특히 북한의 대내외 여건을 고려하여 장기적인 관점에서 본다면, 북한의 자본주의체제에 대한 인식은 보다 긍정적으로 변화할 가능성이 높다고 할 수 있다.

북한은 '선군정치'를 강조하면서 여전히 '우리식' 사회주의 노선을 견지하고 있다. 하지만 북한은 체제생존을 위한 개혁과 개방노선을 점차 확대하고 있다. 그렇다면 과연 북한은 어디로 갈 것인가? 개혁과 개방을 적극적으로 실천하면서 자본주의 세계체제에 부분적인 편입을 시도할 것인가? 아니면 '우리식' 사회주의를 고수하기 위해 끝까지 버티다 좌초할 것인가? 이 책은 이러한 질문에 대한 인식의 지평을 넓히고자 하는 것이다.

저자는 이런 문제의식과 마음으로 몇 해 전 북한연구와 교육의 요람인 경남대학교 북한대학원에서 '북한의 대미 생존 외교'를 연구하여 석사학위를 받았다. 그 후 보다 심층적인 북한연구의 필요성을 절감하고 경남대학교 정치학과 박사과정에 입학, 수학하여 2003년 10월 박사학위논문을 제출하여 12월 심사를 통과했다. 저자의 박사학위논문 「북한의 '강성대국' 건설전략에 관한 연구」를 수정, 단행본으로 출간하는 것은 선배제현들과 이에 관한 정보를 나누고 학문적, 실천적 고언을 구하기 위함이다. 아울러 북한을 이해하고 분석하는 데 작은 밑거름이 되었으면 하는 소망 때문이었다.

필자에게는 북한의 공산화 때문에 정든 고향을 등지고 월남하셔서 선교와 교육 발전에 일생을 헌신하신 아버님이 역할모형이었다. 사회적으로 이념적 갈등이 고조될 때, 이러지도 저러지도 못하시는 부모님의 안

타까운 마음을 헤아리면서 언젠가는 통일 및 북한연구를 해야만 하겠다는 다짐을 하곤 했다. 저자가 미국에서 경영학 석사와 교육학 박사학위를 받았음에도 불구하고 이 분야에 대한 관심과 연구의 열정이 한시도 식은 적이 없었던 이유가 바로 여기에 있었던 것이다.

특히 필자는 부모님의 제2의 고향이며 저자가 태어나 성장한 경기북부의 발전을 위해서는 남북관계의 개선과 통일이 가장 중요한 과업이라고 확신하고 있다. 의정부를 중심으로 한 경기 북부지역은 이미 오래전부터 통일시대를 대비하여 남과 북의 주목의 대상이 되어왔다. 저자는 경기북부를 향후 통일시대 국가번영과 경제발전을 선도하는 지역으로, 교육·문화 도시로 발전시키기 위해 온갖 노력과 열정을 쏟을 것이다. 여러분들의 따뜻한 격려와 지도는 저자에게 큰 용기와 힘이 될 것이다.

지난 몇 년간 북한 공부를 하고 박사학위 논문을 쓰면서 많은 분들로부터 유형·무형의 격려와 도움을 받았다. 우선 북한 연구를 할 수 있게 배려해주신, 통일부 장관을 지내신 경남대 박재규 총장님과, 저자의 논문 지도교수이신 최완규 교수님의 학은(學恩)을 잊을 수가 없다. 최 교수님은 아낌없는 학문적 격려와 질정(叱正)을 통해 필자의 북한 연구 기초를 다져주셨다. 그리고 함택영 교수님, 심지연 교수님의 지도에 감사드린다. 최완규 교수님, 심지연 교수님, 함택영 교수님은 단순히 저자의 북한연구의 공부 길만을 지도해주신 것이 아니라, 저자에게 수기치인(修己治人)의 도(道)와 정치(正治)를 일깨워 주신 분들이다.

또한 저자의 부족한 학위논문을 수정, 보완하는 데 큰 도움을 주신 관동대 정규섭 교수님, 동국대 김용현 박사님께 깊은 감사의 말씀을 드리고 싶다. 아울러 출판을 맡아 수고해주신 도서출판 한울 관계자 여러분께도 고마운 말씀을 전한다. 막상 책을 출간하려 하니 너무나 부족하

고 많은 허점이 보이지만 그럼에도 북한연구의 지평을 넓힌다는 의미
에서 출간을 결정했다. 이 분야 전문가 및 독자들의 질정을 기대한다.

마지막으로 저자의 인생 목표와 학문의 버팀목이 되어주신 부모님의
한없는 은혜에 감사드린다. 쉼 없는 노력과 실천으로 은혜에 보답하고
자 한다. 그리고 병마와 싸우는 와중에도 모든 것을 인내하고 오히려
용기와 힘이 되어준 아내에게 깊은 애정과 고마움을 전하고 싶다. 아빠
의 바쁜 일정을 잘 이해해준 나의 사랑스런 세 아들, 충효, 충성, 충건
에게 많은 시간을 함께 하지 못한 것에 대해 진심으로 미안한 마음과
아울러 고마움과 뜨거운 사랑을 나누고 싶다.

2004년 2월
의정부에서
강성종

차 례

제1장 서 론

제1절 연구 목적

북한은 1990년대에 사회주의국가의 급격한 체제전환과 외교적 고립, 구조화된 경제난과 식량난, 그리고 '수령'의 사망 등으로 정권수립 이후 전례 없는 체제위기와 정치적 변화를 경험했다. 북한은 이러한 정치적, 경제적, 대외적 수준에서 직면했던 위기상황을 이른바 '고난의 행군'으로 돌파하였다.[1]

북한에서 고난의 행군이 시작된 시기는 국가배급제가 붕괴되면서 모든 지역, 사회계층, 기업소들은 자구적인 생존수단을 모색하게 된다. 그 결과 농민시장이 번성하게 되고 사회통제 수단과 국가능력이 현저히 약화되었으며, 국경 이탈자들이 급증하였다. 결국 1990년대의 위기상황 속에서 새로운 자력갱생의 모색, 반(半)시장화라는 비사회주의적 의식이 대두되었다. 즉 계획경제의 이완으로 발생한 1990년대의 위기상황은 당·국가체제의 제도적 기반은 물론 국가의 통제력이 현저하게 약

---

1) 김정일은 '고난의 행군'의 시련과 고통에 대해 "고난의 행군 때와 같은 엄혹한 시련은 우리 당 역사에서 처음이자 마지막일 것 입니다"라고 표현하였다. ≪로동신문≫ 2000년 7월 25일자; 김정일은 "나는 수령님의 뜻대로 인민군대를 틀어쥐고 선군정치를 하여 가장 어려웠던 '고난의 행군'과 같은 강행군 시기에 제국주의자들의 압살책동을 짓 부시고 우리의 사회주의제도를 지켜냈으며 나라와 민족의 운명을 수호 하였습니다"라고 함으로써 '고난의 행군'시기 북한의 현실을 이해할 수 있다. ≪로동신문≫ 2000년 7월 9일자. 북한의 '고난의 행군'에 대한 종합적인 문헌은 윤현철, 『고난의 행군을 락원의 행군으로』, 평양: 평양출판사, 2002 참조.

화되는 현상을 초래하였다. 따라서 북한 당국은 계획경제 체제를 복원해야 할 것인가, 아니면 적극적인 개혁·개방을 통해 새로운 발전전략을 모색할 것인가 하는 문제에 직면했던 것이다.[2]

이런 맥락에서 북한의 정치담론 가운데 가장 주목되는 것 중의 하나가 '강성대국' 건설이다. 강성대국 건설은 김정일 체제의 공식 출범을 앞둔 1998년 8월 22일 ≪로동신문≫ 정론을 통해 처음 제시되었다. 이 정론은 김일성 사후 '고난의 행군'을 끝내고 새로운 시대의 국가목표로 강성대국 건설을 제시하였다. 이 정론에서는 북한은 이미 정치 및 사상, 군사부문에 있어서는 강국을 이루고 있기 때문에 경제부문에서만 강국을 이룬다면 강성대국이 완성된다고 주장하고 있다. 또한 강성대국 건설은 21세기를 이끌어갈 '설계도'이며 목표라고 한다.[3] 1998년 이후 북한지도부의 교시와 지침, 공간문헌 등에서 가장 빈번하게 등장하는 것이 강성대국 건설에 관한 것이다.

북한의 강성대국 건설은 김일성 시대와 김정일 시대를 구분하는 준거가 될 수 있다. 북한은 강성대국을 표방함으로써 김정일 시대가 갖는 특수성을 반영하고 동시에 새로운 비전과 국가발전 목표를 제시하였다고 볼 수 있다. 이는 정치, 사상 중심의 국가운영 기조만으로는 위기를 돌파하면서 새로운 발전목표를 달성할 수 없다는 현실 인식이 강하게 작용한 결과이다. 따라서 강성대국 건설은 '사회주의 완전승리'와 같은

---

2) 이런 맥락에서 김정일 체제의 개혁·개방에 대한 관심의 증폭은 북한을 전문적으로 연구하는 연구소, 학회, 기타 관련기관 등에서 북한의 발전전략과 개혁·개방을 기획특집으로 다루는가 하면 세미나를 통한 학술적 논의가 다양하게 진행되어 왔다. 이러한 연구들은 중국, 베트남의 개혁·개방 사례에 근거하여 북한의 개혁·개방을 대체로 긍정적으로 받아들이며, 북한은 이미 변화의 시대에 진입했다는 점을 강조하고 있다. 즉 북한의 경제상황으로 보아 개혁·개방은 불가피하며, '쿠바식', '중국식', '베트남식', '박정희식' 발전모델을 도입할 것이라는 설명 혹은 추론적 예측이 제기되고 있다.

3) 북한은 1998년 8월 22일 ≪로동신문≫ 정론을 통해 '강성대국'을 공식화하였다. 이 정론은 강성대국을 "우리 조국을 사상과 정치, 군사의 강국일 뿐 아니라 경제의 대국으로, 통일된 조국으로서 무한대한 국력을 가진 사회주의강국으로 건설한다는 것"으로 규정하고 있다.

추상적인 목표와 달리 매우 실용적인 성격을 갖는 것으로 평가할 수 있다. 말하자면 1990년대의 정치적 위기를 수습하고 21세기 국가발전 목표로 등장한 '강성대국' 건설은 국가운영의 최우선 정책으로서 북한 사회 전반에 걸쳐 매우 중요한 요소로 작용하고 있는 새로운 국가전략이다.

북한은 강성대국 건설을 제시한 이후 '실리사회주의'를 강조하고 있으며, '실리주의원칙'은 강성대국 건설을 구현하는 주요 원칙으로 인식되고 있다. 북한경제 전반에 걸쳐 '실리사회주의'가 적용되고 있고, 그러한 원칙에 따라 각종 파격적인 경제시책들이 취해져 왔다. 1998년 이후 새롭게 제시된 강성대국 건설의 비전과 실리주의, 그 후속으로 취해진 경제관리개선조치, 경제특구 조치들은 전체적으로 하나의 큰 틀 속에서 일관성과 체계를 갖고 있는 것으로 파악된다.

2002년 7월 1일 단행한 '경제관리개선조치'를 기점으로 북한의 경제정책은 큰 변화를 보여주고 있다. 북한은 경제관리개선조치를 시행하여 가격과 임금을 인상하였고, 환율도 크게 조정하였다. 경제관리개선조치 이후 '농민시장'은 '종합시장'으로 확대되었다. 이른바 '계획'에서 '시장'으로의 변화조짐이 나타나고 있다. 나아가 신의주, 금강산, 개성 특구를 지정하여 개방을 통한 외자유치에 적극적이다. 경제특구의 특징은 자본주의적 요소를 상당부분 수용하고 있다는 점이다. 북한의 경제관리개선조치가 내부적 경제개혁에 해당한다면, 경제특구는 외부세계로의 대외개방에 해당된다. 이러한 변화는 그동안 외부세계에서 예상했던 것보다는 훨씬 놀라운 변화이다. 북한의 '7.1조치'와 경제특구 정책의 특징은 과거와는 근본적으로 차이점이 있으며, 개방보다 개혁이 우선적으로 추진되고 있다는 점에 주목할 필요가 있다.[4]

이런 맥락에서 북한의 경제개혁조치들은 분명히 과거와는 다른 새로운 국가전략을 구성하는 것으로서, 이는 향후 북한체제 및 경제의 향방

---

4) 물론 북한은 '개혁'이라는 용어를 극히 꺼리면서도 '개선'이나 '개건'이라는 용어를 사용함으로써 변화를 정당화하고 있다는 점에 주목할 필요가 있다.

과 관련하여 매우 중대한 문제들을 제기하고 있다. 북한의 강성대국 건설과 동시에 추진되고 있는 일련의 정책변화를 두고 시장경제로의 변화를 시도하는 것인지, 아니면 계획경제를 정상화하려는 의도인지 논란이 확산되고 있다. 우리는 현 시점에서 북한의 강성대국 건설을 어떻게 평가해야 할 것인가. 이것은 시장경제를 지향하는 체제개혁을 의미하는가. 아니면 계획경제의 복원을 위한 단순한 경제관리개선조치인가. 강성대국 건설은 얼마나 지속될 수 있을 것이며, 향후 변화의 방향은 무엇인가 하는 점이다. 북한의 변화 방향을 정확히 파악하기 위해서는 시장경제로의 변화인지 혹은 계획경제의 정상화인지를 분석하는 것은 중요한 작업이라고 할 수 있다.

이러한 문제의식 하에 이 논문은 북한의 새로운 국가전략으로서의 '강성대국'이 갖는 의미에 주목하고자 하며, '경제강국'을 비전과 목표로 설정한 북한의 '강성대국' 건설전략이 어떻게 추진되고 있는가 하는 것이다. 더 나아가 강성대국 건설전략하의 개혁·개방정책의 변화내용과 성격, 의미 그리고 경제강국 건설전략의 특징이 무엇인지 설명하고자 한다. 말하자면 21세기 국가경제력 부흥을 위한 '담대한 설계도'로 강성대국 건설을 제시한 이후 북한의 개혁·개방정책에 주목하였다. 우리는 현 시점에서 북한의 개혁·개방의 속도와 범위에 대해 명쾌하게 전망할 수는 없다. 하지만 중요한 것은 북한이 변화하는 국제정세에 적응하고, 체제생존을 위해 새로운 관점에서 자본주의 세계체제에 접근하고 있다는 점이다.

이 연구는 북한의 새로운 국가전략으로서의 강성대국 건설을 다음과 같이 설명하고자 한다. 북한의 강성대국 건설은 첫째, 국내적 개혁전략, 둘째, 국제적 개방전략을 토대로 추진되고 있다는 것을 강조하고자 한다. 말하자면 북한은 경제실리주의를 '대내자원추출'전략으로, 다른 한편으로는 경제특구를 '대외자본유치'전략으로 하여 강성대국 건설을 추진하고 있다. 또한 북한의 국내적 개혁정책과 국제적 개방전략이 어떤 구조적 맥락 속에서 형성되었고 어떤 인과관계가 있는지 국가전략의 변화라는 맥락 속에서 살펴본다.

북한의 강성대국 건설전략은 내부적 정책노선인 경제개혁 조치와 외부적 개방조치라는 정책연계의 틀을 구성하고 있으며, 이는 국내적 자원추출전략과 국제적 자원추출전략으로 연계되어 있음을 지적할 것이다. 즉 강성대국 건설의 목표를 달성하는 수단이자 방법으로 개혁·개방을 선택하였다고 평가된다. 북한은 국내경제와 대외경제 부문의 구조적 공간에서 '국내적 목표를 충족하기 위한 국제전략'5)과 '국제적 목표를 충족하기 위한 국내전략'6)이라는 양면적인 정책연계를 구사하게 된다.

이러한 정책연계는 김정일 시대의 국가전략이 당면한 경제난을 극복하기 위해 점진적인 변화를 지향하며 진행되고 있다는 점을 알 수 있다. 강성대국 건설하의 개혁·개방의 연계정책은 적극적이고 공세적이며 전략적인 성격이 두드러지게 나타난다. 뿐만 아니라 정책의 적용대상 측면에서도 과거와는 달리 사회전반에 걸쳐 변화를 추구하고 있다는 것을 감지할 수 있다. 나아가 정책의 시간적 범주라는 측면에서도 단기적인 결과에 초점을 두기보다는 중·장기적인 결과를 목표로 삼고 있다는 점을 지적하고자 한다.

이러한 연구목적의 기저에는 첫째, 북한이 변화하지 않을 수 없는 구조적 상황에 직면해 있다는 점이다. 북한체제는 현재의 경제난을 타개

---

5) 국내적 목표를 위한 국제전략이란 국제자원을 직접 국가로 이전시키거나 혹은 국내사회로 전환시켜 국내의 강제와 보상에 이용할 수 있는 자원을 증가시키는 국제적 자원추출전략과 외교승인 및 대외관계개선과 같은 국제사회의 인정을 유도함으로써 국가의 국제적 대표성과 국내의 정치적 입지를 높이는 국제적 비준전략을 말한다. 국제적 자원추출전략과 국제적 비준전략은 상호 보완적이어서 한 국가가 국제기구에 참여하고 타국과의 외교적 승인이 많을수록 국내에서의 정치적 지위 강화는 물론 외국으로부터의 자원추출능력도 높아지게 되는 것이다.

6) 국제적 목표를 위한 국내전략이란 경제성장을 자극하고 전체 사회의 부를 촉진하기 위해 자원을 동원하고 경제에 간섭하는 자원동원전략과 군비지출 등을 위한 자원추출전략을 말한다. 자원동원전략의 경우 부의 창조와 힘에 대한 장기적인 투자에 중점을 두는 전략이며, 자원추출전략은 부의 소비와 즉각적인 힘을 창조하는 전략으로서 양자는 함수관계를 지닌다.

하지 않고서는 체제존속이 위협받게 될 것이며, 개혁·개방 없이는 경제
회생이 어려울 뿐만 아니라 강성대국 건설은 난관에 봉착할 수밖에 없
을 것이다. 따라서 북한은 강성대국 건설이라는 국가적 목표를 실천하
기 위한 방안으로 '경제적 효율성과 실리'를 매우 강조하고 있다. 2002
년 7월1일 단행한 '경제관리개선조치'는 이러한 목표를 염두에 두고 실
행하고 있는 '개혁정책'을 의미하는 것으로 볼 수 있다. 둘째, 북한은
과거와 다르게 변화의 속도와 범위를 확대하고 있다는 점이다. 물론 북
한은 수령, 사상, 군대, 제도 등 '우리식 사회주의'를 고수하고 있다는
것을 부인할 수 없다. 하지만 북한이 '우리식' 사회주의를 강조하는 것
은 '강성대국' 건설을 위한 기본토대라는 점에서 불가피한 선택이라는
점에 주목할 필요성이 있다.

북한은 내부적 경제개혁조치와 외부적 경제특구를 통해 자본주의 시
장경제에 대한 선택적 접근을 추진하고 있다고 볼 수 있다.[7] 이는 북한
이 경제적 빈곤을 극복하고, 나아가 강성대국 건설을 위한 국가전략을
나름대로 일관되게 추진하고 있다는 것을 보여주는 것이기도 하다. 또
한 북한의 강성대국이 초기에는 정치, 군사, 사상을 중시하고 있지만,
점차적으로 강성대국 건설의 흐름이 과학기술의 현대화 및 경제발전,
실리주의를 강조하는 방향으로 이동하고 있다고 평가된다.

이 연구는 북한의 강성대국 건설을 선군정치와 연관하여 군사국가화
를 표방하고 있다는 기존의 논의와 일정한 차별성을 갖고자 한다. 이런
점에서 북한의 강성대국 건설을 '경제강국' 건설을 중심으로 설명하고
자 하였다. 왜냐하면 강성대국 건설이 점차 경제부문의 중요성을 강조
하고 있는 것과 무관하지 않다. 물론 북한의 강성대국 건설은 '선군정
치'를 통한 생존전략임을 무시할 수 없다. 김일성의 사망과 함께 심각

---

7) 물론 북한의 2002년 '7.1조치'는 계획경제시스템을 정상화하겠다는 의도도 포함
되어 있다. 이와 관련하여 "경제관리개선의 기본 방향은 사회주의원칙을 지키면서
가장 큰 실리를 얻을 수 있는 경제관리 방법이다"고 강조하여 '시장경제 도입의
징조'라는 자의적 해석을 경계하고 있는 것도 주지의 사실이다. ≪조선신보≫
2002년 7월 26일자.

한 경제난을 겪으면서 선군정치는 김정일의 핵심적인 통치전략으로 등장하였다. 이러한 선군정치는 심각한 경제난 속에서 군대를 중심으로 군대식 동원방식을 체제운영의 기본으로 설정하고자 하는 것으로 이해된다.8)

북한의 '선군정치'를 보는 논자의 시각에 따라 다를 수 있지만, 이 연구는 강성대국 건설의 목표가 선군정치를 통한 군사국가화에 있다기보다는, 강성대국 건설의 전략적 토대로서 궁극적인 목표는 경제강국을 추구하는 것으로 이해한다. 따라서 북한의 강성대국 건설의 목표는 '경제강국'으로 이해하는 것이 바람직하다고 하겠다.

북한은 '고난의 행군'으로 1990년대 위기상황을 어느 정도 극복하였지만, 여전히 경제난 및 식량난은 해결되지 않고 있는 실정이다. 북한의 최우선 국가이익은 체제생존 및 경제발전을 도모하는 것이다. 하지만 북핵 문제로 인한 북·미관계의 교착상황은 북한체제의 경제적 빈곤을 더욱더 가중시키고 있다. 북한의 대내외적 현실을 고려할 때, 정치적 전환기에 직면해 있다. 어느 국가를 막론하고 역사적 전환기 일수록 국가전략이 매우 중요하며, 특히 북한체제의 현실을 감안하면 체계적인 국가전략의 수립과 추진은 한층 더 중요한 의미를 갖는다. 북한의 강성대국 건설전략에 대한 체계적인 연구가 이루어져야 하는 당위성도 여기에 있다. 나아가 북한의 강성대국 건설전략에 대한 연구는 향후 북한체제의 변화방향을 정확히 분석하고 전망할 수 있는 것으로 판단된다.

---

8) 북한이 선군정치를 강조하는 것은 이러한 요인이외에도 미국의 대북 강경정책에 대한 대응의 측면도 있다. 미국은 테러와의 전쟁을 수행하고 북한의 핵 개발에 대해서 강경정책을 강화하고 있는 실정이다. 이에 따라 북한은 미국의 무력행사에 대해 우려하면서 내부적 결속을 강화하고 있는데 이러한 북한의 불안감이 선군정치의 강조로 나타나고 있는 것이다. 그러나 2003년 8월 제1차 회담이후 북핵 문제에 대한 '6자회담과 다자간 틀'을 통한 체제보장이 강구됨으로써 북·미관계는 긍정적으로 진행되고 있다고 볼 수 있다.

제2절 기존 연구의 검토

1990년대 후반 이후 북한정치 연구의 특징은 김정일의 '선군정치'에 대한 분석을 토대로 북한의 향방을 전망하는 데 주어졌다. 하지만 강성대국에 대한 체계적인 연구가 김정일 시대 북한의 정치 혹은 북한경제의 방향을 전망하는 데 진일보한 생산적인 논의를 진행할 수 있다고 본다.

이러한 전제하에 여기서 검토하고자 하는 선행연구들은 본 논문의 연구주제와 유사한 연구를 중심으로 설명하고자 한다. 또한 북한의 '김정일강성대국건설전략', '사회주의강성대국건설사상', ≪경제연구≫, ≪로동신문≫의 강성대국 건설과 관련한 대표적 논문을 검토하고자 한다.

최수영의 연구[9]는 강성대국 건설의 등장시기와 경제정책의 변화, 완충기의 경제운용과 성과, 강성대국 건설의 추진과 실적을 설명하고 이를 토대로 향후 북한 경제정책 운용 방향을 전망하고 있다. 북한의 강성대국 건설은 김일성 시대와는 구별되는 정책으로서, 경제정책의 운용과 내용 면에서 차이점을 강조한다. 즉 북한의 강성대국 건설은 '우리식' 사회주의를 고수하면서 아울러 '실리'를 추구하는 양면성을 가진 경제노선이라고 주장한다. 따라서 강성대국 건설의 정책방향은 첫째, 사회주의 계획경제 강화, 둘째, 현실수용 및 실용주의적 경향으로 흐르고 있다고 설명하고 있다.[10] 이러한 바탕 위에서 강성대국 건설을 위한 경제정책의 성격을 '보수적 실용주의'로 규정하고 있다.[11] 최수영의 연

---

9) 최수영, 『북한의 강성대국 건설: 경제부문을 중심으로』, 서울: 통일연구원, 1999.

10) 최수영은 북한의 강성대국 건설 방침을 경제정책 기조의 과거 회귀, 중앙집권적, 통일적 지도 강화, 개혁·개방 거부 및 자본주의 경계 등을 사회주의 계획경제의 강화로 인식하며, 변화된 경제현실 수용, 경제사업에서의 실리추구 등을 실용주의 노선으로 평가한다. 최수영, 앞의 책, 48-57쪽.

11) 북한은 강성대국 건설을 통해 이완된 사회주의 계획경제를 복원하고 동시에 이미 변화된 경제현실을 수용하면서 실리를 추구하고 있는 것으로 분석된다. 이러한 보수적 실용주의는 지난 시기의 정책적 실패에 대한 반성과 개혁·개방의 비용과 편익에 대한 계산에 대한 근거로 본다.

구는 북한의 강성대국 건설이 갖는 중요성을 인식하고 분석하였다는
점에서 도보인다, 그러나 강성대국 건설을 위한 북한의 경제정책 변화
를 언급하면서 이에 대한 구체적인 설명이 부족하다고 판단된다. 또한
강성대국 건설의 경제정책 성격을 '보수적 실용주의'로 규정하고 있지
만, 보수적 실용주의에 대한 분석도 미흡하다고 하겠다.

북한의 경제발전전략과 관련하여 한국개발연구원[12]의 연구는 체계적
인 분석이라고 볼 수 있다. 이 연구는 북한경제 발전전략의 비전을 '경
제강국의 건설'로 설정하고 있다. 즉 사회주의 강성대국 건설을 새 시
대 북한의 모습으로 제시한 이후 강성대국의 건설은 김정일 시대의 '국
가 슬로건'으로 등장하였다는 논리를 전개하고 있다. 따라서 강성대국
건설의 핵심은 경제적 강국의 건설에 있는 것으로 분석한다.[13] 북한의
발전전략은 '새 세기 계획경제'로 설정하고, '섬이라는 경제특구의 시
장경제와 본토라는 나머지 지역의 계획경제의 병행발전'을 의미하는
'북한식 모델'을 추진하고 있다고 분석한다. 즉 경제특구는 해외자본의
직접유치 창구 역할을 하며, 본토에서는 분권형 계획경제체제를 정착시
켜 나가는 한편 수출을 통한 외화획득을 추진한다는 것이다.[14]

특히 이 연구는 7.1경제관리개선 조치와 경제특구 지정을 강성대국
건설전략의 연장선에서 추진하고 있다고 본다. 북한의 7.1경제관리개선

---

12) 조동호 외, 『북한 경제발전전략의 모색』, 서울: 한국개발연구원, 2002, 340쪽. 국
   가발전 목표와 비전으로 강성대국을 제시한 이후 북한은 1990년대 '고난의 행군'
   을 끝내고 경제성장을 모색하는 시점으로 규정한다. 여기서 주목되는 점은 북한의
   경제성장률 목표치를 향후 5년간 연평균 7%로 설정하고, 북한 경제가 목표치만큼
   성장하는 경우, 5년 후 1인당 국민소득은 약 1,000달러에 이르게 된다는 점을 강
   조한다. 이 연구에서 제시하는 연평균 7%의 경제성장률은 남한의 제1차 및 제2차
   경제개발 5개년계획의 경제성장률 목표치인 7.1% 및 7.0%와 유사한 수준이라고
   설명하고 있다. 또한 중국의 개혁·개방 직후인 1979-1983년의 5년간의 연평균 경
   제성장률 7.6%보다 다소 낮으나, 베트남의 개혁·개방 직후인 1987-1991년간의 연
   평균 경제성장률 5.3%보다 높은 수치라는 점을 강조하고 있다.

13) 조동호 외, 앞의 책, 338-339쪽.

14) 조동호 외, 앞의 책, 341쪽. 이러한 전략이 성공하기 위한 전제조건을 첫째, 대외
   관계의 개선을 위한 군사적 긴장완화, 둘째, 효율적이고 일관성 있는 정치리더십
   이 관건적 요소라고 규정하고 있다.

조치는 역사적으로 드러난 사회주의 경제개혁의 일반적 특징을 두루
갖추고 있다고 평가하면서 '개혁'이라고 불러야 한다는 점을 강조한다.
하지만 이러한 개혁의 성격은 북한 지도부가 의도하지 않은 결과로서
계획경제가 이완된 상황에서 '밑으로부터의 변화압력에 굴복한 결과'라
는 것이다. 따라서 강성대국 건설을 위한 경제제도의 변화의 본질을
"기존의 지령형-중앙집권형 계획 메커니즘에 유도-분권형 계획 메커니
즘을 도입"한 것이라고 분석하고 있다.[15] 즉 계획경제를 포기하는 것이
아니며 오히려 계획경제를 발전시키려는 의도이며, 시장경제체제를 향
한 개혁이 아니라 '체제 내의 개선'인 것이다.

이 연구는 북한이 처해 있는 정치적·경제적 현실에 대한 분석을 토대
로 북한의 수용 가능한 정책대안을 제시하고 있으나, 강성대국 건설하
의 북한의 개혁·개방에 대해서는 부정적으로 인식하고 있다. 북한의 체
제유지에 대한 불안 때문이라는 것이다. 하지만 북한의 체제유지에 대
한 불안 또는 체제개혁이 선행되지 않는다고 해서 반드시 개혁·개방정
책이 이루어지지 않는 것은 아니다. 강성대국 건설전략하의 실리사회주
의에 대한 구체적인 설명이 이루어지지 않음으로서, 북한의 새로운 국
가전략인 강성대국 건설 제시 이후 취해진 경제정책의 성격을 계획경
제의 복원으로 규정한다. 이러한 분석은 강성대국 건설은 경제강국을
목표로 설정한다고 하는 논리와 모순되는 것이라고 판단된다. 따라서
북한의 강성대국 건설전략의 의도와 목표를 지나치게 비관적으로 인식
하는 경향이 있다고 하겠다.

이외에도 강성대국 건설을 북한의 선군정치와 관련한 연구로써,[16] 이

---

15) 앞의 책, 282쪽. 북한의 '7.1조치'의 궁극적 목표는 비공식 부문 경제활동의 공식
    부문으로의 흡수를 통한 경제질서의 회복과 계획 메커니즘의 부활에 있다. 단 계
    획의 일원화, 세부화에 입각한 기존의 지령형 계획경제로의 복귀가 현실적으로 불
    가능함을 인정하고, 중앙정부의 역할 축소, 하부단위의 자율성 강화, 일부 시장조
    절 기능 도입을 통한 유도형-분권형 계획경제의 이행을 계획하고 있는 것으로 판
    단한다.
16) 정영태, 「북한 「강성대국」론의 군사적 의미: 김정일의 군사정책을 중심으로」, ≪통
    일연구논총≫ 제7권 2호, 1998, 65-89쪽; 전현준, 『북한의 '강성대국' 건설 실태

들 연구는 북한의 강성대국 건설을 경제발전전략의 시각에서 분석하고
있다기보다는 주로 정치, 사상, 군사국가화의 맥락에서 강성대국을 이
해하고 있다. 따라서 이들 연구는 강성대국 건설을 경제적 측면의 유기
적인 관계를 설명하지 못하고 있다.

한편 강성대국 건설과 관련하여 북한의 최근 정책변화에 대한 논의
를 설명하고 있는 연구를 검토하면 다음과 같다. 논의의 초점은 1946
년 토지개혁에 버금갈 정도의 획기적인 경제개혁조치와 더불어 신의
주, 금강산, 개성 특구 지정을 둘러싸고 일어난 북한의 변화성격에 관
한 것이다. 즉 전자는 내부 체제의 개혁에 해당된다. 후자는 외부 세계
로의 개방을 의미한다. 따라서 2002년 7월 단행한 북한의 정책변화에
대한 논란이 확산되었던 것이다. 중국식의 시장지향적 개혁(market-
oriented reform), 즉 사회주의 경제시스템의 개혁을 거쳐 시장경제로 나
아갈지에 대한 전망이었다. 북한의 조치를 매우 긍정적으로 전망하여
북한이 "자본주의 시장경제라는 호랑이 등에 올라탔다"[17]라는 해석과
"계획경제체제의 복원을 위한 공식부문을 더 강화하기 위한 조처"[18]라
는 해석이다.

그렇다면 변화의 본질은 무엇인가. 논자에 따라 다를 수 있겠으나, 일
반적으로 사회주의 경제체제는 자원배분 방식과 경제조정 수단에 따라
지령령 계획경제, 유도형 계획경제, 사회주의 시장경제로 분류할 수 있
을 것이다. 사회주의국가의 경제개혁이란 바로 지령경제에 대한 변화
다. 이런 점에서 북한이 선택한 최근의 개혁조치는 과거의 지령형 계획
경제로 복귀할 수 없다는 점에서 '돌아올 수 없는 다리'를 건넌 것에
해당된다. 그러나 아직 시장경제로 전환하기까지는 많은 과정이 남아있
다. 그러므로 북한의 경제관리개선조치 및 경제특구의 성격에 대한 논

평가』, 서울: 통일연구원, 1999 참조.

17) 대표적인 연구는 김연철, 「북한 신경제 전략의 성공 조건: 시장제도 형성과 탈냉
전 국제환경」, 《국가전략》 제8권 4호, 2002, 5-23쪽.

18) 대표적인 연구는 신지호, 「7.1조치 이후의 북한경제」, 《KDI 북한경제리뷰》
제5권 7호, 2003, 3-14쪽.

의는 '변화'에 비중을 두는 견해와 '지속적 특성'을 더욱 강조하는 시각
이 혼재하고 있다는 것을 알 수 있다.[19]

한편 강성대국에 대한 북한의 문헌으로는 ≪로동신문≫, ≪경제연
구≫에 실린 북한 학자들의 논문, 김재호[20]의 연구, 철학연구소의 문
헌[21] 등이 대표적이다. 강성대국에 대한 북한의 공식적 언급은 1998년
8월 22일자 로동신문 정론 "강성대국"에 의해 정식화되었다.[22] 그 이
후 1999년부터 ≪로동신문≫을 비롯한 북한의 각종 문헌에서 강성대
국 담론이 빈번하게 등장하게 된다.[23] 특히 매년 신년사 형식으로 발표
되는 3대 기관지 ≪로동신문≫, ≪청년전위≫, ≪조선인민군≫ 공동
사설에서 보다 구체화되고 있다.[24] 그리고 ≪경제연구≫ 1999년 1호
에 리창근의 강성대국에 대한 논문[25]을 중심으로 현재까지 강성대국에
대한 논문들이 지속적으로 등장하고 있다.[26]

---

19) 예컨대 가장 대표적인 논의는 경남대학교 북한대학원, 『북한의 경제개혁』(2003
    년 제2회 북한전문가 워크숍 보고서, 2003. 8. 21) 참조. 북한의 '7.1조치' 이후
    변화와 관련하여 북한경제의 시장경제화 초기 징후로 파악하는 견해와 계획경제
    강화 수단이라는 상반된 시각의 공통점은 북한의 경제상황이 크게 호전되지는 않
    았지만, 경제제도의 변화를 통한 새로운 발전단계에 진입했다는 것이다.

20) 김재호, 『김정일강성대국건설전략』, 평양: 평양출판사, 2000.

21) 철학연구소, 『사회주의강성대국건설사상』, 평양: 사회과학출판사, 2000.

22) 북한에서 최초의 공식적인 강성대국 담론인 정론에서는 다음과 같이 표현하고
    있다. 주체의 강성대국 건설, "이것은 위대한 장군님께서 선대 국가수반 앞에 조
    국과 민족 앞에 다지신 애국충정 맹약이며 조선을 이끌어 21세기를 찬란하게 빛
    내이시려는 담대한 설계도이다"라고 하면서, "사상의 강국을 만드는것부터 시작하
    여 군대를 혁명의 기둥으로 튼튼히 세우고 그 위력으로 경제건설의 눈부신 비약
    을 일으키는 것이 주체적인 강성대국건설 방식이다"라고 한다. ≪로동신문≫
    1998년 8월 22일자.

23) 「당의 령도따라 강성대국건설위업을 힘있게 다그쳐 나가자」, ≪로동신문≫
    1999년 9월 9일자.

24) 1999년부터 2003년까지의 공동사설의 제목이 한결같이 '강성대국'에 관한 것이
    며, 내용 또한 강성대국 건설의 목표 및 전략에 초점이 맞추어져 있다.

25) 리창근, 「사회주의 경제건설은 강성대국건설의 가장 중요한 과업」, ≪경제연구≫
    1999년 제1호, 2-4쪽.

26) 필자가 조사한 바에 의하면, 1999년 제1호부터 2003년 2호까지 ≪경제연구≫에
    실린 강성대국 관련 논문은 대략 34편에 달한다.

김재호의 연구는 강성대국건설의 목표를 "강성대국이란 사회주의강
성대국입니다. 국력이 강하고 모든 것이 흥하며 인민들이 세상에 부럼
없이 사는 나라가 사회주의강성대국입니다"라고 한다. 강성대국의 목표
를 크게 두 가지로 나누어 음미해 볼 수 있다. 첫째, 사회주의강성대국
을 건설하여 그 어떤 국가도 침략할 수 없는 강국건설, 둘째, 전체 인민
들이 행복하게 잘사는 부흥국가로 만들자는 것이다. 즉 부국강병(富國强
兵)의 논리를 담고 있으며, 강성대국의 본질적 특성은 무엇보다도 국력
이 강한 국가를 건설한다는 데 있다는 것을 알 수 있다.27) 나아가 강성
대국은 사상에서도 강국, 정치에서도 강국, 군사에서도 강국, 경제에서
도 강국, 문화에서도 강국이라고 설명하고 있다.28) 또한 '사상중시, 총
대중시, 과학기술중시'를 21세기 강성대국 건설의 '3대기둥'으로 강조
하면서,29) 강성대국건설을 구현하기 위한 원칙으로는 우리식의 원칙,
자력갱생의 원칙, 실리주의원칙을 통해 창조와 비약을 이룬다고 설명하
고 있다.30)

김재호의 연구에서 한 가지 주목할 점은 강성대국을 건설하기 위한
실리주의 원칙이다. 북한의 강성대국건설전략에서 실리주의원칙이 가
장 핵심적인 요소라고 판단된다. 왜냐하면 실리주의 원칙이 중요하게
인식되는 원인은 현재 북한이 추진하고 있는 경제개혁 조치나 경제특
구 정책이 바로 이러한 원칙하에서 추진되고 있기 때문이다.31) 특히 북

---

27) 김재호, 앞의 책, 2-6쪽.

28) 사상의 강국은 온 사회가 하나의 사상, 수령의 사상으로 일색화되어 사상의 위력
으로 발전하는 나라, 정치의 강국은 정치적 력량에 의거해서 철저한 자주정치를
실시하는 나라, 군사강국은 제국주의자들의 무력침공도 일격에 타승하고 자주권과
존엄을 지킬 수 있는 강대한 군사력을 가진 나라, 경제강국은 자립적 민족경제의
토대위에서 물질생활을 원만히 보장하고 세계적으로 가장 발전되었다고 하는 나
라들과 겨룰 수 있는 경제력을 가진 나라, 문화강국은 민족적 형식에 사회주의적
내용을 가진 문화, 주체문화가 발전된 나라로 규정하고 있다.

29) 김재호, 앞의 책, 16-37쪽.

30) 김재호, 앞의 책, 88-110쪽.

31) 실리주의 원칙을 강조하는 가장 대표적인 것은 2001년 김정일이 당과 내각의 경
제관료 들에게 지시한 소위 '10.3지침'이다. 김정일, "강성대국건설의 요구에 맞게

한이 2000년대에 들어서는 강성대국 건설에서 가장 주안점을 두고 추진하고 있는 것이 실리사회주의이다. 즉 강성대국을 제기한 이후 최근까지 경제정책의 변화가 경제전반의 개선관리를 통한 경제적 효과성을 강조하고 있다는 점과 무관하지 않다는 점이다.

강성대국 건설에 대한 북한의 논리와 설명은 부분적으로 변화된 현실을 수용하면서 실리주의 원칙 등 강성대국 건설의 당위성을 분석하고 있다. 하지만 이들 연구는 강성대국 건설을 김정일의 선군정치 및 리더십을 부각시키는데 초점이 맞추어져 있다는 것이 한계라고 할 수 있다.

지금까지 국내 및 북한에서 진행된 연구 성과를 간략하게 검토한 바와 같이 김정일 시대의 새로운 국가전략에 대한 체계적인 연구는 크게 부족한 실정이다. 새로운 국가전략으로서의 강성대국 건설에 대한 선행연구가 부족한 원인은 강성대국이 등장한지 불과 몇 년 되지 않았다는 점도 있지만, 국내의 북한 연구 방향과도 무관하지 않다고 할 수 있다.

북한이 제기하는 강성대국 건설에 대한 중요성을 인식하고, 연구논문 등에서 강성대국에 대한 단편적인 언급은 적지 않게 발견할 수 있다. 이 경우에도 북한의 강성대국 건설을 선군정치에 초점을 두고 분석하고 있으며, 경제문제를 중요하지 않게 인식하고 있다. 북한의 강성대국에 대한 잘못된 인식이라고 판단된다. 또한 사회주의권의 붕괴를 경험하면서 무의식적으로 체제전환이냐 아니냐를 북한 변화의 기준으로 판단하게 된 나머지 북한의 경제정책 및 관리방식의 변화에는 상대적으로 둔감한 경향을 보이고 있다. 특히 김정일 시대의 경제정책이 김일성 시대와 어떻게 구분되며, 그 이론적 배경 및 경제적 의미의 파급효과가 어떠한가에 대한 체계적인 분석은 미미하다고 볼 수 있다. 따라서 북한의 강성대국 건설은 개혁·개방의 정책연계를 통한 분석이 이루어져야 한다.

사회주의경제관리를 개선 완성할 데 대하여," 이에 대한 설명은 ≪조선일보≫ 2002년 10월 16일자; ≪월간조선≫ 2002. 12 참조.

제3절 연구의 방법과 범위

본 논문은 북한의 새로운 국가전략인 강성대국 건설전략을 분석하기 위해 다음과 같은 연구방법을 사용하고자 한다. 우선 북한의 강성대국 건설의 등장 배경과 특성을 분석하기 위해 국가전략 이론을 적용하여 설명한다. 국가전략이란 주어진 제약조건에서 지배집단의 합리적 대응과 선택이다. 즉 국가전략 이론은 국가가 대내외적 위기에 직면한 경우, 이를 극복하기 위한 국가이익 획득 수단으로 어떤 전략을 추진하고, 선택하는지를 이해하는데 중요한 함의를 준다고 본다. 이러한 맥락에서 본 논문은 북한의 강성대국 건설전략을 국내적 전략과 국제적 전략을 제시한다. 이 두 가지 수준의 전략은 강성대국 건설의 목표인 체제생존 나아가 경제발전과 연관되며, 북한 당국이 그들의 목표를 성취하기 위해 국·내외적 영역 사이에 주어진 제약조건을 어떻게 이용하는지를 이해하는데 하나의 틀을 제공해 준다. 말하자면 현 단계 북한의 대내외 전략을 이해할 수 있는 단초를 제공한다고 본다.

북한은 1990년대 내부적으로 심각한 경제난에 직면했고, 외부적으로는 사회주의권의 붕괴에 따른 체제위기 국면을 맞게 되었다. 이 같은 위기상황에서 북한은 강성대국 건설을 천명하고, 대내적으로 2002년 7.1경제관리개선 조치와 같은 내부추출을 시도하고 있으며, 대외적으로 신의주, 금강산, 개성 특구 등 대외개방 확대와 같은 외부추출을 병행하는 전략을 추진하고 있다.

본 논문은 또한 북한의 개혁·개방의 심도를 분석하기 위해 사회주의 국가의 체제전환에 대한 유형 및 특성에 대한 분석도 병행된다. 사회주의체제변화 연구에서 체제변화의 유형에 대한 설명은 북한의 개혁·개방의 특성을 설명하는데 중요한 의미를 갖는다.

본 논문은 북한의 강성대국 건설 관련 국내외 문헌을 참고하는 문헌연구 방법을 사용할 것이다. 문헌 연구에 있어서 특히 북한의 1차 자료는 『김일성저작집』, 『김정일저작집』, ≪경제연구≫, ≪로동신문≫,

≪근로자≫, ≪조선신보≫ 등과 같은 자료들을 적극 활용하고자 한다.

본 논문은 북한자료의 제약성을 극복하기 위해 탈북자들의 심층면접조사 방법을 사용하였다. 북한연구에서 '탈북자면접조사' 방법은 경우에 따라 탈북자들의 '증언'이 진위를 가리기가 어렵다는 현실적 제약이 존재하기는 하지만, 구체적인 경험을 바탕으로 진술한다는 점, 비교적 다양한 계층의 다양한 삶을 비교하면서 확보하는 사실과 증언은 '북한식' 제도의 적용수준과 운용실태를 비교적 객관적으로 알 수 있다는 점이다. 그러므로 북한연구에 있어서 탈북자 면접조사방법은 자료의 한계를 극복하고 실질적인 자료를 제공할 수 있음을 시사하고 있다.

본 논문의 연구 범위는 1990년대 북한의 위기상황이 도래하는 시점에서 출발하지만, 김정일 체제의 제도적 안정화가 이루어지는 1998년을 기점으로 북한이 추진한 국가발전전략인 강성대국 건설을 제시한 이후 개혁·개방을 설명한다. 이 시기를 중요한 분석 대상으로 하는 배경은, 북한의 강성대국 전략은 경제체제의 내부모순에 따른 경제난 심화라는 경제실상과 새로운 국가발전 목표제시 뿐만 아니라, 대외적 상황의 복합적 상호작용에 의한 결과이며, 이것이 개혁·개방을 추동할 수밖에 없는 동력으로 작용했다는 가설에 있다.

본 논문은 다음과 같이 구성되어 있다.

제2장에서는 북한의 국가전략에 대한 이론적 설명을 한다. 북한의 국가전략을 지속성과 변화라는 관점에서 설명한다. 북한의 국가발전전략을 분석하기 위해 국가전략 몇 가지 개념들을 이론적으로 면밀히 검토할 것이다. 향후 북한체제의 발전방향을 정확하게 이해하기 위해서는 우선 그들이 보여 온 발전전략을 지속성과 변화의 관점에서 살펴볼 필요가 있다.

제3장에서는 김정일 시대 북한의 새로운 국가전략인 '강성대국'의 등장배경을 살펴본다. 1990년대 계획경제의 이완은 당·국가체제의 제도적 기반은 물론 사회전반의 심각한 위기를 초래하였다. 따라서 강성대국은 김정일 체제가 안고 있는 구조화된 경제난을 해결하고 경제발전

을 도모하기 위한 새로운 국가전략이다.

제4장에서는 국내적 경제개혁 조치의 내용과 특징을 분석한다. 2002년 '7.1경제관리조치'는 강성대국 건설을 위한 국내적 자원추출 전략이라고 할 수 있다. 강성대국을 제시한 이후 '경제실리주의'가 북한경제 전반에 도모되고 있으며, 이러한 원칙에 따라 각종 파격적인 경제시책들이 취해져 왔다. 강성대국과 실리주의 원칙 및 정책적 조치들은 전체적으로 하나의 큰 틀 속에서 일관성과 체계를 갖고 있는 것으로 판단하고, 실리사회주의와 체제개혁론의 관점에서 설명하고자 한다.

제5장에서는 강성대국 건설과 대외개방 정책을 설명한다. 국내전략인 경제개혁조치들은 주로 경제체제의 제도적 측면과 관련된 정책들이라고 한다면, 경제특구 정책은 경제발전과 성장전략 측면에서 중요한 의미를 갖는다고 할 수 있다. 이는 과거의 제한적 개방에서 신의주, 금강산, 개성 특구는 개방정책의 확대로 볼 수 있다.

제6장 북한 강성대국 건설을 위한 국가전략의 특성을 설명한다. 이 논문에서 주장했던 논의를 바탕으로 강성대국 건설의 성과 및 강성대국 건설이 북한의 경제상황에 어떤 결과를 가져왔는지를 설명한다. 북한의 강성대국 건설전략의 특성은 향후 개혁·개방을 확대하면서 북한당국의 의도하지 않는 결과를 초래할 가능성도 배제할 수 없음을 함축하고 있는 것으로 판단된다.

제7장에서는 본 논문의 주요 주장과 시사점을 요약하고, 이것이 향후 북한의 경제발전 및 체제이행의 관점에서 어떤 함의를 갖는지 제시한다.

본 논문의 연구방법과 내용을 토대로 분석틀을 구성하면 다음 그림과 같다.

<그림 1-1> 분석 틀 구성

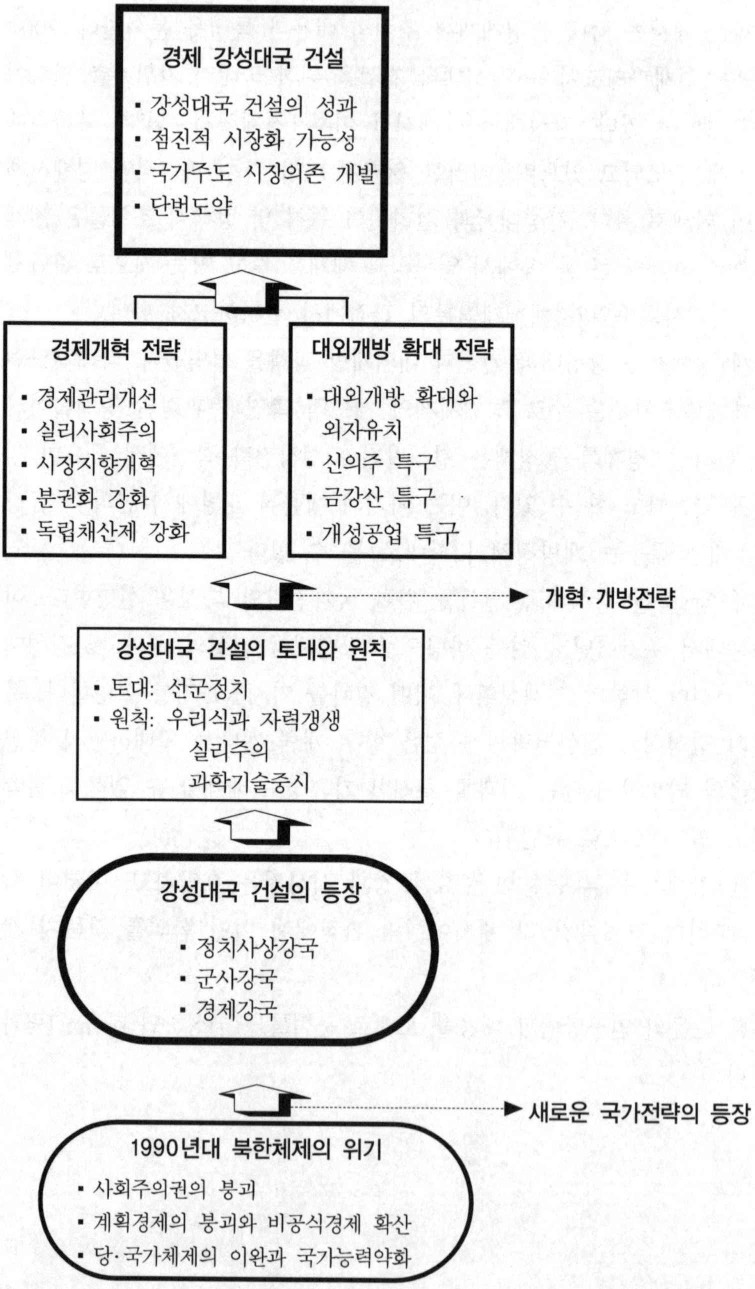

```
┌─────────────────────────────┐
│     경제 강성대국 건설        │
│  · 강성대국 건설의 성과       │
│  · 점진적 시장화 가능성       │
│  · 국가주도 시장의존 개발     │
│  · 단번도약                   │
└─────────────────────────────┘
              ⇧
┌──────────────┐  ┌──────────────┐
│ 경제개혁 전략 │  │대외개방 확대 전략│
│ · 경제관리개선 │  │ · 대외개방 확대와 │
│ · 실리사회주의 │  │    외자유치      │
│ · 시장지향개혁 │  │ · 신의주 특구    │
│ · 분권화 강화  │  │ · 금강산 특구    │
│ · 독립채산제 강화│ │ · 개성공업 특구  │
└──────────────┘  └──────────────┘
              ⇧ ·······················▶ 개혁·개방전략
┌─────────────────────────────┐
│   강성대국 건설의 토대와 원칙  │
│  · 토대: 선군정치             │
│  · 원칙: 우리식과 자력갱생     │
│           실리주의            │
│           과학기술중시        │
└─────────────────────────────┘
              ⇧
╭─────────────────────────────╮
│      강성대국 건설의 등장      │
│         · 정치사상강국         │
│         · 군사강국             │
│         · 경제강국             │
╰─────────────────────────────╯
              ⇧ ·······················▶ 새로운 국가전략의 등장
╭─────────────────────────────╮
│     1990년대 북한체제의 위기   │
│  · 사회주의권의 붕괴           │
│  · 계획경제의 붕괴와 비공식경제 확산│
│  · 당·국가체제의 이완과 국가능력약화│
╰─────────────────────────────╯
```

제2장 북한의 국가전략

북한이 정권수립과 동시에 채택한 국가전략은 사회주의 국가들이 전통적으로 추구하는 중공업 중심의 자본축적 전략과 자립경제 정책이라고 할 수 있다. 그리고 북한 경제체제의 또 다른 특징은 '군사적' 관점에서 경제활동을 계획화·조직화한 것으로 볼 수 있으며, 군사노선이 지향하는 목표를 달성하기 위하여 군사정책 및 전략적 관점에서 경제가 운용되었다.

북한의 이러한 발전전략은 산업화 초기에는 어느 정도 긍정적인 성과로 나타났으며, 식민지 지배를 경험한 국가들에게는 효율적인 국가전략으로 인식되었다. 하지만 군사적 목적을 달성하기 위한 수단으로 경제를 활용하는 체제에서 자원의 지속적 소모는 불가피할 수밖에 없다. 북한경제를 '군사경제'라고 부르는 것과 무관하지 않다.

1980년대 초부터 북한경제는 문제점이 부분적으로 드러나면서 침체현상이 초래되었다. 북한은 자립경제 및 중공업 우선 노선의 문제점을 극복하기 위하여 실용주의적 입장에서 '합영법' 및 각종 '대외경제법규'를 제정하여 해외자본을 유치하려는 노력을 모색하게 된다. 그럼에도 불구하고 북한은 지난 1990년대 들어와서부터 극심한 경제난에 시달리고 있다.[1] 북한의 경제난은 과거와 같이 패쇄적 자립경제를 추구하

---

1) 북한은 1990년대에 들어서 체계적으로 수립된 국가전략의 바탕 위에서 국가를 운영하지 못하였다. 그 근거로 첫째, 사회주의진영 국가들의 붕괴와 체제전환으로 인한 북한의 대외적 고립 심화, 둘째, 북한의 핵 및 미사일 개발 문제로 인해

는 것을 어렵게 하였으며, 북한이 변화를 추구하지 않는 한 현재의 경제난을 극복하는 데는 한계가 있는 것으로 평가된다.

국가전략을 '국가의 정치, 경제, 대외관계 등 모든 분야에서 중장기적으로 추진해야 할 정책에 대한 종합적이고 체계적인 계획이라고 한다면, 북한이 직면한 대내외 상황은 국가이익을 실현하기 위해 체계적인 국가전략을 수립해야 할 필요성을 제기하고 있다.

북한은 내부적 자원동원을 통한 경제난 극복은 불가능한 상태이며 개혁·개방을 통해 외부로부터의 지원 및 자본유치가 시급한 실정이다. 따라서 북한은 중국과 같이 사회주의의 기본 틀을 유지하면서 점진적으로 개혁·개방을 추구하고 있는 것으로 볼 수 있다. 북한은 대내외적 환경을 점진적으로 개선하면서 경제성장의 원동력이 될 수 있는 외부 원조 및 외자유치에 노력을 기울이고 있다. 이런 점에서 이 장에서는 향후 북한체제의 발전방향을 정확하게 이해하기 위해서는 북한이 추구하는 발전전략을 지속성과 변화의 관점에서 살펴볼 필요가 있다.

제1절 국가전략에 대한 이론적 논의

1. 국가전략의 개념

어느 국가를 막론하고 국가전략(national strategy)[2]은 그 국가의 존재이

미국 및 일본과의 관계개선 실패, 셋째, 폐쇄적 자립경제 및 중공업 우선 발전노선의 한계, 넷째, 김일성의 사망과 극심한 경제난 등으로 인한 체제위기 심화 등을 들 수 있다.

2) 배정호, 『21세기 한국의 국가전략과 안보전략』, 서울: 통일연구원, 2000, 3쪽. '전략'은 기술(art), 학(science), 학술(art and science)으로 정의되기도 하고 또 목표달성을 위한 지혜의 의미로 널리 통용되기도 하는데, 그 본질은 기계(奇計), 기략(奇略)이다. 이러한 전략의 의미는 20세기에 접어들면서 대전략이라는 용어의 사용과 함께 한층 확대되기 시작하였다. 제1차 세계대전을 계기로 전쟁의 양상이 크게 변화하고 국가총력전의 개념이 등장하게 되면서 대전략의 개념으로 발전하게 되었다.

유와 발전방향을 이해하기 위한 필수적인 요소라고 할 수 있으며, 각 분야별 발전전략이 사회성격을 규정하는 중요한 변수가 된다. 국가전략은 국가가 직면한 대내외 환경 속에서 향후 당면할 도전과 기회를 예견하여 국가이익을 실현하고 국가목표를 달성하기 위한 국가적 노력과 제한된 자원을 개발·통합·조정·배분 사용하는 방향과 방법을 제시하는 종합적이고 체계적인 국가 활동의 추진계획이다. 국가전략은 국가가 추구하는 가치, 이익, 목표로 구성되어 있다.

'국가가치'(national values)는 역사적 혹은 이념적 근원을 갖는 유산이나 규범으로서 국민전체가 소중히 여기는 것이다.[3] 일부 국가가치는 많은 국가들에 의해 공유될 수 있으나 일반적으로 국가의 특성에 따라 독특한 국가가치의 집합을 상정한다. 국가가치도 국가이익과 함께 국가전략의 중요한 요소로 간주되어야 한다.[4]

'국가이익'(national interest)은 통상적으로 주권국가의 대외정책 차원에서 사용된 중심개념으로서 오늘날에는 국내적 차원에서의 공공이익을 포함하여 포괄적인 개념으로 사용되고 있다.[5] 국가이익은 역사, 문화, 전통, 규범 및 시대상황에 따라 다소 변할 수 있지만, 일반적으로 국가의 보존·번영과 발전, 국위선양 및 국민이 소중히 여기는 가치와 체제의 보존과 신장 등을 추구하는 것을 의미한다.[6] 즉 국가이익은 국가의 최고정책결정과정을 통하여 표현되는 국민의 정치, 경제 및 문화적 욕구와 갈망으로 이해될 수 있다.

'국가목표'(national objectives)는 국가이익을 보존하고 신장하기 위하여

---

3) Laure Paquette, *National Values and National Strategy*, Ph. D. Dissertation, Kingston: Queen's University, 1992, p.67.

4) Donald Nuechterlein, *America Recommitted/ United States National Interest in a Restructured World*, Lexington: University Press of Kenturky, 1991, p.19. 네털라인은 '국가가치+국가이익=국가전략'이라는 공식을 제시하였다.

5) 임동원, 「한국의 국가전략: 개념과 변천과정」, 《국가전략》 제1권 1호, 1995, 13쪽.

6) 구영록, 「한국과 국가이익의 우선의 문제점」, 《한국과 국제정치》 제3권 제1호, 1987, 8쪽.

국가가 달성하고자 하는 목표를 의미한다.[7] 국가목표는 국가이익을 유지하기 위해 필요한 요건으로서 국가이익의 하위개념이며 국가이익의 증진·보호·획득에 필요한 상황으로 정의될 수 있다. 국가이익이 추상적이고 불변적이라면 국가목표는 보다 구체적이고 중·장기적으로 변할 수 있는 성격을 가진다.

국가이익, 국가가치, 국가목표 등 국가전략을 구성하고 있는 요소들의 특징에서 알 수 있듯이 국가전략은 다음과 같은 내용이 포함되어야 한다.

> 한 나라가 추구할 목표에 대한 공통된 가정이나 전제들과 공유된 개념적 구도와 정책수립자간에 수단과 방법 사이의 관계, 목적 달성 방법과 자국의 이익을 증진하기 위한 방법, 위협으로부터 국가를 보호하고 위협을 극소화하는 길, 그리고 가장 유리하고 효율적인 방법으로 문제에 접근하고 기회가 오면 그것을 최대한으로 자기에게 유리하게 이용하는 길이 무엇인가에 대한 폭넓은 합의를 가진 신념구조.[8]

국가전략의 내용과 추진방법은 국가에 따라 크게 다를 수 있지만, 특히 국가목표를 달성하기 위한 지도자의 비전과 의지에 따라 변화할 수 있는 가변적인 성격을 갖는다.[9] 이러한 차원에서 국가전략은 종합성, 다차원 및 역사적 특수성이라는 구조를 갖는다고 볼 수 있다.

첫째, 국가전략은 정치, 경제, 안보 등 분야별 전략들을 포괄하고 유기적으로 통합하는 종합전략이다. 냉전시대에는 안보문제의 중요성으로 인해 국가안보전략이 곧 국가전략으로 인식되었다. 하지만 탈냉전시대의 도래와 더불어 군사안보문제의 중요성이 쇠퇴하고 경제, 사회, 문화 분야의 문제가 갖는 중요성이 상대적으로 높아지면서 안보의 개념

---

7) 임동원, 앞의 논문, 13쪽.

8) 전성훈, 「한국의 국가이익과 국가전략」, 《국가전략》 제5권 2호, 1999, 179쪽.

9) 위의 논문, pp. 173-174. 이 경우 국가전략은 각 국가의 대내외적 환경에 따라 대전략(Grand Strategy), 총체전략(Total strategy), 국가안보전략(National Security Strategy), 국가정책(National Policy), 또는 국가발전전략(National Development Strategy) 등으로 사용된다.

자체가 포괄적으로 해석되고 있다. 따라서 탈냉전시대에는 국가전략의 종합적 성격이 부각되고 있다.

둘째, 국가전략의 수립과 추진과정은 다음과 같이 세 단계로 구분할 수 있다. 우선 동기적 차원에서 국가가 추구하는 이익과 목표를 선택하고 중요도를 결정하는 것이다. 그 다음 인식적 차원에서 국내외 정세에 대한 분석을 통해 도전과 기회를 파악하는 것이다. 그리고 운영적 차원에서 주어진 환경 속에서 목표를 달성하기 위해 가장 적절한 전략을 선택하고 이를 추진할 구체적인 방안과 수단을 마련하는 것이다.

셋째, 국가전략은 해당국가의 능력과 특수한 사정, 즉 국가가 위치하는 시대상황을 반영하여 마련된다는 점에서 역사적 특수성을 갖는다. 국가전략의 내용이나 추진방법은 당시의 시대상황, 정치세력, 국민여론 및 이념적 시각에 따라 상이하게 나타날 수 있다.

국가전략의 구상 및 수립, 그리고 추진에 있어서는 환경의 변화에 대한 분석, 국가이익에 대한 인식과 그에 따른 국가목표의 설정, 국력 및 국가전략의 수행능력에 대한 정확한 평가, 한정된 가용자원을 우선순위가 높은 목표에 집중적이고도 효율적으로 사용할 수 있는 전략적 기회, 정치지도자들의 국가전략에 대한 중요성에 대한 인식과 전략적 사고 등이 중요하다.

그리고 국제환경이나 국내환경은 사회와 사회의 관계에 관한 것이다. 국제사회는 다양한 행위주체로 구성되어 있는데 행위주체가 국가일 경우 국제환경은 국제역학의 변화와 더불어 국가전략에 큰 영향을 미친다. 국내환경은 국가의 전략수립과 전략수행에 직접적이고 경우에 따라서는 결정적인 영향을 미칠 수 있다. 국가목표의 설정 및 국가전략에 대한 국민적 합의의 형성, 정치지도자의 리더십 발휘, 국민들의 의식 및 가치관, 사회정치적 결속도 등은 국가전략의 수립 및 전개에 직접적이고 경우에 따라 결정적인 영향을 미칠 수 있는 것이다.[10]

오늘날의 국가전략은 국가의 번영 및 생존을 확보하기 위한 안보전략

10) 구영록, 앞의 논문, 8쪽.

차원을 넘어 국가의 생존을 확보하고 발전을 도모하기 위한 경영차원
에서 논의되고 있다.11) 그러나 국가전략 개념은 그 자체가 매우 다의적
인 면을 내포하고 있기 때문에 여전히 군사전략 또는 안보전략과 혼용
되는 경우가 적지 않다. 따라서 국가전략은 "한 국가가 전략수행 능력
을 바탕으로 환경의 동태적 변화(dynamic change)에 적응하면서 국가의
생존 및 발전을 위하여 인식되는 국익의 실현을 추구하고, 아울러 국가
목표의 효율적 달성을 도모하는 방안"이다. 이는 국가가 당면하게 될
위협과 기회를 예견하여 국가적 노력과 제한된 자원을 국가목표 달성
을 위하여 배분·운영 등의 현실적 행동방책을 선택하는 것이 국가전략
이며, 위협에 대응하여 국가의 안전을 보장할 뿐만 아니라, 기회를 포
착하여 국가의 발전과 번영을 추구하는 포괄적인 접근방법이다.12)

2. 국가이익과 국가전략의 유형

이러한 국가전략을 바탕으로 국가를 경영하는데 있어서 국가의 목적
과 목표에 기초하고 있는 중심개념이 있어야 한다. 국가이익에 기초한
정책을 추진함으로써 가장 효율적인 정치체제를 구축하고 나아가 국가
의 핵심적 가치를 달성할 수 있다.
이런 점에서 국가는 국내적인 안정, 경제발전을 이룩하기 위해 국가
이익을 우선시하며, 또한 국가이익의 우선순위를 세워 놓고 있을 것이
다. 국가이익은 이상적이면서도 실현 지향적인 것인데, 넓은 의미에서
보면 대체로 ①국가의 자기보존, ②국가의 번영과 발전, ③국위선양,
④국민이 소중히 여기는 가치와 체제의 보존 및 신장, ⑤호의적인 또
는 유리한 국제환경의 조성 및 국제질서의 창출 등을 기본적인 내용으

---

11) The White House, *A National Security Strategy of Engagement and Enlargement*,
   Washington, D.C.: The White House, 1996, p.18; The White House, *A National
   Security Strategy for A New Century*, Washington, D.C.: The White House, 1997,
   p.2.
12) 세종연구소, 『21세기를 향한 한국의 국가전략』, 성남: 세종연구소, 1996, 2쪽.

로 한다.13) 이 가운데 특히 경제와 안보가 모든 국가들의 기본적인 국가이익이라고 할 수 있다. 이들 요소는 국가이익의 경제적 측면, 정치적 측면, 군사적 측면, 외교적 측면 등 한 국가가 고려할 수 있는 이익을 포함하는 것이다.

국가이익의 분류와 관련하여 보다 중요한 부분을 차지하는 문제는 국가이익을 중요도에 따라 개념화하고 관련 현안들을 우선순위별로 분류하는 것이다. 네털라인(Donald Nuechterlein)은 국가이익을 중요도에 따라 '존망의 이익'(survival interests), '핵심적 이익'(vital interests), '중요한 이익'(major interests), '지엽적인 이익'(pheripheral interests)의 네 가지로 분류하였다.14) 국가의 존망의 이익이 침해되는 상황에서는 적대국의 군사공격이나 공격위협으로 인해 국가의 존립자체가 위태롭게 됨으로써 극단적인 핵무기사용도 불사하게 된다. 따라서 이러한 네 가지 국가이익 중 가장 중요한 국가이익은 국가존망의 이익이다.15)

국가이익을 중요도에 따라 설명하면 다음과 같다. 첫째, 존망의 이익이 걸려 있는 사안은 국가존립을 직접적으로 위협하기 때문에 군사력이 사용되며 협상과 타협의 여지가 거의 없다. 둘째, 핵심적 이익을 갖는 사안은 국가안보에 치명적인 손실을 가져올 수 있기 때문에 역시 신속한 군사행동을 포함한 강력한 대응책이 필요하지만 전쟁보다는 다른 방법에 의해 해결책이 모색된다. 셋째, 중요한 이익이 걸려 있는 사안의 경우에는 예방책을 마련하지 않으면 심각한 손해가 예상된다. 넷째, 지엽적 이익에는 시기적으로 급박하지 않을 뿐만 아니라 손해의 규모도 아주 적은 사안들이 포함된다고 한다. 나아가 국가정책의 주제별로 외교, 안보, 경제, 문화 및 통일 등 5개 분야의 국가이익을 상정하고 이

---

13) 구영록, 『한국의 국가이익: 외교정치의 현실과 이상』, 서울: 법문사, 1995, 31쪽.

14) Donald Nuechterlein, "The Concept of National Interest: A Time for New Approach," *Orbis*, Vol.23, No.1(Spring), 1979, pp.79-80.

15) 국가가 생존하고 독립과 주권을 향유하려면 자기 방어를 할 수 있는 힘이 있어야 하는 것이다. 힘은 상대 국가를 지배하는데도 필요하지만, 그 지배를 방어하는데도 절대적인 것이다.

를 이익의 중요도와 연계하였다. 외교는 중요한 이익의 요소를 포함한 핵심적 이익, 안보는 존망의 이익, 경제는 존망의 이익요소를 포함한 핵심적 이익, 통일은 민족이익을 고려한 핵심적 이익, 그리고 문화는 지엽적 이익에서 중요한 이익으로 발전한 것이다.[16]

탈냉전 시대에 접어들면서 국가이익을 추구하기 위한 대외전략은 경제력과 같은 맥락에서 이해되며, 대외정책에 있어서 경제력은 곧 국력과 연결된다. 나아가 경제력의 중요성은 정치제도의 능력이나 효율성과도 중요한 상호연관성이 있다. 특히 한 국가의 대외정책 수행능력에 있어서 기본적인 원동력은 경제력이라고 볼 수 있다. 세계정치의 주요 행위자들은 경제력을 외교정책의 막강한 도구와 수단으로 사용해왔다. 강대국들 뿐 아니라 약소국들도 최근에는 경제원조, 교역, 차관 등의 수단을 동원하여 상대 국가를 보상, 징벌하면서 자국의 국가이익을 극대화하고 있다. 따라서 국력은 능력의 총체를 의미하며, 국가능력의 가장 중요한 기반은 경제력이다.

이러한 국가이익을 실현하기 위해서 국가는 실천전략이 필요하다. 국가전략의 유형은 롯칠드와 커리(D. Lothchild and R. L. Curry)에 의하면, 국가의 이익·목표와 국가전략의 상호관계는 조정적 전략(accommodation strategy), 재조직화 전략(reorganization strategy), 변혁적 전략(transformation strategy)으로 구분된다.[17]

첫째, 조정적 전략은 정치안정과 급속한 경제발전 등과 같은 중요한 국가목표를 달성하기 위해 정치·경제적으로 서구자본주의질서와의 구조적 통합과 예속을 받아들이는 정책대응 유형이다. 국가는 자원의 효율적인 동원과 배분이라는 목표를 위해서 빠른 경제성장을 달성하려는 구체적인 정책목표들을 세우게 되며, 이와 같은 정책목표를 달성하는 방안으로서 해외자본의 도입을 촉진시킬 수 있는 정책수단들을 가급적

---

16) 구영록, 앞의 책, 31-32쪽.

17) Donald Rothchild and Robert L. Curry, *Choice, and Public Policy in Middle Africa*, Berkely: University of California Press, 1978, pp.112-114.

빨리 강구하게 된다.

둘째, 변혁적 전략은 기존 자본주의 세계경제체제와의 관계를 착취적이며 굴욕적인 관계로 간주하여 구조적 종속, 불평등, 지나친 개인주의와 다원주의, 묵종주의 등을 극복하여 공리적이고 평등하며 자주적인 사회를 창조하려는 정책이다. 변혁적인 전략형의 국가는 자본주의 세계경제체제와의 착취적이며 굴욕적인 관계를 종식시켜 보려는 혁명적인 정책모형으로서 사회복지 및 배분의 형평성은 그들의 개발정책에서 큰 정책목적으로 부각된다. 그러나 이 정책모형은 계급투쟁과 같은 개념은 거부하고 있으며, 자본주의 국가와는 제한된 관계를 유지하는 비교적 폐쇄된 경제체제를 가지는 것이 특징이다.

셋째, 재조직화 전략은 조정적 전략과 변혁적 전략의 중간형으로서 정책목표와 수단도 중간적인 성격을 가지며, 자국의 성장과 발전을 위해 서구자본주의와의 고유한 연계성을 유지 이용하면서 동시에 이념적 민족적 원칙과 사회복지 및 분배의 형평성을 추구해나가는 정책유형이다.

이와 달리 국가전략을 산업화정책에 따라 다양하게 구분할 수 있다. 산업화정책은 국가개입전략과 시장분배전략, 자주적 산업화의 차관에 의한 산업화 전략, 개방전략과 폐쇄경제경제전략, 국제협업적전략과 국제단절전략 등으로 다양하게 분류되고 있다.[18] 그러나 많은 학자들에 의해 산업화전략은 일차상품 수출전략(a strategy of primary commodity exporter), 수입대체 산업화(import-substitution industrialization), 수출지향 산업화(export-oriented industrialization), 수출주도 산업화(export-led industrialization) 및 수출주도산업화 조정전략(adjustment in export-led industrialization) 등으로 나누고 있다.[19]

첫째, 1차 상품 수출전략은 가공되지 않은 농산물, 광물, 지하자원,

---

18) John Gerald Ruggie, ed., *The Antinomies of Independence: National Welfare and the International Division of Labor*, New York: Columbia University Press, 1983, pp. 1-42.

19) 김석준, 「산업화정책과 국가능력의 변동: 한국과 대만의 비교」, 강민 외, 『국가와 공공정책』, 서울: 법문사, 1991, 218-223쪽.

천연자원 등 원료와 같은 일차산물을 수출하는 산업화 이전의 초기전
략이다. 따라서 국가는 경제나 사회세력에 대한 개입능력을 필요로 하
지 않고 외국시장과의 관계에서도 종속적인 지위에 있어서 가장 낮은
국가능력을 필요로 하는 산업화 단계이다. 그러므로 이 전략은 국내사
회세력이 미조직화한 상태에서 힘이 약하고 이념적으로도 민족주의나
자원민족주의와 같은 이념형성의 기반이 취약한 반면, 강력한 식민종주
국이 존재할 때 쉽게 채택되며, 대표적인 사례로는 중남미, 아프리카,
아세아지역의 식민지 국가를 들 수 있다.

둘째, 수입대체산업화전략은 주로 국내의 내수용 생활필수품과 같은
경공업제품을 중심으로 산업화를 추진하여 이들 최종 소비재의 수입을
국내 제조업의 육성으로 인한 국내생산으로 대체하는 산업화전략이다.
이러한 전략은 국내중소기업, 비조직화된 노동자, 농업부문 등에 보다
많은 혜택을 주게 된다. 반면 수출부문, 대기업, 해외다국적기업, 외국
자본 등은 이러한 대외폐쇄적인 전략으로부터 피해를 받게 된다. 이 정
책은 이들 수혜집단의 힘이 크게 작용하는 민중정권의 출현과 함께 채
택되는 경우가 많다. 특히 사회주의 혁명에 의해 수립된 사회주의 정권
들이 수입대체산업화전략을 추진한다. 따라서 이 전략을 채택하기 위해
서는 민중세력의 활성화, 민족주의 이념강화, 대기업 및 해외자본에 대
한 적절한 경제력 등을 포용하는 국가능력을 필요로 한다.

셋째, 수출지향산업화전략은 국내 내수용보다는 주로 국제시장에서의
비교우위를 지닌 제조업 부문 상품을 해외시장에 수출하기 위해 추진
하는 전략이다. 대체로 천연자원이나 자본이 충분치 못한 제3세계에서
는 산업화 초기에 풍부한 노동력과 임금을 최대의 이점으로 활용하여
섬유제품, 신발 기타 경공업 등 노동집약적인 상품을 수출하게 되고,
산업화 후기에는 임금상승과 노동력 제약에 따른 높은 기술을 필요로
하는 제품을 생산 및 수출 전략을 취한다. 이 전략은 수출부문, 대기업,
외국자본, 국가관료들이 혜택을 받는다. 반대로 민중부문의 이익이 대
체로 제약을 받게 된다. 이 전략은 국가관료나 대기업, 외국자본의 지

원 등의 클 때 이루어진다. 이 전략은 국내의 사회세력이 강할 때는 이를 억제 혹은 배제할 강력한 사회규제, 경제개입 능력을 필요로 한다.

넷째, 수출주도산업화전략은 국가의 역할을 더욱 필요로 하고 대기업과 외국자본의 경제 내에서의 비중을 더욱 증대시킨다. 수출주도산업화전략을 수출지향산업화전략에 포함시킬 수 있으나, 이러한 이유 때문에 서로 구별된다. 이 전략은 노동집약산업화에서 기술집약, 자본집약의 중화학, 기계 전자부문과 조선공업 등과 같은 산업화의 심화로 국내 대기업과 외국자본의 비대에 따른 영향력 증대, 국내 사회계급으로서의 노동부문의 정치적 활성화가 이루어져서 수출주도산업화의 추진을 위해서는 국가의 능력이 더욱 클 것을 요구한다.

다섯째, 수출주도산업화 조정전략은 크게 두 분야로 구분한다. 하나는 국내자본의 비대와 국제화에 따른 정책영향력의 증가로 발전전략을 국가주도에서 민간경제 혹은 기업이 중심이 된 경제자유화 정책의 요구로 나타난다. 이때 국내외 대기업들은 경제의 효율성 제고를 위해서는 국가가 경제에 대한 개입을 줄여 경제자유화를 추진해야 한다. 다른하나는 정치적으로 활성화된 노동과 중소기업 부문이 성장이나 자본축적 지향의 전략을 보다 복지와 분배를 고려한 산업화전략으로 바꾸도록 하는 경제민주화를 요구한다.

이처럼 국가와 산업화정책은 그 수혜집단이 서로 다르고 이를 조정하는 국가의 역할도 상이하다. 국가의 능력이 클 때는 산업화정책의 선택폭이 그만큼 넓고 국가의 재량성이 커지는 반면에 국가의 능력이 낮을수록 산업화정책의 선택 폭이 좁아져서 국가의 자율성이 크게 제약된다. 산업화전략은 국가능력, 사회계급, 세계경제구조 등과 밀접히 연관되어 있음을 알 수 있다. 이러한 국가전략을 효율적으로 수행하는 수단으로는 이념적 호소, 새로운 제도의 마련, 제도들 간의 권력변화, 정책형성 제도의 개편, 대외경제협력의 체결 및 효과적인 행정수단 등이 있는 바, 이것들을 제약하는 가장 중요한 요인은 정책망(policy network)의 성격이다. 그런데 한 국가가 사회와 분화되어 있는 정도에 따라서 이

정책망의 성격은 현실적으로 규정되어지기 마련이며, 국가와 사회내의 집권화 정도는 결국 정책수단의 다양성을 결정짓게 된다. 한마디로 국내구조(domestic structure)가 대외경제 정책의 전략들을 크게 규정한다는 결론이 된다.

3. 국가전략의 추진과 국가능력

국가의 발전전략을 구상하고 추진하기 위해서 고려하여야할 것은 행위주체인 국가의 전략수행 능력이다. 일반적으로 국가란 한 사회를 지배할 수 있는 정치권력을 잡은 사람과 그 권력을 행사하는 집권화된 통치기관들로 구성된 하나의 자율적인 최고의 결정기관이라고 할 수 있다. 즉 국가는 '지배체계' 또는 '계급지배의 체계'로 정의할 수 있다.[20]

국가에 대한 개념은 베버(Max Weber)가 지적한 것처럼 "한 영토 내에 존재하는 강제적인 최고의 조직"[21] 또는 무력의 합법적 독점을 바탕으로 특정 영토내의 사회와 주민에 대하여 배타적 지배를 행하며 영토 내의 다른 조직들에 대해 주권을 행사하는 조직적인 도구라고 파악할 수 있다.

한 사회의 '조직적 기구'로서의 국가의 전략수행 능력은 전략의 행위주체인 국가의 능력을 나타내는 것으로서 여러 가지 요소들로서 구성되는 복합체이다. 힘(power)이 행위주체가 의도한 효과를 가져다 줄 수 있는 능력이라고 한다면, 국가의 전략수행 능력은 국력(national power)과 같은 의미로 사용할 수 있다. 즉 국가의 전략수행 능력은 다양한 요소로 구성된 복합체로서 국력의 양질을 나타내는 것이다.

국가능력(state capacity)은 "국가가 국가공동체 구성원들 간에 합의된

---

20) 함택영, 『국가안보의 정치경제학』, 서울: 법문사, 1998, 129쪽.

21) Amitai Etzioni, *The Active Society: A Societal and Political Processes*, New York: Free Press, 1968, p.107; H. H. Gerth, and C. Wright Mills(eds.), *From Max Weber: Essays in Sociology*, New York: Oxford University Press, 1946, p.78.

국가목표와 국가이익을 자율적으로 정책이나 국가 활동을 통해 실현할 수 있는 기능적, 조직적, 제도적 측면에서의 총체적 능력"이라고 정의할 수 있다.

첫째, 국가는 특정계급이나 외국자본 등과 같은 사회구성원의 합의와는 거리가 있는 목표가 아닌 국가구성원들 간의 다양한 이해관계와 의견을 집약한 위에서 이들의 합의를 바탕으로 국가목표와 국가이익을 규정할 수 있어야 한다.

둘째, 합의에 설정된 국가목표와 국가이익은 합리적 정책대안으로 수립되는 정책결정과정의 국가능력으로 나타나야 한다. 국가의 맹목적인 자율성이 아닌 국가목표를 효과성, 형평성, 능률성, 합리성 등에 비추어 적절한 정책대안으로 전환하는 국가능력이 요구된다.

셋째, 국가의 정책수립과 집행에 요구되는 적절한 정책망과 같은 제도적 장치를 필요로 한다. 국가가 스스로의 이익과 목표를 효과적으로 수립·집행하기 위해서는 힘의 우위뿐만 아니라 국가가 사회계급과 세계체제변수 등에 대해 폭넓은 제도적 장치를 주도적으로 보유하여야 기능적 능력을 제도적으로 보완할 수 있고, 실질적으로 이러한 제도적 기제가 갖추어질 때만이 국가는 사회계급이나 세계체제로부터 자율성을 누리고 국가목표를 추진할 수 있는 재량권을 제고할 수 있기 때문이다.

넷째, 따라서 국가는 사회계급과 세계체제의 틈바구니에서 스스로의 국가이익과 목표를 수립하고 추진하기 위해서는 기능적인 추출, 규제, 분배, 재분배능력과 같은 요소뿐만 아니라 다양한 조직 장치들을 갖추는 조직능력과 각종 제도적 장치로 나타나는 제도적 측면에서의 능력을 갖추어야 한다. 또한 국가는 사회계급과 세계체제의 요소들을 통제의 대상만이 아니라, 전략적으로 지배동맹의 구성원으로 참여시켜 적극적으로 관리해갈 수 있는 지배동맹 관리능력도 보유하여야 한다.

다섯째, 이러한 측면에서 국가는 기능적, 조직적, 제도적 지배동맹 관리능력 면에서 총체적으로 요구되는 능력을 지녀야 한다. 이러한 총체적 측면에서의 능력이 요구되는 것은 이러한 능력 가운데 어느 하나가

결여되어도 국가능력이 손상되기 때문이다.

한편 스카치폴(Theada Skocpol)은 국가능력을 "국가의 영토 및 국민들을 효율적으로 지배할 수 있는 정부능력으로"[22]정의한다. 정치체제의 생존과 기능은 네 가지 국가능력에 의존한다.

첫째, 사회적으로 자원을 동원할 수 있는 추출능력(extractive capacity), 둘째, 사회·경제적 발전을 조정관리 할 수 있는 조정능력(steering capacity), 셋째, 국민적 합의를 도출하거나 상징을 통해 지배할 수 있는 정당화 능력(legitimation capacity), 넷째, 무력의 사용 또는 위협을 통해 지배할 수 있는 강제능력(coercive capacity)이다.[23] 이러한 국가능력 요소는 상호연관 되어 있다. 예컨대 정권의 정당화는 정책현실에 의존한다. 만약 국가가 기대했던 목표수준이나 적어도 지도자가 약속했던 경제적·사회적 목적을 달성하면 정당성에는 문제가 없다. 반면에 그렇지 못하면 정당성의 약화를 초래하게 된다. 그리고 국가는 정당성 없이는 사회로부터 자원을 추출하는데 어려움을 겪게 된다. 이러한 국가능력의 4가지 요소는 동시에 일어나기 힘들다. 하지만 하나의 국가능력 변화는 또 다른 국가능력의 변화를 강제하게 된다. 국가능력의 약화 경향이 계속된다면 체제붕괴 위험은 아니더라도 정권에게는 심각한 문제를 일으킨다. 국가능력 가운데 국가의 자원추출능력은 총체적인 국가능력의 핵심지표라고 할 수 있다. 왜냐하면 국가가 효율적으로 자원을 추출할 수 없다면 국가의 기능을 수행하기 힘들기 때문이다. 일반적으로 말해서 자본주의 국가의 총추출 능력은 조세와 이윤을 바탕으로 하며, 사회주의국가의 추출능력은 정부예산과 기업 생산금을 바탕으로 규정하고 있다.[24]

---

22) Theada Skocpol, "Bringing the State Back In: Strategies of Analysis in Current Research," in Peter B. Evans, et al.(eds.), *Bringing the State Back In*, New York: Cambridge University Press, 1985, pp.3-37.

23) Shaoguang Wang, "The Rise of Regions: Fiscal Reform and the Decline of Central State Capacity in China," in Andrew G. Walder(ed.), *The Waning of the Communist States*, Berkeley: University of California Press, 1995, p.89.

24) 함택영, 앞의 책, 129-130쪽.

이러한 국가전략 수행 능력의 주요 기반은 군사력, 경제력, 정보력, 여론지배력, 문화력 등인데, 이들은 완전히 별개의 것이 아니고 상당부분 밀접히 연계되어 있다. 냉전시대 국가전략 수행능력 기반으로 군사력이 중요시되었지만, 탈냉전시대에는 국제환경의 변화와 더불어 국력 및 국가능력의 기반으로서 경제력의 중요성이 한층 더해 가고 있다. 즉 국력의 구성요소로서, 또 국가전략 수행능력의 기반으로서 경제력의 중요성이 커진 것이다. 그리고 국가전략의 수행에는 국력 뿐 아니라 정부 및 정치지도자의 리더십, 재정력, 목적의식 및 비전도 중요하게 작용한다.

제2절 북한 국가전략의 형성과 특징

한 국가의 장기적 발전전략과 위기에 대한 대응책은 그 국가 내에 축적된 사회적 재부, 정치경제의 작동원리, 인적 자원 등의 여러 요인을 고려하여 수립할 수밖에 없다는 내적 논리를 가지고 있다. 그렇기 때문에 외부에서 바라본 시각이 객관적이고 정확하다 할지라도 외부자의 입장에서 내린 주관자의 평가는 경우에 따라 사실을 왜곡할 위험을 안고 있다. 북한사회를 정확히 분석하고 예측하기 위해서는 그들의 작동원리에 대해 분명히 알아야 한다. 이를 이해하기 위해서는 그들의 발전전략이 무엇인지, 어떻게 운영되고 있으며, 그리고 전략의 수단과 목표에 대한 정확한 분석이 이루어져야 한다.

북한 국가발전전략의 형성과 변화를 설명하기 위해 여기서는 '국가전략' 개념을 원용하고자 한다. 근대화와 사회주의 이념지향이라는 동시적 목표를 수행하기 위한 사회주의 국가의 발전전략은 어느 시기에서나 아무 조건 없이 형성되고 변화하는 것이 아니다. 다시 말해 국가의 발전전략의 지속과 변화의 계기는 국가가 처한 여건과 국내외 환경에서 일어나는 것이며 따라서 이를 일반화시켜 설명할 때 오히려 설명력은 증대될 것이다.

앞서 설명한 바와 같이 국가전략 개념은 국가가 직면한 대내외 환경 속에서 향후 당면할 도전과 기회를 예견하여 국가이익을 실현하고 국가목표를 달성하기 위한 국가적 노력과 제한된 자원을 개발 통합·조정·배분 사용하는 방향과 방법을 제시하는 종합적이고 체계적인 국가활동의 추진계획으로 정의된다. 이러한 국가전략 개념은 일반적으로 국제정치학에서 널리 사용되어 왔다. 즉 국제정치에서의 국가간 분쟁이나 외교적 충돌 혹은 전쟁, 체제위기 상황 등과 같은 국가 존망의 핵심적 이익을 염두에 두고 이의 발생과 결과 그리고 이의 해결을 위해 국가가 수행하는 방식에 초점을 맞춰 분석하는 개념이다. 국가전략에 관한 대부분의 연구는 국제정치와 관련 것이거나 외교정책에 관한 것이다. 국가전략의 개념을 토대로 북한이 처한 위기상황과 그 해결방안에 대한 설명은 이러한 국가전략 개념이 적절한 원용이 될 수 있다고 판단된다.

1. 국가전략의 형성

20세기 초반 실제로 역사에 등장한 현실 사회주의는 그 형성과정에서부터 고전적인 사회주의이론과는 괴리되었다. 사회주의체제가 최초로 등장한 러시아의 1917년 혁명이나 그 이후에 일어난 사회주의혁명 중에서 마르크스가 예견한 방식으로 일어난 사회주의혁명과 사회주의체제는 하나도 없었다. 즉 선진자본주의사회에서 혁명이 발생하지 않았다는 점이다.[25]

사회주의는 또한 마르크스가 예견한 것처럼 선진자본주의 국가에서 역사발전의 다음 단계에서 발생한 것이 아니라, 경제적으로 낙후한 주

---

25) Janos Kornai, *The Socialist System: The Political Economy of Communism*, New Jersey: Princeton University Press, 1992, pp.22-23. 소련에 의해 사회주의가 강요된 대부분의 동유럽국가를 제외하고 혁명이 내부에서 발생한 러시아, 중국, 베트남, 유고슬라비아, 쿠바, 니카라과 등의 사회주의 국가들이 그러했고 1925년의 조선공산당 결성도 같은 맥락에서 이해될 수 있다.

변부 국가의 반제국주의 혁명 혹은 선진국을 추격발전하고자 하는 후
진국의 경제발전전략으로 채택되었다.26) 따라서 사회주의혁명의 가장
중요한 목표는 경제적, 사회적, 문화적 후진성을 극복하여 추격발전
(catching-up)하는 것이다.27) 그리고 사회주의 혁명에 성공한 엘리트들은
중앙집권적 계획경제의 실행 등 사회전반에 대한 강력한 통제력을 통
하여 구체제의 비효율성과 비도덕성을 극복하고 단기간에 경제를 선진
화할 수 있다고 믿었다. 특히 사회주의혁명에 성공한 그 순간부터 '경
제조직자적 임무'를 자임한 정치는 새로운 역할에 맞게 재구조화되어야
하는 운명에 처할 수밖에 없다는 점이다.

이러한 관점에서 젱아스(D. Senghass)의 사회주의 발전전략에 대한 논
의는 많은 시사점을 주고 있다. 젱아스는 사회주의적 발전을 하기 위해
서는 사회구조의 혁명적 변화, 사회간접자본 부문의 우선적 건설, 농업
과 소비재공업 중공업우선 발전, 그리고 대외경제관계의 재조정 등과
같은 과제를 해결해야 하며, 이러한 과제들을 해결하기 위한 정치적 노
력이 스탈린적 정치체제를 형성시킨 주요한 요인으로 들고 있는 것이
다.28)

사회주의를 탈자본주의적 추격발전전략으로 파악할 때, 스탈린적 정
치체제 역시 이러한 발전전략의 전제조건이자 필수적인 산물로서 이해
될 수 있다. 즉 자본주의체제로부터의 이탈과 함께 급진적인 방법을 통
하여 선진국을 따라잡기 위해서는 국가의 계획과 강력한 사회적 동원
능력이 요구되었으며, 그 결과 중앙집권적이고 동원적인 성격을 띤 스
탈린적 정치체제가 성립되게 되었다는 것이다.

26) Immanuel Wallerstein, *The Politics of the World-Economy*, New York: Cambridge University Press, 1984; Immanuel Wallerstein, *The Capitalist World-Economy*, Cambridge: Cambridge University Press, 1979.
27) 사회주의적 추격발전이란 경제적으로 후진사회인 사회주의가 선진자본주의 국가를 따라잡아 자기중심적인 경제성장을 하는 것이다. 이런 측면을 강조하여 사회주의를 추격발전의 한 전략적 체제로 이해한다. 디이터 젱아스 저, 한상진·유팔무 역, 『유럽의 교훈과 제3세계』, 서울: 나남, 1990, 209-254쪽.
28) 디이터 젱아스 저, 한상진·유팔무 역, 앞의 책, 226-235쪽.

추격적으로 사회주의적인 발전전략이 성공하기 위해서는 자생력 있는 경제구조의 건설이 요구된다는 점이다. 나아가 이러한 사회주의적 발전전략이 성공하기 위해서는 단위 국가 내에서 생산에서부터 소비에 이르는 경제의 유기적 연계가 완성되어 외부세계와의 경제적 연관이 단절 혹은 최소화되더라도 독자적으로 발전할 수 있는 경제체제를 형성해야 하는 과제를 안게 된다. 이러한 경제체제가 성공하기 위해서는 균형잡힌 자본형성의 구조, 독자적인 국내시장에서의 자원동원과 개발의 결합, 단순한 구조에서 복잡한 구조로의 유기적 발전 등의 3가지 과제가 해결되어야 한다고 보고 있다.[29] 결국 이는 국가의 동원능력을 극대화시키지 않고서는 해결할 수 없는 과제인 것이다. 따라서 사회주의적 발전전략은 국가의 동원적이고 중앙집권적인 정치체제의 형성을 촉진시키는 역할을 하게 되는 것이다. 나아가 사회주의적 발전전략을 수행하면서 정치는 지속적으로 경제와의 상호작용 속에서 영향을 받지 않을 수 없다는 점이다. 정치적 행위가 곧 경제적 산출로 연결되는 구조 속에서 정치는 경제적 목표 혹은 경제위기에 대응하여 끊임없이 자신을 재구조화할 수 없는 것이다.

북한의 경제발전전략에 대한 연구에서도 이러한 접근은 시사하는 점이 매우 크다고 할 수 있다. 북한은 한국전쟁 이후 국가목표를 경제적 발전에 높은 정책적 순위를 부여해왔다. 그것이 때로는 '민주기지노선'으로 때로는 '북반부혁명력량'으로 표현되기도 했지만,[30] 북한 지도부는 번영된 사회주의 경제를 건설하는 것에 높은 정책적 우선순위를 두었으며, 또한 이것이 한반도 차원에서 사회주의 혁명과 건설을 달성하는 주요한 방법이라고 인식했던 것이다. 다시 말해 북한은 사회주의적 근대국가 건설이라는 전략 하에 점차 사회주의요소(국가소유, 계획경제)와

29) 앞의 책, 280쪽.
30) 북한체제는 일본의 식민지 지배에서 해방되었으나, 동서 양진영의 대립으로 인하여 분단된 한반도에서 사회주의적 근대국민국가를 한 지역에서나 우선 건설하고 이를 기초로 한반도 전체를 사회주의체제로 만들려는 국가전략을 채택하였다.

당에 의한 지배질서를 강화해 나갔다. 결국 해방 후 한국전쟁 종식에 이르는 기간 동안 북한은 민주적 성격을 강하게 띤 사회주의적 근대국가건설이라는 목표로부터 당을 중심으로 한 중앙집권적 사회주의체제 건설이라는 목표로 기본전략을 점차적으로 변화시켜 나갔다.

1950년대 초반만 해도 북한에는 사회주의를 건설하기 위한 통일되고 일관된 국가전략이 부재한 상황이었다. 국가수립 이후의 인민경제계획은 일관된 전략하의 사회주의 건설노선이라기보다는 과도기적 발전계획의 성격이 강했던 것이다. 그리고 한국전쟁의 전시상황은 북한으로 하여금 통일된 발전전략을 채택하기 힘들게 만들었다. 저발전 국가의 사회주의 건설은 사회주의이념의 지향과 당면한 근대화 혹은 경제발전의 필요라는 일견 상충되는 이중적 목표에 의해 그 노선이 제약되며, 그것은 대체로 사회주의 일반의 전략과 함께 각 국가의 특이하고 고유한 환경조건에 의해 규정되는 독자적 사회주의발전전략으로 형성된다.

북한의 발전전략의 형성은 1950년대 처한 대내외적 위기상황에 의해 촉발되고 그 위기를 해결하고 그에 대응하기 위한 것으로서, 경제건설노선에 관한 발전전략이었다. 한국전쟁으로 인한 북한의 피해는 실로 엄청난 것이었다. 북한의 공식문헌에 의거해 본다면 실제 한국전쟁이 북한에 안겨준 경제적 손실은 사회주의건설은 고사하고 전후복구에만도 힘겨운 시작을 해야 할 정도였다.[31]

전후 북한이 직면한 위기상황은 단순히 대내적 어려움에만 그치지 않았다. 자본주의 국가 미국과 전면전을 벌인 탓에 북한이 대외적 경제봉쇄와 국제적 압력을 받는 것은 당연한 일이었다. 이런 점에서 전후 북한에게 가장 시급한 문제는 경제를 신속하게 복구하고 인민생활을 회복하는 것이 긴급한 과제였다. 한국전쟁이 끝난 직후부터 김일성은 통일국가의 건설도 북한경제의 재건으로부터 나올 수 있다는 인식하에 경제의 재건을 최우선 과제로 설정하였다. 즉 해방 이후의 국가목표였

---

31) 한국전쟁이 북한에 안겨준 손실에 대해서는 사회과학원 력사연구소, 『조선전사 28』, 평양: 과학백과사전출판사, 1982, 16-17쪽.

던 '민주기지론'은 한국전쟁 이후 '선 경제건설 후 통일국가'라고 할 수 있는 새로운 국가전략으로 수정되었다.[32] 한국전쟁 직후 김일성은 당 중앙위원회 제6차 전원회의에서 한 보고에서 전후 경제건설에 대해서 다음과 같은 입장을 표명하였다:

> 우리 당과 공화국 정부 앞에는 전쟁에 의하여 파괴된 인민경제를 복구 발전시키며 령락된 인민생활을 향상시켜야할 중요한 과업들이 나서고 있습니다. 우리나라의 통일독립을 달성하는 데 있어서 가장 중요한 것은 공화국북반부에 수립된 인민민주주의제도를 더욱 강화하며 인민대중의 애국적 력량을 동원하여 민주기지를 정치, 경제, 군사적으로 더욱 공고히 하는 것입니다.[33]

그러나 저발전국가의 사회주의가 모두 그러하듯이 당시 북한에게는 전후 복구 외에도 또 다른 국가목표를 고려해야 하였는바 그것은 사회주의의 건설이었다. 파괴된 경제를 단순히 복구하는 작업이 아니라 '사회주의적 공업화의 기초를 축성'하는 데서부터 출발해야 하는 동시적 과제를 수행해야 하는 상황에 직면했다.[34] 북한의 당면한 경제복구와 사회주의건설은 따라서 사회주의적 지향과 동시에 이 시기 북한의 경제노선이 '전략'을 필요로 함을 의미했다. 이른바 경제건설을 위한 국가목표가 발전전략의 차원에서 제기되었던 것이다.

북한은 해방 이후부터 한국전쟁 시기까지는 경제구조의 조정이라는 산업정책면에서 경제건설을 시도하기보다는 식민지 역사의 잔재를 청산하고 체제의 물적 토대를 축성하고자 하는 사회정치적 측면에서 경제건설을 시도하였다. 전후 경제재건과 중국과 소련 등 사회주의진영 국가와의 종속을 탈피하기 위한 새로운 발전전략이 수립되었다. 따라서

---

32) 서동만, 「北朝鮮における 社會主義體制の 成立, 1945-61」, 東京: 東京大學校 博士學位論文, 1995, 286-287쪽.

33) 김일성, 「모든 것을 전후 인민경제복구 발전을 위하여」, 『김일성저작집 8』, 평양: 조선로동당출판사, 1980, 17쪽.

34) 김일성, 「조선로동당 제3차 대회에서 한 중앙위원회 사업총화보고(1956.4)」, 『김일성저작집 10』, 평양: 조선로동당출판사, 1980, 197-202쪽.

북한은 '중공업우선 농업 경공업 동시발전'을 사회주의 발전전략으로
채택하고 자립적 민족경제노선을 천명하였던 것이다. 이와 같이 북한지
도부에게 신속한 경제복구는 정치적 생명유지와 직결되는 문제이기도
했지만, 전후의 폐허 위에서 경제를 복구 발전시킨다는 것은 결코 쉬운
일일 수 없었다. 결국 북한에서 사회경제에 대한 전략적이고 목표지향
적인 계획을 의미하는 발전전략을 채택한 시기는 한국전쟁의 종결과
더불어 구체화되었다.

2. 국가전략의 특성과 한계

1) 발전전략의 특성

북한이 추구한 발전전략의 특징 가운데 하나는 중공업 우선 노선 전
략이라고 할 수 있다. 북한의 경제발전 과정에서 이른바 '축적의 방식'
을 놓고 벌어졌던 정책갈등은 김일성을 중심으로 한 중공업우선 노선
의 승리로 귀결되었고, 이는 실제 집행과정에서도 중공업 우선의 방침
이 투자나 성장 비중 등에서 확연히 드러나는 것이었다.[35] 이는 비록
경공업과 농업을 동시에 발전시킨다는 주장을 하였지만, 근본적으로 사
회주의 경제건설 과정에서 중공업 우선 노선이 지속되었다.

북한은 자립적 민족경제 건설을 위해 중공업을 우선적으로 발전시키
는 정책을 추진하게 된다. 즉 중공업을 인민경제 발전의 기초로 인식하
고 사회주의 경제체제[36] 확립 초기 단계부터 중공업우선의 경제건설전
략을 추진해왔던 것이다. 다시 말해 경제발전전략에 대한 북한의 관점

---

35) 김근식, 「북한 발전전략의 형성과 변화에 대한 연구—1950년대와 1990년대를
중심으로」, 서울대학교 박사학위논문, 1999, 59쪽.

36) 한편 일반적으로 사회주의 경제체제의 유형은 '중앙집권적 계획경제', '시장사회
주의', '분권화된 관리체제'이다. 중앙집권적 계획경제는 의사결정권한이 고도로
중앙집중화 되어 있는 반면, 시장사회주의는 중앙집권적 계획을 폐기하고, 다만
거시경제지표만을 계획하면서 동시에 시장의 도입과 기업의 자율성을 확대시킨다.
분권화된 관리체제는 경제계획이 거의 대부분을 통제하고 있으나 의사결정권한을
다소간 분권화 시키며, 통제지표수도 축소시킨다.

은 전통적인 사회주의 경제체제에서 강조하고 있는 계획적 경제관리와
중공업우선 정책, 그리고 자급적 경제기반 구축을 그 이론적 기초로 하
고 있다. 이러한 북한의 경제발전전략은 구소련의 중공업우선의 불균형
발전 전략과 같은 맥락에서 이해할 수 있다.[37]

북한에서는 사회주의적 산업화를 위한 경제발전전략을 둘러싸고 첨예
한 논쟁이 벌어지게 되었다. 경제발전 노선에 대한 논쟁의 구도는 농업
협동화를 강행하고 중공업을 우선 발전시키려는 노선과 농업협동화의
문제점을 지적하는 동시에 경공업의 발전을 중시하는 노선사이에 형성
되었다.[38] 북한의 경우 전후 상황에서 중공업우선의 발전전략은 굶주림
에 허덕이는 주민들의 직접적 이해와는 상반된 논리가 된다. 두 노선 간
의 정책갈등은 상당기간(1953. 8-1956. 1) 동안 혼란스럽게 진행되었다.

이러한 정책 논쟁의 초점은 경제성장 전략에서 투자의 우선순위에 있
었다. 일단 해외로부터의 원조가 일정 수준의 투자재원을 보장해 주는
상황에서 사회주의적 산업화를 추구하기 위해 중공업과 경공업간의 투
자의 선후차를 인정할 것인가 아니면 투자의 균형성을 보장할 것인가
가 중요한 논쟁점이었다. 중공업우선의 경공업 농업 동시발전전략과 농
업협동화는 반대파들의 비판에 직면하게 되었던 것이다. 김일성은 경공

---

37) 소련의 중공업우선주의는 1924년부터 전개되었는데, 1929년 프레오브라젠스키
(Preobrazhensky)의 '중공업우선의 불균형발전론'이 부하린(Bukharin)의 '균형성장
론'을 누르고 당의 공식적인 경제발전전략으로 확정되었다. 부하린의 균형성장론
은 첫째, 농업과 공업과의 연계를 중시하여 농업을 발전시켜 경공업에 대한 수요
를 확대하고, 이를 통해 경공업발전을 촉진하고, 경공업의 발전은 중공업에 대한
수요를 불러일으키는 식의 발전단계를 밟아야 한다는 것이다. 둘째, 공업화를 촉
진하기 위해 농민을 희생해서는 안되며, 자체축적과 저축에 의존해야 하며, 국민
경제도 시장과 괴리될 수 없다는 것 등이다. 반면 중공업우선의 불균형성장론의
내용은 자본주의경제에서는 생산수단 생산부문이 다른 부문에 비해 빨리 성장하
며, 생산수단 생산부문의 비중이 클수록 자본축적의 규모가 커진다는 마르크스의
확대재생산론에 근거하여 생산수단 생산부문인 중공업부문의 우선성장을 주장한
것이다. Paul Gregory and Robert Stuart, *Soviet Economic Structure and Performance*,
New York: Harper & Row Publishers, 1990, pp.77-101.

38) 이종석,『조선로동당 연구』, 서울: 역사비평사, 1995, 261쪽. 북한의 중공업우선
노선은 1953년 8월 당중앙위원회 제6차 전원회의에서 토의·결정되었다.

업과 농업을 우선 발전시켜야 한다는 국내 소련계와 연안계의 반대에 직면하게 된다. 하지만 1956년 '8월종파 사건'을 계기로 반대파를 제거하면서 '중공업우선의 경공업 농업 동시발전노선'을 당의 공식노선으로 확정하고 이후 중공업우선 축적전략은 확고한 뿌리를 내리게 되었다.[39]

<표 2-1> 북한 발전전략에 대한 주요 쟁점(1953-56)

	김일성파		반대파	
	주요인물	주장	주요인물	주장
투 자 의 우 선 순 위	이종옥, 정일룡, 정준택, 김두삼, 백홍권	스탈린적 발전전략에 따른 중공업우선 노선	박창옥, 최창익, 윤공흠, 박의완, 김승화	인민생활 향상을 위한 경공업 농업우선 노선
농 업 협 동 화 의 속도 및 방법	김한주, 백홍권	농업협동화를 통한 생산력발전 공업을 위한 노동력 동원	송예정, 박창옥, 박영빈	자본주의적 요소의 이용 남북한 사이의 혁명단계의 이질화

자료: 이종석, 『조선로동당 연구』, 서울: 역사비평사, 1995, 275-279쪽을 토대로 작성.

1956년 8월 종파사건을 계기로 북한은 김일성 단일지도체제로 개편되는 변화를 수반하였다.[40] '8월 종파사건' 으로 인하여 권력이 더욱 강화되고, 전후 복구 사업도 성공적으로 마무리됨으로써, 김일성은 제1차 5개년 경제계획을 통하여 본격적으로 '사회주의 공업화'를 계획하게 되었다. 중공업의 우선적 발전에 기반 한 사회주의공업화 정책은 김일성의 양보할 수 없는 대전제였다. 전후 복구 사업이 끝나긴 했지만, 여전히 북한은 후진적인 농업사회에 불과했다. 따라서 북한은 공업화라는 체제의 목표를 달성하기 위하여 새로이 변혁되지 않으면 안 되었다. 그 결과 1950년대 후반 북한 사회는 사회주의 공업화를 향한 동원체계 속

---

39) 이종석, 앞의 책, 275-282쪽.

40) 이성봉, 「북한의 자립적 경제발전전략과 김일성체제의 공고화 과정(1953-70)에 관한 연구」, 고려대학교 박사학위논문, 1998, 68-69쪽.

에 들어가게 된다.

김일성은 1956년 12월 전원회의를 통해 "인민대중의 혁명적 열의를 조직 동원하여 사회주의건설에서 새로운 앙양"을 일으키자고 주장하고, 최초의 사회주의적 대중운동인 이른바 '천리마 운동'을 발기하였다. 이에 따라 1957년부터 제1차 5개년 경제계획의 추진과 함께 본격적인 노력경쟁 운동이 전개되기 시작하였다. 이러한 노력경쟁 운동은 1958년에 들어와 새로운 단계로 발전하게 되며, 1958년 9월 전원회의가 "전체 당원들에게 근로자들의 혁명적 의식을 더욱 제고하고, 온갖 보수주의 소극성을 불사르고 대담하게 생각하고 대담하게 실천 할 것"을 호소하는 편지를 보냄으로서 더욱 확대되어 나갔다.[41] 이러한 북한의 천리마운동과 노력경쟁의 결과는 사회주의공업화의 출발점이 된 제1차 5개년 경제계획을 1960년에 달성하게 된 주요 계기가 되었다.

또한 북한의 향후 발전전략을 규정하는 또 하나의 중요한 축적체제의 전환이 모색되었다. 북한은 1960년대에 들어오면서 본격적으로 '자립적 경제발전전략'을 추진하기 시작하였다.[42] 북한의 자립적 경제발전전략은 단순히 자본과 기술적 대외의존에서 벗어나는 것만이 아니라, 자력갱생의 방법으로 국내에서 생산·소비적 연계가 완결되어 독자적으로 재생산을 실현하여 나가는 경제체계를 구축한다는 것이다.

일반적으로 발전전략적 의미에서 자립경제 정책은 "대내적으로 투자재원을 자체적으로 조달하고, 대외적으로는 국제수지 균형을 이룩하여 지속적으로 발전할 수 있는 기반을 갖춘 국민경제를 추구하는 정책"으로 정책으로 정의할 수 있을 것이다. 이러한 정의에 따른다면 자립경제전략은 어느 특정한 국가에 국한되기 보다는 현대국가가 일반적으로 추구하고 있는 보편적인 경제발전전략이라고 할 수 있을 것이다. 하지만 북한에서 추구한 자립경제 정책은 사회주의적 종속을 극복하고, 대

41) 마춘영·최정현, 「우리나라에서 사회주의 건설의 대고조」, ≪근로자≫ 1961년 제8호, 48쪽.

42) 이성봉, 앞의 논문, 94-107쪽.

외경제협력보다는 자력갱생을 원칙으로 한다는 점이다.[43)

북한은 정권수립 직후부터 제국주의 지배와 구속으로부터 벗어나기 위해서 자본주의 세계경제와의 단절과 사회주의진영 내부의 '국제분업 체계'에 대해서도 비판적이었다. 이러한 북한의 전략은 저발전 국가를 지배하는 제국주의 속성으로부터 벗어나서 자립적 민족경제건설에 대한 강한 의지가 내재되어 있었다고 볼 수 있다.[44) 따라서 자력갱생에 의한 자립경제의 추구를 위해 생선수단의 국유화, 국가에 의한 경제계획의 입안 및 통제 등 국가의 역할을 철저하게 강화해 나갔던 것이다.

자립경제 전략의 추구는 전후 중국과 소련이 경제 원조를 계기로 내정간섭을 경험한 김일성으로서는 대외적 자립의 필요성을 절감하였고, 중국과 소련의 경제원조 차단에 대한 방어적 기제로 볼 수 있다. 중국과 소련이 경제원조를 이유로 북한에 대한 내정간섭은 자본주의국가들에서 제국주의적 착취와 지배가 일어나는 것과 마찬가지로 사회주의국가간에도 경제원조로 인한 정치·경제적 종속관계가 일어날 수 있다는 현실인식이 내재되어 있다고 볼 수 있다.[45)

북한의 자립경제 전략은 정치적 정통성, 국가안보, 경제발전을 모두 해결해 주는 것으로 인식하고 있다. 특히 경제발전은 정통성 확보와 국가안보라는 두 가지 목표와 불가분의 관계에 있으며, 경제력은 군사력

---

43) 『우리 당의 자립적 민족경제건설로선』, 평양: 조선로동당출판사, 1963, 30쪽.

44) 《로동신문》 1963년 6월 12일자,

45) 「사회주의진영을 옹호하자」, 『조선중앙년감』, 평양: 조선중앙통신사, 1964, 115-131쪽. 김일성은 이 당시 사회주의진영 국가를 강도 높게 비난하였다. "오늘날 어떤 인민들은 형제국과의 합의를 일방적으로 무시하고 실질적으로 경제적, 기술적 협력관계를 차단했다. 그들은 자립적 민족경제 건설을 '민족주의적 경향'으로 낙인 찍었다. 그 대신에 자립적 민족경제 건설에 반대하는 자들은 사회주의국가들의 '통합경제' 건설을 지지했다. '통합경제라는 기치아래 그들은 형제국들의 자립경제를 말살시키기를 원한다. 그리고 그 경제를 다른 경제에 종속시키려 한다. 경제에서의 자립성을 잃으면 어떠한 나라도 진정한 독립과 주권을 유지하기 어렵다는 것은 두말할 나위도 없다. 자본주의국가에서나 행해졌던 단서붙은 원조나 내정간섭을 전제로 한 원조는 사회주의국가들 사이에서는 있을 수도 없고 또 있어서도 안 된다."

을 뒷받침해줄 뿐만 아니라 정통성과 아울러 체제를 공고히 하는 것으로 인식하고 있다. 첫째, 정치적 독립과 자주성 확보에 있다. 국가간의 자율적인 정치행위자가 되기 위해서는 식민지·반식민지를 경험한 국가에 있어 중요한 문제로 제기될 수밖에 없다는 점에서 자립경제를 추진하고자 하였던 것으로 볼 수 있다.[46] 둘째, 사회주의의 물질적·기술적 토대를 구축하고 사회주의의 완전승리·무계급사회를 실현하기 위한 전략이다. 자립적 경제를 건설해야만 나라의 인적 및 물적 자원을 효과적으로 동원 이용하여 경제발전의 균형을 유지하면서 생산의 고도성장을 달성할 수 있을 뿐만 아니라 사회주의의 물질적·기술적 토대를 축성할 수 있다는 것이다. 셋째, 민족적 불평등의 근원을 없애고 민족문제의 해결을 도모하는 데 있어서 불가피한 조건이라는 점이다. 민족적 불평등을 해소하고 민족문제의 해결을 위해서는 경제·사회·문화적 후진성을 극복하는 것이 필요하며, 그러한 방도로서 자립적 민족경제를 건설하는 것이다.[47]

북한의 자립경제 대한 이러한 인식은 자립경제를 달성하는 방법론에 있어서도 대외경제협력 보다는 '자력갱생'의 원칙을 바탕으로 하는 것이다. "자력갱생은 독자성과 함께 자주적 입장의 주되는 내용의 하나를 이룬다. 독자성이 혁명과 건설의 주인으로서의 권리를 행사하는 문제와 관련되어 있다면 자력갱생은 혁명과 건설에서 주인으로서의 책임을 다하는 문제와 관련되어 있다. 즉 자력갱생은 자기 힘으로 혁명을 끝까지 하려는 공산주의자들의 혁명정신이며 근로인민대중이 혁명과 건설에서 주인으로서의 책임과 권리를 다하게 하는 원칙이다. 자력갱생은 자립적 민족경제 건설의 원칙이다. 자력갱생의 원칙에서 자기 인민의 힘과 자기나라의 자원을 동원하고 자체의 자금과 기술에 의거하여야 경제를

---

46) 「김일성동지께서 제시하신 자립적 민족경제건설로선」, 《근로자》 1960년 제6호, 50-56쪽.
47) 김일성, 「국가활동의 모든 분야에서 자주, 자립, 자위의 혁명정신을 철저히 구현하자」, 『김일성저작선집 4』, 평양: 조선로동당출판사, 1969, 538-539쪽.

주동적으로 높은 속도로 발전시킬 수 있으며 온갖 난관을 이겨내고 자립적 민족경제를 건설할 수 있다"[48] 이러한 북한의 자립경제 전략은 사회주의건설과정에서 그리고 이후 북한의 국가발전사적 맥락에서 중요한 의미를 지닌다고 할 수 있다.

2) 발전전략의 한계

현실 사회주의 국가들이 채택한 중공업 우선의 성장전략은 축적을 위해 소비를 희생시키는 것이다. 이러한 소비의 희생은 이데올로기적 정당화를 통해 합리화되었다. 하지만 외연적 성장 노선이 한계에 봉착하게 되면 목표와 현실간의 격차가 커지게 되고 이데올로기적 정당화는 약화될 수밖에 없다. 이러한 상황에서 사회주의 국가들은 외연적 성장 방식의 한계[49]를 극복하기 위해서 여러 가지 개혁적 조치를 단행하게 된다.

북한경제의 기본적 특성으로 대부분의 연구자들은 '부족경제'(shortage economy)를 논한다. 부족경제는 소비재 부문이나 생산재 부문을 불문하고 모든 부문에서 나타나며 집약적이며 만성적이다. 이 현상은 소련을 비롯한 모든 사회주의 국가에서 만연된 현상이며 개선되기보다는 더욱 악화되는 경향을 보여 왔다. 이러한 부족경제 현상이 발생하는 것은 물론 수요에 비해 공급이 부족하기 때문이다. 부족경제를 가져오는 궁극적인 원인은 계획경제 자체에 있다.

사회주의 계획경제는 이론상으로는 완벽한 경제적 계산이 가능할 수

---

48) 『경제사전 2』, 평양: 사회과학출판사, 1985, 206쪽.

49) 김연철, 「북한의 산업화와 공장관리의 정치(1953-70): 수령제 정치체제의 사회경제적 기원」, 성균관대학교 박사학위논문, 1996, 53쪽. 북한이 채택한 중공업 우선의 외연적 성장방식은 일정기간이 지나면 성장동력이 고갈된다. 외연적 성장방식에서 확장능력이 제한될 때 성장속도는 떨어질 수밖에 없다. 마찬가지로 소비의 억제를 통한 축적의 증대는 노동생산성의 문제와 관련되기 때문에 극단적으로 추구될 수 없다. 또한 중공업 우선의 성장전략은 '주도 부문의 우선적 성장을 통해 다른 부문의 성장을 제거하는 것이라고 할 수 있다. 여기서 산업부문간의 연관효과가 성장의 핵심변수다. 그러나 중공업 우선 노선은 각 부문간의 성장을 단절시킴으로써 연관효과를 가져오지 않았다.

있다. 그 계산은 모든 정보를 독점하고 있는 당·국가에 의해 수행되며, 그 계산에 따라 하부기관에 명령과 지시를 내리고 만약 하달된 명령과 지시를 하부기관들이 수행하지 못하면 엄격한 책임을 지기 때문에 경제적 계산이 가능하다고 보는 것이다.[50] 하지만 실제 이러한 과정은 현실에서 제대로 작동되지 않는다. 왜냐하면 중앙에서 모든 정보를 포괄할 수 없으며, 전달되는 정보도 전달되는 과정에서 왜곡되기 때문에 중앙에서 모든 것을 계획화하는 것은 불가능하다.

그리고 자본주의국가에서와 달리 생산단위들의 지출이 예산제약을 초과했을지라도 파산하지 않고 국가의 보조금을 통해 생존해나갈 수 있다. 특히 공장·기업소 지배인들은 계획목표량이 매년 증가할 뿐만 아니라 필요한 물자들이 제때에 공급되지 않는다는 사실을 잘 알고 있기 때문에 계획과정에서 생산능력을 축소해서 보고하고 필요 이상의 자재를 요구하여 소유자원을 비축한다. 그리고 비축된 자원은 자원부족이 발생할 때 사용되거나 필요한 다른 물자와의 교환을 위해 사용된다. 중앙의 계획기관은 이와 같은 잘못된 정보를 바탕으로 계획을 수립하게 된다. 그 결과 부족이 부족을 낳는 악순환을 반복하게 되는 것이다. 다시 말해 불완전한 계획은 필연적으로 경제순환과정에서 계속적인 병목현상과 물자공급의 불확실성을 야기하고 이에 대해 생산단위 차원에서는 원료의 비축과 저장으로 대응하는 것이다. 즉 자본주의체제의 문제인 '시장의 무정부성'과 대비되는 '계획의 무정부성'이 발생하게 되는 것이다.[51]

이와 같은 부족경제 현상은 단순히 계획경제의 무정부성에만 원인이 있는 것이 아니라 일반적인 사회주의체제의 특성에서 비롯된다. 사회주의체제는 정치적 이데올로기적 목표가 다른 어떤 요인보다도 우선시된다. 따라서 경제계획을 수립할 때도 특정한 정치·사회적 목표를 감안

50) Kornai, *op. cit.*, pp.228-234.

51) Donald Filtzer, *Soviet Workers and Stalinist Industrialization: The Formation of the Modern Soviet Productions Relations, 1928-1941*, London: Pluto Press, 1986 참조.

해야 한다.[52]

이와 같이 정치와 경제가 제대로 구분되지 않기 때문에 관료제적 지배특성이 나타나게 된다. 체제의 관료제적 지배특성이 계획경제에서의 경제참여자 등 개별행위자들의 행위양식, 나아가 전반적인 사회경제적 환경을 근본적으로 좌우하는 것이다. 이처럼 정치와 경제가 구분되지 않는 전통적 사회주의체제를 규정하는 힘은 프롤레타리아독재론에 근거한 '당·국가체제'에 있다. 이러한 방식으로 사회주의체제하에서 국가는 경제에 대한 관료제적 지배특성을 확보함으로써 경제에 대한 관료제적인 직접적 통제구조를 형성하게 된다.

사회주의적 지배의 핵심 축은 당조직과 계획경제라고 할 수 있다. 이 가운데 당조직은 위계적이다. 그리고 반대세력을 용납하지 않으며 당원들의 충성과 규율에 의해 유지된다. 계획경제는 이러한 당의 효율적 지배의 기반으로 역할을 하게 된다. 왜냐하면 당조직이 사회자원의 활용 및 분배를 독점적으로 행사하기 때문이다. 따라서 당은 자원에 대한 독점권을 활용하여 정치적 규율과 충성심을 강화할 수 있었던 것이다.[53] 즉 사회주의체제는 중앙계획경제를 통해 자원을 중앙집중화 시키고 이를 정치적 기준에 따라 차등적으로 재분배하여 왔던 것이다.

사회주의적 지배구조는 계획경제와 당조직에 의해 형성되었다. 현실 사회주의 국가들은 체제에 대한 반대를 줄이고 정당성을 확보하기 위해 감시활동과 사회적 재분배와 복지에 대한 약속을 활용하였다. 이 가운데 사회적 재분배와 복지에 대한 약속에 주목하여 사회주의적 지배구조의 특성을 가부장제에 비유하기도 한다.[54] 가부장제는 당이 모든 사회자원을 소유하고, 사회구성원들에게 분배해준다는 의미다. 이를 통

---

52) Catherine Samary, *Plan, Market and Democracy*, Amsterdam: International Institute for Research and Education, 1988, p.47.

53) Andrew G. Walder, "The Quiet Revolution from Within: Economic Reform as a Source of Political Decline," in Walder(ed.), *op. cit.*, pp.1-2.

54) Andrew G. Walder, *Communist Neo-Traditionalism; Work and Authority in Chinese Industry*, Berkeley: University of California Press, 1986, p.8.

해 당-국가는 주민들의 충성을 유도하는 것이다. 특히 북한체제의 경우에는 '사회주의 대가정론', '어버이 수령' 등 사회정치적 생명체 담론에서 알 수 있듯이 가부장적 특성이 견고하게 구조화되어 있다.

외연적 성장방식을 통해 어느 정도의 경제적 성과를 성취했던 사회주의 계획경제는 경제내적 모순의 심화와 함께 성장의 동력이 소진됨으로써 경제침체는 장기간 지속하게 된다. 이를 극복하기 위한 조치들은 계획경제로부터의 이탈현상을 증가시키면서 계획경제 자체의 약화를 불러오게 된다. 계획경제 시스템의 약화는 바로 사회주의적 지배관계애고 영향을 주고 결국 총체적인 국가능력의 약화라는 결과를 가져올 수밖에 없다.

북한에서 중앙집권적 계획경제가 발전할 수 있었던 요인은 강행적 발전전략 때문이었다. 강행적 발전전략은 경제의 자연발생적 발전을 초과하여 더 빨리 나가도록 다그치는 데 장점을 가지고 있다.[55] 이러한 강행적 발전전략은 냉전체제하의 발전전략이다. 특히 군수경제 위주의 중공업 발전전략은 국제경제체제로의 편입이 불가능하다. 이는 북한이 중공업 중심의 발전전략으로부터 경공업 위주의 수출산업 중심으로 개편해야 하는 것을 의미한다.[56]

북한의 경우 1960년대 중반부터 중·소 분쟁이 격화됨에 따라 국방에서의 자위를 제창하고, 경제발전을 지연시키더라도 군사력을 한층 강화해야 한다고 강조했으며, 이는 군사력 강화와 경제건설의 병진정책 추진의 계기가 되었다.[57] 나아가 북한은 군수산업 중심의 생산구조를 중공업과 상호연결 시켜 산업을 '군산복합체'의 형태로 발전시켰다. 북한의 본격적인 사회주의 공업화가 추진된 제1차 7개년계획은 계획기간을

55) Kornai, op. cit., pp.240-290.
56) 김연철·박순성 편, 『북한 경제개혁 연구』, 서울: 후마니타스, 2002, 11-13쪽.
57) 함택영, 「경제·국방건설 병진노선의 문제점」, 함택영 외, 『북한사회주의건설의 정치경제』, 서울: 경남대 극동문제연구소, 1993, 143-145쪽. 북한의 경제·군사 병진정책은 1962년 12월 당 중앙위원회 제4기 제5차회의에서 표명된 이후 지금까지 기본 노선으로 유지되고 있다.

3년 연장하는 조치에도 불구하고 당초 공업총생산액의 목표성장률 보다 낮은 성장률을 달성하고 있어 군수중공업 우선 정책에 따른 구조적 모순을 드러내기 시작하였다.

결국 북한의 발전전략의 한계는 다음과 같다. 첫째, 명령형계획경제에 기초한 북한의 경제체제는 소위 말하는 계획의 형식성과 무정부성으로 인하여 경제체제 전반에 걸쳐 자원배분을 효율적으로 이루지 못했다. 무계획성 혹은 계획의 붕괴로 표현되는 이러한 현상은 정치·군사적 목표에 경제의 합리성을 종속시키는 속성으로 인하여 더욱 심화되었다.

둘째, 북한의 경제관리체계는 경제계산에 기초한 과학적 관리보다는 '인격적 관계'에 의거한 관리가 우위를 차지하게 만들었으며, 경영단위혹은 생산단위에서의 창의력이 발휘될 수 있는 가능성을 미리부터 봉쇄하고 말았다. 아울러 생산의 양적 확대를 위해 현지지도와 사상동원에 기초하여 생산을 독려하는 속도전적 생산방식은 각급 경영 생산 단위들이 자신들에게 적절한 생산계획을 세우고 자원을 동원할 수 있는 자율성을 파괴하였으며 기술경영 혁신을 통한 생산성 향상을 불가능하게 하였다.

셋째, 북한의 자립경제체제는 폐쇄적 대외관계하에서 양적 투입과 양적 산출의 비교에 기준하여 경제성장을 평가하는 외연적 축적양식에는 적절하지만, 세계적 시장경제 하에서 기술혁신과 경영혁신에 기초하여 내포적 축적양식을 형성해 나가야하는 현실적 요구를 만족시키기에는 부적절한 경제건설 노선이라고 할 수 있다.

제3절 북한 국가전략의 변화와 지속성

1. 개방·개혁 전략의 모색

북한이 대외개방전략을 모색하게 된 배경에는 무엇보다도 1980년대 이후 심화된 경제난 때문이다. 갈수록 더해가는 경제난의 해결을 위해 북한 스스로 외국자본과 기술을 도입할 수밖에 없는 상황이 도래했고 그 결과 대외개방을 통한 외자유치 전략은 불가피하였다. 북한 경제의 한계는 내부지향적인 발전전략에서 찾을 수 있다. 북한의 내부지향적 발전전략은 자력갱생의 기반구축, 이를 위하여 외국의 선진기술을 도입하여 주체경제를 건설하는 것이다. 이는 북한식 '수입대체전략'이라고 할 수 있으며, 수입대체정책을 추진하기 위해서 북한은 1970년대 초반 서방국가들로부터의 대규모 차관도입을 통해서 경제발전에 필요한 새로운 기술과 설비를 수입하는 등 대외경제 활동을 강화하였다.[58] 하지만 이것은 세계분업체제 안에서 경쟁력 있는 수출산업을 육성함으로써 경제발전을 도모하는 '수출지향적' 발전전략은 아니었다.

이러한 배경으로 북한은 1980년대에 들어서 무역의 확대 및 다각화, 신용제일주의 등의 무역증진정책을 잇달아 발표하며 대외개방전략을 본격적으로 전개하기 시작하였다. 북한은 1980년대 들어서 경제발전에 필요한 자본과 기술을 서방세계에서 도입하는 일이 다급했던 것이며, 부분적이나마 내부지향적인 발전전략을 수정하게 된다.

북한은 대외무역의 확대를 선언하면서 자본 및 기술도입을 위해 서구 선진국과의 교섭을 추진하게 된다. 다시 말해 북한은 침체일로를 걷고 있는 경제상황을 호전시키기 위해서 대외경제 정책에서의 새로운 전환

---

58) 김성철·김영윤·오승렬·임강택·조한범, 『북한의 경제전환 모형: 사회주의국가의 경험이 주는 함의』, 서울: 통일연구원, 2001, 170쪽. 차관에 의한 서구선진국으로 부터의 대대적인 기계, 설비, 플랜트 등 자본재의 도입은 제1차 석유위기에 따른 세계경제의 불황과 수출부진으로 북한에게 1970년대 중반 이후 외채누적과 대외 신용의 상실을 가져다주었다.

을 모색하게 되며, 대외개방전략을 통해 외자유치 확대 정책을 추진하
게 된다. 북한 대외경제의 정책적 전환은 1984년 1월 26일부터 28일까
지 열린 제7기 제3차 최고인민회의에서 "남남협력과 대외경제사업을
강화하여 무역을 한층 발전시킬 데 대하여"라는 결의가 채택된 것에서
비롯된다. 자본주의 국가와의 경제협력을 시사한 정책변화는 1984년 9
월 8일 외국인의 합작투자를 유치하기 위한 26개 조항의 '합작회사운
영법'(합영법)을 공포하면서 구체화되었다. 즉 북한은 상환부담이 없는
외국인의 직접투자를 유도하기 위해 '합영법'을 제정하고, 외국과의 합
영사업을 통해 경제활성화의 기반을 조성하여 수출산업을 육성하고자
하는 대외개방전략을 선택하였다.[59]

북한은 1980년 제6차 당 대회에서 경제개방과 대외무역, 신용제일주
의, 국제적 경제협력 증진의 필요성을 언급한 바 있지만,[60] '합영법'의
제정은 보다 적극적인 대외개방전략을 모색하게 되는 계기가 되었다.
북한의 대외경제 노선에서 보면, 외국기업과의 합작을 공식적으로 표명
한 것은 커다란 변화라고 할 수 있다. 북한이 '합영법'을 제정한 것은
자립경제체제의 큰 변화를 초래하지 않으면서, 그리고 자본주의 국가들
과의 관계개선을 통해 경제발전 및 국가이익을 추구하는 전략으로 인
식한 것으로 평가할 수 있다. 이것은 북한이 자립경제를 지향한다고 해
서 자본주의 세계경제로부터의 고립을 원하지 않는다는 것을 알 수 있
으며, 자주권을 존중하면 자본주의 경제와 교류할 수 있다는 것을 시사
한다. 즉 북한은 자본주의 경제의 역동성을 인정하는 것이 반드시 자본
주의체제에 예속되지 않는다고 판단했을 수도 있다. 국제사회에서 고립
되어 경제적 빈곤이 지속되는 것보다는 자본주의 경제에 참여하는 것
이 국가발전의 동력을 훨씬 많이 확보할 수 있다.

---

59) 민족통일연구원, 『북한의 대외경제개방정책 현황과 과제』, 서울: 민족통일연구원,
　　1994, 4-5쪽.

60) 김일성, "조선로동당 제6차 당대회에서 한 중앙위원회사업총화보고," 『김일성저
　　작선집 8』, p. 361.

북한의 대외개방정책에 대한 관심은 제3차 7개년계획(1987-1993)기간
의 주요 과업에서도 잘 나타나 있는데, 이 계획기간의 주요 과업에서
대외무역 및 경제협력 증대를 강조하였던 것을 볼 수 있다. 하지만 북
한의 제2차 7개년계획(1978-1984)은 자본의 부족 등으로 인해 실패로 돌
아가고, 그 여파가 심하여 새로운 경제계획을 수립하기 전 조정기가 필
요하였다. 1985년과 1986년 2년간의 조정기를 거치고, 1987년 4월 최
고인민회의 제8기 2차회의에서 제3차 7개년 계획을 확정하였다.61) 제3
차 7개년계획의 기본과업은 "경제의 주체화, 현대화, 과학화를 계속 힘
있게 다그쳐 사회주의의 완전승리를 위한 물질기술적 토대를 튼튼히
마련하는 것"62)이라고 제시하였다. 또한 "제3차 7개년계획 수행에 있
어서 중요한 것은 과학기술을 빨리 발전시켜 인민경제의 기술개조를
다그치며 생산능력을 결정적으로 늘여 사회주의 경제건설의 10대 전망
목표를 실현하여 인민들의 식의주문제를 더욱 원만히 해결함으로써 인
민생활수준을 한단계 높이 올려세우는 것"63)이라고 강조하였다. 나아
가 제3차 7개년계획의 과업 중 주목되는 점은 '최신 과학기술분야에 대
한 연구사업을 강화하고, 과학기술사업에 선차적인 힘을 넣을 것'이라
는 것이다. 제3차 7개년계획에서 '과학기술혁신'을 최우선 과제로 제기
함으로써 북한이 선진과학기술을 적극적으로 도입하려 한다는 사실을
알 수 있다.64) 따라서 '과학기술혁신'은 더 이상 생산에 있어서 노동력
동원의 보조수단이 아니라, 생산증대의 관건이 되는 것으로 판단되었
다. 따라서 제3차 7개년계획의 기본과업은 기술혁신과 대외무역, 경제
협력 증대를 강화는 것에 있으며, 대외무역과 경제협력의 증대는 기술
혁신을 이룩하는 핵심수단으로 인식하였다.

---

61) 정연호, 「북한사회주의경제체제의 평가와 추이」, ≪KDI 북한경제리뷰≫ 제4권
   제7호, 2002. 7, 32-33쪽. 동 계획의 기본 목표는 국민소득 1.7배, 공업생산 1,9배,
   농업생산 1.4배 등의 성장목표와 10대 전망목표를 설정하였다.

62) 국토통일원, 『북한최고인민회의자료집, 제4집』, 서울: 국토통일원, 1988, 911쪽.

63) 국토통일원, 앞의 책, 911쪽.

64) 정규섭, 『북한외교의 어제와 오늘』, 서울: 일신사, 1997, 200쪽.

북한은 대외개방 정책을 모색하는 가운데, 1990년대 초반 내부 경제 정책의 변화를 실험하였다. 이러한 경제정책의 대표적인 것이 기관 및 기업소의 독립채산제와 관련이 있는 '분권화 확대', 집단적 혹은 개인 차원의 동기유발을 통해 생산성 향상을 꾀한 물질적 자극 확대, 경제안 정화를 위한 가격 및 임금 현실화 등이다. 경제관리의 분권화는 1990 년대 기업소의 독립채산제 강화와 함께 원가, 가격, 수익성과 같은 경 제적 개념의 중요성이 강조되었다. 이것을 통해 기업소 및 개인적 동기 유발체계를 강화하려 한 것이다.

북한은 1992년 3월 1일 임금상승,[65] 즉 소득정책, 그리고 1992년 3 월 20일 가격정책, 즉 가격현실화,[66] 그리고 동년 7월 화폐교환 등 개 혁적 조치를 잇달아 단행한 바 있다. 이처럼 1990년대의 임금인상 및 가격인상 조치는 공식부문과 비공식 부문의 불균형이 심화되어 있는 시장을 안정화시키는 동시에 생산동기를 유발하는 데 목적을 두었으며, 화폐개혁은 퇴장되어 있는 화폐를 끌어내기 위한 조치였다. 하지만 1990년대 북한의 경제정책 변화 시도는 소기의 성과를 올리지 못했다. 우선 중간관료 집단의 개혁에 대한 이해 부족으로 경제계획 및 관리의 분권화는 실질적인 진척을 보지 못했으며, 자본의 절대적 부족이 해소 되지 않아 노동에 대한 동기유발에도 실패했다. 가격인상 역시 인플레 이션만 초래했으며, 화폐개혁은 정책에 대한 불신과 외화퇴장이라는 결 과를 가져오게 되었다.[67]

한편 1984년 '합영법'이 제정된 후 북한은 더 이상 서방세계를 포함

---

65) 1992년 3월 1일 북한은 노동자 기술자 사무원들의 생활비와 사회보장연금을 각 각 43.4%와 50.7% 올렸다. 그리고 장학금을 평균 33%, 국가수매가격을 벼는 26.2%, 강냉이는 44.8% 올렸으며, 그 밖의 일부 농업생산물에 대한 국가수매가격 을 올리는 조치를 취했다.

66) 북한은 1992년 3월 20부로 대폭적인 물가인상조치를 단행했다. 황의각, 「북한의 경제침체」, 함택영 외, 『북한 사회주의경제의 침체와 대응』, 서울: 경남대 극동문 제연구소, 1995, 24쪽.

67) 이정철, 「계획개량형 사회주의와 북한의 경제정책 변화」, 김연철·박순성 편, 앞 의 책, 62-69쪽 참조.

하는 외국과의 교류 없이 기술혁신 및 생산성 향상, 나아가 국민경제
향상을 이룩할 수 없다는 인식을 하고, 외국기업을 북한 내에 유치하려
고 적극 추진하기 시작하였다. 이러한 변화의 한 양상이 1991년 유엔
개발계획의 두만강 개발계획과 관련하여 나진·선봉 자유경제무역지대
개발계획의 발표로 나타났으며, 새로운 방식의 외자유치 전략을 추진하
게 된다. 그리고 1992년 '외국인투자법'의 제정 등 외자유치와 관련한
법적·제도적 정비를 강화하였다. 북한 내에서 무역의 분권화가 강조되
었던 시기도 바로 이때다. 북한의 《경제연구》 1992년 4월호에 게재
된 리신효의 "새로운 무역체계의 본질적 특성과 그 우월성" 이라는 논
문에서는 "무역관리의 지방권화를 의미하며 생산자들이 대외무역을 직
접 담당하는 것"이라고 주장하는 등 무역 분권화가 강조되었다.

북한의 대외개방전략을 통해 일관된 하나의 흐름을 발견할 수 있다.
북한은 대외개방을 지속적으로 추진해왔고, 그러한 대외개방의 폭을 점
차 확대해 왔다는 사실이다. 그러나 대외개방전략은 제한적인 범위에서
추진되었다는 것도 동시에 발견할 수 있다.

2. 자본주의체제에 대한 인식의 변화

북한은 사회주의를 체제이념으로 선택하고, 사회주의적 발전전략을
채택하였다. 사회주의 발전전략은 산업화 초기에는 일정한 성과를 기대
할 수 있지만, 지속적인 경제발전전략으로는 적합하지 않다는 것은 이
미 입증되었다. 이러한 원인은 여러 가지가 있을 수 있지만 자본주의
체제의 봉쇄전략도 큰 몫을 차지하였다. 즉 산업화 초기의 어느 정도
성과에도 불구하고 자본주의 국가들의 봉쇄전략이라는 외적 요인 때문
에 사회주의국가들은 외연적 경제에서 내포적 경제로 이행하는데 어려
움을 겪고 실패하였다. 더구나 경제침체와 사회발전의 지체는 궁극적으
로 체제위협의 요인이 된다는 점에서 체제변화에 대한 요구는 필연적
이었다고 할 수 있다. 그리고 경제적인 차원에서 변화는 자본주의의 수

용이나, 자본주의체제로의 전환은 아니라고 할지라도, 외부자본의 유치 혹은 외부자본과의 협력이었다고 할 수 있다. 이와 같은 상황변화는 불가피하게 자본주의체제에 대한 인식전환을 이끌었다고 할 수 있다.[68]

북한도 예외는 아니었다. 북한체제가 근본적으로 사회주의 이념을 바탕으로 세워졌고, 사회주의 이념은 자본주의에 대한 대안으로 생겨난 점을 고려한다면, 반자본주의적 경향은 당연하다고 할 수 있다. 뿐만 아니라 냉전체제는 자본주의와 사회주의간의 갈등을 격화시켰기 때문에 사회주의 진영에서는 반자본주의 경향이, 자본주의 진영에서는 반사회주의적 경향이 심화되었다고 볼 수 있다. 더구나 북한의 경우는 식민지를 경험한 점과 분단이라는 역사적 조건을 갖고 있다는 점에서 다른 사회주의 국가와는 처한 상황이 다르다고 할 수 있다.

그러나 문제는 사회주의 진영이 몰락하였다는 것이다. 사회주의가 몰락한 이후 북한이 체제유지를 위하여 자본주의가 지배하는 세계시장 구조에 편입될 수밖에 없는 현실에 직면하였다는 점이다. 이에 따라 근본적으로 체제유지를 위하여 자본주의를 수용하면서도 같은 이유에서 자본주의를 반대하여야 하는 자기모순에 빠지게 되었다고 볼 수 있다.

따라서 북한의 자본주의체제에 대한 인식이 변하게 된 가장 중요한 원인은 사회주의권의 붕괴라고 할 수 있다. 사회주의의 몰락은 체제이념으로서 사회주의가 자본주의와의 경쟁에서 패하였다는 것을 의미한다. 이와 같은 상황에서 북한은 북한체제의 고유성을 강조하면서, '우리식 사회주의'를 고수함으로써 차별성을 부각시키며 사상적 위기를 벗어나려고 하였다.[69] 즉 사회주의경제관리에 자본주의적 요소를 도입하는 문제와 관련하여 자본주의적 요소를 도입한다는 것은 시장경제를 받아들인다는 것을 의미하며, 시장경제와 계획경제는 양립할 수 없기 때문에 시장경제를 받아들이게 되면 결국 사회주의체제가 붕괴된다는 것이

---

68) 이우영, 『북한의 자본주의 인식 변화』, 서울: 통일연구원, 2000, 78-79쪽.

69) 김정일, 「인민대중중심의 우리식 사회주의는 필승불패이다」, ≪근로자≫ 1991년 제6호, 3-25쪽; ≪로동신문≫ 1991년 5월 27일자.

다. 또한 김일성 사후 국제사회가 북한의 움직임에 관심을 집중하게 되
자, 북한은 사회주의국가들의 자본주의로의 체제전환을 비판하면서 시
장경제에 대한 환상을 경계하였는가 하면, 자본주의 자유화 바람이 들
어오는 것을 막기 위한 사상사업을 강조하였다.[70] 이런 점에서 김정일
은 사회주의 국가들의 체제전환을 '부분적이며 일시적인 현상'[71]으로
파악한 것이다.

하지만 자본주의국가들과의 관계개선까지 배척하지는 않았다. '사회
주의 시장'이 무너진 상황에서 '자본주의시장'을 주요 대상으로 하는
무역을 추진할 수밖에 없는 현실을 외면할 수 없었던 것이다.[72] 특히
사회주의 국가들이 체제전환을 한 상황에서 제한적인 대외개방은 불가
피하다는 현실을 인식하고 있는 것이다. 이런 점에서 북한의 본질적인
문제는 이념적 차원에서 사회주의체제의 정당성을 확보하는 것이 아니
라, 현실적으로 북한체제를 유지하기 위해서는 자본주의국가가 중심이
되는 세계체제에 편입할 수밖에 없다는 인식이 전제되어 있다.

북한은 사회주의권의 붕괴라는 세계정세 변화에의 부응, 1990년대부
터 심화된 경제난 극복 및 체제유지를 유지 등의 필요성을 배경으로 헌
법을 수정하고 정책방향을 조정하였다. 북한은 1992년 4월 9일 최고인
민회의 제9기 제3차 회의에서 1972년의 사회주의헌법을 대폭 수정·보
완하여 개정 헌법을 채택하였다. 북한은 특히 이 헌법에서 경제난 극복
을 위한 대외개방의 법적 근거를 헌법에 명시(제16조, 37조)하는 한편,
주민불만 해소를 위해 국민생활 향상 조치(제25조, 47조, 48조, 53조, 54조)
를 규정하였다.[73]

70) 김정일, 「사상사업을 앞세우는 것은 사회주의 위업수행의 필수적 요구이다」, ≪로
    동신문≫ 1995년 6월 21일자.
71) 김정일, 「사회주의건설의 력사적 교훈과 우리 당의 총로선」, 조선로동당중앙위원
    회 책임일군들과 한 담화 1992년 1월 3일, 『김정일선집 12』, 평양: 조선노동당출
    판사, 1997, 275-310쪽.
72) 김일성, 「현 시기 정무원 앞에 나서는 중심과업에 대하여」, 『김일성저작집 44』,
    평양: 조선로동당출판사, 1996, 15-16쪽.
73) 정규섭, 「권력구조의 변화: 유일체제와 국가기관」, 전국대학북한학과 협의회 엮

나아가 김정일 체제의 공식 출범과 함께 채택된 '김일성헌법'(1998년 9월 5일)에서도 제한적이나마 개혁·개방 조치를 취하였다. 북한은 이 헌법에서 "국가는 우리나라 기관, 기업소, 단체와 다른 나라 법인 또는 개인들과의 기업 합영과 합작, 특수지대에서의 여러 가지 기업창설운영을 장려한다"(제37조)고 규정하고, 시장경제적 요소의 활용(33조)을 강조하는 등 몇 가지 개혁 지향적인 조처들이 도입되어 북한의 개혁·개방에 대한 기대감을 갖게 하였다.

물론 개정헌법 발표 후 자본주의적 요소의 유입과 확산을 경계하고 대외개방을 거부하겠다는 북한의 의지가 확고함을 거듭 강조하였던 것도 사실이다. 북한은 경제난의 와중에서 묵인되었던 사적 경제활동의 증가와 국제사회의 식량지원 등으로 인하여 국가의 통제력이 약화되고 자본주의적 요소가 확산되는 등 체제안정을 위협하기에 이르자 자본주의에 대한 경계와 대외개방에 거부감을 드러냈던 것이다.[74) 나아가 김정일은 "자본주의 황색바람의 사소한 요소"도 허용될 수 없다면서 '모기장'을 튼튼히 칠 것을 강조하였다.[75)

이후에도 북한은 우리식 사회주의를 강조하고 있지만, 2000년 6월 남북정상회담을 계기로 개혁·개방에 대한 직접적인 거부의사를 자제하는 가운데 자본주의와의 관계개선에 적극적인 관심을 나타내게 된다. 북한은 "우리의 자주권을 존중하는 나라들이라면 그 어떤 나라든지 대외관계를 개선해나갈 것"이라고 대외개방 확대 가능성을 시사하였다. 또한 "새 세기의 요구에 맞게 사상관점과 사고방식, 투쟁기풍, 일본새에서 근본적인 혁신을 이룩해나가는 것은 우리 앞에 나선 선차적인 과업"이라면서 "새 세기는 경제조직 사업을 해도 실리가 나게 효율적으로 해나가야 한다"고 하여 대외관계 개선과 함께 제한적이나마 개혁정

음, 『북한정치의 이해』, 서울: 을유문화사, 2001, 68-69쪽.

74) 「자립적 민족경제 건설로선을 끝까지 견지하자」, ≪로동신문≫, ≪근로자≫ 공동논설, 1998년 9월 17일자.

75) ≪로동신문≫ 1999년 6월 3일자.

책의 추진 가능성을 시사하였다.[76]

이런 맥락에서 1990년대 북한의 최대목표는 체제생존이며, 생존을 위한 수단으로서 자본주의체제에 대한 인식의 변화를 토대로 대외개방을 모색해왔다고 할 수 있다. 북한은 대외관계 개선을 통해 경제적 이익과 체제유지를 확보하기 위한 노력을 해왔으며, 탈냉전 이후 변화하는 내외적 환경을 고려하여 국가이익의 관점에서 체제안보, 경제적 실리를 추구하고자 하였다. 말하자면 북한은 대내적 생존전략 차원에서 미국·일본과의 관계개선, 중국과의 동맹관계 강화, 러시아와의 실용주의적 협력관계 유지, 유럽 국가들과의 외교관계 정상화를 국가목표로 설정하였다.[77]

이러한 정책전환은 1990년대 초반부터 북한이 직면한 대내외적인 위기상황으로부터 탈피하기 위한 것에서 비롯되었다.[78] 북한은 사회주의권의 붕괴를 계기로 안보적 측면에서 점증하는 대외적 압박감을 완화하고, 경제적 측면에서 자립적 경제발전 노선이 파탄에 직면하면서 가중된 경제난을 극복하기 위하여 적대국가인 미국과 일본과의 관계정상화를 통한 국가안전보장의 확보 및 자본주의국가들과의 교류를 통한 대외경제협력을 기본적인 생존전략으로 확정하였다. 북한의 이와 같은 정책전환은 체제유지를 위한 새로운 자본축적의 방식을 모색하고, 새로

---

76) 「고난의 행군에서 승리한 기세로 새 세기의 진격로를 열어나가자」, ≪로동신문≫, ≪조선인민군≫, ≪청년전위≫ 공동논설, 2001년 1월 1일자.
77) 최완규, 「김정일 체제의 변화 전망」, 전국대학북한학과협의회 엮음, 앞의 책, 256쪽.
78) 강민, 「공공정책의 구조적 분석」, 강민 외, 앞의 책, 167-168쪽. 어느 국가를 막론하고 발전의 위기에 봉착한 국가는 국가의 목표를 지키면서 새로운 전략을 구체화하기 위해서는 우선 해결해야 하는 중대한 체제발전의 위기들이 무엇인가를 알아야 한다. 그것은 다름 아닌 국가생존의 위기와 외생적 변수의 문제이다. 따라서 국가의 목표와 역할은 아래와 같은 발전의 위기에 대응해 나가는 일이 된다. 이것은 체제의 생존보장, 국민의 주체성 확립, 사회통합, 받아들일 수 있는 권위체계의 조성, 효과적인 자원의 동원과 배분, 외부지배로부터의 자유보장이다. 그런데 사실상 발전도상국들에 있어서는 이러한 문제들이 동시에 발생한다는 점에서 정책결정자들에게 쉬운 일은 결코 아니다. 그러나 국가의 목표와 역할은 이러한 발전의 위기에 적절히 대응할 때, 발전전략도 결정된다고 할 수 있다.

운 생존전략의 틀을 짜는 '전기적 선택'[79]이었던 것이다.

하지만 문제는 김정일 체제의 대외정책 및 경제협력 노선을 통한 체제생존전략이 북한체제를 지탱하는 핵심적 요소인 당·국가체제의 이완을 가져올 수 있다는 점이다. 북한이 선택한 대외개방정책은 단순하게 다른 국가들과의 물품교환을 증대시키는 과거의 사회주의적 무역정책의 확대가 아니라, 북한의 사회주의경제체제와는 본질적으로 상이한 자본주의 경제체제의 논리를 점진적으로나마 수용한다는 것을 의미한다. 즉 외부의 자원, 기술, 자본 등 자본주의적 시장경제의 요소들이 북한의 사회주의적 경제체제의 일부로 결합되는 것이다. 이 경우 개방은 필연적으로 북한 사회주의 경제체제의 개혁을 동반하기 마련이다.

결국 1990년대 북한 경제의 위기 상황은 새로운 활로를 찾지 않으면 체제위기로 발전할 가능성도 있었다. 때문에 북한은 자본주의 국가들과의 관계개선을 시도하게 된다. 북한 자체의 능력으로 경제난을 해결할 수 없는 상황에 있었다. 때문에 이를 해결하기 위한 하나의 방안으로 대외개방을 통해 외국의 자본과 기술을 도입하여 산업생산 증대, 무역 활성화, 경제성장을 도모하고자 하였던 것이다.

이런 점에서 북한은 다음과 같은 정책선택을 동시에 추구하고 있음을 알 수 있다. 첫째, 북한은 사회주의권의 붕괴 이후 조성된 새로운 국제환경 속에서 생존하기 위해서는 미국·일본 등을 비롯한 자본주의국가들과의 관계정상화 및 경제협력을 추진하지 않으면 안된다는 인식을 하고 있다. 이것은 개방이라는 정책선택으로 구체화된다. 둘째, 북한은 자립적 발전전략이 한계에 봉착한 것으로 판단하고, 대외개방을 매개로 자본주의적 시장경제의 요소를 사회주의적 경제체제와 결합시켜 새로운 경제성장을 도모하고자 하였다.

---

79) 백학순, 「북한정권의 생존전략과 전망」, 박기덕·이종석 편, 『남북한 체제비교와 통합모델의 분석』, 성남: 세종연구소, 1995, 29-39쪽.

3. 국가전략의 양면성

1990년대 북한의 대내외 정치·경제적 조건의 특징은 경제난과 대외 고립으로 말할 수 있으며, 이것이 정치체제에 심각한 위험요인으로 작용하게 된다. 구체적으로 중공업 중심의 자립경제 전략의 한계, 개방의 결여 등은 경제난으로 나타났다. 아울러 대외적으로 사회주의권의 정치·경제적 변동은 북한체제에 심각한 위기로 나타났다. 북한의 경제난은 체제붕괴로 비화될 수 있는 여건을 모두 갖추고 있었다고 볼 수 있다. 북한은 이 같은 상황에 대해 '경제정책의 실패를 공식 자인'하면서 시급히 해결해야 할 과제로 경제난 극복을 설정하기에 이른다.

그렇다면 이와 같은 위기상황에서 북한 지도부가 취한 국가발전전략은 무엇이었는가 하는 것이다. 1990년대 북한의 국가발전전략의 특징은 정치·경제적 측면에서 체제전환기의 이중성격을 갖고 있었다고 판단된다. 북한이 1990년대 초 정치·경제적 위기상황을 극복하기 위해 시도한 국가전략은 일종의 '현상유지' 정책이었다. 즉 정치권력의 안정을 바탕으로 경제난을 극복하는 전략을 취했다고 볼 수 있으며, 부분적인 개혁·개방정책이 강구되었다.[80] 다른 한편으로 김정일 정권의 제도적 안정이 이루어지는 1998년 이후 북한의 국가전략은 현상유지보다는, 21세기 경제강국을 주창하면서 공세적인 '강성대국' 전략을 취했다. 이것은 개혁·개방 확대 정책으로 나타났다고 볼 수 있다.

북한은 현상유지를 위한 정책으로서 이른바 '우리식' 사회주의를 강조하면서도 경제발전전략을 부분적인 변화를 시도하였다. 이와 같은 측면에서 1993년 김정일이 국방위원장에 취임한 이후 중공업 중심의 발전전략에 변화가 일어나기 시작했다. 즉 '3대제일주의'를 강조하며 경제발전전략에 대한 변화를 시도했다. 1993년 12월 개최된 당중앙위원

---

80) 북한은 사회주의권의 체제전환과 경제체제의 내부 모순에 따른 대외고립과 경제난 심화가 체제유지에 심각한 위험요인으로 작용한 상황에서 선 정치권력 안정화 확보 후 경제난 해결을 위한 국가전략을 추진했다고 인식하고자 한다.

회 제6기 21차회의에서 북한지도부는 제3차 7개년계획 기간 동안의 경제정책 실패를 공식 인정하고 향후 3년간 완충기의 경제발전전략으로 농업, 경공업, 무역제일주의 등 '3대제일주의'를 천명했다.[81] 물론 이 새로운 축적전략은 인민경제 선행부문-석탄공업, 전력공업, 철도운수부문-에 대한 강조가 빠지지는 않았지만, 농업, 경공업, 무역 부문이 선차적으로 강조되었다. 3대 제일주의는 기존의 중공업 우선 전략이 인민생활의 향상에 많은 문제점을 야기했음을 인정하고 그동안 경시되었던 부문에 많은 노력을 쏟음으로써 축적보다는 인민의 소비 욕구를 충족시켜야 한다는 필요성을 인정한 것이다.

이른바 '3대 제일주의'는 기존의 북한의 축적방식과는 상당히 다른 의미를 갖는 것이었다. 오랫동안 고수해 오던 '중공업 우선' 전략이 1990년대의 상황적 조건에 의해, 즉 변화된 환경과 혁명발전의 요구에 맞게 경제구조를 개조하고, 경제건설에서 농업, 경공업, 무역제일주의를 실현하는 방향으로 바뀐 것이다. 북한 스스로도 3대 제일주의는 기존의 축적방식에 변화를 가져오는 것으로 설명하고 있다. 이는 '중공업 위주의 경제구조를 경공업, 농업 위주의 경제구조로 개조하며 속도와 투자에서 경공업과 농업에 큰 힘을 돌리는 인민생활 향상의 전략'으로 규정되고 있다.[82] 이는 1990년대는 북한이 직면한 대내외적으로 여러 가지 변화된 현실을 수용하면서 발전전략의 변화를 모색하였다는 것을 보여주는 것이다.

북한은 인민생활 향상을 위해 3대 제일주의라는 새로운 축적전략을 제시하였으나, 1994년 수령 사망과 경제난 심화로 체제위기가 고조되면서 제대로 현실에 반영되기 힘들게 되었다. 이와 같은 정책변화의 시도에도 불구하고 1995년 식량난이 극심해지면서 '먹는 문제의 해결'을

81) 리기성, 「위대한 수령 김일성 동지께서 신년사에서 제시하신 사회주의경제건설의 완충기와 우리 당의 혁명적 경제전략」, ≪경제연구≫ 1994년 1호, 2쪽.
82) 한대성, 「인민경제선행부문과 금속공업부문에서 혁명적 앙양을 일으키는 것은 인민생활을 높이기 위한 중요한 담보」, ≪경제연구≫ 1995년 2호, 10-11쪽.

사회주의 경제건설의 기본 과업으로 설정 될 정도로 경제난은 심화되었다.

이와 같이 북한은 경제난을 극복하는데 있어서 경제발전전략에 대한 수정을 통해 먹는 문제와 주민생활 향상을 꾀하였으며, 이 과정에서 경공업과 농업을 중시하는 정책변화를 보였다. 이 같은 정책변화는 북한이 정치체제 위기와 경제난 극복이라는 두 가지 목적을 달성하고자 하였다고 볼 수 있다. 북한의 중공업우선 노선의 변화를 통해 경제발전을 도모하기 위해 추진된 3대 제일주의는 김일성 사망 이후 위기상황 속에서 '선 정치권력의 안정화, 후 경제난 극복'이라는 체제의 경직적인 경제운용 정책의 견지로 인해 그 성과를 얻기에는 한계가 있었다.

1994년 7월 김일성의 사망으로 북한 당국은 정치권력을 안정화하는데 주력하였다. 말하자면 북한은 심화되는 경제난을 극복하기 위해 적극적인 개혁·개방정책의 필요성과 정치적 안정화라는 두 가지목적을 동시에 추진해야 하는 딜레마에 빠져 있었다고 할 수 있다. 이 과정에서 북한은 경제난 극복을 위한 대규모 군중노선인 '고난의 행군'을 주창하였다.[83] 즉 노력동원이 전사회적 운동으로 전개되었다.

이 시기 북한은 대외적 고립에 직면한 상황에서 외부로부터 자원을 추출할 수 없었고, 내부적으로 내부동원에 의존할 수밖에 없는 상황이었기에 군중적 노력동원 운동인 '고난의 행군'을 강도 높게 전개한 것이다. 자력갱생에 방식에 의한 경제난 극복을 주창한 고난의 행군은 결국 북한당국의 의도하지 않은 결과를 낳았다. 이것은 정치제제 안정 및 경제난 극복을 위한 사회통제의 성격이 강했지만, 오히려 개인 및 기업소 등 하부단위들의 자율성을 신장시키는 결과를 초래하였다. 특히 이러한 현상의 발생은 국가능력의 현저한 약화를 가져왔다. 국가의 자원추출 능력과 재분배 기능의 약화는 역설적이지만, 향후 북한의 경제개혁과 개방을 확대하는 중요한 요인으로 작용하였다.

1990년대 중반 북한사회의 새로운 자력갱생의 생존전략은 두 가지

---

83) 윤현철, 『고난의 행군을 락원의 행군으로』, 평양: 평양출판사, 2002, 2-62쪽.

점에서 매우 중요한 의미를 시사하고 있다.[84] 첫째, 1998년 이후 김정일 정권의 제도적 안정을 이루는데 중요한 역할을 수행하였다는 점이다. 따라서 북한은 김정일 정권이 자신감의 표현으로 경제난을 극복하려는 목적에서 전향적인 내부개혁과 대외개방 정책을 확대하였다는 가설이 성립될 수 있다. 둘째, 김정일 정권의 안정화는 이루어졌지만, 구조화된 경제난과 경제체제의 내부 모순은 부분적이고 제한적인 개혁·개방 정책으로 해결이 불가능하다는 것을 보여주었다. 따라서 장기적 경제난이 경제개혁 조치와 대외개방을 확대하지 않으면 안되는 상황에 직면하게 만들었다는 가설이 성립될 수 있다. 이러한 효과가 갖는 양면성으로 인해 새로운 국가발전전략을 추진하도록 하였다고 볼 수 있다.

이 같은 상황에서 1998년 북한은 헌법을 개정하고 권력구조를 개편하는 등 김정일 시대를 공식화 하였다. 또한 21세기 경제강국 건설을 목표로 제시한 '강성대국'을 새로운 국가전략으로 천명하였다. 이러한 현실에서 북한은 개혁·개방 확대전략을 추진하게 된 것이다. 강성대국 건설을 통해 구체화된 국가발전전략은 경제적 실리주의, 수출촉진 및 외자유치를 통한 외화 및 기술 획득을 확보하려는 것이다.

김정일 체제의 국가발전전략으로서의 강성대국은 선군후경(先軍後經)의 정책노선을 지향하고 있는 것처럼 보일 수 있다. 하지만 역으로 군사, 정치, 사상강국이 어느 정도 실현된 상황에서 경제발전을 통해 경제강국을 건설하겠다는 비전을 담고 있다. 이런 맥락에서 김정일 체제는 경제정책의 기조를 개혁·개방을 심화하는 방향으로 변화시키지 않을 수 없는 시점에 도달하였다고 볼 수 있다. 그러므로 공식적인 선전의 수준에서 강경한 군사주의노선을 천명하고 있다고 하여도, 이는 실질적인 경제회생을 위해서 실용주의적 경제정책의 전환이 불가피한 것으로 보는 것이 타당하다. 북한의 이러한 정책변화는 체제유지와 경제발전을 동시에 도모하기 위한 전략적 선택으로 평가된다.

사회주의에서 정치체제에 대한 경제적 요소의 중요성은, 정치적 특성

---

84) 윤현철, 앞의 책, 160-202쪽.

으로부터 사회주의체제의 본질을 인과적으로 설명하는 코르나이(J. Kornai)의 논의에서도 나타난다. 코르나이는 사회주의체제의 '고전적 체제'(Classical System)의 개혁의 원인을 바로 경제적 이유에서 찾고 있다. 그는 사회주의체제에서 나타나는 양적 성장, 만성적 경제침체, 노동력 부족과 실업 등의 문제점이 근원적으로 마르크스-레닌주의 당의 독재와 공식적 이데올로기의 지배적인 영향에서 나타난다고 보고 있지만, 바로 이러한 경제적인 문제점이 사회주의체제를 근본적으로 개혁시키는 원인으로 작용한다는 것이다.[85]

이와 같이 북한은 1990년대 위기상황 속에서 체제생존 전략은 자립경제, 중공업우선 정책 등 기존의 냉전적 발전전략을 지속하면서도 현실의 변화에 맞게 개혁·개방 정책을 추진하는 등 발전전략의 지속성과 변화를 동시에 추진하였다.

결국 북한의 국가전략은 다음과 같은 맥락에서 양면성을 보일 수밖에 없다. 북한은 개혁·개방을 확대하고 있지만, 개혁과 개방이 진전될 경우 어떠한 형태로든 현재의 당·국가체제의 이완현상이 발생할 것으로 판단하고 있기 때문에 정치적, 군사적, 사상적 차원의 강력한 국가를 주장하고 있다. 말하자면 북한은 체제생존을 위하여 개방·개혁 그리고 안정이라는 서로 상충되기 쉬운 정책적 목표를 동시에 성취하려는 정책선택을 모색하고 있는 것이다.[86]

본 논문은 북한이 급진적인 개혁·개방정책을 추진하여 단시일 내에 체제전환단계로 접어들 가능성은 희박하지만 체제유지를 전제로 국내외 여건에 따라 국가발전전략의 변화 범위와 속도를 증대시키고 있다는 점에 주목하고자 한다.

---

85) Kornai, *op. cit.*, pp.338-395.

86) 경남대 극동문제연구소, 『김정일체제의 역량과 생존전략』, 서울: 경남대 극동문제연구소, 2000, 22-26쪽. 함택영 교수는 북한의 이러한 정책변화를 '김정일정권의 정책선택 트라일레마(trilemma)'라고 부르고 있다. 정책선택 트레일레마란 주어진 세 가지의 정책목표 가운데 어느 두 가지의 정책목표를 성취하기 위해서는 다른 한가지의 정책목표의 희생이 불가피한 상황을 말한다. 즉 정책선택 트레일레마의 상황에서는 주어진 세 가지의 정책목표를 동시에 추구하는 것은 불가능하다.

제3장 북한체제의 위기와 '강성대국' 건설전략

북한체제는 1990년대에 들어서 전례 없는 '체제위기'에 직면하였다. 북한체제의 위기를 심화시킨 본질은 무엇인가. 첫째, 사회주의권의 붕괴와 세계체제 차원에서 탈냉전이 가시화되었다. 즉 사회주의 동맹의 상실로 인하여 북한의 대외고립을 심화시켰다. 둘째, 북한의 구조화된 경제난과 식량난은 체제위기를 가중시켰다. 특히 식량난은 반자본주의 의식의 성장과 함께 사회주의체제의 기본 틀이 와해될 수 있는 조짐으로 나아갔다. 이것은 당·국가체제의 통치기반을 약화시키는 것을 의미한다.

북한은 '고난의 행군'으로 위기상황을 어느 정도 극복하였지만, 경제상황은 여전히 호전되지 않고 있다. 나아가 북한의 경제난은 내부적 노력만으로는 해결할 수 없다는 견해가 지배적이다. 일반적으로 체제의 위기상황은 정치체제의 큰 도전이 아닐 수 없다. 따라서 위기상황은 한 사회가 새로운 방향으로 옮겨가는 계기가 될 뿐 아니라 그 사회는 중요한 결정을 하게 되고, 이러한 선택과 결정은 연계적인 변화를 초래하게 된다.

김정일 체제는 이러한 위기상황을 해결해야 하는 과제를 안고 출범하였다. 김정일 체제의 공식 출범은 북한정치에서 새로운 시대를 여는 것을 의미한다. 새로운 시대에 부응하는 국가비전과 전략이 요구되었다. 북한은 새로운 국가발전전략으로서 '강성대국' 건설을 제기하였다. 북한의 강성대국 건설은 당면한 국가적 과제를 의미하는 것과 동시에 미래의 희망적인 발전을 의미하는 것이기도 하다.

이 장에서는 북한의 새로운 국가발전전략으로 제시된 강성대국의 등장과정을 설명하는 것이다. 북한의 표현에 따르면 강성대국은 '21세기의 국가설계도'에 해당된다. 강성대국이 어떤 맥락에서 등장하였는지, 그리고 강성대국이 의미하는 내용과 특징에 대해서 설명하고자 한다.

제1절 사회주의권의 붕괴와 북한의 위기

1. 사회주의권의 붕괴와 북한의 고립

주지하는 바와 같이 1980년대 말 세계정치에서 가장 큰 변화는 '냉전질서'의 붕괴와 '탈냉전'체제가 형성되었다는 점이다. 1978년 12월 중국에서 등소평(鄧小平)이 등장하여 '역사적인 노선전환'을 선언하고, 1985년 3월 고르바초프(M. Gorbachev)가 등장한 이후 소련에서 페레스트로이카(Perestoroika)를 추진함으로써 사회주의권이 본격적으로 혁명적 변화의 와중에 돌입하게 된 것은 이미 잘 알려진 사실이다. 특히 고르바초프의 페레스트로이카와 신사고 외교는 소련 사회에서 혁명적 변혁운동을 산출했을 뿐만 아니라, 세계적인 차원에서 미국과 소련의 대결구조를 바탕으로 형성된 '냉전질서'의 와해라는 역사적인 변화를 초래하였다.[1]

1989년 동구 사회주의의 몰락, 동서독의 통일, 그리고 마침내 소련에서 공산당 지배의 종식과 소련 연방의 해체라는 세기적 변화는 단순히 냉전질서의 붕괴라는 차원을 넘어 '역사의 종언'까지 선언하게 하는 역

---

[1] 홍승직·서진영, 「사회주의 개혁운동과 냉전질서의 변화」, 서진영 편, 『사회주의 개혁과 북한』, 서울: 고려대학교 아세아문제연구소, 1992, 13쪽.

사적인 '대변혁'이라는 점에는 의심의 여지가 없다고 하겠다.[2] 다시 말해서 제2차 세계대전 이후 미국과 소련이라는 초강대국의 이데올로기적, 정치적, 군사적 대결구조를 기초로 형성되었던 냉전질서는 붕괴되고 '탈냉전' 시대가 도래되었던 것이다.

이처럼 냉전질서가 해체되면서 과거의 동맹관계가 재편되고, 국가간의 관계가 새로운 틀에 의해 재조정되는 상황에 일어났다. 세계적인 차원에서 탈냉전의 속도와 형태가 일률적으로 진행되고 있는 것은 아니지만, 다원적이고 민주적 가치와 질서의 확산, 국제관계에서의 이데올로기적, 정치적, 군사적 요인의 중요성의 쇠퇴와 경제적 실리, 상호의존이 증대하고 있다는 점은 부인할 수 없다.

사회주의는 권력을 장악하고 유지하는 데 적절한 교의를 제공했던 것이 사실일지라도 경제적 실리와 상호의존을 지향하는 탈냉전시대에는 유용하지 않다는 것이 입증되었다. 따라서 '1989년 혁명'을 기점으로 1990년대에 들어서면서 마르크스-레닌주의는 많은 나라에서 폐기되었고, 사회주의는 위기를 맞게 되었다. 위아르다(H. Wiarda)의 견해에 의하면, 사회주의 위기의 특징은 이데올로기의 위기(the crisis of ideology), 제도의 위기(the crisis of institution), 사회의 위기(the crisis of society), 리더십의 위기(the crisis of leadership), 경제의 위기(the crisis of economy), 사기의 위기(crisis of morale), 국제적인 위기(crisis of international) 등으로 설명한다.[3] 이런 맥락에서 '냉전질서'의 산물이었던 현실 사회주의국가는 스스로 사회주의를 포기하게 되었던 것이다.[4]

로이(Michael Lowy)에 의하면 현실 사회주의국가는 진정한 사회주의, 즉 생산자들이 생산과정의 소유주인 사회형태, 최대한의 경제·사회·정

---

2) Francis Fukuyama, "The End of History?" *The National Interest,* 16, Summer 1989; Zbigniew Brzezinski, *The Grand Failure: The Birth and Death of Communism in the Twentieth Century,* New York: Macmillan, 1989 참조.

3) Howard J. Wiarda, "Is Cuba Next? Crisis of Castro Regime," *Problems of Communism,* Vol. XL (January-April 1991), pp. 84-93.

4) 고세현 역, 『역사로서의 사회주의』, 서울: 창작과 비평사, 1994, 145-187쪽.

치적 민주주의와 모든 계급적 억압과 착취로부터 해방된 공동체와는 아주 거리가 멀다고 주장한다.5) 그리고 공산주의를 표방했던 현실 사회주의는 정치적, 경제적 성취 또는 실패에 상관없이 민주주의의 결여, 노동자계급의 배제, 다수 국민의 정치권력으로부터의 배제 등 기본적이고 보편적인 결함을 노출하였던 것이다. 민주적 권리인 표현과 결사의 자유, 보통선거, 정치적 다원주의는 단순히 '부르조아제도'가 아니고 노동운동을 통해 어렵게 쟁취한 것이기 때문에 사회주의란 이름으로 이러한 민주적 권리를 축소한 것은 관료주의적 전제라고 주장한다.

체이스 던(Chase-Dunn)의 주장에 의하면, 현실 사회주의국가들은 보다 큰 자본주의 세계체제의 강력한 위협과 기회 때문에 자기 재생산적인 사회주의 생산양식을 제도화하는데 실패했다는 것이다. 갈등적인 국가 간체제(interstate system)와 자본주의 핵심국가로부터의 직접적인 위협은 호전주의, 권위주의, 그리고 방어적인 제국주의를 촉진한다는 것이다. 그리고 역동적이고 경쟁적인 세계시장의 존재는 자본주의 핵심부와의 경쟁과 정교한 기술의 수입을 중계함으로써 그들의 지위를 지탱할 수 있는 전문가와 관료들로 구성되는 '새로운 계급'들에 의한 부패, 소비주의, 정치적 기회를 조장한다는 것이다.6)

이런 맥락에서 현실 사회주의국가의 붕괴 원인은 첫째, 마르크스-레닌주의 혁명논리를 통하여 체제유지와 체제발전의 정당화 논리를 찾는 강한 이념 지향성, 둘째, 단일지배정당인 공산당의 배타적 통치를 보장하는 당-국가체제의 무오류성, 셋째, 사회 모든 부문에 걸친 당의 독점권력과 지도적 역할 행사, 넷째, 전국적인 경제계획에 의해서 수행되는 명령경제 또는 관리경제, 중공업 우선정책의 사회주의 경제관리 방식, 다섯째, 최고 권력의 이양을 위한 명확한 절차의 부재에 의한 장기집권

---

5) Michael Lowy, "Twelve Theses on the Crisis of Really Existing Socialism," *Monthly Review*, Vol.43, No.1, May 1991, pp.33-40.

6) Christopher Chase-Dunn, *Global Formation: Structures of the World-Economy*, Cambridge: Basil Blackwell, 1989, p.342.

과 정치적 불안정 등 사회주의 체제의 일반적 특징에서 찾을 수 있다.[7) 사회주의권의 붕괴는 당국가체제와 계획경제로 표현되는 현실 사회주의국가의 시스템에 붕괴되었음을 뜻하는 것이었다.

현실 사회주의국가의 붕괴와 더불어 북한은 1990년대에 이르러 한국전쟁 이후 최대의 위기에 직면했다. 1990년대 북한을 위기상황으로까지 몰고 간 데는 20세기 마지막 대격변이라고 불리는 '사회주의권의 붕괴'가 결정적인 역할을 하였다. 현실 사회주의체제의 몰락은 북한에게 전혀 새로운 위기상항으로 다가온 바, 북한의 변화를 강요하게된 것이다.

자본주의 포위 속에서 비자본주의적 발전의 길을 모색한 제3세계의 사회주의 국가가 사회주의진영으로부터 받는 도움은 경제적 차원에만국한된 것은 아니었다. 사회주의 진영은 정치적으로도 사회주의의 길을계속 걸어갈 수 있도록 뒷받침해주는 버팀목이 되어 주었던 것이다. 현실 사회주의국가는 북한에게 경제적 원조만을 제공한 것이 아니라 북한체제의 정치·이념적 지지자였고 동반자였다.

북한체제의 정치적·이념적·군사적·경제적 안정성을 제공했던 사회주의권의 붕괴는 냉전체제의 해소와 시장경제의 전 세계적 확산이라는차원에서 북한에게는 실로 엄청난 충격이었다. 사회주의권의 붕괴는 사회주의에 대한 신념을 약화시키는 요인의 하나였으며, 보다 중요한 것은 북한 단독으로 '제국주의'와 직면해야 한다는 사실이었다. 당시 북한의 정세인식은 북한을 붕괴시키고자 하는 제국주의자들의 책동이 전례 없이 강화됨으로써 "1990년대 우리나라는 제국주의와의 가장 치열한 대결장이었다는 것"이다.[8) 나아가 이러한 사회주의권의 붕괴는 북한으로 하여금 제국주의가 '우리식' 사회주의를 침탈하려한다는 '피포

---

7) 고유환, 「북한 사회주의체제의 구조적 위기와 김정일 정권의 진로」, ≪한국정치학회보≫ 30집 2호, 1996, 228쪽.

8) 「당 창건 55돌을 맞는 올해를 천리마 대고조의 불길 속에 자랑찬 승리의 해로 빛내이자」, ≪근로자≫ 2000년 제1호, 4쪽.

위의식'을 심화시키게 만들었다.9)

북한의 혈맹이었던 사회주의권의 붕괴, 동독의 서독으로의 흡수통합, 미국의 제국주의적 '진면목'을 보여준 걸프전이 미국의 일방적인 승리로 끝났다는 것, 그리고 1992년부터 본격화된 북한의 핵 투명성과 관련하여 미국과 일본의 국제공조체제에 의한 대북 압박 등은 북한에게 심각한 체제위기 의식을 심어주었다. 김일성도 1990년대를 전후한 북한의 위기상황이 전쟁시기와 비슷하다고 인식했다.

> 우리는 어려운 환경에서 사회주의건설을 하고 있습니다. 우리 혁명은 의연히 간고한 행군길을 이어가고 있습니다. 그러니 지금도 고난의 행군은 계속된다고 말할 수 있습니다. 지난날에는 수십만의 일본군이 우리를 포위하고 추격하였지만 오늘에는 그와는 대비도 할 수 없이 막강하고 포악한 제국주의자의 세력들이 우리나라를 압살하려 하고 있습니다. 우리는 사실 전쟁시기나 다름없는 상태에서 살고 있는 셈입니다.10)

북한의 입장에서 보면, 사회주의권의 붕괴 속에서 1990년대 북한은 제국주의로부터의 끊임없는 정치·군사적 위협과 압력, 경제봉쇄, 사상문화적 침투에 노출되어 있었으며, 이것은 북한의 안보위기, 경제위기, 정치·사상위기 등 체제의 전반적 위기를 더욱 가중시키는 것이었다. 특히 1992년부터 부각된 북한 핵문제는 국제사회에서 북한이 그 어떤 국가들로부터도 지지와 협력을 받을 수 없음을 가장 적나라하게 보여주었던 것이다. 다시 말해 탈냉전과 사회주의권의 붕괴로 미국의 단일패권이 강화되고 있었던 현실은 북한의 대외적 고립과 위기감을 한층 강화시키는 것이었다.11) 사회주의권의 붕괴에 따라 북한이 직면하게 된

---

9) 한호석, 「최근 북(조선)의 정세관과 정세대응에 대한 분석: 1997년 상반기 ≪로동신문≫ 분석을 중심으로」, http://www.onekorea.org/research/t18.html 참조.
10) 『김일성동지회고록, 세기와 더불어 7』, 평양: 조선로동당출판사, 1996, 181쪽.
11) 미국은 1991년 이라크 공습을 단행하면서 탈냉전기 지역문제에 대한 군사적 개입을 명백히 한데 반해, 북한은 1993년 3월 9일 최고사령관 명의로 준전시 상태를 선포하고, NPT 탈퇴를 선언하는 등 한반도의 긴장감을 조성했다. 이러한 북한의 강경대응은 당시 북한이 인식하고 있던 체제 위기감을 반증하는 것이다.

가장 심각한 문제는 안보문제였던 것이다.[12]

이런 점에서 사회주의권의 붕괴는 안보차원에서의 동맹의 상실을 의미했다. 1990년대의 탈냉전과 급변한 국제정세에 극도로 불안해진 북한은 국방력 강화의 필요성을 특히 강조하였다. 즉 "경제는 주저앉다가도 추설 수 있지만 군사가 주저앉으면 나라의 백년기틀이 허물어지게 된다는 것은 명약관화한 일이다"[13]고 하면서, 경제에 앞서 군사를 국방력 강화를 강조하고 있다.

이러한 국제적 상황은 북한체제의 생존과 직결되는 것이었으며 북한이 미국을 비롯한 서방국가와의 관계개선에 적극적인 자세를 취할 수밖에 없었다. 이렇듯 1990년대 북한의 최대 과제는 대외적인 고립과 위기로부터 북한의 생존을 보장 받아야하는 것이었다.

이에 더하여 1994년 김일성의 사망과 이후 3년 동안 계속된 국가적 자연재해 등은 북한으로 하여금 정치적 구심으로서의 수령의 역할이 사라졌다는 점에서, 그리고 경제난이 가중되고 있다는 점에서 그 위기의 심도는 상상을 초월할 정도였다. 이 당시 북한의 체제위기를 비유하여 북한 '붕괴론'이 확산되었던 것이다.[14] 즉 북한의 위기와 체제붕괴는 단지 시간과 계기가 문제였지 필연적 결과로 간주되었을 뿐이었다. 그리고 북한의 체제위기에 더하여 붕괴론에 동의하지 않는 입장도 이제는 북한체제의 변화가 불가피하다는데 모두 동의하였다는 점이다.[15]

결국 1990년대 사회주의권의 붕괴는 그동안 북한에 존재했던 위기상

---

12) 북한은 제3차 7개년계획의 실패 원인을 사회주의 시장붕괴와 국방력 강화를 위한 자원 투입을 들고 있다. ≪로동신문≫ 1993년 12월 9일자; 『조선중앙년감 1994』, 평양: 조선중앙통신사, 1994, 168-169쪽.

13) 김재호, 『김정일강성대국전략』, 평양: 평양출판사, 2000, 28쪽.

14) 북한 붕괴론의 대표적 문헌은 Nicholas Eberstadt, "Hastening Korean Reunification," *Foreign Affairs*, Vol.76, No.2, March/April 1997; Robert Manning, "The United States and the Endgame in Korea," *Asian Survey*, Vol.37, No.2, July 1997 참조.

15) 이러한 입장은 북한의 연착륙(softlanding)론으로서 대표적 문헌은 Selig Harrison, "Promoting a Soft Landing in Korea," *Foreign Policy*, No.106, Spring 1997 참조.

황을 더 이상 해결할 수 없을 정도로 몰고 갔으며, 총체적 위기국면을 맞게 된 셈이다. 그리고 이 같은 위기상황의 도래는 북한으로 하여금 국가전략의 변화를 강요하게 된다.

2. 계획경제의 붕괴와 비공식경제의 확산

사회주의권의 붕괴에 따른 북한의 무역 등 대외경제 관계의 급격한 감소는 1990년대 북한경제에 실로 엄청난 타격을 주게 된다. 사회주의권의 붕괴는 그동안 존재해왔던 위기상항을 더 이상 해결할 수 없을 정도로 몰고 갔다. 이와 더불어 1995년에 대홍수 등 자연재해를 겪으면서 식량사정 마저 외부세계의 인도적 지원 및 원조를 요청하지 않을 수 없을 정도로 악화되었다.[16) 이렇듯 구조적인 문제가 누적되어 왔던 북한경제는 1990년대에 들어서서 심각한 위기를 맞게 되었고, 특히 김일성 사망 이후 몇 년 동안 자연재해까지 발생하여 최악의 경제난을 경험하게 되었다. 따라서 이 시기는 계획경제체제라고 하면서도 장기적인 경제계획 조차 설정하지 못하였다. 1990년부터 1998년까지 북한의 마이너스 경제성장률이 이러한 상황을 단적으로 보여주고 있다.

<표 3-1> 북한의 경제성장률

(단위: %)

년 도	1987	1988	1989	1990	1991	1992	1993	1994
성장률	3.3	3.0	2.4	-3.7	-3.5	-6.0	-4.2	-2.1
년 도	1995	1996	1997	1998	1999	2000	2001	2002
성장률	-4.1	-3.6	-6.3	-1.1	6.2	1.3	3.7	1.4

한국은행, 『북한 GDP 추정결과』, 각년도.

북한의 경제위기는 무엇보다도 북한식 사회주의 계획경제와 자립경

---

16) 이 당시 북한의 경제사정은 3난(식량난, 에너지난, 외화난), 3저(국제경쟁력저하, 노동의욕저하, 기술수준저하), 3악(제품조악, 생산환경열악, 기계설비낙후)의 현상이 심각하여 경제의 악순환이 거듭되었다. ≪동아일보≫ 1996년 2월 7일자.

제의 내부적 한계에 기인하는 것이다. 여기에 더하여 중공업 중심의 외연적 성장전략도 구조적 경제난을 심화시켰다. 북한은 1980년대까지 국내시장을 위주로 하면서 사회주의 나라들을 기본으로 하는 대외시장을 보충적으로 이용하는 방법으로 자립경제를 건설해왔다.[17] 그러나 북한식 자립경제의 보다 근본적인 한계는 대외경제 관계에 매우 취약하다는 점이다.[18] 때문에 1990년대 사회주의 시장의 붕괴에 따른 북한의 무역 등 대외경제 관계가 급격하게 감소하였다. 나아가 사회주의권의 붕괴는 전략 물자인 원자재와 에너지 수입원이 사실상 중단되는 것이었다.[19] 김일성은 사회주의 시장의 붕괴로 인한 경제적 어려움을 다음과 같이 인식하였다:

　　지난날 사회주의시장이 있을 때에는 우리가 대외무역에서 사회주의시장을 기본으로 하고 자본주의시장을 보조적으로 리용하였습니다. 그러나 지금은 사회주의시장이 없어지고 모든 나라들이 대외무역을 자본주의적 방법으로 하고 있는 조건에서 무역을 사회주의적 방법으로는 할 수 없게 되었습니다. 사회주의시장이 아니라 자본주의시장을 대상하여 무역을 하여야 하는 것만큼 우리도 무역방법을 그에 맞게 고치지 않으면 안됩니다. 변화된 환경은 우리로 하여금 세계자본주의 시장에 대담하게 진출하며 대외무역에서 전환을 일으킬 것을 요구하고 있습니다.[20]

---

17) 리명서, 「위대한 수령 김일성 동지께서 마련해 주신 자립적 민족경제는 우리식 사회주의의 물질적 기초」, ≪경제연구≫ 1998년 제3호, 9쪽.

18) 북한의 대외무역과 경제성장 사이의 상관관계를 역사적 추이를 통해 분석해보면 그 양자 사이에는 대체로 강한 상관관계가 있었다. 즉 무역의존도가 증가하면 경제성장률도 증가되고, 무역의존도가 감소되면 경제성장률도 감소되었던 것이다. 물론 북한의 대외의존도는 비교적 낮은 편에 속한다. 하지만 중요한 것은 그 양이 아니라 질이다. 즉 북한의 주요 물자인 원유, 코크스, 생고무 등 주요 원자재와 에너지, 설비 등은 대부분 다른 나라에 의존해왔다. 예컨대 북한의 에너지 구조에서 원유가 차지하는 비중은 10%로 매우 낮은 수준이지만, 원유 부족이 인민경제 각 부문에 미치는 영향은 매우 큰 것이다. 이태섭, 「북한 경제의 구조적 변화에 관한 연구」, ≪통일문제연구≫ 제8권 1호, 1996, 5-31쪽.

19) 양문수, 『북한경제의 구조: 경제개발과 침체의 메카니즘』, 서울: 서울대학교 출판부, 2001, 328-334쪽.

20) 김일성, 「변화된 환경에 맞게 대외무역을 발전시킬데 대하여」, 『김일성저작집 43』, 평양: 조선로동당출판사, 1996, 230-237쪽.

1960년대부터 북한이 정책적으로는 내부자원 동원을 통한 자급적 축적전략을 추구한 것이 사실이나, 북한 경제구조의 한계성으로 인해 실질적으로는 여전히 사회주의국가에 대한 대외의존적 축적전략을 유지해 왔다는 것을 알 수 있다.[21]

북한의 중공업우선 노선 및 자립경제 전략은 1970년대 초반까지는 어느 정도 성공적으로 평가받았다.[22] 북한이 전후시기에 이룬 경제적 성과는 빠른 기간 안에 근대화와 산업화를 달성하려는 저발전 사회주의국가에서의 일반적 경제노선, 즉 강행적 축적과 불균형 성장노선은 한정된 자원과 인력을 단기간에 효과적으로 동원함으로써 경제발전을 가능하게 하였다. 이른바 사회주의적 동원체제의 효과였다.

하지만 1970년대 중반 이후 이러한 발전전략은 북한경제의 구조적 문제점을 드러내는 결과를 초래하였다.[23] 즉 북한식 발전전략의 주요 특징인 중공업 우선노선의 불균형 성장노선, 물질적 유인보다는 정치사상적 자극의 강조, 대외개방과 경제협력을 제한하는 자립경제의 한계 등은 결국 일정한 성과를 이룩한 후 경제적 도약의 걸림돌로 작용한 것이다. 이것은 새로운 축적양식으로 전환할 수 있는 제도적 가능성을 봉쇄하는 결과를 초래하였다. 북한은 1980년대에 들어서 불리한 국제환경에 직면하여 사회주의 완전승리, 자주적 평화통일, 반제 국제연대 강

---

21) 1949-1984년 동안 북한이 소련 및 중국 등 사회주의동맹국들과 OECD국가들로부터 받은 총 경제지원규모는 47억 4,849만 달러에 달하며, 1946-1987년 동안 대소련 무역적자 누적 액은 30억 6,850만 달러, 대중국 무역적자 액은 20억 8,220만 달러에 달한다. 1980년대까지 소련과 중국에 대한 북한의 무역적자는 대부분 정치적 협상에 의해 지원적 성격으로 청산되던 관행에 비추어 보아, 소련과 중국에 대한 북한경제의 대외의존도는 매우 높았다고 볼 수 있다. 오승렬, 『북한경제의 변화: 이론과 정책』, 서울: 통일연구원, 2002, 19쪽.

22) 브룬 허쉬 지음, 김해성 옮김, 『사회주의 북한』, 서울: 지평, 1988, 13쪽.

23) 대부분의 사회주의정권들은 권력을 장악하고 유지하는 데 성공했지만, 경제를 관리하는 데 성공적이지 못했다. 혁명 초기의 비교적 단순하고 농업에 기초를 둔 것으로부터 보다 복잡하고 공업과 기술에 기초한 상호의존적인 경제로 이행하면서 경제관리의 문제점은 심화되었다. 중앙계획적, 독점적 그리고 폐쇄적인 동원경제는 그것을 시도했던 모든 사회주의국가에서 사실상 거의 실패로 귀결되었다.

화와 같은 기존의 체제확장형 국가이익을 경제난 해결, 남북공존, 사회
주의 옹호 고수와 같은 체제보전형 국가이익으로 하향조정하지 않을
수 없었다는 것은 이러한 점과 무관하지 않다.

이렇게 볼 때 1990년대 북한의 경제위기는 사회주의계획경제와 자립
경제의 모순과 한계를 내인으로 하고, 사회주의 시장붕괴, 극심한 자연
재해 등과 같은 외적 자원 제약 현상의 심화를 외인 등이 결합함으로써
발생한 것이다. 이런 점에서 사회주의권의 붕괴는 북한의 경제위기 뿐
아니라 사회전반에 걸쳐 위기를 가중시키는 것이었다.

북한의 경제위기는 곧 사회전체의 위기로 파급되었다. 극심한 경제난
으로 국가능력이 크게 약화됨에 따라 기존의 중앙집권적 국가통제시스
템과 계획경제 시스템이 와해되고, 기존의 국가 식량배급체계와 소비품
공급체계인 국가상업유통망이 와해되었다.

<표 3-2> 북한의 식량수급추이

(단위: 천톤)

	1995/ 1996	1996/ 1997	1997/ 1998	1998/ 1999	1999/ 2000	2000/ 2001	2001/ 2002	2002/ 2003
국내공급량	4,077	2,955	2,633	3,481	3,420	2,920	3,656	3,840
생산량	4,077	2,837	2,633	3,481	3,420	2,920	3,656	3,840
이입량	n.a	158	n.a	n.a	n.a	n.a	n.a	n.a
소요량	5,988	5,359	4,614	4,835	4,751	4,785	4,957	4,921
식 량	3,688	3,798	3,784	3,925	3,814	3,871	3,855	3,893
사료용	1,400	600	300	300	300	300	300	178
기 타	900	400	400	610	637	614	802	851
부족량	1,911	2,364	1,951	1,354	1,331	1,865	1,301	1.084
수입량	700	500	700	300	210	200	100	100
원조량	630	660	491	840	586	1,100	819	700
부족량	581	1,204		214	535	565	382	284

자료: 대외경제정책구원, 『2002 북한 경제 백서』(서울: 대외경제정책구원, 2003), 60쪽; FAO, Jul.
2000, FAO, Nov. 2001, FAO, Nov. 2002, WFP, Sep. 2000 참조.

이러한 상황에서 탈북자가 증가하게 되고, 직장에서 이탈하여 식량과

생필품을 구하기 위한 주민들의 사회이동성이 증가되었다. 이에 따라 주민들의 조직·정치생활도 크게 이완되었으며, 주민들의 사상적 동요와 사회주의에 대한 믿음과 신념이 크게 약화되었다.

북한의 표현에 따르면 "식량문제로 하여 인민들의 사상의식에 부정적인 영향을 미치고 있으며,"[24] 나아가 "경제문제와 인민생활 문제로 인하여 인민들의 건전한 사상의식에 부정적인 영향을 미치고 있다"[25]는 것이다. 실로 "인민생활문제는 사회주의에 대한 인민대중의 신념에 영향을 주는 심각한 문제"였던 것이다.[26]

식량배급체계와 국가상업유통망이 사실상 와해된 상태에서 급속히 확산된 농민시장은 북한 주민들 사이에 개인주의, 실용주의, 물질적 가치를 더욱 확산시키는 것이었다. 또한 극심한 경제난은 국가재산의 유용 절취 등 탐오·낭비 현상과 뇌물수수 등 부정부패, 암거래 등 불법행위를 더욱 조장하였다. 사회전반에 걸쳐 '비사회주의적' 현상이 확산되고 있었던 것이다. 2002년 9월부터 2003년 3월까지 탈북자 면접에 기초해서 북한의 식량배급 상황을 간단히 정리하면 다음의 <표 3-3>과 같다.

이에 따라 농민시장 및 암시장의 활성화, 식량구입을 위한 주민들의 이동을 통제하지 못하는 등 계획경제체제로부터의 이탈현상이 가속화되는 상황에 직면하게 된 것이다. 따라서 북한은 기존과 같은 지배를 유지할 수 없는 조건에서 사회경제적 변화를 암묵적으로 수용하거나 제도화하는 조치를 취할 수밖에 없는 상황이 된 것이다.

그러나 계속되는 경제침체는 계획경제의 약화를 불러오고 동시에 계

---

24) 한창렬, 「농사를 짓는데 선차적인 힘을 넣을 데 대한 우리 당의 방침의 정당성」, 《근로자》 1997년 제8호, 67쪽.

25) 홍석형, 「경제제도일군들은 고난의 행군에서 경제사업의 주인으로서의 책임과 역할을 다하자」, 《근로자》 1997년 제8호, 27쪽.

26) 박영근, 「당의 혁명적 경제전략을 계속 철저히 관철하는 것은 인민생활을 높이며 자립적 경제토대를 반석같이 다지기 위한 확고한 담보」, 《경제연구》 1996년 제2호, 5쪽.

<표 3-3> 1990년대 식량배급 실태: 탈북자들의 경험사례

탈북자	거주지역	식량배급실태
김○○	청진시	1989년부터 배급지연. 가장 극심한 시기는 1993년이고 1994년부터 식량배급이 완전 중단됨. 1996-1998 제일 많이 굶어죽었음. 1993년까지는 배급량이 줄어든 것은 없었음.
박○○	청진시	1994-1995 배급 줄기 시작하였음. 배급표 받는 것 때문에 출근하는데 1995-1996년 배급표 못줌. 사회주의체계 거의 마비되었음.
김○○	청진시	1989년부터 배급을 못탄 것 같음. 10명이 배급을 타러왔는데 2-3명만 주었음. 1995-1997년에 제일 많이 굶어죽었음. 15일분을 공급했는데, 2-5일 것만 공급함.
오○○	신의주	1990년대 초에 배급이 점점 끊어지기 시작. 1992년도쯤 5-6월에 미공급되고, 12월에 주었음. 1993년까지는 미공급량을 한꺼번에 주었음. 1994년부터 미공급. 배급은 그냥 넘어갔음. 밥을 먹지 못해 영양실조로 많이 죽었음.
최○○	신의주	1995년부터 배급이 밀렸음. 밀렸을 때 공급받는 사람도 있었지만, 공급받지 못하는 사람이 더 많음. 1996년부터 미공급. 신의주 본토박이 사람은 많이 죽지 않고 외지에서 들어온 사람이 많이 죽었음. 부모들이 죽어 아이들이 꽃제비가 되어 얼어 먹으러 돌아다녔음.
김○○	신의주	1994년 김일성 사망 후 식량 부식 미공급. 명절때 간장 1리터, 된장 500 그램은 주었음. 수완이 좋은 사람은 배급표 량권(200그램)을 떼어서 식사로 바꿔 먹는 사람도 있었음. 1995-1996년에 심했음.
이○○	혜산시	1992년부터 밀리다 주거나, 양을 줄여서 공급. 1994년 7월전부터는 완전 미공급. 김정일은 너희들이 알아서 먹으라는 자력갱생 지시 내려옴. 1995-1997년 가장 많이 굶어 죽었음.
김○○	혜산시	1985년부터 식량이 밀리기 시작함. 그 이후 몇 달분 밀리기 시작함. 1994년부터 배급에 대한 기대를 하지 않았음. 이렇게 살다 보면 사람이 전봇대처럼 세워질 것 이라고 생각함.
최○○	혜산시	1990년도부터 미공급. 1995-1997년부터 제일 어려웠다. 1990년대 초 중국으로 많이 탈북 하였음.

자료: 경남대 극동문제연구소, 『북한의 도시변화 연구』, 서울: 경남대 극동문제연구소, 2003 참조.

획경제로부터의 이탈현상을 증가시키게 된다. 결국 이러한 이탈현상이 만연하게 되면 기존의 지배방식은 이전과 같이 유지될 수 없다. 이것은 사회주의 지배구조의 침식과 함께 총체적으로 국가능력의 약화라는 결과를 가져올 수밖에 없다. 이러한 공식부문의 위축을 체제유지에 심각한 위협 요소로 인식한 북한 지도부는 공식경제의 정상화를 최우선 과제로 설정하고 이를 위한 내부 통제력 강화를 통한 계획경제체계의 복구를 강력하게 추진하기에 이르렀다.

예컨대 북한은 1993년 12월 제3차 7개년계획(1987-1993)이 실패하였음을 선언하면서 향후 2-3년간을 사회주의 경제건설의 완충기로 설정함과 동시에 농업, 경공업, 무역제일주의라는 소위 '3대 제일주의'라는 혁명적 경제전략을 내세웠다.[27) 그러나 완충기 동안 북한의 경제상황은 계속 악화되어만 갔다.

이와 같이 북한도 사회경제적 변화를 제도 내로 수용하면서 계획경제 시스템의 정비와 개선을 위해 노력하였지만, 약화된 국가능력으로 인해 기존 계획경제 시스템을 회복하기에는 역부족인 상황이었다. 1990년 이후 지속되는 마이너스 성장을 극복하기 위하여 채택된 1994년의 혁명적 경제전략 역시 마이너스 성장의 추세를 돌이키지는 못하였으며, 북한의 경제계획 메카니즘은 마비상태에 이르게 되었다. 이에 따라 북한은 고난의 행군이라는 기치아래 노력동원을 통한 생산의 정상화를 추구하게 되는데, 1996년 신년공동사설을 통해 가장 곤란한 환경을 극복하기 위해 주민들에게 '고난의 행군' 정신으로 생활할 것을 촉구하고 나섰다.[28)

결국 1990년대 사회주의시장의 붕괴는 북한의 경제난을 가중시키는 현상을 초래하였으며, 구소련 및 중국 등 사회주의권으로부터의 식량, 에너지 등 원자재 수입은 급감하였던 것이다. 북한의 공장 가동률은 20-30%로 하락함으로써 산업생산이 거의 마비되는 상황에 이르렀고, 경제난을 해결할 수 있는 경제정책을 수립하지 못하였다. 따라서 정치논리 우선, 계획경제, 중공업우선의 자립경제 건설 등 기존 정책을 유지하는 조치를 취하는 데 그치고 말았다. 경제난 해결을 위한 정책부재와 기존정책을 유지함으로써 정책과 현실의 괴리, 공식부문과 비공식부

---

27) 통일원, 『북한의 제3차 7개년계획 종합평가』, 서울: 통일원, 1994, 145쪽.

28) 「붉은기를 높이 들고 새해의 진군을 힘차게 다그쳐 나가자」, ≪로동신문≫, ≪조선인민군≫, ≪청년전위≫ 공동사설, 1996년 1월 1일자.

문의 이중구조, 당-국가체제 하의 통치기반이 현저히 약화되는 현상이
초래되었다.

제2절 당·국가체제 이완과 국가능력 약화

1. 정치·사회적 통제력의 이완

사회주의 국가는 개별 국가들의 특수성과 다양성에도 불구하고 사회
주의의 보편적 원칙으로서 정치에서의 일당지배 및 당-국가 체제, 경제
에서의 계획경제, 이데올로기에서의 마르크스-레닌주의의 공식이데올로
기를 갖고 있다.[29] 북한체제는 당-국가체제의의 사회주의 일반원칙을
바탕으로 수령의 유일적 영도체계가 구현되는 '수령제' 사회주의이
다.[30] 북한의 수령제 사회주의는 사회주의대가정론, 어버이 수령, 사회
정치적 생명체론 등의 담론구조가 보여주듯이 사회주의 가부장적 지배
구조의 특징을 지니고 있다.

북한체제가 이데올로기를 바탕으로 가부장적 지배관계를 형성할 수
있었던 특징을 보면, 무엇보다도 당조직과 중앙계획경제이다. 다시 말
해 사회주의체제에서의 정치권력은 독특한 레닌주의적 당조직과 스탈
린주의적 중앙계획경제에 기초해왔다. 당조직은 첫째, 당조직의 위계질
서 및 명령구조, 둘째, 당의 지도와 명령을 거스르는 대안적인 정치행
위에 대한 억압 및 당원들의 충성심과 규율 등을 통해 체제유지에 기여
해왔다. 그리고 중앙계획경제는 당지배의 가장 효율적인 메커니즘이 되
어 왔는데 특히 당조직들이 자원의 수입·분배 문제 등에 대한 결정권
을 독점적으로 행사해왔기 때문이다. 지배정당은 정치적 충성심에 의한

---

29) Janos Kornai, *The Socialist System: The Political Economy of Communism*, New Jersey:
 Princeton University Press, 1992, pp.375-377.

30) 스즈끼 마사유끼 지음, 유영구 옮김, 『김정일과 수령제 사회주의』, 서울: 중앙일
 보사, 1994, 71-93쪽.

경력 보상, 그리고 정치적 위계구조에 따라 물질적 특권을 부여하는 체제를 형성시키면서 그들의 독점적인 자원소유권을 정치적 목적에 종속시켜왔던 것이다. 이같이 지배정당은 당조직 내부에서 자원들을 제공함으로써 정치적 규율과 충성심을 강화할 수 있었으며, 따라서 계획경제는 당지배의 경제적 토대가 되어 왔던 것이다. 요컨대 사회주의체제는 계획경제를 통해 자원을 중앙집중화 시키고 이를 정치적 공적에 따라 차등적으로 재분배해왔던 것이다.[31]

실제 사회주의의 역사적 경험을 보면 사회주의적 지배 혹은 정치라는 것은 계획경제와 맞물려 있는 사회주의적 가부장제를 통해 관철되어 왔다. 가부장제는 국유화 자체가 야기한 것으로서 당이 사회의 전체 생산물을 거두어 모든 사회구성원들에게 주택, 식량, 의료 등 사회보장 전부를 책임지고 분배해준다는 개념이 기초하고 있다.

북한체제의 경우에도 다른 사회주의체제와 마찬가지로 가부장적 지배의 본질은 당연히 오랜 기간동안 불가피하게 국가와 관료에 대한 일반주민의 강력한 의존을 형성시키면서 구조화되었다. 즉 경제전반의 통제 관리를 관료조직이 관장함에 따라 철저히 가부장적 지배의 특성이 강화되어 왔던 것이다. 왜냐하면 당중앙이 자원의 배분과 소득 고용부문 등을 직접적으로 통제하는데, 이 통제과정에서 당중앙은 간부들에게 그들의 하급자들이 필요로 하는 재화와 용역들에 대한 분배재량권을 제공하기 때문이다.

정치적 맥락에서 보면, 바로 이러한 의존관계의 본질이 주민들을 국가조직망 내에 속박시키는 것으로서 사회주의체제의 지배관계의 핵심적 기반이 된다.[32] 사회주의체제의 정치권력은 바로 이러한 가부장적 지배관계를 통해 당국가 조직 내부에서 혹은 당국가 조직과 일반 주민

31) Andre G. Walder(ed.), *The Waning of the Communist States: Economic Origins of Political Decline in China and Hungary*, Berkely: University of California Press, 1995, pp.1-2.

32) Barret McCormick, *Political Reform in Post-Mao China: Bureaucracy and Democracy in a Lennist State*, Berkely: University of California Press, 1990, pp.61-64.

층과의 관계에서 비교적 높은 수준의 정치적 규율과 지배-피지배 관계를 유지해 올 수 있었다. 즉 정치적인 지배-피지배관계는 계획경제라는 독특한 경제조직의 형태, 관료층이나 일반주민층 모두 그들의 상급자들에 대한 조직화된 의존관계, 그리고 정치적 행태를 검시하는 수단이나 정치적 공적에 상응한 상벌 능력에 의해 유지되어 왔다. 이러한 특성들은 사회주의 당국가가 권력을 지속적으로 행사할 수 있게 뒷받침하는 제도적 기반들이다.

이러한 사회주의적 지배구조의 특성을 고려할 때 1990년대 이후 북한의 사회주의적 지배관계를 뒷받침 해왔던 중앙계획경제의 침식과정은 바로 기존의 당-국가체제에서의 지배관계를 변형시키면서 새로운 변화를 가져왔던 것이다.33) 즉 북한의 계속되는 경제침체는 계획경제의 약화를 가져오고 동시에 계획경제로부터의 이탈을 증가시키게 된다는 것이다. 이 과정에서 사회주의적 지배구조의 제도적 기반이 현저히 약화되는 현상을 초래하였다.

1990년대 북한의 경제난은 북한 당국이 사용할 수 있는 자원과 수단을 현저히 감소시켰다. 이러한 점에서 북한의 역사에서 1990년대 계획경제의 침식은 중요한 변화를 뜻한다. 우선 경제난 때문에 권력 중앙에 집중되는 경제잉여의 양이 축소됨에 따라, 중앙계획경제를 유지시키는데 필요한 당국의 재정과 자원이 고갈되었다. 국가가 공장 기업소, 그리고 간부와 주민에게 경영과 생존에 필요한 자원을 충분히 제공할 수 없게 됨으로써 국가는 공장 기업소, 간부, 주민 등의 일상적인 활동을 과거와 같은 수준에서 통제할 수 없게 되었다. 이와 함께 국가부문 바깥에서 비공식 경제가 광범위하게 확산되었다.34)

---

33) 정세진, 「전환기 북한의 '계획경제' 침식에 따른 사회주의적 지배구조의 약화」, ≪한국정치학회보≫ 제34집 2호, 2001, 214-215쪽. 계획경제의 침식은 하부단위의 중앙에 대한 의존관계, 간부층의 상부에 대한 의존관계, 주민층의 국가나 당에 대한 의존관계, 그리고 전통적인 수령제 지배구조를 변화시킴으로써 사회주의체제의 제도적인 정치관계의 기초를 변화시켜 나갈 계기가 마련된다고 한다.

34) 박형중, 『90년대 북한체제의 위기와 변화』, 서울: 통일연구원, 1997, 5-9쪽.

이러한 상황은 북한 당국이 하부장악 능력에 심대한 영향을 끼쳤다. 국가내부에서의 복종과 규율의 관계, 간부와 일반주민사이에서의 복종과 규율관계에서 의미 있는 변화가 일어났다. 우선 북한 당국의 중간간부층에 대한 통제력이 감소되었다. 경제난에 따라 국가의 자원공급 능력이 제한됨으로써 북한당국이 중간간부의 특권을 보장해주는 한편 그를 통해 복종과 규율을 확보하는 체계가 붕괴했기 때문이다.

북한의 계획경제의 두 축은 첫째, 공업생산에서의 '계획의 세부화 원칙'[35]이며, 둘째, 주민에 대한 소비품 공급에서의 국영상업망을 통한 배급제이다. 1990년대 북한의 경제난은 이러한 계획경제 원칙을 완전히 형해화하였다. 이렇게 되면 중앙권력이 공장 기업소, 그리고 일반 주민들의 활동을 통제할 수 없게 된다. 특히 중앙자재공급 체계의 붕괴에 따라 북한은 지방의 자립을 강요하고 있다. 과거에는 중앙의 통제하에 지방공업의 육성이 강조되었지만, 중앙의 통제가 불가능한 상황에서 정부가 지방기관으로 경제적 권한을 대폭 넘기면서 도시 군의 지방행정 단위와 지방산업 공장들이 자구책을 모색하도록 촉구하였다. 즉 경제난과 식량난이 악화된 1990년대에 지역분산적, 지역분권적 자력갱생체제를 강조함으로써 변화된 환경에 적응하고자 하는 것이었다.[36]

북한의 사회주의적 지배구조의 제도적 기반의 약화 현상의 가장 큰 원인은 정치적 통제수단으로 권력행사의 지렛대로 활용되었던 배급제와 자재공급체계의 마비에 있다. 북한은 배급제를 통해 식량 및 소비재를 효율적으로 통제하여 분배함으로써 주민에 대한 통제시스템이 작동될 수 있었다. 그리고 지위와 정치적 공적에 따라 배급량을 차등적으로 분배함으로써 간부들의 충성심을 유도할 수 있었다. 이는 위계적인 당

---

35) 계획의 세부화는 인민경제의 모든 부문, 모든 단위에서 경제활동과 생산의 모든 요소들을 구체적으로 세부에 이르기까지 맞물리게 하는 것을 목표로 한다, 사회과학출판사 편, 『위대한 수령 김일성 동지의 경제리론해설』, 평양: 사회과학출판사, 1975, 61-71쪽.

36) 김병로, 『북한의 지역자립체제』, 서울: 통일연구원, 1999, 44-51쪽.

관료 조직을 통한 하부단위들에 대한 통제의 근간이 되어 왔다. 하지만 국가의 공식적인 배급제가 붕괴됨에 따라 이러한 전통적인 가부장적 사회주의 지배구조의 제도적 기반들이 약화되었다.

이러한 경향은 당국가체제의 조직상의 통합도도 약화시키고 있다. 사회주의체제의 당-국가 위계체제는 상하급 관료들 사이의 의존관계, 당-국가 기구 내에서 하부단위의 상급단위에 대한 의존관계로 특징지어져 왔다. 하지만 계획경제의 약화는 사회주의적 지배구조를 변화시키고 있다. 이와 같이 국가가 주민들의 기본적인 물질적 필요를 충족시키지 못한 상황에서 주민들의 국가 간부에 대한 가부장적 의존관계는 현저히 약화될 수밖에 없다. 이는 국가 통제력의 저하로 연결된다.[37] 결국 북한 계획경제의 침체는 국영상업망의 붕괴, 공식적인 국가배급제, 그리고 암시장의 확산을 가져왔다. 1990년대 북한이 직면했던 이러한 경제 현실은 결국 당국가체제의 통제수단과 능력을 현저히 하락시켰으며, 국가규제의 형해화, 공적 영역의 공동화가 심화됨으로써 국가제도 체계의 기능저하가 나타났던 것이다. 강행적 추격발전을 통해 어느 정도의 성과를 이루었던 북한의 계획경제의 침체는 사회주의 지배관계에도 영향을 주고 결국 총체적인 국가능력의 약화라는 결과를 가져올 수밖에 없게 된다.

2. 국가역량의 총체적 약화

실제로 현실 사회주의국가들은 계획경제의 문제점을 극복하기 위해 여러 가지 개혁적 조치들을 단행하지만, 소기의 목적을 달성하지 못한다. 그 결과 당-국가체제에 대한 신뢰도가 떨어지고 가부장적 관계에 의존하지 않아도 될 새로운 대안이 나타나게 됨으로써 관료 및 주민들의 충성과 순응은 물론 감시체계도 약화되게 된다.

---

37) 비공식 경제와 관련하여 나타나는 사회주의 사회의 특징에 대해서는 서재진, 『또 하나의 북한사회』, 서울: 나남, 1995, 271-343쪽.

자본주의국가와 비교했을 때 강력하게 보이는 당-국가체제의 국가능력도 계획경제의 내재적 모순으로 인해 발생하는 문제를 훼손할 수밖에 없다. 이를 여러 가지 조치를 취하게 되지만, 그 결과 사회주의 지배구조의 변화를 수반하게 된다. 이런 지배구조의 변화는 국가자율성을 제약하게 되고 총체적인 국가능력은 이전과 같은 상태로 회복되기 어렵게 되는 것이다.38)

경제난으로 인해 국가 기능뿐만 아니라 당의 기능 역시 크게 약화되었다. 1996년 12월 김정일은 "식량난으로 무정부가 상태가 되고 있으며, 당 조직들이 맥을 추지 못하고 당 사업이 잘되지 않아 사회주의건설에서 적지 않은 혼란이 조성되고 있다며 당중앙위원회를 비롯해 당 조직과 당원들을 신랄하게 비판"하고 있다.39)

당 기능의 약화 현상은 중앙당에서 지방 당으로 내려갈수록 더 심했을 것이다. 요컨대 경제위기가 당과 국가의 기능 약화와 주민들의 사상적 동요 등 정치적·사상적 위기로 파급되고 있었던 것이다. 때문에 김정일은 "현 시기 경제문제는 우리 혁명과 사회주의의 운명, 나라의 흥망과 관련되는 사활적인 문제"라고 지적하였다.40)

한편 앞서 설명한 네 가지 국가능력은 개념적으로는 분류되지만 실제로는 상호연관되어 있다. 예컨대 정권의 정당화는 정권의 정책실현에 의존한다. 만약 국가가 기대했던 목표수준이나 적어도 지도자가 약속했던 경제적·사회적 목적을 달성하면 정당성에는 문제가 없다. 반면에 그렇지 못하면 정당성의 약화를 초래한다. 그리고 국가는 정당성 없이는 사회로부터 자원을 추출하는데 어려움을 겪을 수밖에 없다.

이러한 네 가지 국가능력의 동시 약화는 동시에 일어나기는 힘들다.

---

38) 이무철, 「북한의 국가능력 약화와 분권화 가능성」, 『북한 및 통일관련 논문집—북한실태 II』, 서울: 통일부, 2000, 166쪽.

39) 김정일, 「우리는 지금 식량 때문에 무정부 상태가 되고 있다」, 《월간조선》 1997년 4월호, 308쪽.

40) 리기성, 「위대한 령도자 김정일동지께서 밝히신 현시기 경제운영 방향과 자립적 민족경제 잠재력의 옳은 리용」, 《경제연구》 1997년 제4호, 3쪽.

그러나 하나의 국가능력 변화는 또 다른 국가능력의 변화를 강제하게 된다. 이러한 국가능력의 악화 경향이 계속된다면 체제붕괴 위험은 아니더라도 정권에게는 심각한 문제로 다가올 수밖에 없다. 이 가운데 자원추출능력은 총체적인 국가능력의 핵심적 지표라고 할 수 있다.

북한은 1990년대 이후 직속된 경제침체와 자연재해로 인한 식량난이 겹치면서 새로운 경제계획을 수립할 수 없을 정도의 위기상황에 직면했던 것이다. 심화된 경제위기는 배급제 및 자재공급체계의 마비로 인한 자원의 재분배 기능의 쇠퇴로 이어져 계획수립에 필요한 자원조달을 어렵게 만들어 경제위기를 더욱 심화시키고 있는 상황이다. 따라서 국가의 자원추출 능력은 현저히 약화되어 있다고 평가할 수 있다.

이러한 국가의 자원추출 및 재배분 능력의 약화는 세 가지 중요한 결과를 초래하고 있다.[41] 첫째, 전체적인 사회경제적 발전을 관리, 조정하는 국가의 조정능력이 약화되고 있다는 점이다. 계획경제의 내재적 모순으로 인한 장기적 경제침체와 사회주의권의 붕괴, 그리고 식량난으로 계획기능이 현저히 약화된 상태다. 따라서 현재 전체적인 사회·경제적인 발전을 관리 조정한다는 것은 북한에게 있어 힘든 과제가 되고 있다. 둘째, 정당화 능력의 약화다. 식량난이 겹친 북한의 경제위기의 결과로 국가에 아무것도 기대할 수 없는 상황이 형성되면서 국가의 이데올로기적 경제적 정당성은 상실될 수밖에 없게 된다. 셋째, 중앙의 일반적인 권위나 통제력이 약화되면서 상대적으로 지방단위의 자율성이 증대되고 있다. 경제위기로 인한 불가피한 조치로 지방에 많은 경제적 권한을 이양한 것이었지만, 지방단위에서 자구적 노력을 취하는 과정에서 당·국가에 대한 자율성이 확대되고 더 많은 자율성을 요구하게 될 것이다. 결국 북한의 경제위기는 당·국가체제에 대한 신뢰도를 떨어뜨리고, 관료 및 주민들의 충성심과 순응은 물론 감시체계의 약화도 가져오고 있다. 이러한 국가능력의 약화를 해결하기 위해 북한도 여러 가지 조치를 취하지만, 사회주의적 지배구조와 총체적인 국가능력을 이전과

---

41) 이무철, 앞의 글, 178-179쪽.

같은 상태로 회복하기는 어려운 상황이 전개되었다.[42]

결과적으로 '고난의 행군'이 시작된 1990년대는 중앙정부 차원의 위기는 물론 북한사회 전반의 재구조화 및 당-국가체제의 제도적 기반이 적지 않게 훼손되는 결과를 초래하였다. 즉 국가배급제가 붕괴되면서 북한의 모든 지역, 사회계층, 공장기업소들은 독자적인 생존 가능성을 모색하게 된다. 그 결과로 북한에서는 농민시장이 번성하게 되고, 사회통제 수단과 능력이 저하되었으며 국경이탈자들이 급증한 것이다. 이러한 위기상황에서 사회주의체제의 제도적 기반을 복원하기 위한 새로운 국가전략이 요구되었다.

제3절 새로운 국가전략으로서의 '강성대국' 건설

북한은 김정일 체제의 출범과 함께 21세기 새로운 국가설계도로 '강성대국'을 제시하였다. 1998년 이후 전 사회적으로 확산되고 있는 '강성대국'의 구조와 내용은 '사상강국, 정치강국, 군사강국, 경제강국'을 말한다. 그리고 '사상, 총대, 과학'을 강성대국 건설의 '3대 기둥'이라고 밝히고 있다. 나아가 강성대국 건설은 '우리식, 자력갱생, 실리주의' 원칙을 구현하는 것이라고 명시하고 있다. 여기서는 북한이 주장하는 강성대국의 등장과 내용, 원칙과 방향, 선군정치의 중요성, 그리고 강성대국이 갖는 경제적 함의를 설명하고자 한다.

1. 강성대국 건설의 등장과 내용

김정일은 김일성 사후 국가주석직과 당 총비서직을 공석으로 둔 채

---

42) 1990년대 북한의 장기적·구조적 생존능력 및 국가역량에 대해서는 함택영, 「김정일시대 북한의 체제특성과 국가역량」, 『김정일체제의 역량과 생존전략』, 서울: 경남대 극동문제연구소, 2000, 27-69쪽.

국방위원회 위원장의 직함을 가지고 북한을 통치하다가 1997년 10월 당 총비서직에 추대되었다.[43] 그리고 북한은 1998년 7월 26일 제10기 최고인민회의 대의원 선거를 실시하여 687명의 대의원을 선출한데 이어 9월 5일 최고인민회의 제10기 1차 회의를 개최하여 서문과 7장 166조로 구성된 새로운 헌법을 채택하고 국가지도기관을 선출함으로써 새로운 통치체제를 구축하였다. 이 회의에서 김정일이 '국가최고직책'인 국방위원회 위원장에 다시 추대됨으로써 김정일 체제가 공식 출범한 것이라고 간주할 수 있다.

북한의 1998년 헌법 개정은 사회주의권의 붕괴, 김일성 사망, 경제난 심화 등 대내외 환경변화에 부응하는 한편 김정일 통치체제를 정비하기 위한 조치로 평가된다. 북한은 헌법 개정을 통해 일부 중앙기관들을 신설·폐지함으로써 김일성시대의 인물들을 퇴진시키고, 새로운 인물과 김정일의 측근 인사를 충원함으로써 김정일 체제를 공고화하는 제도적 장치를 구비하였다고 볼 수 있다. 또한 국방위원회의 위상이 한층 강화됨으로써 군사통치체제의 성격이 강화되었다.[44]

김정일 체제의 개막은 사회주체제의 통치기반을 복권하는 것도 중요하였지만, 무엇보다도 중요한 과제는 경제난을 어떻게 해소하는가에 있었다. 사실 김일성 사후 '고난의 행군' 기간은 경제난과 식량난으로 인한 것이며, 이러한 경제적 빈곤은 결국 체제위기를 가중시켰기 때문에 경제난 해결이 중요한 국가적 과제였다. 이러한 맥락에서 새로운 통합적 국가전략으로서 강성대국 건설을 제시하였다. 북한은 1997년 12월 '고난의 행군' 종료가 선언되고, 김정일 체제의 공식 출범을 앞두고 1998년 8월 22일 ≪로동신문≫을 통하여 '강성대국' 제하의 정론[45]을

---

43) 1994-1997년 동안은 '고난의 행군'시기임과 동시에 이른바 '유훈통치'라는 정치적 과도기였다. 정치적 과도기의 '유훈통치'는 김일성의 카리스마를 김정일로 전이시키는 과정이었다고 볼 수 있다.

44) 1998년 개정 헌법의 특징과 권력구조의 변화에 대해서는 정규섭, 「권력구조의 변화: 유일체제와 국가기관」, 전국대학북한학과협의회 엮음, 『북한정치의 이해』, 서울: 을유문화사, 2001, 77-87쪽.

45) 「강성대국」, ≪로동신문≫ 정론, 1998년 8월 22일자.

발표, 강성대국 건설을 공식적으로 제기하였다.

이 정론에서는 "우리 혁명에서 새로운 전환적 국면이 열리는 오늘의 장엄한 역사적인 시기에 우리 앞에 나선 가장 신성한 목표는 강성대국 건설"이라면서 "사상강국을 만드는 것부터 시작하여 군대를 혁명의 기둥으로 튼튼히 세우고 그 위력으로 경제건설의 눈부신 비약을 일으키는 것"이라고 명시하고 있다. 이 정론에서 '강성대국' 건설은 김정일 시대의 국가발전전략이자 목표라는 점을 강조하고 있다:

> 주체의 강성대국 건설, 이것은 위대한 장군님께서 선대 국가수반 앞에, 조국과 민족 앞에 다지신 애국충정맹약이며 조선을 이끌어 21세기를 찬란히 빛내이시려는 담대한 설계도이다 … 강성대국건설은 주체의 기치 밑에 전진해온 우리 혁명의 새로운 력사적 단계의 필연적 요구이며 한없이 거창하고 영광스러운 민족사적 성업이다. … 21세기 강성대국을 건설하기 위해서는 수령중심으로 '사상의 강국을 만드는 것부터 시작하여 군대를 혁명의 기둥으로 튼튼히 세우고 그 위력으로 경제건설의 눈부신 비약을 일으키는 것이 우리 장군님의 주체적인 강성대국 건설 방식이다.46)

이러한 강성대국 건설은 이후 북한의 정치과정에 강하게 투영되고 있다. 이어 북한은 1998년 9월 9일 정권수립 50주년을 하는 "위대한 당의 령도 따라 사회주의 강성대국을 건설해 나가자"는 ≪로동신문≫ 사설47)을 발표함으로써 강성대국은 사회전반으로 확산되었다.

1999년 신년공동사설48)에서 '강성대국건설에서 새로운 진격로를 열어놓기 위해서는 우리 식의 혁명방식을 철저히 구현해 나가야 한다'고 강조하였다. 북한은 2000년 신년공동사설49)에서 '당 창건 55돐을 기념

---

46) 위의 글.

47) 「위대한 당의 령도 따라 사회주의 강성대국을 건설해나가자」, ≪로동신문≫ 1998년 9월 9일자.

48) 「올해를 강성대국건설의 위대한 전환의 해로 빛내이자」, ≪로동신문≫, ≪조선인민군≫, ≪청년전위≫ 공동사설, 1999년 1월 1일자.

49) 「당 창건 55돐을 맞는 올해를 천리마대고조의 불길 속에 자랑찬 승리의 해로 빛내이자」, ≪로동신문≫, ≪조선인민군≫, ≪청년전위≫ 공동사설, 2000년 1월 1일자.

하면서 당의 영도 따라 강성대국 건설에서 결정적 전진을 이룩해 나가
는 총진격의 해'로 설정하였다. 2001년 신년공동사설50)에서는 2000년
도의 당 창건 55돐 경축행사를 '수령숭배, 수령결사옹위로 뜨겁게 맥박
친 일심단결의 대축전'으로 평가하고, '21세기 강성대국 건설의 활로를
열어 나가야 할 새로운 진격의 해, 거창한 전변의 해'로 설정하고 "올
해는 21세기의 첫해이다. 21세기는 력사의 풍파 속에서 검증된 위대한
김정일 동지의 정치가 전면적으로 꽃펴나는 영광스러운 세기이며 우리
조국이 사회주의강성대국으로 위용 떨치는 보람찬 세기이다. 우리는 올
해에 고난의 행군에서 이룩한 승리에 토대하여 혁명과 건설의 모든 분
야에서 사회주의의 우월성을 더욱 높이 발양시키며 강성대국건설에 새
로운 박차를 가하여야 한다"고 하여 강성대국 건설을 거듭 강조하였다.
2002년 신년공동사설에서도 경제분야를 강조하는 내용은 '경제강국 건
설을 위한 공격진지를 확고히 차지하였다'는 것을 강조하면서 "현시기
가장 중요한 문제는 사회주의경제건설을 다그쳐 인민생활을 결정적으
로 추켜세우는 것이다"고 주장하고 있다.51) 1995년부터 2003년까지
'강성대국'에 관한 신년공동사설은 다음의 <표 3-4>와 같다.

한편 김정일 체제의 공식 출범과 함께 등장한 강성대국을 요약하면
사상강국, 정치강국, 군사강국, 경제강국으로 구성되어 있다.

첫째, 사상강국을 다음과 같은 논리로 설명하고 있다. "사상의 강국
은 온 사회가 하나의 사상, 수령의 사상으로 일색화되어 사상의 위력으
로 존재하고 발전하는 나라, 위대한 지도상으로 시대의 발전을 선도하
는 나라이다"52)라고 규정하고 있다. 또한 사상의 강국은 "사회주의 강

---

50) 「고난의 행군에서 승리한 기세로 새 세기의 진격로를 열어가자」, ≪로동신문≫,
   ≪조선인민군≫, ≪청년전위≫ 공동사설, 2001년 1월 1일자.
51) 북한은 2002년에도 「위대한 수령님 탄생 90돐을 맞는 올해를 강성대국 건설의 새
   로운 비약의 해로 빛내이자」라는 공동사설을 발표하여 강성대국 건설과 관련하여
   여러 가지 구체적인 정책대안을 제시하고 있다. 북한이 경제적 어려움을 극복하기
   위한 전략을 나름대로 일관되게 추진하고 있다는 것을 보여주는 것이기도 하다.
52) 김재호, 『김정일강성대국건설전략』, 평양: 평양출판사, 2000, 7쪽.

<표 3-4> 김일성 사후 공동사설 핵심내용 비교(1995-2003년)

연 도	제 목	대내관계	대남관계	대외관계
2003	"위대한 선군기치 따라 공화국의 존엄과 위력을 높이 떨치자"	국방공업의 선차적 강화 선군사상 구현 인민생활향상	6.15공동선언 이행과 민족공조	미국의 대북적대시 정책 포기 요구
2002	"위대한 수령님 탄생 90돐을 맞는 올해를 강성대국 건설의 새로운 비약의 해로 빛내이자"	수령 사상 군대 제도 4대 제일주의	主敵論 철회 보안법철폐 주한미군 철수 민족공조	反테러명목 하에 반북책동으로 긴장상태 격화
2001	"고난의 행군에서 승리한 기세로 새세기에로 진격로를 열어나가자"	선군혁명 인민생활향상 21세기 국가경제력 강화	6.15공동선언 철저이행 대남비난 중단	北 자주권존중 하면 어떤 나라와도 관계개선
2000	"당창건 55돐을 맞는 올해를 천리마 대고조의 불길 속에 자랑찬 승리의 해로 빛내이자"	과학기술을 세계적 수준으로	조국통일 3대헌장 관철	반제자주 위업 완수
1999	"올해를 강성대국건설의 위대한 전환의 해로 빛내이자"	사상 군사 경제강국 목표	聯北 聯共통일 강조	미제의 강권행위 짖부수자
1998	"위대한 당의 령도 따라 새해에 총진군을 다그치자"	농업생산 증대 군민일치강조	聯北 화해정책 전환 촉구	자주 평화 친선의 대외정책 원칙추구
1997	"위대한 당의 령도 따라 내나라 내조국을 더욱 부강하게 건설해 나가자"	붉은기사상으로 김정일 중심 단결	한반도 통일은 민족문제이자 국제문제	미일의 대북적대시 정책 포기 요구
1996	"붉은기를 높이 들고 새해의 진군을 힘차게 다그쳐나가자"	사상 군사 경제진지 구축	보안법철폐 콘크리트장벽 철거 위한 전민족적 투쟁	북미평화보장체제 수립
1995	"위대한 당의 영도를 높이 받들고 새해진군을 힘있게 다그쳐나가자"	당의 군사노선 철저 관철	전민족 대단결 연방제 통일	북미평화보장체제 수립

자료: ≪로동신문≫, ≪조선인민군≫, ≪청년전위≫ 1995-2003년 신년공동사설.

성대국의 징표이며, 사상의 강국에 선차적인 힘을 넣어야 하는 것은 무엇보다 사회주의 국가의 위력이 사상에 의하여 규제되기 때문"[53]이라고 주장하고, 사상의 강국은 '수령결사옹위의 결정체'라고 강조하고 있다.

둘째, 정치강국은 다음과 같이 설명하고 있다. 정치의 강국은 "령도자의 주위에 전체 인민이 철석같이 일심단결된 튼튼한 정치적 력량에 의거해서 철저한 자주정치를 실시하는 나라이다"[54]로 규정하고 있다. 이처럼 정치의 강국은 '정치적 자주성'을 강조하는 것으로서, "자기 나라 혁명, 자기 인민의 리익을 첫 자리에 놓고 견결히 옹호하며 모든 문제를 자기 실정에 맞게 자체의 힘에 의거하여 풀어나가며 대외관계에서 완전한 자주권과 평등권을 행사하는 정치인 것으로 하여 인민대중의 자주성을 철저히 옹호하고 실현하며 사회주의강성대국을 정치적으로 확고히 담보한다"[55]고 강조하고 있다.

셋째, 군사강국의 논리는 다음과 같다. 군사의 강국은 "어떠한 제국주의자들의 무력침공도 일격에 타승하고 나라의 자주권과 존엄을 지킬 수 있는 강대한 군사력을 가진 무적 필승의 나라이다"[56]라고 설명하고 있다. 또한 군사의 강국은 "주체적인 군중시의 정치가 빛나게 구현됨으로써 그 어떤 침략세력도 감히 건드릴 수 없는 무적필승의 나라이다. 다시 말하여 강력한 자위적 무장력과 그를 핵심으로 하는 전인민적, 전국가적 방위체계가 튼튼히 확립되고 군대와 인민의 혼연일체가 이루어진 막강한 군사대국"[57]이라고 강조하고 있다.

---

53) 철학연구소, 『사회주의강성대국건설사상』, 조선·평양: 사회과학출판사, 2000, 22-23쪽. 강성대국 건설에서 사상을 강조하는 이유는 '지난 시기 사회주의를 건설하던 일부 나라들에서의 사회주의의 붕괴과정은 사람들이 사상적으로 병들게 되면 사회주의적인 모든 것이 변질되며 사상의 진지가 무너지면 아무리 강한 경제력과 군사력을 가지고 있어도 사회주의를 지켜낼 수 없다는 심각한 교훈'에서 비롯된 것으로 볼 수 있다.

54) 김재호, 앞의 책, p. 7.

55) 철학연구소, 앞의 책, 33-40쪽.

56) 김재호, 앞의 책, 7-8쪽.

57) 철학연구소, 앞의 책, 41-45쪽.

넷째, 경제강국은 다음과 같이 설명하고 있다. 경제의 강국은 "자립적 민적경제의 튼튼한 토대 우에서 끊임없이 발전하는 나라이며 민중의 자주적이며 창조적인 물질생활을 원만히 보장하고 세계적으로 가장 발전되였다는 나라들과도 당당히 겨룰 수 있는 경제력을 가진 나라"[58)로 규정한다. 나아가 경제의 강국이 중요한 것으로 되는 것은 '경제가 나라의 위력을 담보하는 물질적 기초'이기 때문이라고 한다. 또한 경제의 강국은 "자립성과 주체성이 철저히 보장된 민족경제를 가진 나라"로 규정하고, 특히 경제의 강국은 "경제의 모든 부문이 현대화되고 모든 생산과 경영활동이 과학화 되여 있는 나라"[59)라고 설명하고 있다.

이상과 같이 북한이 강조하는 주장과 논리에 따른다면, 강성대국 건설은 '21세기 주체의 사회주의 부강한 조국건설'의 담대한 설계도로서 경제발전에 대한 강한 의지를 천명한 것으로 볼 수 있다.

결국 북한은 이미 정치적·사회적 안정은 유지되고 있으므로 경제적 안정만 확보된다면 체제유지에는 무리가 없을 것이라는 인식을 가지고 있는 것으로 판단된다. 그러나 이를 실현하기 위한 내부 재원이나 정책수단은 한정되어 있다. 그럼에도 불구하고 이러한 인식자체는 현재의 북한 입장에서 볼 때 타당한 것이며, 실제로 경제문제의 해결 없이는 체제유지가 불가능하다는 점에서 불가피한 선택으로 평가할 수 있다. 따라서 경제발전에 초점을 둔 강성대국 건설은 국가발전 목표 및 비전을 제시한 새로운 국가전략으로 볼 수 있다.

김정일 체제의 출범과 함께 등장한 강성대국은 첫째, 김정일 시대의 북한을 이끌어갈 기본적인 정책적 이념이다. 이는 기존의 국가전략과는 차별성을 지니며, 매우 실용적인 성격을 갖는 정책이다. 이것은 '경제적으로 부강한 나라'를 건설하겠다는 것으로서 일종의 '부국강병론'이라

---

58) 김재호, 앞의 책, 8쪽.

59) 철학연구소, 앞의 책, 52-57쪽. 경제의 강국은 "대외경제 분야에서 대서방나라들과 평등한 립장에서 관계를 맺는가 맺지 못하는가, 나아가서 나라와 민족의 존엄과 자주권을 지키는가 지키지 못하는가 하는 것은 해당 나라의 경제발전 정도, 경제의 현대화, 과학화 수준에 크게 달려있다"고 강조하고 있다.

할 수 있다. 둘째, 강성대국 건설은 경제발전이라는 국가목표를 달성하기 위한 새로운 '국가전략'으로서 경제강국을 강조한다는 점에서 경제발전전략이 핵심이라고 볼 수 있다. 나아가 경제강국 건설은 과학기술중시정책, 실용주의적 경제관리방식을 통해서 달성할 수 있다는 것을 강조하고 있다.

2. 강성대국 건설의 토대: 선군정치

1) 선군정치의 등장배경과 특징

김정일 체제의 공식 출범과 함께 북한정치에서 주목받는 것은 군(軍)의 전면적 부상이다. 김일성 사망이후 현재까지 모든 언론매체를 통해 군의 중요성을 강조하고 있다.60) 따라서 북한정치의 특징은 선군정치로 대표되며, 선군정치하에 군의 위상과 역할은 급속히 강화된 것으로 평가된다.

북한의 군은 강성대국 건설의 '제일기둥'으로서 국방과 경제건설에서 역할을 부여받고 있으며,61) 1998년 9월 5일 개정된 '김일성헌법'은 제도적으로 국방위원회가 정치, 군사, 경제적 역량을 총지휘할 수 있도록 하고 있다.62) 김정일의 '정치방식'으로 표현되는 선군정치는 "군대를 중시하고 그를 강화하는데 선차적인 힘을 넣는 정치"라고 정의하고, "인민군대를 강화하는데 최대의 힘을 넣고 인민군대의 위력에 의거하여 혁명과 건설의 전반사업을 힘있게 밀고 나가는 것은 위대한 김정일동지의 특유의 정치방식"이라고 설명하고 있다.63) 또한 선군정치는 "군

---

60) 김갑식, 「김정일의 선군정치: 당,군관계의 변화와 지속」, ≪현대북한연구≫ 제4권 2호, 2001, 41쪽. '군중시 사상', '군사적 진지', '군사강국', '선군후로(先軍後勞)', '선군혁명령도', '총대중시사상', '혁명적 군인정신', '군민일치', '우리군대제일주의' 등 군 관련 담론들이 확산되고 있다.

61) 김재호, 앞의 책, 16쪽.

62) 1998년 9월 5일 개정된 '김일성헌법' 제2절 '국방위원회' 참조.

63) 고상진, 「위대한 령도자 김정일동지의 선군정치의 근본 특징」, ≪철학연구≫ 1999년 제1호, 17-18쪽.

사선행의 원칙에서 혁명과 건설에서 나서는 모든 문제를 해결하고 군대를 혁명의 기둥으로 내세워 사회주의 위업 전반을 밀고 나가는 정치방식"[64]이다. 즉 선군정치는 북한이 체제위기를 극복하기 위해 군대를 중시하고 군대를 강화하는 정책이라고 할 수 있다. 북한의 선군정치는 체제보위 뿐만 아니라 경제건설 및 북한 사회의 모든 부문에 걸쳐 광범위한 역할과 임무를 부여받고 있다.[65]

따라서 북한의 군은 체제유지 뿐만 아니라 강성대국건설의 토대로 기능하고 있다. 강성대국 건설은 "군대를 틀어쥐면 주체의 강성대국건설에서 근본을 틀어쥔 것"으로 된다는 것을 강조한다. 더 나아가 "사상의 강국을 만드는 것부터 시작하여 군대를 혁명의 기둥으로 튼튼히 세우고 그 위력으로 경제건설의 눈부신 비약을 일으키는 것이 주체적인 강성대국건설 방식이다"고 밝혀 선군정치의 중요성을 부각시키고 있다.[66]

북한의 설명에 따르면, 선군정치는 1995년 정초부터 시작되었다. 그러나 선군정치라는 용어는 "군민일치로 승리하자"라는 ≪로동신문≫ 1998년 5월 26일자 정론을 통해 처음 등장한 것으로 보인다.[67] 그러나 군대를 중시하는 선군정치가 김정일의 국가관리방식으로 자리 잡기 시작한 것은 1995년 1월 1일 김정일 총비서 겸 국방위원장이 124군부대를 방문하면서부터였다고 한다.[68] 1996년 들어 김정일의 군부대 시찰 및 군 관련 행사 참석은 총 50회의 대외적인 공식 활동 중 37회(74%)에 달하게 되었고, 1997년, 1998년, 1999년에는 전체 대외활동의 67%, 70%, 59%에 달하는 큰 비중을 차지하였다. 남북정상회담이 개최되어

64) 김화·고봉, 『21세기 태양 김정일장군』, 평양: 평양출판사, 2000, 225-226쪽.

65) 김철우, 『김정일장군의 선군정치』, 평양: 평양출판사, 2000, 94-122쪽. 선군정치는 '무적필승의 강군을 키우는 철의 보검', '사회주의지키는 필승의 보검', '강성대국건설 떠미는 창조의 보검'으로 명시하고 있다.

66) 김철우, 앞의 책, 119-120쪽.

67) 동태관·전성호, 「군민일치로 승리하자」, ≪로동신문≫ 정론, 1998년 5월 26일자.

68) 박헌욱, 「북한의 선군정치와 군사전략」, ≪북한≫ 4월호, 2001, 175-176쪽; ≪로동신문≫ 2001년 11월 22일자.

남북한간에 긴장이 크게 완화되었고 북·미관계가 급진전의 가능성까지
보였던 2000년에 군 관련 활동의 비중은 29%로 현저하게 줄어들었다
가, 부시 행정부의 출범으로 북·미관계가 급속도로 악화된 2001년에는
47%, 2002년에는 38%로 다시 증가하였다.[69] 이 같은 사실은 김정일
의 군 관련 활동이 대외환경의 악화 또는 개선에 큰 영향을 받고 있음
을 시사한 것이다.

이같이 선군정치는 제도적 측면뿐만 아니라 현실정치에서도 부각되
고 있다. 선군정치의 등장배경 및 특징은 몇 가지로 설명할 수 있다. 첫
째, 1990년대 중반의 대내외적 위기상황에서 체제수호를 위해서 군이
전면에 나서야 한다는 것을 의미한다. 선군정치는 1990년대 중반 '고난
의 행군' 시기에 증가된 군의 정치·경제·사회적 선도역할을 반영한 것
으로, 군의 역할증대를 통해 위기를 극복해보자는 것이라고 할 수 있다.
군대의 첫 번째 사명은 체제수호, 자주권 수호에 있으며, 군대가 약하
면 국가가 약해지고 나중에는 국가정권 자체가 위험에 빠지게 된다고
보고 있다.[70] 선군정치가 북한에 등장하는 데에는 사회주의 국가들의
체제붕괴에 대한 북한 나름대로의 인식이 중요하게 작용하였다. 사회주
의 국가들이 붕괴된 것은 총대를 중시하는 선군정치, 총대철학의 중요
성을 인식하지 못했기 때문이라고 보고 있다. 그리고 1994년 김일성의
사망으로 위기의식이 가중됨에 따라 군을 통한 사회전반을 관리하였던
것이다.[71] 즉 체제수호의 마지막 보루로서 군의 중요성을 인식한 김정
일이 국방위원장에 재추대됨으로써 새로운 통치방식으로 내세운 것이
다. 군은 대외적으로 북한체제를 수호하는 조직이고 과도기에 그러한
역할은 더욱 강조될 수밖에 없다. 즉 북한은 대내외적인 위기상황을 돌
파하기 위해 군부가 국내정치의 핵심으로 전면에 나서 군부가 당 및 국

69) 이대근, 『북한의 군부는 왜 쿠데타를 하지 않나』, 서울: 한울, 2003, 82쪽.
70) 김철우, 앞의 책, 52-53쪽.
71) 「우리 혁명 무력은 총대로 주체위업을 끝가지 완성해 나갈 것이다」, ≪로동신문≫
1998년 4월 25일자 사설.

가가구를 효율적으로 운영하기 위한 '선군 혁명 영도' 노선이 추구되었다.

둘째, 선군정치는 군사적으로 대외적 긴장조성을 통해 외부세계로부터 경제지원을 받아내기 위한 협상수단이다. 북한이 미국 등 대외관계에서 국가이익의 극대화를 추구할 수 있는 협상수단과 전략은 군사적 위협이라고 판단하고 있다. 대외환경과 경제상황이 어려울수록 군사력에 대한 의존도는 커질 수밖에 없는 것이다. 따라서 선군정치는 군사적 위협뿐만 아니라 국가안보를 보장하는 중요한 수단이며, 대외적으로 국가이익을 추구하는 최대의 조직이다. 대외협상에서 강한 군사력의 효용성에 대한 김정일의 믿음은 남한 언론사 사장단과의 면담시 그의 발언에서도 확인된다.[72] 1998년 8월 31일 김정일의 국방위원장 추대를 앞두고 있었던 '위성발사'가 이와 같은 북한의 정책을 반영한 것이라고 볼 수 있다.

셋째, 1995년과 1996년의 대홍수 및 1997년의 가뭄이 초래한 극도의 식량난은 북한사회에서 군대의 역할이 현저하게 증대하게 되는 중요한 계기가 되었다. 3년간의 자연재해로 북한에서 적게는 수십만에서 수백만으로 추산되는 인구가 아사하였고,[73] 인민들의 상당수가 식량을 구하기 위해 전국을 돌아다니거나 국경을 넘어 중국으로 탈북하는 사태가 발생하였다.[74] 1990년대 중반 '고난의 행군' 시기 국가의 통제체계가 이완되고 당-국가체제가 정상적으로 작동되지 않는 상황에서 경제건설에 군의 참여는 불가피하였다.

한 정치체제가 성공적으로 유지되기 위해서는 법과 제도, 물리적 폭력, 이데올로기, 대중의 지지와 동의 등 많은 요소들이 필요하다. 북한

72) 대외협상에서 강한 군사력의 효용성에 대한 김정일의 믿음은 남한 언론사 사장단과의 면담에서 '외국과의 관계에서 힘은 군력에서 나오고 다른 나라와 친해도 군력을 가져야 한다'고 하였다. ≪중앙일보≫ 2000년 8월 14일자.

73) 황장엽, 『어둠의 편이 된 햇볕은 어둠을 밝힐 수 없다』, 서울: 월간조선사, 2001, 106-107쪽.

74) 경남대 극동문제연구소, 『북한의 도시변화 연구』, 서울: 경남대 극동문제연구소, 2003 참조.

도 예외일 수는 없다. 지난 반세기 동안 북한체제는 체제내외적인 도전
을 극복하고 인민들을 체제순응적으로 만들면서 김일성 김정일 유일제
도체계를 확고하게 구축하여 나름대로 정치체제를 성공적으로 유지하
여 왔다. 그것은 북한 나름의 독특한 통치양식과 요소, 물리적 폭력, 각
종 감시체제, 주체사상, 수령개인의 카리스마 등을 잘 구사하였기 때문
이다. 그런데 1989년 이후 전개된 사회주의권의 붕괴는 북한체제에 큰
충격을 주었다. 무엇보다도 그들 국가로부터 받는 경제적 원조가 중단
됨으로써 북한체제를 지탱해온 외부적 요소들이 사라지게 되었다. 뿐만
아니라 대내적으로도 그동안 북한이 시행해온 경제정책들의 실패와 자
연재해 등으로 식량난은 배급체계를 비롯한 사회기본 구조를 무너뜨려
북한체제를 전례 없는 위기에 봉착하게 만들었다. 사회기본 구조의 붕
괴는 필연적으로 북한주민의 사상해이와 당의 권위 추락을 초래하여
당은 과거처럼 더 이상 절대적인 권위를 누리지 못하게 되었다. 이런
상황에서 김정일을 비롯한 북한지도부는 체제유지를 위해 지금까지 사
용한 통치방법 외에 다른 방법을 구사하지 않으면 안되었다. 새로운 정
치방식으로 북한체제의 정당성을 찾으려고 노력하면서 나온 것이 군을
앞세우는 선군정치 방식이다.

　사회주의 역사에서 군은 사회주의 국가의 형성과 유지, 몰락에 지대
한 영향을 미쳤기 때문에 군의 위상과 역할은 당과 사회주의체제의 성
격을 규정하는 좋은 척도가 된다.[75] 그래서 군을 중시하는 북한의 선군
정치는 북한체제를 군사국가로 만들었다는 체제논쟁을 불러일으켰다.
북한의 군사국가 경향에 대해서는 대체로 몇 가지 해석이 있다.[76] 첫째,
경제난을 비롯한 위기국면에서 이를 돌파하기 위한 한시적으로 추진되
는 위기관리형 체제라는 것이다. 둘째, 경제정책의 과감한 변화를 위한

---

75) 사회주의 국가의 군대의 역할에 관해서는 김용현, 「북한의 군사국가화에 관한 연
　구」, 동국대 박사학위논문, 2001, 14-25쪽 참조.
76) 이수석, 「북한의 선군정치에 관한 연구」, 《북한조사연구》 제4권 1·2호, 2000,
　224-225쪽.

내부정비의 성격이 강하다는 견해로서, 모든 세계의 개발독재 모델의 예로 드는 주장이 있다. 이 주장에 따른다면 선군정치는 체제는 이데올로기적으로 군사독재의 변형된 모습이라고 볼 수 있다. 셋째, 어떠한 정책변화도 추구하지 않겠다는 완고한 성격을 잘 나타낸 체제라는 것이다. 이러한 여러 견해를 종합해보건대, 북한의 선군정치는 현재의 경제난을 극복하여 김정일 중심의 체제를 강력하게 보위하려는 한시적 성격을 지닌 것으로써, 소기의 체제목표를 달성하면 점차적으로 군사국가에서는 벗어나 안정적인 개발독재의 형태를 지향할 것이다.

결국 북한 선군정치의 등장배경과 특징은 1990년대 중반부터 조성된 대내외적 위기상황에서, 수령의 사상과 당의 노선과 정책을 지지, 관철하기 위한 효과적인 수단으로써 군대를 통한 위기를 돌파하고자 하였다. 따라서 김정일은 체제수호 뿐만 아니라 이완된 통제체계를 복원하고, 경제발전을 위한 가장 효과적인 수단으로 군대를 주목하게 된다. 이렇게 볼 때 선군정치는 개발독재체제의 전 단계로서의 성격을 지닌다고 볼 수 있다. 이것은 내부자원의 고갈과 외부의 자원제약 하에서 군사력을 강화하여 외부의 자본과 기술을 끌어들이려는 것을 목표로 하는 강성대국의 토대로서 작용한다고 볼 수 있다.

2) 선군정치의 대내외 정책적 함의

(1) 선군정치와 대내정책

선군정치의 대내정책 목표는 경제를 회생시키고 오랜 경제난으로 인한 내부 동요를 진정시킴으로써 체제위기를 극복하자는 것이다. 이를 위해 사상사업을 강화하는 한편 선군정치를 통해 국방과 경제건설에서 군대의 역할을 강화함으로써 경제회생에 주력하고 있다. 강성대국 건설도 사상, 정치, 군사의 강국을 이룩한 북한이 경제강국을 조만간 달성할 것이라는 것을 말하고 있다.

강성대국 건설을 위해서는 당의 영도적 역할을 높이며, 근로단체들이 자기의 책임과 역할을 다하는 것은 물론이며, 김정일의 선군혁명 영도 방식을 따라야 한다고 강조한다. 선군정치에서는 군대를 단순히 국방의 수단으로만이 아니라 혁명의 주력군이며, 국부의 소비자만이 아니라 국부의 창조자라는 것이다.[77] 따라서 선군정치에서 인민군대는 조국보위는 물론 경제와 문화, 사회생활의 모든 분야에서 선도적 역할을 수행해야 한다. 이것은 "인민군대가 조국보위도 사회주의건설도 다 맡아 나섰다"는 주장으로 이어진다. 군대의 생산현장 투입의 가장 큰 이유는 노동력의 문제이다. 경제건설에서 가장 큰 역할을 담당하는 청년들이 군대에 많이 들어가 있기 때문에 방대한 건설을 위해서는 노동력을 군대에서 충당해야 하기 때문이다. 실제로 인민군대는 사회주의건설에서 노동력이 절실한 농업분야와 에너지 분야에서 왕성한 활동을 전개하였다. 즉 농업생산을 위해 농사에 동원되고, 전기생산을 위해 발전소 건설에 투입되고, 석탄생산을 위해 탄광에 파견되고, 대자연개조사업을 위해 토지정리사업과 물길공사를 맡고, 정제소금공장, 양어장 건설, 가금목장 건설, 기초식품공장 건설, 구월산 유원지 건설, 청년영웅도로 건설, 안변청년발전소 건설 등 다방면의 건설 활동에 참여하였다.[78]

강성대국 건설에서는 "나라는 작아도 사상과 총대가 강하면 세계적인 강대한 나라가 될 수 있다"는 것이다. 그리고 "우리 인민군대는 우리식 사회주의의 불패의 성새이며, 강성대국 건설의 주력군이다"에서 알 수 있듯이 강성대국 건설에서의 군에 대한 역할과 책임의식을 고취하고 있는 것이다.[79]

선군정치는 당면한 국가적 위기를 극복하는 것은 물론 군부의 책임의식과 희생정신으로 생산증대에 노력할 것을 강조하고 있다. 다시 말해 강성대국 건설에서 끊임없는 혁신과 창조적 적극성을 바탕으로 군인적 희생정신을 일깨우는 것이다. 군인적 희생정신은 전체 인민들이 체득해

---

77) 김재호, 앞의 책, 81쪽.
78) 김재호, 앞의 책, 85-86쪽; 김철우, 앞의 책, 211-244쪽.
79) ≪로동신문≫ 2000년 1월 1일자.

야 할 투철한 '혁명정신'을 의미하며, 혁명정신을 강조하는 것은 사상
의식을 최대한 높여 강성대국 건설에 전당원과 인민, 군인을 정치적 선
동으로 동원하겠다는 것이다. 북한군을 '군사강국의 제일기둥이며 수령
옹위의 결사대'로 부르면서 전체 북한군이 혁명적 영군체제와 군풍을
더욱 확립할 것을 촉구하고 있다.

김정일의 선군정치는 경제발전을 위한 전략적 노선으로서 사회경제
적 기능까지 포괄하고 있다. 먼저 선군정치하에서 군은 경제건설의 직
접적인 참가자, 적극적인 지원자로서의 역할을 수행하고 있다. 군대가
국가보위와 경제건설을 다 맡아하고 있는 것이다.[80] 즉 북한에서 군은
경제건설의 가장 어렵고 힘든 부문을 맡아 돌파구를 열어 나가는 돌격
대로서 각종 건설 현장에 동원되고 있다. 선군정치의 사회경제적 기능
과 역할에서 가장 중요한 본질적 특성은 전사회가 군대의 모범을 따라
배워 경제건설에서 전당, 전국, 전민의 창조적 역할을 최대한 발양시켜
보고자하는 것이다.[81]

이러한 선군정치는 심각한 경제난 속에서 체제유지를 위해 군대식의
일사분란한 명령체계를 사회전반에 이식시키려는 것이며, 경제난으로
추가적인 자원조달이 곤란한 상황에서 군대를 중심으로 군대식 동원방
식을 체제운영의 기본으로 삼고자 하는 것으로 이해된다. 북한의 군부
가 경제건설의 핵심적인 주체로 활동하며, 군대식의 사업방식을 전체
경제활동의 모범적인 방식으로 설정하는 것이다.

북한은 2001년 2월 18일 '중앙방송'을 통해 김정일이 "건국과 망국
의 악순환으로 엮어진 수천년 인류 국가 흥망사를 꿰뚫어보시고 건국
정치의 법칙처럼 되어오던 선경후군(先經後軍)정치의 역사적 교훈과 군
력의 의의를 부차시하여 사회주의를 잃은 지난 세기 90년대 국제공산
주의 운동의 피의 교훈을 총결산하신데 기초하시어 인류사상 처음으

---

80) 박광수, 「총대 중시는 국사 중의 제일 국사」, 《철학연구》 2000년 제2호, 18쪽.
81) 「우리 당의 선군정치는 필승불패이다」, 《로동신문》, 《근로자》 공동논설,
1999년 6월 16일자.

로" 선군혁명을 내놓았다고 주장하였다. 이는 곧 선군정치가 군사를 경제보다 더 중요시하는 정치, 즉 선군후경(先軍後經)정치를 의미하는 것을 보여주는 것이다. 그런데 선군정치가 북한경제에 부정적인 영향만을 끼치는 것은 아니다. 그것은 당이 경제회복을 위해 거의 유일하게 동원 가능한 자원인 군을 적극적으로 활용하고 있으며, 선군정치를 통해 이를 정당화하고 있기 때문이다. 심각한 경제난으로 인해 사회에서의 생산활동이 극도로 위축된 가운데 국가가 동원 가능한 자원과 식량배분에 있어서 우선적인 배려를 받는 "인민군대에서 창조된 정신과 기풍, 일본새가 전국의 모범으로 되어 국가건설과 경제발전을 추동하는 모델적 역할"을 하는 것은 당연한 결과라고 할수 있다.[82] 선군정치의 구호 하에 심화되는 군의 위상강화와 북한의 경제회생 노력은 상호배타적인 것이라기보다는 경제와 국방의 병행발전을 의미하는 것으로 보인다.

(2) 선군정치와 대외정책

북한은 선군정치의 위력이 제국주의의 침략을 막고 사회주의를 지키는 '필승의 보검'이라고 믿고 있다. 또한 선군정치는 "사상적으로 군대를 수령결사옹위정신, 사회주의수호정신으로 튼튼히 무장시키는 정치이며 인민군대의 강력한 힘으로 비사회주의적 사상과 요소들을 배격하고 사회주의제도 자체를 튼튼히 지킬 수 있는 정치"[83]로 규정한다. 따라서 선군정치는 단순히 국방력을 위한 정치가 아니라 국가의 전반적 국력을 최상으로 높이는 것으로 된다. 선군정치는 군사력을 강화하여 외부의 자본과 자원을 끌어들이려는 한편 어려운 난국을 타개하기 위한 '종합체'라고 한다. 예컨대 1998년 8월 31일 '광명성 1호' 위성발사를 청신호로 하여 강성대국 건설은 이미 실천단계에 들어섰다고 주장한다.[84] 나아가 지난 수년간 사회주의를 옹호고수하기 위해 미국을 비

---

82) 조성박, 『세계를 매혹시키는 김정일 정치』, 평양: 평양출판사, 1999, 95쪽.
83) 김철우, 앞의 책, 103-107쪽.
84) 김철우, 앞의 책, 117쪽.

롯한 제국주의세력과의 대결에서 선군정치를 통해 승리할 수 있었다고
인식한다.

사회주의권 붕괴이후 군 중시 정치는 "제국주의자들의 끊임없는 군
사적 위협을 받으며 사회주의를 건설하고 있는 우리나라의 조건에서
강력한 군대가 없이는 인민도 없고 사회주의국가도 당도 있을 수 없
다"[85]고 하였다. 다시 말해 사회주의 강성대국 건설도 군사를 중시하고
군대를 강화하는 기초 위에서만 성과적으로 진행될 수 있다는 것이다.
강성대국 건설은 힘의 전략을 휘두르는 제국주의자들과의 치열한 속에
서 진행된다고 하며, "총대가 든든하지 못하면 나라의 강성을 떨칠 수
없고 민족적 자주권과 나라자체를 지켜낼 수 없다"고 강조하고, "침략
적이고 지배적인 국가전략을 내세우고 총칼의 힘으로 압살하려는 제국
주의 초대국과 당당히 맞서 싸워 승리하는 힘은 강한 군대를 가지는데
있다"고 하였다. 선군정치는 민족의 자주권과 존엄을 지키는 최상의 정
치방식으로 된다.[86]

이렇게 볼 때, 선군정치는 '위성발사'와 같은 핵 및 미사일을 개발함
으로써 미국과의 갈등을 일으키고, 이러한 군사력을 협상수단으로 활용
하여 체제생존에 대한 담보와 경제 및 외교적 지원을 최대한 획득하는
대외정책으로 나타난다. 실제 북한은 '벼랑끝전략'을 통해 국제적 위신
제고, 핵 카드유지, 경제적 이익, 김정일의 리더십을 부각시키는데 있어
서 나름대로의 성과를 얻었다고 할 수 있다.

북한은 선군정치를 '사회주의를 지키는 필승의 보검', '강성대국 건설
의 창조적 보검'으로 간주하고 더 나아가 '자주와 평화'를 지키는 정치
방식, '새 세기를 주도하는 정의의 정치'라고 한다. 이러한 선군정치는
체제생존을 위해 불가피한 선택이지만, 대외적 협상력 강화에 이용하고
있다는 것을 알 수 있다. 여기서 대외협상력이란 미국과의 관계개선을

---

85) 리종산, 「총대 중시는 우리 혁명의 기본 전략 노선」, ≪근로자≫ 2000년 제3호,
20-21쪽.

86) 김철우, 앞의 책, 76쪽.

통한 경제적 협력을 최대한 확보하려는 것이다. 북한은 선군정치를 '제
국주의와의 대결에서 강경대결, 자주외교를 담보하는 정치방식'이라고
함으로써, 핵무기 및 대량살상무기 등 군사력을 외교수단화 하는데 역
점을 두고 있다.[87]

이는 북한의 군사적 위협이 미국의 대북정책에 대한 대응수단이기도
하지만, 체제생존을 위한 유력한 수단으로 활용되고 있음을 말해준다.
특히 미국과의 관계정상화는 남한, 일본, 유럽 국가들로부터 경제지원
을 얻어냄으로써 체제와 정권의 안정을 확고히 하려는 것이 목적이다.
북한이 북핵 문제의 국제화에 강하게 반발하는 것도 이러한 전략의 일
환이다. 북한의 강석주 외무성 제1부상은 2003년 1월 18일 러시아 알
렉산드르 로슈코프 특사와의 회담 직후 "북핵 문제는 미국에 의해 발생
된 것인 만큼 전적으로 북·미간 회담을 통해 해결되어야 하며 국제화
될 경우 문제해결 전망은 더욱 복잡하고 요원해질 것"이라고 말한 바
있다.[88] 물론 북핵 문제 해결을 위한 '6자회담'이 진행 중에 있기 때문
에 경우에 따라 북핵 문제가 급진적으로 해결될 수 있는 가능성을 배제
할 수 없으나 여전히 불투명한 상황이다.

따라서 북한의 선군정치가 갖는 대외정책적 함의는 다음과 같다. 선
군정치와 대외정책의 관계를 여러 가지 수준에서 설명이 가능하겠지만
무엇보다도 중요한 것은 북한의 대미 생존전략이라고 할 수 있다. 선군
정치를 통해 북·미관계를 설명할 때 주목되는 것은 북한은 미국과의
관계를 파국으로 이끌지 않는 수준에서 위협을 가하고 대화와 협력을
유도하고 있다. 그리고 갈등과 협상의 반복적 과정을 통해 미국의 요구
를 일방적으로 수용하지 않고 또는 굴복하지 않으면서 북·미관계의 개
선을 추구하는 것이다.[89] 즉 북한의 대미 생존전략은 미국의 일방적인

87) 김현환, 『김정일장군 정치방식 연구』, 평양: 평양출판사, 2002, 226쪽.
88) "북핵 문제 국제화에 강력 반발," ≪연합뉴스≫, 2003년 1월 21일자.
89) 장노순, 「약소국의 갈등적 편승외교정책: 북한의 통미봉남 정책」, ≪한국정치학
    회보≫ 제33집 1호, 1999, 381-393쪽. 이러한 북한의 대미생존 전략은 편승외교
    정책으로 볼 수 있다. 편승외교 정책이란 약소국이 강대국의 압박에 직면하여 다

양보와 보상에 의한 것도 아니고, 미국의 압박에 대한 일방적인 굴복도
아닌 것이다. 이것은 북·미관계의 구조적 특성 때문이다.[90] 왜냐하면
북한이 직면하고 있는 경제난은 주변 국가들의 협력과 지원이 불가피
하기 때문에 미국의 관계개선은 불가피하다. 그리고 한반도 주변 강대
국들은 미국이 북한을 붕괴할 수 있는 무력 및 경제제재를 반대하고,
북한의 극단적인 저항이 동북아뿐만 아니라 세계적 차원에서 불안정을
초래할 수 있기 때문이다. 이런 상황에서 미국은 북한에게 강압적인 무
력 수단만을 사용하여 일방적인 양보를 요구할 수도 없기 때문이다.

  선군정치를 통한 북한의 대미 생존전략은 다음과 같은 방식으로 전개
된다. 첫째, 북한은 미국에 대한 갈등과 긴장의 수위를 높여가며 대미
편승을 시도하며 이를 통해 안보를 확보하는 것이다. 북한은 남한에서
미군철수 보다는 미국과의 평화협정 체결에 더 강한 의욕을 보여 왔
다.[91] 예컨대 '9·11테러' 사태 이후 북·미관계를 고려하여 외부에 대
하여 비교적 유연한 태도를 보여주었다. 테러 직후 북한 외무성 대변인
담화를 통해 "모든 형태의 테러와 테러지원을 반대한다"는 입장을 발
표하였으며, 유엔 반테러협약 가입 등은 미국과의 관계개선 노력으로
평가할 수 있다.[92] 북한은 경제적 이익을 확보할 때까지 계속 군사적
위협과 긴장을 고조시킬 가능성이 크다. 2003년 8월 이후 진행 중에
있는 '6자회담'에서 북한은 체제보장에 대해 미국과의 대화가 성사되면
핵문제와 체제안전 및 경제지원 등을 일괄타결하려 시도하고 있다. 이

른 동맹국이 존재하지 않거나 동맹을 맺어 힘의 균형을 이루기 어려울 경우 강대
국의 위협에 직면하여 약소국의 안보와 경제적 이익확보를 위해 협력관계를 구축
하는 정책이다. 또한 약소국이 갈등을 야기함으로써 외교 및 경제관계를 포함한
협력관계를 구축하려는 전략으로서 강대국의 위협을 해소하기 위한 방편일 수 있
으나, 강대국이 조성한 국제환경을 활용하기 위해 편승정책을 선택할 수 있다.

90) 장노순, 앞의 글, 382-383쪽.

91) Selig S. Harrison, *Korean Endgame: A Strategy for Reunification and U.S. Disengagement*, Princeton: Princeton University Press, 2002, pp.167-170.

92) 홍관희, 「9·11테러 이후 한반도 안보정세 변화와 대북정책 방향」, ≪통일정책
연구≫ 제11권 제1호, 2002, 159쪽.

는 북핵 문제를 해결하는 방법으로 남한을 비롯한 국제사회가 '대화에 의한 평화적 해결'을 강조하고 있어, 위기를 더 고조시켜도 군사적·경제적 제재를 사용하지 않을 것이라는 계산을 했을 것으로 보인다.

둘째, 북·미간 직접대화와 협상을 통해 안보와 생존을 보장받고자 하며, 특히 선군정치하의 핵 개발 계획의 목적은 '대미협상' 수단이라고 볼 수 있다. 북한은 첫째, 미국이 우리의 자주권을 인정하고, 둘째, 불가침을 확약하며, 셋째, 우리의 경제발전에 장애를 조성하지 않는 조건에서 이 문제를 협상을 통해 해결할 용의가 있다는 것을 강조한 바 있다.[93] 사실 미국과의 관계개선을 통해서 체제안전을 확보하려는 것은 전통적인 국가적 목표이며 대외정책이라고 할 수 있다.[94]

셋째, 선군정치의 목표가 핵무기 및 군사적 대결에 있다기보다는 정권과 체제안보에 필요한 우호적인 대외환경을 확보하려는 협상수단을 의미하는 것이다. 북한이 핵개발 프로그램을 포기하지 않은 의도는 핵무기가 북한체제의 안전을 지키기 위해서 반드시 필요한 조건이라는 인식이 있었기 때문이라고 할 수 있다. 또한 핵 개발은 강성대국 건설에도 필수적인 국력요소로 판단했을 것이다. 김정일은 선군정치의 중요성을 강조하면서 '나라가 작아도 총대가 강하면 강성대국을 건설할 수 있다'고 선군정치의 중요성을 강조했다.[95] 북한의 논리에 따르면 핵무기 개발 등 군사력 강화는 제국주의침략으로부터 나라의 자주권 수호에 있음을 알 수 있다. 지난 반세기 동안 북한의 군사력 강화는 사회주의 건설의 대의명분에 맞는 위상을 가지지만 미국과의 대결, 경쟁 속에서 이루어진 측면도 간과할 수 없다.

북한은 2002년 '7·1경제관리개선'조치 이후 '경제실리주의'를 강조하고 있다. 특히 신의주, 개성, 금강산지구를 경제특구로 지정하였다.

---

93) 「북한 외무성 담화」, ≪조선중앙통신≫, 2002년 10월 25일자.

94) 북한 대외정책의 특징과 국가목표에 대해서는 박재규, 『북한의 신외교와 생존전략』, 서울: 나남, 1997; 정규섭, 『북한외교의 어제와 오늘』, 서울: 일신사, 1997 참조.

95) 김철우, 앞의 책, 57-64쪽.

이러한 경제관리개선 조치는 북한이 사회주의체제의 존망을 걸고 시도하고 있는 북한식 개혁·개방이라고 볼 수 있다. 다시 말해 북한은 경제관리개선 조치를 통해서 생존을 위한 큰 몸부림을 시도하고 있는 것이다. 북·미관계가 개선되지 않을 경우 현재 추진하고 있는 문제들을 해결하기란 쉽지 않다. 따라서 북·미관계의 적극적인 협상을 통한 관계개선이 필요한 상황이다. 미국과의 관계개선을 통해서 테러국가에서 해제되고 국제사회와 경제적 협력을 원활히 할 수 있다.

북한의 경제강국 건설은 미국과의 관계 개선이 전제되지 않고는 사실상 성공하기 어렵다는 점을 부인할 수 없다. 북한의 선군정치는 국가 '자주권'을 수호하기 위한 것이지만, 궁극적인 목적은 경제적 이익을 얻기 위한 협상수단으로 활용되고 있다. 다시 말해 북한의 선군정치는 대의명분보다는 실리추구가 목적이다. '선군정치'를 통해 '강성대국' 건설에 국가 역량을 집중하는 것도 이런 맥락이다.

결국 선군정치는 군대를 경제건설에 동원함으로써 체제수호의 전위대로 만드는 것이고, 강성대국 건설에서 미사일과 같은 전략무기 개발을 지속적으로 추진함으로써 대외협상력 강화를 토대로 외부의 경제협력과 지원을 얻어내고자 하는 것이다.

3. 강성대국의 건설의 원칙과 방향

북한의 공식문헌에서는 강성대국 건설의 원칙을 '당의 령도적 역할을 강화하고 사상중시, 총대중시, 과학기술중시로선을 틀어쥐고 나가는 것'이라고 한다. 당의 령도는 강성대국 건설의 근본 담보이며 사상과 총대, 과학기술은 강성대국 건설의 3대기둥이다. 나아가 실리주의 경제관리방식을 통해서 달성할 수 있다는 것을 강조하고 있다. 다시 말하면 강성대국 건설의 원칙은 '우리식과 자력갱생, 과학기술을 중시하면서도 경제사업에서는 실리주의 원칙을 매우 강조하고 있다.

1) '우리식'과 자력갱생의 원칙

북한의 강성대국 건설은 '우리식 사회주의' 노선을 견지할 것을 강조
하고 있다. 즉 당의 영도를 바탕으로 우리식과 자력갱생의 원칙을 고수
하겠다는 것을 의미한다.96) 나아가 강성대국건설에서 중요한 또 하나는
'사상중시노선'을 확고히 견지하는 것이다.97)

강성대국 건설에서 '우리식'의 원칙을 강조하는 것은 '북한이 처한 현
실적 조건에 맞게 새롭게 해나가야 하는 사업'이기 때문이라는 것이다.
북한이 강조하고 있는 우리식의 원칙은 다음과 같다.98) 첫째, 강성대국
건설을 정치사상적 위력, 집단주의적 위력, 사회주의 위력을 발양시키는
것을 기본적으로 하여 진행해 나갈 것, 둘째, 정치·도덕적 자극을 확고
히 앞세우면서 물질적 자극을 적절히 배합하며 계획경제 관리원칙을 확
고히 견지하면서 경제적 공간을 옳게 이용하는 원칙을 일관되게 견지할
것, 셋째, 사회주의계획경제의 우월성에 의거하여 중앙집권적 원칙에서
선후차를 가려 제기된 문제들을 집중적으로 풀어 나갈 것, 넷째, 경제문
제를 북한의 경제토대, 경제구조를 살리고 그것을 효과적으로 이용하며
모든 것을 우리의 실정에 맞게 풀어 나갈 것 등이다.

북한은 경제건설을 '강성대국'을 건설하기 위한 가장 중요한 과업'99)
으로 설정하고 '우리 식 사회주의경제제도와 자립적 민족경제건설'100)
을 강조하였다. 강성대국건설의 궁극적 목표는 '자립적 민족경제건
설'101)이라는 것이다. 북한은 또한 자력갱생으로 공업 잠재력과 내부예

---

96) 철학연구소, 앞의 책, 79-89쪽. "사회주의강성대국건설에서 당의 령도적 역할을
   강화하는 것이 가지는 중요성은 또한 그것이 혁명적 원칙성을 일관하게 견지하고
   철저히 구현하기 위한 필수적 조건으로 된다"는 것을 강조하고 있다.

97) 철학연구소, 앞의 책, 89-101쪽. "사상중시노선을 확고히 틀어쥐고 강성대국 건
   설을 다그쳐나가는 데서 중요한 것은 계급적 입장을 튼튼히 지키며 제국주의와
   마지막까지 견결히 싸우는 정신으로 무장하는 것"이라고 한다.

98) 김재호, 앞의 책, 88-95쪽.

99) 리창근, 「사회주의경제건설은 강성대국건설의 가장 중요한 과업」, ≪경제연구≫
   1999년 1호, 2-4쪽.

100) 김재서, 「경제건설은 강성대국건설의 가장 중요한 과업」, ≪경제연구≫ 1999
    년 1호, 5-7쪽.

비를 적극 탐구동원하여 동력문제를 풀고 원료와 자재를 자체로 해결하여 생산을 정상화해 나가면 얼마든지 사회주의강성대국을 일떠세울 수 있다고 강조한다.[102]

북한은 자력갱생이 '우리식'의 고유한 혁명방식이라 하면서, "외세의 존은 망국의 길이고 자력갱생은 민족부흥의 길이라는 것을 보여주고 있다. 모든 당원들과 근로자들은 우리의 힘, 우리의 지혜, 우리의 자원으로 먹는 문제를 풀고 과학기술도 발전시켜야 한다. 모든 부문 모든 단위에서 자체로 살림살이를 꾸려나가는 기풍을 더욱 높이 발휘하여야 한다. 우리는 전군중적으로 내부예비를 적극 찾아내고 절약투쟁을 힘있게 벌여야 한다"[103]며 현재의 경제위기를 극복하고 인민생활을 향상시키기 위해서는 자력갱생만이 유일한 방도라는 것을 주장하였다.

북한은 자력갱생에 대한 강조를 중공업우선 정책과 자립적 민족경제노선과 연결시켰다. 북한은 이러한 정책을 종합하여 1998년 1월 8일자 ≪로동신문≫, ≪근로자≫ 공동논설을 통해 "자립적 민족경제 건설로선을 끝까지 견지하자"라는 기존의 사회주의 계획경제노선을 전사회적으로 확산시켜 나갔다.[104] 이 공동논설에서는 "자립적 민족경제는 자기 나라의 자원과 기술, 자기 인민의 힘에 의거하여 제발로 걸어다니는 경제이다. 이것은 자립적 민족경제가 자체의 잠재력과 온갖 가능성을 남김없이 동원하여 생산과 건설을 최대한으로 다그쳐 나갈 수 있는 우월한 경제라는 것을 말하여 준다. 우리식 경제구조는 자체의 강력한 중공업을 핵심으로 하고 모든 경제부문이 조화롭게 갖추어진 자립적 경제구조이다. 인민생활을 높인다고 하면서 중공업을 소홀히 하거나 외화가 있어야 경제문제를 풀 수 있다고 하면서 대외무역에만 치중하는 것은 옳은 방도가 될 수 없다"고 하였다. 이렇듯 혁명적 경제정책에서 '3대

---

101) 장명일, 「사회주의강성대국건설과 경제건설」, ≪경제연구≫ 1999년 4호, 6-8쪽.

102) 김재호, 앞의 책, 95-104쪽; 철학연구소, 앞의 책, 99쪽.

103) 「최후 승리를 위한 강행군 앞으로」, ≪로동신문≫ 1998년 1월 8일자.

104) ≪로동신문≫, ≪근로자≫ 공동논설, 1998년 9월 17일자.

제일주의'에 대한 강조는 사라지고 자립경제와 중공업에 대한 강조가 두드러졌다.

1990년대 중반 북한은 제국주의 세력의 봉쇄 및 북한붕괴론 확산, 혁명적 경제전략으로 천명된 농업·경공업·무역의 '3대제일주의' 경제정책의 실패,105) 식량난으로 배급체계가 와해됨에 따라 농민시장 등 이차경제가 활성화되는 반면에 국가의 공식경제부문이 위축되는 등 국가 안팎으로 최악의 상황에 직면하였던 것이다. 이 과정에서 원자재 및 재화의 불법유출, 지하경제의 성행으로 인한 부정, 부패 등 국가경제의 공식부문이 위축되고 자본주의 시장요소들이 사회전반에 걸쳐 급속하게 확산되면서 체제이완 현상이 확대되었다. 이러한 상황은 북한지도부의 위기의식을 자극하여 경제회생을 위하여 시도했던 새로운 정책을 전면 재검토하게 만들었다. 체제안정까지도 위협하는 자본주의적 요소의 확산을 막고 와해된 계획경제체계를 복원하는 것이 무엇보다도 중요한 과제로 제기된 것이다.

따라서 강성대국을 제시한 이후 북한은 기존의 사회주의 계획경제와 자립경제를 복원, 재강화하는 방향에서 정책을 재정비하였다.106) 우선 경제정책에서 중요한 변화가 있었다. 기존의 '혁명적 경제전략'에서 '혁명적 경제정책'으로의 전환이다. 강성대국 건설하에서 경제정책의 변화는 거의 불가피한 것이었다. 즉 '사회주의 강성대국 건설의 전투적 기치'로 제시된 혁명적 경제정책은 중공업우선 전략이었다. 이것은 경공업과 주민생활 문제가 정책의 우선순위에서 다시 밀려난 것이다. 혁명적 경제정책의 기본 원칙은 국방과 자립경제를 우선시 하는 바탕위에서 주민생활문제를 해결해 나가는 것이다.107)

105) 1993년 12월 제6기 21차 전원회의에서 혁명적 경제전략으로 천명된 농업·경공업·무역의 '3대제일주의'를 통한 경제난 극복 노력은 내부자원의 고갈, 체제안보를 위한 중공업우선 원칙 견지, 개혁·개방정책이 결여 등으로 인하여 성공을 거두지 못하였다.
106) 고유환, 「북한의 권력구조 개편과 김정일 정권의 발전전략」, 《국제정치논총》 제38집 8호, 1988, 126쪽.

이것은 혁명적 경제전략하에서 소비와 균형과 소비재 생산(경공업)우선 정책이 혁명적 경제정책하에서 다시 축적과 속도와 생산수단 생산(중공업) 우선 정책으로 회귀하였음을 보여준다. 강성대국하에서 북한은 군사강국의 물질적 기초로서 "중공업 특히 국방공업을 발전시켜야 한다"고 주장하고 있는데,[108] 기계, 금속, 화학 등 중공업은 자립경제와 자주국방의 물질적 기초였던 것이다. 이러한 북한의 혁명적 경제정책은 경제구조 개편을 추구한 혁명적 경제전략과는 달리, 중공업 중심의 전통적인 북한식 경제토대와 경제구조를 그대로 살리는 방향에서 경제발전을 추구하는 전략이었다.[109] 결국 기존의 '3대제일주의'가 농업부문의 정상화를 통한 먹는 문제 해결이라는 당장의 급한 불을 끄기에 급급한 정책이었다면 혁명적 경제정책은 생산재 생산 투자에 자원을 집중하겠다는 것이다. 중공업 및 농업부문에 대한 투자의 우선순위는 1999년 예산과 2000년 예산에 잘 나타나 있다. 1999년 총예산은 전년에 비해 2% 증가하였는데 농업부문에서는 11%, 전력공업은 15%, 석탄, 광업, 금속, 기계 등 기간공업 부문 및 철도부분은 10%증가하였다.[110] 그리고 2000년 총예산은 전년에 비해 1.9% 증가하였는데, 전력공업은 15.4%, 석탄공업은 12.3%, 농업부문은 5% 증가하였다.[111]

김정일이 새로운 환경에 맞게 나라의 경제를 추켜세우고 비약적으로 발전시키기 위해 제시하였다는 사회주의 경제강국 건설의 전투적 기치인 혁명적 경제정책은 김일성의 유산인 혁명적 경제전략의 내용을 축소하였고, 투자의 우선순위를 조정하였다.[112]

---

107) 김희남, 「위대한 령도자 김정일 동지의 현명한 령도하에 우리 인민이 누리고 있는 집단주의적 경제생활」, 《경제연구》 1998년 제4호, 7쪽.

108) 리창근, 「사회주의 경제건설은 강성대국 건설의 가장 중요한 과업」, 《경제연구》 1999년 제1호, 3쪽.

109) 박송봉, 「당의 혁명적 경제정책은 사회주의 경제강국 건설의 전투적 기치」, 《근로자》 2000년 제3호, 45-46쪽.

110) 《조선신보》 1999년 4월 12일자.

111) 《조선중앙통신》 2000년 4월 4일자.

112) 《로동신문》 2000년 1월 19일자.

한편 김정일 체제의 통치방식을 제도화한 1998년의 개정헌법에서 경제조항은 과거와 다르게 실용주의적 내용을 담고 있다. 즉 독립채산제와 경제수익성의 적용, 경제특구 지대에서 다양한 기업 장려 등의 내용이다. 개정헌법의 경제관련 조항들은 실용주의적 경제관을 도입하거나 대외개방 의지를 법적으로 뒷받침하는 등 개혁·개방에 나설 수 있는 가능성을 열어 놓았던 것이다. 특히 개정헌법 발표이후 미국 등 외부에서 북한의 개혁·개방 확대를 예상하는 전망이 확산되자 북한은 개혁·개방을 거부하고 나섰다. 북한은 개혁·개방에 대해 "우리는 이미 주체사상의 원리에 기초하여 경제관리 체계와 방법을 '우리 식'으로 끊임없이 전개하여 왔으며 지금도 개선하고 있다. 우리의 대외경제관계도 평등과 자주성의 원칙에서 열어놓을 것은 다 열어 놓았다. 우리에게는 새삼스럽게 더 개혁할 것도 없고 개방할 것도 없다. 제국주의자들이 우리보고 개혁·개방하라는 것은 결국 자본주의를 되살리라는 것이다"113)고 개혁·개방이란 말에 강한 거부 반응을 천명하였던 것이다. 특히 제2경제의 활성화와 국제사회의 식량지원 등으로 국가의 통제력이 약화되고 자본주의적 요소의 확산이 체제안정을 위협하는 수준에 이르자 "자본주의 병균은 비사회주의적 요소를 매개물로 하여 자라나고 온 사회에 퍼지게 된다"면서 "자본주의적 요소는 절대 허용할 수 없다"114) 등 개혁·개방에 환상을 가지는 일이 없어야 한다는 점을 강조하였다.

강성대국 건설과 관련하여 북한은 우리 식 사회주의경제제도115)의 중요성을 강조하고 나아가 경제사업에 대한 국가의 중앙집권적 지도를 강조하고 있다. '사회주의건설을 다그치고 강성대국을 건설하는 데서 나서는 중요한 요구의 하나는 경제사업에 대한 국가의 중앙집권적 통일적 지도를 강화하는 것이다'116) 이러한 경제건설의 정책방향은 북한

---

113) 「자립적 민족경제로선을 끝까지 견지하자」, ≪로동신문≫ 1998년 9월 17일자.
114) 「제국주의의 사상 문화적인 침투를 배격하자」, ≪로동신문≫, ≪근로자≫ 공동사설, 1999년 6월 3일자.
115) 김응호, 「위대한 수령 김일성동지께서 마련해 주신 우리 식 사회주의경제제도는 강성대국건설을 위한 튼튼한 초석」, ≪경제연구≫ 2000년 4호, 2-4쪽.

이 자기 실정에 맞는 자기식 대로 경제발전을 추진할 것이며, 기존의
자력갱생에 의한 자립적 민족경제건설 노선을 견지하겠다는 입장을 고
수하고 있는 것이다.

한편 북한은 강성대국의 원칙으로 '사상'을 강조한다. 북한이 사상을
우선적으로 강조하는 것은 사회주의국가의 몰락과 이들 국가들의 사상
적 변질이 가져온 외부의 충격으로부터 여전히 자유롭지 못하다는 점
이며, 이미 사회주의국가들의 급격한 체제변동에 대응하여 단호한 태도
를 보여 왔기 때문이다. 김정일은 "지난 시기 사회주의를 건설하던 일
부 나라 당들은 사회주의에 관한 선행리론을 교조적으로 대하면서 인
민대중을 교양 하는 사상사업에 마땅한 주의를 돌리지 않고 경제건설
일면에 매달림으로써 경제건설 자체도 침체에 빠뜨렸으며 사회주의제
도를 허물어버리고 자본주의를 복귀시키는데 까지 이르게 되었다"[117]
고 강조한 바 있다.

북한은 사상이 변질되면 아무리 강력한 군사력이나 경제력도 맥을
출 수없으며, 따라서 사상은 체제수호를 위한 가장 강력한 무기라는
것이다.[118] 그런데 북한에서 사상은 체제수호 만이 아니라 경제발전에
서도 가장 결정적인 역할을 하는 것으로 위치지어 진다. 사상의 위력
으로 경제발전을 추구한다는 것은 지금까지 변함없는 북한의 일관된
전략이다.

사회주의권의 붕괴와 경제난 속에서 주민들 사이에 사회주의에 대한
믿음이 약화되고 사상적 동요현상이 나타났다. 북한의 입장에서 볼 때
이러한 사상적 위기는 체제수호뿐만 아니라 경제발전에도 매우 부정적
인 영향을 주는 것이다. 때문에 북한은 경제회복을 위해 무엇보다 사상
부터 강화하고자 하였다. 경제가 풀려야 사상문제가 해결된다고 하면서

---

116) 최영욱, 「경제사업에 대한 국가의 중앙집권적 통일적 지도를 강화하는 것은 강
　　성대국 건설의 중요한 요구」, ≪경제연구≫ 2000년 4호, 5-7쪽.

117) 김정일, 「사상사업을 앞세우는 것은 사회주의위업 수행의 필수적 요구이다」,
　　≪로동신문≫ 1995년 6월 19일자.

118) 최학래, 「사상중시는 우리 당의 제일 생명선」, ≪근로자≫ 2000년 제3호, 15쪽.

경제사업 일면에만 치중하는 것은 매우 유해로운 경향으로 비판되었다.[119]

북한의 이러한 경제정책은 2000년대에 들어서도 그대로 유지할 것을 강조하고 있다. 2001년 4월 5일 최고인민회의 제10기 4차회의를 개최하고, 우리식 경제제도의 고수를 거듭 강조하였다. 동 회의에서 "우리의 이념, 우리식의 정치체제, 우리식의 혁명방식과 우리식의 경제제도"를 옹호고수하며, 당의 영도원칙을 구현하는 "대안의 사업체계 요구를 철저히 실행하며 국가의 중앙집권적 통일적 지도와 아랫단위의 창발성을 결합해간다"는 기존의 경제정책방향을 유지할 것을 시사하였다.[120] 나아가 2002년 최고인민회의 제10기 5차회의(2002. 3. 27)에서 나타난 주요 경제계획의 내용을 보면, 전년도에 비해 경제상황이 호전된 것으로 평가하면서 자립적 민족경제의 토대를 마련하였다고 보고되었다. 동 회의에서 홍성남 내각총리는 "2001년은 강성대국건설을 위한 새 세기 첫 진군에서 자랑찬 승리를 이룩한 력사적 해"라고 평가하였으며 아울러 "2001년은 선군시대의 요구에 맞는 강력한 국가경쟁력을 다지는데 커다란 성과를 거두었다"고 평가하였다.[121] 이러한 경제상황을 바탕으로 2002년의 중심과업으로 수령, 사상, 군대, 제도 등 '4대제일주의'를 철저히 구현하여 국가활동과 경제건설, 사회생활의 모든 분야에서 강성대국 건설구상을 실현할 것과 자립경제의 현실적 요구와 전망에 맞게 나라의 경제토대를 정비하고 그 잠재력을 최대한 발양시키면서 전반적 인민경제의 기술개건과 현대화를 위한 준비사업을 추진할 것을 제시하였다.[122]

이와 같이 북한이 우리식과 자력갱생의 원칙을 강조하는 것은 자원과

---

119) 「강계정신으로 억세게 싸워 나가자」, ≪근로자≫ 2000년 제5호, 17쪽.

120) 한국개발연구원, ≪KDI 북한경제리뷰≫ 제3권 4호, 2001, 20-21쪽.

121) 한국개발연구원, ≪KDI 북한경제리뷰≫ 제4권 4호, 2002, 38-39쪽.

122) 「위대한 수령님 탄생 90돐을 맞는 올해를 강성대국 건설의 새로운 비약의 해로 빛내이자」, ≪로동신문≫, ≪청년전위≫, ≪조선인민군≫, 공동사설, 2002년 1월 1일자,

기술이 부족한 현실을 극복하기 위한 것으로 이해할 수 있다. 북한의 이데올로기는 '사회주의혁명과 건설'의 당위성과 사회통합 기제로 작용하며, 신속한 경제발전을 위한 자원동원의 관점에서 이해될 수 있다는 것이다.

2) 실리주의 원칙과 기술개건

북한은 강성대국 건설의 원칙으로 '실리주의'를 매우 강조하고 있다. 강성대국 건설에서 우리식과 자립경제를 강조하면서, 경제시스템을 복원한다고 할지라도 경제관리 방법에서 전혀 변화가 없는 것은 아니다. 북한의 체제정비는 실용주의적 개혁노선, 즉 자본주의 시장경제를 배격하고 사회주의적 원칙을 지키면서 최대한 실리를 보장하는 방향에서 이루어지고 있다.[123] 북한은 국가의 중앙집권적인 통일적 지도, 사회주의 생산관계 틀 내에서 생산력 발전을 위해 개별 생산단위의 책임성과 창발성을 최대한 발양시켜 경제적 합리성과 효율성을 증진시켜 보고자 하는 것이다. 다시 말해 북한은 자립적 민족경제, 자력갱생, 중공업우선 정책을 강조하는 가운데 실리추구, 경제적 효과성을 동시에 추구하고 있다.

북한이 강성대국 건설을 위해 중공업 우선노선 및 우리식과 자력갱생의 원칙을 보면 이전까지 주장과 큰 차이를 발견하기 어렵다. 그런데 북한이 강성대국 건설을 위해 내세우고 있는 또 다른 원칙인 '실리주의 원칙'을 보면 과거에는 발견하기 어려웠던 실용주의적 사고가 나타나고 있음을 확인할 수 있다. 북한은 여전히 집단적 합리성을 우위에 두면서도 개인적인 합리성을 최대한 증진시키려는 노력을 하고 있으며, 혁명성, 정치성, 노동계급성을 우위에 두면서도 전문성, 합리성, 효율성을 증대시키려고 한다. 이것은 북한이 사회주의 계획경제가 허용하는 범위 내에서 최대한 수용해 보고자하는 것으로 평가된다. 즉 계획경제 우위

---

123) 김재서, 「위대한 수령 김일성 동지께서 창시하신 생산수단의 상품적 형태에 관한 리론」, ≪경제연구≫ 1999년 제3호, 8쪽.

의 최대한의 '실리보장의 원칙'이다.

북한의 실리보장원칙은 1990년대 초부터 이미 강조되어 온 것이지만, 최근 들어 더욱 강조되고 있다. 북한의 경제정책에서 경제적 효과성 개념과 더불어 거의 대부분의 경제관련 문헌에서 등장하는 개념이 '실리'이다. 1998년 9월 17일 ≪로동신문≫, ≪근로자≫ 공동논설에서 "경제사업에서 실제적인 리익이 나게 하여야 한다. 하나의 제품을 만들어서도 실제적인 은이 날 수 있게 질적으로 만들고 한 건의 기술혁신을 하고 하나의 공장을 건설하여도 국가적 견지에서 경제적 효과성을 옳게 타산할줄 아는 사람이 진정으로 우리 경제 부흥에 이바지하는 사람이다. 변화된 환경과 조건에 맞게 경제사업을 신축성 있게 조직 전개하는 것도 실제적인 리익을 실현하는 방도이다"라고 주장했다. 김정일 역시 "경제사업에서는 결정적으로 실리주의로 나가야 한다"[124]고 역설하고 있다. 이것은 기존의 외연적 성장방식의 한계에서 탈피하여 내포적 성장을 추구하는 것으로 평가되며, 기존의 계획-이데올로기 경제에서 탈피하여 계획-합리성 경제를 추구하는 것으로 평가된다. 현재 북한이 경제 합리성과 효율성을 증진하기 위해 무엇보다도 강조하고 있는 것이 바로 '경제관리의 합리화'와 '과학기술혁명'이다.

북한은 강성대국 건설을 전후하여 변화된 경제현실을 법·제도적인 측면에서 일부 수용해왔다. 경제난이 심화되면서 북한 전 지역에서는 새로운 현상이 나타나고 이것이 주민들의 일상생활 및 경제활동으로 확산되고 있었다. 예컨대 비공식 부문에서의 사적 생산과 판매, 그리고 지방단위 공장, 기업소의 각종 외화벌이 참여 확대 등이다. 북한은 사회주의 경제체제를 훼손하지 않는 범위 내에서 이런 경제현실을 일부를 인정하지 않을 수 없었다.

1998년 개정 헌법에서 내각에 경제운영의 책임을 맡겨 다소 유연한 정책을 펼칠 가능성을 시사하였다. 개정 헌법 경제조항에서 나타난 변화들을 보면 첫째, "생산수단은 국가와 사회협동단체가 소유한다"(제20

124) 리상우, 「상업의 최량성 규준과 그 리용」, ≪경제연구≫ 1999년 제4호, 33쪽.

조)고 하여 생산수단의 소유주체를 기존의 국가와 협동단체로부터 확대
하였다. 둘째, 개인소유의 주체를 기존의 근로자에서 공민으로 확대하
여 "개인소유는 공민들의 개인적이며 소비적인 목적을 위한 소유이다"
(제24조)라고 규정하였다. 셋째, 기존의 터밭 경리와 개인부업 경리에서
나오는 생산물 이외에 "합법적인 경리활동을 통하여 얻은 수입도 개인
소유에 속한다"(제24조)고 함으로써 주민들의 사적 경제활동을 일정한
범위 내에서 보장해 줄 것을 시사하였다. 넷째, "공민은 거주 여행의 자
유를 가진다"(제75조)는 조항을 신설하여 주민들의 자유로운 이동을 법
적으로 보장하였다. 이외에도 "대외무역은 국가 또는 사회협동단체가
한다"(제36조)고 명시함으로써 그동안 각급 기관과 단체들이 자구책의
일환으로 추진해온 외화벌이 사업을 합법화하였다.

이와 같이 헌법 개정을 통해서 북한은 1990년대 중반부터 나타나기
시작한 경제현실을 법·제도적으로 수용하고 있지만, 이를 전면적인 개
혁조치의 확대로 보기에는 무리가 있다. 이러한 경제현실을 수용한 것
도 주체사상의 테두리 내에서 이루어질 것이기 때문이다. 왜냐하면 각
경제주체들에 대한 통제메카니즘의 변화는 없다는 점이다. 즉 국가의
기업에 대한 통제의 완화와 함께 당의 기업에 대한 통제 완화도 경제개
혁의 중요한 지표라고 할 수 있다. 북한에서 이러한 조짐들은 전혀 발
견되지 않고 있다는 데 문제가 있다.[125] 특히 1999년 4월 8일 '인민경
제계획법'의 제정을 통해 현실적이고 실용주의적 경제관을 강조하고 있
지만, 경제관리 부문은 분권화나 자유화는 허용하지 않고 있다는 점을
지적할 수 있다.

한편 북한은 현실과 실리에 맞게 경제정책을 추진할 것을 시사하는
포괄적인 개념의 경제사업에서의 실리보장을 지시하고 있다. 경제관리
에서 경제적 이익을 중시하고 경제사업을 주어진 조건과 환경에 맞게

---

125) 기업들이 잉여이윤에 대하여 자유로이 처분하고, 이를 인센티브로 사용할 수 있
   어야 하며 투입과 산출을 부분적이나마 시장에 허용할 수 있어야 한다. 즉 투입과
   산출은 국가가 완전히 통제하는 대신, 일부만 통제하고 나머지는 시장에 맡기도록
   하는 것이다.

신축적으로 추진하여 효율성을 높일 것을 내세우는 등 경제활성화를 위한 실리주의 실용적인 접근을 강조하고 있다. 이러한 경제사업 방식은 "변화된 환경과 조건에 맞게 경제사업을 신축성 있게 조직 전개하는 것도 실제적인 이익을 실현하는 방도이다"라고 주장하면서 "지난날의 기준에 구애됨이 없이 나라의 경제형편이 어려운 조건에 맞게 사업을 효율적으로 전개해 나가야 한다"는 점을 강조하고 있다.

1999년 4월 제정된 '인민경제계획법'에서도 경제사업의 실리추구를 강조하고 있다. 즉 "국가는 사회주의 경제법칙과 현실적 조건을 옳게 타산하여 과학성, 현실성, 동원성이 보장된 인민경제계획을 세우고 계획실행규율을 강화하며 경제사업에서 실리를 내도록 한다"(제6조)고 명시하면서 현실적인 조건 하에서 최대한 실리를 추구할 것을 강조하고 있다. 또한 "기관, 기업소, 단체는 수출계획의 예견된 제품을 먼저 생산하여야 한다"(제32조)고 하면서 수출상품에 대한 우선적인 생산을 통해 외화획득의 중요성 및 실리추구를 강조하고 있다. 그리고 북한은 외자유치와 관련하여 "국가는 중재활동에서 국제조약과 관례를 존중하며 국제기구, 다른 나라들과의 친선협조와 교류를 발전시키도록 한다"(제7조)고 함으로써 외국투자기업에 대한 보다 적극적인 이익 보호가 가능하게 되어 외자유치 확대를 통한 실리추구를 도모하고 있다. 북한은 강성대국 건설 제시 이후 경제정책 방향은 인민경제전반을 현대적 기술로 개건하는 것과 새로운 환경, 새로운 분위기에 맞게 경제관리체계의 개선을 추진하는 한편, 비공식 사경제부문에 대해 국가부문을 강화함으로써 자주적 개방정책과 자립적 민족경제노선을 상호보완적인 것으로 인식하고 있다.

북한이 '실리주의 원칙'을 구현하기 위해 제기되는 기본요소로 제시하고 있는 것들을 정리하면 다음과 같다.[126) 첫째, 모든 공장 기업소들에서 최소한의 지출로 최대한의 이익을 내는 것과 추가적인 이익과 전망적인 이익의 견지에서 실제적인 이익을 얻는 것, 둘째, 경제관리를

---

126) 김재호, 앞의 책, 104-110쪽.

현실적 조건에 맞게 과학적으로 합리적으로 해나갈 것, 셋째, 지난날의 것을 고집하지 말고 변천되는 환경과 조건에 맞게 생산과 건설을 효과적으로 해나가도록 하는 것, 넷째, 현실발전의 요구에 맞게 공업구조를 변경시키는 것, 다섯째, 제품의 질을 높이기 위한 투쟁을 벌려 하는 것, 여섯째, 모든 일에서 타산과 계획을 면밀히 세울 것, 일곱째, 인민경제 모든 부문에 과학기술 성과를 적극 받아들일 것 등이다.

한편 북한은 중요공업부문들을 현대적 기술로 개건할 것을 강조하고 있다. 공업의 현대적 기술개건이 사회주의강성대국건설의 중요한 물질적 담보라고 역설하고 있다. 국가의 경제상황이 어렵기 때문에 경제강국건설을 실현하기 위해서는 세계적인 첨단기술을 적극 받아들여 북한 공업의 기술개건을 이룩하기 위해서는 첫째, 낡은 틀에 매달리지 말고 모든 것을 새로운 관점에서 대담하게 전개할 것, 둘째, 세계적인 첨단기술을 받아들이고 설비들을 갱신할 때에도 현대적인 설비로 들여놓아야 한다. 셋째, 보다 적은 품을 들이면서도 큰 효과를 얻을 수 있는 공업부문부터 기술개건을 하여야 한다고 주장하고 있다.[127] 나아가 김정일은 "국가경제력은 사회주의강성부흥의 기초"라고 지적하면서 경제건설의 중심과업을 현존 경제토대를 정비하고 인민경제 전반을 현대적 기술로 개건할 것을 강조하였다.[128]

결국 북한의 강성대국 건설의 경제논리의 핵심적 방향은 '중앙집권적 통일적지도 강화와 실리보장이며, 나아가 경제관리의 개선 및 실리추구라고 할 수 있다. 이 논리는 2001년 10월 3일 김정일의 "강성대국 건설의 요구에 맞게 사회주의 경제관리를 개선 강화할 데 대하여"를 계기로 이른바 "사회주의원칙을 확고히 지키면서 가장 큰 실리를 얻을 수 있는 경제관리방법의 해결"[129]론으로 정착된 것으로 볼 수 있다.

2002년 최고인민회의 제10기 3차 회의에서 내각 총리 홍성남은 보고

---

127) ≪로동신문≫ 2000년 8월 16일자.
128) ≪조선신보≫ 2001년 2월 9일자.
129) ≪로동신문≫ 2001년 10월 22일자.

를 통해 "사회주의사회의 본성적 요구에 맞게 경제관리를 개선강화하
기 위한 획기적인 조치를 취하였다"[130]고 강조한 바 있다. 동 회의에서
북한은 2002년에도 "강성대국 건설의 요구에 맞게 사회주의 경제관리
를 계속 개선강화해 나갈 것을 천명하면서 특히 계획, 재정, 노동부문
의 사업체계와 방법을 개선하고 기업관리에서 독립채산제를 바로 실시
하며 지방의 창의 창발성을 높이도록 하겠다"[131]고 보고했다. 경제관리
개선을 위해 취한 북한의 조치는 첫째, 국가의 통일적 지도를 보장하면
서 아래 단위의 창발성을 돋구기 위해 각 경제지도기관의 계획화 권한
의 많은 부분을 아래 단위에 넘긴 것, 둘째, 각 지방의 공장, 기업소들
을 해부학적으로 분석, 부분적인 개조를 해야 할 단위와 완전히 없애야
할 단위에 대한 요해사업, 셋째, 공장, 기업소의 합리적이며 효율적인
관리운영 개선 사업 넷째, 생산의 분화, 전문화 사업, 다섯째, 인민경제
전반의 정보화, 현대화를 실현하기 위한 사업, 여섯째, 계획화, 재정 및
노력관리 등에서 낡은 틀과 관례를 걷어치운 것, 일곱째, 변화된 현실
에 맞게 국내기관, 기업소 사이에서는 사회주의적으로, 다른 나라와 무
역을 할 때에는 자본주의적으로 경제사업을 전개한다는 것 등이다.[132]
   요컨대 북한이 추구하는 실리주의 원칙은 계획적 경제관리 원칙을 철
저히 관철하는 기초 위에서 수익성을 최대한 보장하고, 국가적 사회적
이익을 우위에 두고 여기에 개별 단위의 수익성을 증대시키는 것이다.
이렇게 볼 때 북한이 실리주의 원칙에서 원가, 수익성과 같은 가치범주
와 상품화폐관계, 독립채산제, 물질적 자극 등을 확대한다고 해서 전면
적인 시장경제적 요소를 도입하는 것으로 평가할 수는 없을 것이다. 강
성대국 건설에서의 실리주의 원칙은 시장요소의 부분적 도입으로 평가
할 수 있다.

---

130) ≪로동신문≫ 2002년 3월 18일자.

131) ≪로동신문≫ 2002년 3월 18일자.

132) ≪조선신보≫ 2002년 1월 14일자.

3) 과학기술 중시정책

강성대국 건설에서는 과학기술 중시노선을 표방하고 있다. 과학기술 중시노선을 확립하는 것은 강성대국 건설의 또 하나의 중요한 원칙이다.[133] 따라서 과학기술은 강성대국 건설의 '3대기둥'이다. 북한은 강성대국 건설을 제시한 후 경제강국을 건설하기 위한 원칙으로서 '과학기술중시' 정책을 과거보다 한층 강조하였다. 즉 '과학기술이 발전하면 그것이 곧 주체의 사회주의 강성대국'이라고 강조하는 등 과학기술을 중요시하고 있다는 것을 알 수 있다.

북한은 강성대국 건설원칙에서 과학기술을 중시하는 배경에 김정일은 "작은 나라일수록 빨리 발전하려면 과학기술 발전에 큰 힘을 넣어야 합니다. 우리는 남이 한걸음 걸을 때, 열걸음, 백걸음으로 달려 과학기술발전에서 하루빨리 세계선진수준에 올라서야 합니다"[134]라고 하여 북한과 같이 크지 않는 나라에서 기술력이 국가발전의 장래를 결정한다고 인식하는 것이다. 이런 맥락에서 북한은 과학기술자들의 역할을 매우 중요하게 여기고 있다. 즉 '지식인들은 과학과 기술로써 우리의 사회주의를 지키는 전초병'들이라며 과학기술에 대한 강조와 과학기술자의 중요성에 대해 강조하고 있다.[135]

1999년 1월 16일 ≪로동신문≫에서는 "조선로동당의 과학기술 중시 사상을 높이 받들고 과학기술 발전에서 새로운 전환을 일으킴으로서 조선 식 사회주의 위력을 백방으로 강화하고 강성부흥의 새 시대를 앞당겨 나가자"고 강조하고, "제국주의자들과의 대결은 중요하게 과학 기술적 대결이다. 과학기술을 급속히 발전시키지 않고서는 나라의 군사력

---

133) 철학연구소, 앞의 책, 114-124쪽. 북한은 강성대국 건설하에서 과학기술은 "사회발전에서 매우 중요한 역할을 하며, 과학기술을 발전시켜야 기술혁명 및 생산력을 발전 그리고 인민들에게 자주적이고 창조적인 물질문화생활을 보장할 수 있는 것'이라고 한다. 나아가 '국방력을 강화하고 사회관계를 개조하는 사업을 성과적으로 수행할 수 있다"고 한다.

134) 철학연구소, 앞의 책, 116쪽.

135) 「위대한 당의 령도따라 새해의 총진군을 다그치자」, ≪로동신문≫ 1998년 1월 1일자.

도 강화할 수 없고 자립적 민족경제의 위력도 충분히 발휘할 수 없다"
며 사회주의 강성대국 건설에서의 과학기술의 중요성[136]을 강조하였다.
북한은 1999년을 '과학의 해'로 지정하고 김정일이 과학기술 분야의
현지지도가 급격히 확산되었다. 과학기술 중시는 국가예산에도 반영되
었는데 과학사업비 지출은 전년 대비 1999년 6.3%, 2000년 5.4% 증
가하였다.[137]

2000년 신년 공동사설에서 '강성대국 건설의 3대 기둥'으로 '과학기
술 중시 사상'을 강조하게 되며, 경제건설의 최우선 과제로 설정되었다.
다시 말하면 강성대국 건설의 3대 기둥으로서 과학기술, 사상, 총대를
중시하는 것으로서 과학기술은 국가의 부흥과 나라의 힘을 건설하는
핵심적인 요소로 규정하였던 것이다.[138] 강성대국 건설의 '3대기둥'으
로서 과학기술을 중시하는 것은 향후 경제발전의 핵심 전략임을 알 수
있다. 즉 북한은 이미 사상도 견실하고 총대도 굳건한 상황에서 과학기
술만 발전시키면 강성대국을 건설할 수 있다는 것이다.[139] 과학기술이
나라의 부강 번영과 사회적 진보를 이룩하기 위한 기본 열쇠의 하나 이
며 나아가 과학기술은 '국력과 군력'으로 인식되고 있는 것이다.[140]

북한은 2001년부터 과학기술의 중요성을 매우 강도 높게 천명하고
있다. 북한은 21세기를 여는 첫해부터 새로운 관점에서 창조와 혁신을
이룩할 것을 호소하고, 또한 각 공장, 기업소 등 모든 부문에 걸쳐 비약

---

136) 「과학중시 사상을 구현하여 강성대국의 앞길을 열어가자」, ≪로동신문≫ 1999
년 1월 16일자.

137) ≪조선중앙통신≫ 2000년 4월 4일자.

138) "우리는 사상중시, 총대중시, 과학기술 중시 로선을 틀어쥐고 올해 총진군을 다
그쳐 나가야 한다. 사상과 총대, 과학기술은 강성대국 건설의 3대 기둥이다." 「당
창건 5돌을 맞는 올해를 천리마 대고조의 불길 속에 자랑찬 승리의 해로 빛내이
자」, ≪로동신문≫, ≪조선인민군≫, ≪청년전위≫ 신년공동사설, 2000년 1월 1
일자.

139) 「과학중시 사상을 틀어쥐고 강성대국을 건설하자」, ≪로동신문≫, ≪근로자≫
공동사설, 2000년 7월 4일자,

140) 리창근, 「과학기술 중시 로선을 틀어쥐고 나간은 것은 강성대국 건설의 중요한
담보」, ≪경제연구≫ 2000년 1호, 9쪽.

적인 발전을 이룩하는 일본새를 강조하였으며, 이것은 강성부흥의 경제
강국을 이룩하는 길이라는 점을 역설하고 있다. 이것은 현시대의 요구
에 맞게 경제와 공업을 발전시켜야 하며 강성대국 건설을 위해서는 지
난날의 낡은 틀과 관례를 재검토하고 면모를 일신시켜야 한다고 하여
변화하는 현실을 반영하고 '21세기 세계 경제, 과학강국의 대열에 당당
히 서기' 위한 변화와 '새로운 관점과 창조를'[141]를 강조하였다. 21세
기 과학기술의 중요성을 "현 시대는 과학과 기술의 시대이며 오늘 과학
과 기술은 매우 빠른 속도로 발전하고 있습니다. 지난날의 이룩한 성과
에 자만하거나 제자리걸음하여서는 우리 앞에 부닥친 난관을 성과적으
로 뚫고 나갈 수 없으며 나라의 경제를 추켜세울 수 없다. 이제는 2000
년대에 들어선 만큼 모든 문제를 새로운 관점과 새로운 높이에서 보고
풀어나가야 한다"고 하여 강성대국건설에 대한 의지를 나타냈다. 북한
은 사상도 견실하고 총대가 굳건한 상황에서 이제 과학기술의 발전이
향후 경제 강국의 방향을 결정한다고 인식하고 있다.[142]

2001년 1월 9일 ≪로동신문≫의 "모든 문제를 새로운 관점과 높이
에서 풀어나가자"라는 사설에서 "경제부문 일군들은 공장, 기업소들을
현대적 기술에 기초한 새로운 생산기지들을 더 많이 일떠 세우기 위한
사업을 대담하게 전개하여야 한다," 나아가 "경제조직 사업에서 실리를
철저히 보장하고 인민들이 실제적으로 덕을 볼 수 있게 사업을 전개해
나가야 한다"고 제시하여 과학기술과 실리주의, 비약적인 발전을 강하
게 시사하고 있다.[143]

---

141) 「새 세기는 부른다, 강성대국 건설 앞으로」, ≪로동신문≫ 2001년 1월 4일자.

142) 「21세기는 거창한 전변의 세기, 창조의 세기이다」, ≪로동신문≫ 2001년 1월
4일자.

143) 이 사설에서 북한은 "지금은 우리가 사회주의를 건설하던 1950년대나 1960년
대가 아니다. 새 시대는 새로운 사상관점과 투쟁기풍을 요구한다. 21세기의 첫해
인 올해에 사회주의붉은기 진군을 힘차게 다그쳐 강성대국건설의 활로를 열어 제
끼는 문제는 우리의 사상관점과 사고방식, 투쟁기풍과 일본새에서 근본적인 혁신
을 이룩하는 문제와 직결되어 있다"고 하여 새로운 시대에 맞는 창조와 기술혁신
을 강조하였다.

북한은 과학기술 부문은 선진국과의 합영·합작 사업을 전개하고, 과학기술강국을 건설하려면 선진과학기술을 빨리 받아들여야 한다는 점을 강조한다. 세계 최신 과학기술의 성과를 받아들이지 않고서는 국가의 과학기술을 최단기간에 전반적으로 세계수준에 올려 세울 수 없다고 하면서 "과학기술을 주체적으로 발전시킨다는 것은 과학기술 분야에서 사대주의와 교조주의를 반대한다는 것이지 다른 나라의 발전된 과학기술을 받아들이지 않는다는 것이 아니다"144)고 하여 선진국의 과학기술은 받아들여야 한다는 것을 역설하고 있다. "다른 나라들과의 교류와 협조를 강화하여야 현대과학기술의 발전추세와 최신과학기술의 성과를 제때에 알 수 있으며 과학연구사업에서 많은 생산과 로력, 자금을 절약할 수 있다. 과학기술 부문에서는 다른 나라들과의 과학기술도서 교류와 교류사업을 활발히 벌리며 전자공업을 비롯한 최신과학기술분에서 앞선 나라들과의 합영, 합작을 널리 조직하여야 한다"145)고 하여 과학기술 분야는 선진국과의 교류와 협조를 강화한다는 것이다.

북한은 과학기술 없이는 강성대국을 건설할 수 없으며 과학은 단순한 기술 수준이 아니라 조국의 운명과 강성대국건설의 성과를 좌우하는 중요한 문제라고 주장하고 있다. 즉 "과학으로 국력을 다투고 과학으로 민족의 흥망을 결정하는 과학전의 세기"로 규정146)하고 있다. 나아가 북한은 강성대국은 현대적인 과학기술에 기초하고 경제와 문화 등 나라의 모든 분야가 고도로 발전된 우리식의 사회주의강국이다. 정보산업의 발전은 강성대국을 건설하는 지름길로 인식하고 있다.147)

북한은 과학기술의 발전을 통해 '도약발전'의 전략적 산업으로 인식하고 있다. 다시 말해서 북한의 과학기술중시정책은 특정 부문에 국한

144) 철학연구소, 앞의 책, 119쪽.
145) 철학연구소, 앞의 책.
146) 「과학의 세기」, ≪로동신문≫ 정론, 2001년 4월 20일자.
147) 「21세기에 대한 인식」, ≪로동신문≫ 2001년 4월 27일자; 「정보기술 발전을 위한 과학연구사업을 앞세울데 대한 방침의 정당성」, ≪로동신문≫ 2001년 6월 5일자.

되는 것이 아니라 인민경제 전반에 적용되고 있다.148) 내각을 비롯하여 각급 공장, 기업소 등에 정보기술을 보급하는데 주력하고 있고, 정보산업 교육기관을 신설하는 등 인민경제의 정보화, 현대화에 주력하고 있다.149) 북한은 과학기술 중시 정책의 일환으로 우선 공장·기업소의 기술개건을 비롯해 과학기술을 전통산업의 생산현장에 적용·보급하고, 정보화 및 IT 산업의 육성 발전에 노력을 기울이고 있는 것으로 알려지고 있다. 과학기술은 중장기적 차원에서 정보산업의 육성을 통한 '단번 도약'150) 추진의 기폭제가 되도록 추진하고 있다. 따라서 과학기술 중시 정책은 경제발전을 앞당기고 더 나아가 강성대국 건설의 전략산업으로 이해할 수 있다.151)

한편 이와 같이 북한의 강성대국 건설의 원칙과 방향은 '우리식과 자력갱생의 원칙', '실리주의 원칙과 기술개건', 그리고 '과학기술중시' 등이다. 북한의 강성대국 건설의 원칙과 방향은 최근 북한의 경제상황을 적절하게 반영하고 있다고 볼 수 있다. 즉 이러한 원칙들은 북한이 지향하고 있는 경제발전 노선 및 향후 북한 당국의 경제강국 건설전략

---

148) 「인민경제의 현대화, 정보화」, ≪로동신문≫ 2001년 5월 17일자. "인민경제의 현대화, 정보화는 고도로 발전된 과학기술의 최신 성과에 기초하여 생산의 높은 장성을 이룩함으로써 경제강국을 건설하고 인민생활을 획기적으로 높여 가는 필연적 요구"라고 한다.

149) 김영윤, 「북한의 기술개건전략과 발전전망」, ≪통일경제≫ 제79호, 2002년 1-2월호, 64-65쪽.

150) 과학기술중시정책은 그동안 노동과 자본의 증가를 통한 성장에 중점을 두었던 외연적 성장전략에서 기술혁신에 의한 생산설비의 효율화를 통해 생산성을 증가시키는 내포적 성장전략으로 전환을 상징하고 있다. 그리고 중장기적인 관점을 전제로 할 때 IT산업에 대한 강조는 도약전략을 선택했다는 점에서 기존의 발전전략과 두드러진 차이를 보인다고 할 수 있다.

151) 북한의 과학기술 중시 정책 및 정보산업 육성과 관련한 국내의 논문들은 김근식, 「김정일 시대 북한경제 정책 변화: 북한의 혁명적 경지정책과 과학기술 중시 정책」, ≪현대북한연구≫ 3권 2호, 2000, 91-115쪽; 김유향, 「북한의 정보통신부분 발전과 정보화」, 『2000 신진연구자 북한 및 통일관련논문집 II』, 서울: 통일부, 2000, 109-145쪽; 서재진, 『북한 '신사고론'의 의도 및 내용 분석』, 통일정세분석 2001-01, 서울: 통일연구원, 2001; 배성인, 「정보화시대 북한의 정보통신 산업과 남북한 교류협력」, 『통일정책연구』, 서울: 통일연구원, 2001 참조.

을 이해하는 하나의 단초를 제공하고 있다고 평가된다.

하지만 북한의 강성대국 건설은 최근 경제정책의 흐름으로 보아 이러한 원칙 가운데서도 우선순위를 두고 추진하고 있는 것으로 평가된다. 첫째, 북한이 우선적으로 국가역량을 집중하고 부문은 실리주의 및 기술개건이다. 말하자면 경제적 효율성과 실리를 동시에 추구하겠다는 의지를 보여주는 것이다. 최근 김정일은 "채산없는 기업은 통폐합 허거나 인원을 줄이라"152)라는 지시를 내릴 정도로 기업의 효율성과 실리를 강조하고 있다는 것을 감지할 수 있다. 이는 2002년 7월 1일 단행한 경제관리개선조치로 시작된 북한 개혁·개방의 가속화에 대한 강한 의지로 해석된다. 둘째, 과학기술 중시 원칙이다. 북한은 경제실리 및 기술개건을 통한 경제발전을 추구하기 위해서는 과학기술 발전이 불가피한 것으로 인식하고 있다. 또한 과학기술의 발전은 단기적인 차원에서뿐만 아니라 중·장기적인 관점에서 북한경제 발전을 좌우하는 요소로 간주하고 있는 것으로 평가된다.153) 셋째, 북한은 '우리식' 제도와 자력갱생을 강성대국 건설에서 기본적으로 견지해야 하는 원칙이다. 이는 강성대국 건설에서 중요한 내부자원을 효과적으로 동원하기 위한 불가피한 조치로 해석된다. 특히 개혁·개방을 가속화하기 위해서는 내부적 자원동원과 사회통합이 중요하다고 판단했기 때문이다. 하지만 북한이 견지하고 있는 우리식 제도와 자력갱생 원칙은 향후 북한의 대내외 경제여건에 따라 상당히 유연하게 신축적으로 변화할 수 있는 여지도 있다고 분석된다.

---

152) 김정일은 최근 군부대를 방문한 자리에서 "채산성을 맞추지 못하는 기업소·기관은 합쳐서라도 채산성을 올려야 한다"는 요지의 지시를 내린 것으로 알려지고 있다. ≪경향신문≫ 2003년 12월 29일자.

153) 「더 높이 더 빨리 경제부흥의 현장에서(4) - 대담하고 혁신적인 개선책」, ≪조선신보≫ 2002년 7월 26일자.

제4장 새로운 경제정책의 형성: 국내적 개혁전략

　북한의 강성대국 건설은 21세기 새로운 환경에 대비한 국가전략으로
서 북한의 현실정치 과정에 강력하게 투영되고 있으며, 북한 주민들에
게 새로운 시대를 연다는 강한 자부심과 경제강국에 대한 희망을 인식
시킨다는 데서 출발한 것이 특징이다. 강성대국 건설의 경제정책 방향
은 자립경제 및 '우리식' 사회주의의 우월성이라는 기존의 정책노선을
유지하고 있지만, 경제실리주의와 실용주의적 정책을 바탕으로 '실리사
회주의'를 지향하고 있다는 점이 큰 특징이다.

　강성대국을 건설하기 위해 취해진 경제정책 방향이 사회주의원칙을
고수하는 가운데 경제적 실리추구, 과학기술의 발전을 통한 단번도약이
다. 북한은 최근 '실리주의 원칙'을 특히 강조하고 있다. 북한이 강성대
국건설이라는 국가적 목표를 달성하기 위해 실리주의를 강조하는 것은
생산정상화와 기술개건의 선후차를 옳게 설정할 수 있고, 그러한 바탕
위에서 점차적으로 경제발전이 가능하다고 인식하고 있기 때문이다.

　이러한 인식에 기초하여 실리주의 원칙을 정책으로 구체화한 것이
2002년 7월에 단행한 경제관리개선조치라고 할 수 있다. 북한이 취한
7월 1일 '경제관리개선조치'의 내용은 다음과 같다. 가격 및 임금에 대
한 대폭 인상, 가격설정 방식 개편, 국가계획수립권한의 부분적 하부위
임, 공장 기업소에 경영 자율성 부여, 원부자재 시장개설, 분배의 차등
화 강화, 사회보장제도 개편, 환율의 대폭 인상 등의 경제개혁 조치를

단행한 것이다. 이러한 경제개혁의 구체적 내용과 의미는 가격현실화 및 가격제정방식의 변화를 통해 가격의 자원배분기능을 대폭 강화하고 있으며, 환율의 현실화를 통해 새롭게 해외시장과의 연계를 시도하고 있다. 또한 '실리'가 강조되면서 이윤 및 독립채산제를 강화하는 등 계획 및 경영에서의 분권화를 통해 생산단위에 자율성과 독립성을 부여하고 있으며, 생산단위는 수익성에 따른 분배, 생산자들은 노동에 따른 분배를 받게됨으로써 노동의욕을 자극하고 있다. 이 시장기능의 강화를 통해 생산자들의 경쟁을 유발함으로써 공급확대를 도모함과 동시에 해외시장과의 새로운 연계를 통한 외자유치를 강화하는 것이다. 이런 점에서 7.1경제관리개선조치는 북한에서 지금까지 시도한 개혁정책 가운데 가장 획기적인 정책전환이라 할 수 있다.

북한의 이러한 일련의 경제조치들은 분명히 과거와는 다른 김정일 시대의 '신경제노선'을 구성하는 것으로서, 이는 향후 북한의 경제발전의 방향과 관련하여 다음과 같은 중대한 문제들을 제기하고 있다. 이러한 신경제노선을 과연 어떻게 평가해야 할 것인가. 이것은 시장경제를 지향한 체제개혁을 의미하는가. 아니면 북한이 주장하는 계획경제의 복원을 위한 단순한 경제관리 개선조치인가. 이러한 경제노선은 어떻게 시작되었고 어떤 과정을 거쳐 추진되어 왔는가. 또 앞으로 얼마나 지속될 수 있을 것이며, 추후 변화의 방향은 무엇인가 하는 점이다.

제1절 강성대국 건설과 경제개혁 정책의 형성

1. 경제개혁 정책의 논리적 구조

북한의 2002년 7월 1일에 단행한 '경제관리개선조치'[1]의 추진은 북

---

[1] 이에 대한 설명은 ≪조선일보≫ 2002년 10월 16일자; ≪월간조선≫ 2002년 12월호 참조.

한 경제사에서 새로운 국면이 시작되었음을 의미한다. 북한의 경제사에서 변화의 노력은 세 국면으로 구분된다. 첫째 국면은 1972년부터 1980년대 후반까지 무역확대 및 제한적 외자유치 단계였다. 두 번째 국면은 1991년부터 시작된 제한적 경제특구단계이다. 세 번째 국면이 바로 2002년 7월1일 파격적으로 단행한 경제관리개선조치라고 볼 수 있다.[2]

 "공화국이 최근 추진하고 있는 경제개혁은 1945년 일제에서 해방된 후 고 김일성 주석이 이끈 토지개혁만큼 중대한 의미를 갖는다." 이러한 발언은 2002년 7월 30일 북한의 경제관리들이 평양주재 외교관들에게 7.1경제관리개선조치의 중요성을 설명하는 과정에서 나왔다. 아마도 현재까지 이 발언처럼 경제관리개선조치에 대한 북한 당국의 입장이 명확하게 반영된 언급은 없을 것이다. 1946년 3월 토지개혁은 개인토지의 무상몰수와 무상분배를 시행함으로써 현재 북한 사회주의토대를 마련한 역사적인 조치였다. 북한 경제관리들의 언급에서 시사하듯이 7.1조치는 토지개혁에 비교될 만큼 북한체제에 정치, 사회, 경제적으로 다양한 영향을 미치고 있다. 가격과 임금을 인상하고 환율을 현실화하는 등 기존 북한의 경제시스템을 근간에서부터 흔들 수 있는 조치를 내린 것이니 이러한 평가가 크게 틀린 것은 아닌 듯 하다. 이 조치를 두고 국내학계에서는, 북한이 "자본주의 시장경제라는 호랑이 등에 올라탔다는"는 긍정적인 해석과 "공식부문을 더 강화하기 위한 조치"라는 유보적인 해석이 엇갈리면서 논란이 벌어지기도 했다.

 북한 당국은 이러한 경제개혁이 자본주의전환이 아니라 중앙통제식 계획경제를 더욱 효율적으로 추진하기 위한 조치라고 강조하고 있지만, 사회주의의 근간이라 할 수 있는 배급제의 이완을 통해서 국가가 담당해야 하는 각종 지출을 축소하여 국가의 재정을 건전하게 하는 조치라

---

2) 김연철, 「북한 경제관리 개혁의 성격과 전망」, 김연철·박순성 편, 『북한의 경제개혁 연구』, 서울: 후마니타스, 2002, 12-13쪽. 북한의 대외개방정책의 전개과정에 대해서는 제5장에서 상세하게 논하고자 한다.

는 측면에서 계획경제의 이완이라고 볼 수 있다. 이러한 조치는 국가경제의 회복을 위해서 필수적이다. 경제관리의 개선방향이 나라의 인적·물적 자원을 최대로 절약하고 효과적으로 이용해야 한다는 실리보장[3]과 일한 만큼 분배하는 '사회주의 분배원칙'을 적용하는 것으로 이를 통해 국가재정지출의 불합리 및 비합리성을 제거할 수 있을 것이다. 또한 당과 수령에 의존하던 인민들의 '돈'의 가치와 중요성을 새롭게 인식한 것은 북한 당국이 의도하였든 혹은 원치 않았든 북한의 개혁·개방을 위해서 매우 바람직한 현상이다.

사실 북한 당국이 이러한 경제관리 개선을 필요성을 느끼기 시작한 것은 1998년 제10기 최고인민회의에서 김정일을 국방위원장에 재추대한 직후부터라고 볼 수 있다. 북한은 김정일 시대의 국가비전과 발전전략으로서 이미 동년 8월 ≪로동신문≫ '정론'을 통해 사회주의 강성대국을 제시하였다. 이어 1999년 발표된 '인민경제계획법'은 예산분야에서 중앙정부의 지방통제를 완화하여 예산의 분권화를 도입하였다. 2000년 새로운 세기를 맞이하면서 새로운 사고를 강조하는 논조가 ≪로동신문≫ 등 당 기관지에 등장하기 시작한 것도 7.1조치와 무관하지 않다. 북한 당국은 7.1조치가 즉흥적으로 시작된 것이 아니라 2년여의 치밀한 준비 끝에 실시하는 것으로서 준비과정에서 유럽 등 외국의 사례를 참고했다고 언급하였다.[4] 하지만 북한은 개혁·개방이 가져올 부작용을 우려하여 여타 국가의 시례를 참고하였으나, 러시아 및 중국 등 체제전환국들과 달리 '사회주의 원칙'에 기초하여 경제개혁을 추진하였다고 주장하여 기본적인 접근방식이 차이가 있다는 것을 분명히 하고 있다.[5] 2003년에 북한이 개선 대신에 개혁[6]이라는 용어

---

3) "전력과 식량문제 등 경제건설과 인민생활에서 기초적인 문제들이 원만히 풀리지 않고 있는 조건에서 경제를 추켜 일으켜 세우자면 나라의 인적, 물적 자원을 최대로 아끼고 효율적으로 이용해야 한다," ≪조선신보≫ 2002년 7월 26일자.

4) 「경제관리개선 이제 시작이다」, ≪민족 21≫ 2002년 10월호, 42-45쪽.

5) ≪조선신보≫ 2002년 7월 31일자. 김정일은 2002년 7월 28일 이바노프 러시아 외무장관과의 면담시 경제조치와 관련하여 "경제관리 개선은 사회주의 원칙에 기

를 공식적으로 사용하고 있는 것은 보다 근본적인 변화를 모색하고 있다는 것을 시사하고 있다.

사실 북한의 7.1경제관리개선조치의 출발점은 제3장에서 설명한 바와 같이 1998년 9월 김정일 체제의 공식 출범에 즈음하여 제시된 강성대국건설의 목표와 비전이라 할 수 있다. 강성대국 건설은 21세기를 이끌어갈 담대한 설계도이며 신성한 국가목표라는 점을 분명히 하였다. 이러한 강성대국론은 그 이후 김정일 시대의 북한을 이끌어 온 발전전략적 이념이 되어왔다. 강성대국건설론은 과거 김일성 시대의 사회주의 완전승리, 온사회의 주체사상화 혁명화와 같은 정치적 목표와 근본적으로 그 성격을 달리하고 있다. 강성대국론은 정치·사상강국은 이미 달성되었기 때문에 이제 경제강국을 건설하는 것만이 유일한 국가목표라고 강조하고 있듯이, 경제발전에 역점을 두고 있는 것이 특징이다.

강성대국은 실리와 과학기술을 강조하는 것에서도 알 수 있듯이 매우 실용적인 성격을 갖는 것으로 평가된다. 즉 강성대국론은 북한판 '부국강병론' 의미를 지니며, 그 핵심은 21세기 경제적으로 강성부강한 나라를 만들겠다는 것이라 볼 수 있기 때문이다. 따라서 북한은 강성대국을 건설을 국가적 비전으로 제시한 후 본격적인 경제건설에 국가적 노력을 집중하게 된다. 따라서 강성대국 건설의 목표는 '21세기에 걸맞는 국가경제력'의 건설이라는 내용으로 구체화 되어 제시되고 있다.

김정일 시대의 신경제노선은 그 개념이나 내용이 처음부터 체계적으로 명문화되거나 연급된 것은 없다.[7] 하지만 1998년 이후 새로이 제시

초해 추진되고 있으며, 다른 나라의 모방이 아닌 독자적인 길을 가고 있다. 북한은 러시아 중국 등의 경험을 참조했으나 이들 나라에서는 개혁을 실시하면서 오류를 범하거나 잘못된 일이 종종 있었다"고 언급하였다.

6) ≪조선중앙통신≫은 2003년 6월 10일 논평에서 "공화국 정부는 내각결정 제32호, 제128호, 제129호를 비롯한 결정에서 인민생활을 높이기 위한 조치의 일환으로 근로자들의 생활비를 인상하도록 했다"며 "그리고 여러 기회에 걸쳐 경제개혁을 추진해왔다"고 밝혔다. 북한이 공식 매체를 통해 최근의 경제변화를 '경제개혁'이라고 언급한 것은 중요한 변화라고 볼 수 있다. ≪연합뉴스≫ 2003년 6월 10일자.

된 강성대국 비전과 그 후의 실리주의, 신사고 그리고 후속으로 취해진 각종 정책적 조치들은 전체적으로 하나의 큰 틀 속에서 나름대로의 일관성과 체계를 갖추고 있는 것으로 파악된다. 강성대국 건설을 제시이후 취해진 각종 경제정책을 '신경제노선'이라고 평가할 수 있다.

강성대국 비전을 지시한 이후 북한경제정책의 변화는 가격과 임금을 획기적으로 인상한 7.1조치와 9월의 신의주 특구정책만이 부각되어 그것이 변화의 전부인 것처럼 인식된 경향이 있다. 이는 북한이 그간 취해온 각종 조치들에 대해 거의 공개적으로 발표한 적이 없는 데다 그 조치들이 7.1조치와 신의주 특구만큼 주목을 받을 획기적인 내용이 아니었다는 이유도 있었을 것이다. 하지만 2002년의 가격현실화 및 가격체계 개혁조치나 신의주 특구조치는 빠르게는 1999년경부터 나름대로 일관성을 갖고 추진되어온 일련의 경제정책의 일환일 뿐 그러나 획기적인 조치가 진공상태에서 나온 것은 아니라고 판단된다.

7.1조치는 북한 스스로 1946년 토지개혁에 버금갈 정도의 획기적인 조치라고 할 만큼 기존의 정책에 비하면 대단한 변화로 받아들여진다. '사회주의경제관리개선완성'이라고 명명한 7.1조치는 일반주민들의 소비생활 및 기업의 생산 활동 뿐 아니라 북한경제의 향후 전개방향에도 커다란 영향을 미칠 것으로 전망된다.

7.1경제관리 개선조치는 과거의 변화시도와는 질적으로 다른 환경에서 추진되고 있다.[8] 첫째, 국가의 거시경제 운영능력이 현저히 약화된 상태에서 변화가 시도되고 있다. 1990년대 중반이후의 경제위기가 가져온 현실적 변화를 북한 당국이 수용한 것이다. 이는 어쩔 수 없는 선택이며, 정책적 양보의 형태를 보여주고 있다. 1994년부터 시작된 경제위기는 북한의 거시경제 환경을 질적으로 변화시켰다. 식량난과 공장가동률 하락으로 배급제 및 소비품 공급체계가 마비되었다. 국가유통망의

---

7) 김정일의 경제노선에 관한 경제정책을 ≪로동신문≫, ≪경제연구≫와 같은 문헌에서는 "혁명적 경제전략" 또는 "혁명적 경제부흥전략"이라 한다.

8) 김연철·박순성 편, 앞의 책, 13-14쪽.

공백을 대체한 것이 암시장이다. 암시장에서의 가격은 수요와 공급에 따라 결정되며 국정가격과 암시장가격은 물론 엄청난 격차를 보였다. 노동자들은 한달 월급으로 쌀 1kg도 살 수 없는 상황이 되자 공장에 출근할 이유가 사라졌다. 또한 농민과 농업관리들은 될 수 있으면 식량을 암시장으로 유출함으로써 국가의 공급능력을 약화시켰다. 1999년부터 북한 경제가 회복세를 보이고 있으나, 여전히 계획 가능한 영역은 제한된 산업 분야와 품목에 한정되어 있다. 거시경제 운영능력이 약화된 상태에서 추진되는 정책변화는 그만큼 긴장도가 높고 변화의 연관 효과 역시 크다.

둘째, 7.1경제관리개선 조치는 북한의 대외개방 정책과 관련하여 중요한 의미를 갖는다고 볼 수 있다. 사회주의 개방·개혁은 동전의 양면과 같으나, 개혁은 국내적 이해관계의 조정이라는 측면에서 개방보다 어려운 정책선택이라고 볼 수 있다. 북한의 과거의 개방정책이 국내적 개혁부진 때문에 미흡했다면, 현재의 개혁조치는 좀더 성과 있는 개방 정책을 추진할 수 있는 기반을 제공한 것이다.

셋째, 달라진 국제환경에서 변화가 추진되고 있다. 1980년대 후반 사회주의권의 붕괴이후 사회주의 시장은 존재하지 않는다. 사실 북한이 1990년대 들어 심각한 경제위기를 겪은 중요한 이유주의 하나는 사회주의시장의 붕괴 때문이었다. 북한은 상호경제원조회의(COMECON)회원국은 아니지만, 그동안 우호무역 형태로 국제시장보다 낮은 가격으로 식량 및 에너지 등을 도입한 바 있다. 사회주의 국제 무역시장의 부재는 북한이 자본주의 세계시장경제구조에 어떤 형태로든 편입되어야 함을 의미한다. 자본주의 세계경제권 내에서의 비교우위 및 경쟁력 있는 발전전략을 모색해야 할 시점이다.

2. 경제개혁 정책의 위상

1997년 10월 김정일 총비서 취임 이후, 북한 당국은 1990년대 중반

거의 붕괴상태에 도달한 계획경제의 복구와 정상화에 목표를 두고 정책을 추진하였다.[9] 이는 3단계로 나누어 볼 수 있다. 1단계는 1998년으로서, 제2의 천리마운동 등 '새로운 대고조'를 통해 '자립적 민족경제'의 기초가 되는 '농업과 석탄공업, 전력공업과 철도운수, 금속공업'을 결정적으로 추켜세워 경제재건의 기초를 닦는 단계이다. 2단계는 1999-2000년간으로 모든 부문에서 생산을 정상화하고, 경제사업에서 실리보장을 강조하고, 중앙집권적 통일적 지도를 더욱 강화하는 단계이다.[10] 3단계는 2001년 이후 시기로서, 인민경제 전반을 현대적 기술로 개건하는 것과 새로운 환경, 분위기에 맞게 경제관리체계의 완성을 추진하는 단계이다.

현재까지 계속되고 있는 셋째 단계의 경제정책 방향은 2000년 말부터 시작되어 2001년 7월부터 공식화되었다. 북한의 새로운 경제정책 방향은 한마디로 사회주의원칙을 지키면서 가장 큰 실리를 추구하는 것이다. 특히 "모두가 능력껏 일하고 일한 만큼 보수가 차려지도록 사회주의 분배원칙을 정확히 실현하자"고 한 것은 중앙집권적 계획의 틀을 유지하면서 경제력 회복에 필요한 물질적 토대와 제도들을 정비해 나갈 것을 강조하고 있다.

이같이 북한은 2000년 이후부터 새로운 경제관리방법을 내놓았다. 그 중심내용은 "사회주의원칙을 유지하면서 최대한의 실리를 얻는 것"[11]으로서, 2000-2001년간은 북한이 경제관리개선조치를 준비하는 검토단계였다고 할 수 있다. 북한은 2001년부터 보다 적극적인 경제정책 목표를 추진하고 있는데, 그 정책의 주요 방향은 '사회주의 원칙'을 지키는 한편, 경제를 합리화, 효율화를 도모한다는 것이며, '실리'를 추구한다는 것이다. 이러한 맥락에서 북한은 2001년 이후 산업의 현대적

---

9) 박형중, 「부분개혁과 시장도입형 개혁의 구분: 북한과 소련의 비교를 중심으로」, 《현대북한연구》 제5권 2호, 2002, 28쪽.

10) 中川雅彦, 「김정일의 경제재건: 공업조직에서 진행되는 리스트릭처링」, 《KDI 북한경제리뷰》 제2권 5호, 2000, 16-23쪽.

11) 《로동신문》 2000년 2월 2-3일자; 3월 18일자.

개건, 북한 경제 및 경제관리체계의 분권화, 채산성 강조, 구조조정과 합리화 등 경제전반의 현대화와 효율화 조치를 취해 왔다.

이러한 경제관리개선 정책의 핵심적 내용은 2001년 10월 3일에 김정일이 당과 내각의 경제 관료들에게 지시한 "강성대국건설의 요구에 맞게 사회주의경제관리를 개선 완성할 데 대하여" 문건에서 이미 나타나 있다.12) 즉 김정일의 지침은 '실리사회주의 원칙을 철저히 구현하는' 것이라고 한다.13) 따라서 북한은 21세기 새로운 환경 속에서 경제회복을 위해 '실리사회주의'라는 새로운 경제정책을 채택한 것이다. 북한의 '실리사회주의'는 향후 북한체제의 전 분야에 걸쳐 심대한 영향을 미칠 것으로 전망된다. 북한의 '실리사회주의'는 무엇을 의미하는가. '실리사회주의'에 대해 김일성 종합대학 경제학부 렴병호 교수는 "사회주의 원칙을 지키면서 현대적 기술로 장비된 실질적으로 인민들이 덕을 보는 경제를 건설하라. 이것이 우리가 말하는 실리입니다. 자유경제는 아닙니다"라고 말한 바 있다. 북한은 실리와 이윤을 분리시켜 사고하면서 실리는 개별적 단위가 아니라 집단주의의 견지에서 추구해야 할 목표라고 주장한다. 또한 실리를 추구하는 것이 개인본위주의, 기관본위주의와는 관계가 없는 것이고 따라서 사회적인 수요를 무시하고 이윤 획득만을 목적으로 한 증산은 허용될 수 없다고 말한다. 그리고 국가의 통일적인 지도 아래 누구든 사회와 집단에 보탬을 주는 방향에서 자기의 창발성을 발휘해야 더 많은 분배 몫이 돌아가도록 체계가 만들어져 있다고 강조한다. 북한의 이론가들은 실리사회주의가 추구하는 경제는

---

12) ≪중앙일보≫ 2002년 8월 2일자; 이찬우, 「북한의 7.1경제관리개선조치와 1980년대 중국개혁 비교」, 고려대 북한학연구소, 『7.1경제관리개선조치의 평가와 향후 전망』, 2003, 66-67쪽.

13) 「실리사회주의 리론의 맹아」, ≪조선신보≫ 2002년 11월 22일자. 북한의 경제학자 허재영 교수는 실리 사회주의 개념의 맹아는 김정일의 "사회주의는 과학이다"에서 그 맹아가 형성되었다고 한다. 즉 그는 "당시는 실리라는 단어를 쓰지 않았지만 그것을 경제적 효과성이란 개념으로 론했지요. 단순히 투자액보다 더 많은 수익을 내면 된다는 사고방식이 아니라 사회적으로 환원되는 리익을 선차적으로 보아야 한다. 그러한 사상이 오늘까지 내려오면서 실리란 개념으로 정식화되었다"고 한다.

자본주의 경제와 공존할 수 있는 사회주의 경제라고 단언하면서 실리
사회주의가 자본주의와 다른 점은 집단주의에 있는데, 다시 말하면 집
단주의원칙을 견지하면서 생산성, 효율성을 추구한다는 것이다.[14]

김정일은 "사회주의 경제관리를 개선하고 완성하는 데서 틀어쥐고
나가야 할 종자는 사회주의 원칙을 확고히 지키면서 가장 큰 실리를 얻
을 수 있는 경제관리방법을 해결하는 것"이라고 정식화 했다. 김정일의
'10.3 지시 문건'에 나타난 경제관리개선 내용을 보면 다음 표와 같다.

<표 4-1> 김정일 '10.3지침' 내용과 기존정책의 비교

구 분	10.3 지시내용	기존의 정책
▶경제계획 권한 이원화	·국가계획위원회는 전략적 ·국가적 중요지표 담당 ·해당기관·기업소는 세부지표의 계획화	·계획의 일원화 세부화원칙 국가계획위원회 담당
▶사회주의물자 교류시장	·자재공급의 기본은 계획 ·과부족 되는 원자재·부속품 기업소 및 공장간 교류	·자재의 물자공급위원회 계획적 공급(대안의 사업체계)
▶기술·경제적 계획과 재정계획 중시	·기술계획과 원가·이윤·재정 계획의 현실성 ·물자 임금이 낭비 억제	·기술재정계획 및 생산과 건설의 편향
▶기업의 자율성 강화	·연합기업소·협동농장의 생산 전문화	·생산운영에 대한 국가의 계획적 지도관리 우선
▶지방공장에 상품의 가격 및 규격 제정 권 부여	·지방공업 생산품의 가격규격은 상급기관 감독하에 공장 자체로 제정 생산·판매	·국가 가격제정국 국정가격 제정(가격일원화)
▶분배에서의 평균주의 배제	·주민생활 향상 ·노동량에 따른 물질적·정치적 보상	·국가적 혜택의 평균적 분배
▶임금과 무상지원 개선	·무상공급·국가보상 폐지 ·상품가격과 생활비 인상 ·무상교육·무상치료·사회보험 유지	·현물배급제도 기본 ·임금은 생활비 보조적 수단
▶과학기술 정보산업의 발전	·경제의 현대화·정보화 실현 ·외국과의 과학기술 교류 발전	·2000년 이후 강조

자료: 이찬우, 「북한의 7.1경제관리개선조치와 1980년대 중국개혁 비교」, 고려대 북한학연구소,
『7.1경제관리개선조치의 평가와 향후 전망』, 2003, 67쪽.

---

14) 「집단의 힘으로 일떠세운다」, ≪조선신보≫ 2002년 11월 22일자.

김정일의 10.3 지시 이후 북한은 기술개건을 부쩍 강조하고 있다. "현재 우리나라 경제사업의 중심고리는 기술개건이라고 말할 수 있다. 여기서도 실리주의가 구현되여 나갔다"고 강조하면서 "나라의 경제구조와 부문별 특성에 맞게 기술개건사업을 계획적으로 추진시키며 실리가 나지 않는 생산공정들은 대담하게 털어버리고 투자의 효과성이 높고 인민들이 실제로 덕을 볼 수 있는 대상부터 최신 기술에 기초하여 현대적으로 개건해 나가야 할 것"이라고 강조하고 있다.[15] 또한 "사회주의 원칙에 맞게 나라와 인민에게 실제적인 이익을 주도록 경제관리를 개선완성하는 것은 경제적 부흥을 이룩하는 데서 중요한 문제로 나서고 있다"고 하면서 실리주의 원칙하의 경제관리개선을 해결하는 것이다.[16]

그리고 최고인민회의 제10기 제5차회의(2002.3.27)를 통해 사회주의 경제관리방법 개선 강화를 강조하였다.[17] "사회주의 경제관리방법을 우리식으로 해결해나가기 위한 사업을 추진하고 계획, 재정, 로동 부문의 사업체계와 방법을 개선 해야 한다"고 밝혔다. 또한 "독립채산제를 제대로 실시하고 지방의 창의성을 높여야 한다"고 기업관리의 과업을 제시하였다. 우리식의 사회주의경제관리방법은 나라와 인민에게 실제적인 이익을 주는 것이 사회주의 경제관리의 기본원칙이라고 밝힌 것과 관련되며, 이는 북한이 지난 제10기 4차회의와 마찬가지로 실리주

---

15) ≪조선신보≫ 2001년 12월 24일자.

16) ≪조선신보≫ 2001년 10월 29일자.

17) ≪로동신문≫ 2002년 3월 28일자. 2002년 3월 최고인민회의 제10기 5차 회의에서 홍성남 내각총리는 사업보고를 통해 "우리 당과 나라에서는 지난해 사회주의 사회의 본성적인 요구에 부합하도록 경제관리를 개선 강화하기 위한 획기적인 조치를 취하였다"고 밝힌 데서도 나타난다. 그 획기적인 조치란 "계획, 재정, 노무, 각부문의 사업체계와 방법을 개선하여 기업관리소에서 수익성을 최대한 높이는 것"이었다. 특히 중앙예산수납제도가 각 지역인민위원회가 수납하여 국가계획위원회가 관리하는 '지역별 중앙예산수납제도'로부터 내각의 각성, 관리국이 직접 중앙예산을 수납하는 부문별 중앙예산수납제도로 전환되었다. 이에 따라 내각의 각성, 관리국은 스스로의 원천자금을 운영하여 기업을 직접 지도할 수 있게 되어 성 및 관리국의 역할이 강화되었다고 할 수 있다.

의 정책방향을 지향하고 있음을 보여주고 있다.[18] 또한 "독립채산제를 제대로 실시하고 지방이 창의성을 높여야 한다"고 제시한 것은 사회주의 경제관리 원리는 각 공장 기업소가 전문화 원칙에 따라 생산비용 절감, 생산증대 등을 이룩할 것을 요구한 것으로 판단된다. 또한 "공장 기업소에서 전문화의 원칙을 철저히 관철하는 것은 현재 구축된 경제토대의 잠재력과 위력을 최대한 제고시키고 사회주의경제 발전의 원리에 맞게 경제건설을 이룩하기 위해 절실히 요구된다"고 밝혔다.[19]

2002년 7월 1일부터 시행된 경제관리개선조치는 2001년 초부터 시행되어 오던 경제관리개선방법에 입각한 북한경제 정책방향의 연속선상에서 취해진 조치였다.[20] 하지만 이러한 목표를 추진하는 데는 중요한 장애가 존재했다. 여러 요인 가운데 핵심적인 것은 국가부문과 농민시장이라는 이중경제체제의 상황이었다.[21] 따라서 7.1조치의 정책목표는 이중경제체제 속에서 증대하고 있는 국가부문의 취약점을 완화하는 조치하고 2볼 수 있다. 국가부문에서의 가격과 노임을 이차경제에 상응하는 수준으로 인상 현실화시킴으로써, 경제적 방법으로 국가부문의 노

18) ≪로동신문≫ 2001년 12월 9일자. "사회주의사회에서는 그 본성에 맞게 최대의 경제적 실리를 보장하는 것을 기본으로 하여 경제관리에서 모든 문제를 풀어나가야 한다"고 하면서 "실리를 보장한다는 것은 사회의 인적 물적 자원을 효과적으로 이용하여 나라의 부강발전과 인민들의 복리증진에 실제적인 이득을 주는 것"이라고 밝혔다.

19) ≪로동신문≫ 2001년 11월 17일자. "생산을 전문화한다는 것은 공장 기업소들이 일정한 제품생산이나 생산공정만을 담당 수행할 수 있도록 한다는 것을 뜻하며 이를 위해 공장 기업소들은 필요한 노력과 기술수단들을 갖추게 된다"고 하였다. 아울러 "생산의 전문화는 노동생산능률을 높이고 제품의 질을 높일 수 있으며 이 과정에서 기술력도 향상된다"고 강조하였다.

20) 따라서 '7.1조치'는 2001년부터 시행되어 오던 경제개선론의 정책 목표하에서 이미 실시되어 온 여러 조치와의 관련 속에서 이해되어야 한다. 북한의 서술과 정책목표의 변화를 놓고 볼 때, 1998년 이후 북한은 과거의 경제관리체계의 복구와 정상화를 추진하고 있었다. 그런데 2000년 말까지 중앙집권체제의 복구 및 규율의 원상회복, 그리고 생산의 정상화라는 목표는 어느 정도 달성된 것으로 판단했던 것으로 보인다. 박형중, 「노임 및 물가 인상과 경제관리개선강화 조치에 대한 평가」, ≪통일문제연구≫ 제14 권2호, 2002년 하반기, 78-95쪽.

21) 박형중, 앞의 글, 30-31쪽.

동력과 자원유출을 억제하는 한편, 물리력을 동원해 장마당에 대한 통제를 강화함으로써 이차경제를 억제하고자 했다. 즉 김정일의 '10.3 지침'과 '7.1조치'는 1990년대 붕괴된 사회주의 경제관리체계를 '새로운 환경'에 맞게 적극적으로 정상화시키고자 하는 시도라고 할 수 있다.[22]

결국 7.1조치의 기본 방향은 사회주의 원칙을 지키면서 가장 큰 실리를 얻을 수 있는 경제관리방법을 해결하는 것이다.[23] 사회주의원칙을 확고히 지키면서 가장 큰 실리를 얻을 수 있는 경제관리방법으로 사회주의경제관리의 개선완성이라고 정하고 있다.[24] 사회주의경제건설에서 "실리를 보장한다는 것은 사회의 인적, 물적 자원을 효과적으로 리용하여 나라의 부강발전과 인민들의 복리증진에 실제적인 이익을 주도록 한다는 것"[25]이라고 한다. 즉 강성대국건설의 요구에 맞게 효율적인 경제관리를 개선 강화하는 것이 중요하다는 것이다.[26]

사회주의 경제관리 문제는 '단순한 경제·기술적 문제가 아니라 일군들의 사상관점, 사업기풍과 관련된 정치사상적 문제'와 결부되어 있는 것이다. 즉 사회주의경제관리를 개선완성하기 위하여서는 경제부문일군들의 사상관점과 사고방식, 사업기풍에서 혁명적인 전환을 가져오는 것이라고 한다.

북한은 실리사회주의를 말하면서 사회주의원칙(집단주의, 국가의 통일적

---

22) '7.1조치'를 통해 북한당국이 의도했던 정책목표를 정리하면 다음과 같다. 첫째, 실리주의원칙, 둘째, 중앙집권경제를 신성시 하는 이데올로기적 신조 유지, 셋째, 재정 및 화폐의 기능 강화, 넷째, 하부 단위의 창발성 강화, 다섯째, 연합기업소가 기업경영의 중간관리 단위 역할, 여섯째, 정치적 지도보다는 경제·기술적 지도 및 행정 지도 강화, 일곱째, 인민생활 향상을 위한 소비재 투자 증대, 여덟째, 물질적 자극 및 소규모 자영업 허용 묵인 그리고 대외무역 및 대외경제 협력 강조 등이다.

23) "현실은 모든 경제사업을 실리보장의 원칙에서 더욱 깐지게 혁신적으로 해결해 나갈 것을 요구하고 있다," ≪로동신문≫ 2002년 7월 25일자.

24) 「사회주의경제관리의 확고한 지침」, ≪로동신문≫ 2001년 10월 22일자.

25) ≪조선신보≫ 2001년 10월 29일자.

26) 「경제관리를 잘하는 것은 강성대국건설의 중요한 요구」, ≪로동신문≫ 2002년 10월 3일자.

지도)의 견지라는 전제를 달고 있지만, 북한의 담론이 그러하듯 사회주의 원칙 견지는 대의명분용에 그칠 가능성이 높고 현실적으로는 실리를 정책결정의 최우선에 놓을 것이라고 해도 큰 문제는 없을 것이다. 북한은 실리사회주의를 도모하기 위해서는 정치적·이데올로기적으로 뒷받침이 있어야 가능하지만, 적어도 실리사회주의는 경제부문에서는 북한의 새로운 경제노선으로 구조화되고 있는 것은 감지할 수 있다.

제2절 경제개혁 정책의 주요 내용과 특징

앞서 설명한 바와 같이 강성대국 건설과 실리주의에 기초한 경제시책들은 1999년부터 사실상 시작되었고, 본격화된 것은 2001년 10월 3일 김정일이 "강성대국건설의 요구에 맞게 사회주의경제관리를 개선강화할데 대하여"라는 문건을 하달한 후 더욱 가속화된 것으로 나타나고 있다. 그동안 추진된 경제정책들은 사회주의경제체제의 핵심요소인 계획 및 시장과 관련한 분야에서부터 발전전략에 이르기까지 포괄범위가 매우 넓고 다양하다.

1. 가격현실화 및 임금정책 변화

이 분야와 관련된 정책 중 가장 의미 있는 것은 역시 7.1조치 가운데 가격체계의 개혁과 가격 및 임금현실화 정책이다. 특히 가격체계의 변화는 기존의 가격결정방식을 혁신적으로 바꿈으로써 과거와는 달리 모든 생산물 가격을 그 가치대로 반영한다는 점과 또한 고정적으로 운용해 온 가격들을 생산비뿐만 아니라 수급상황과 국제시장가격의 변화에 따라 앞으로 조정될 수 있는 가능성을 열어 놓았다는데 큰 의미가 있다.

북한의 식량난, 에너지난 등 전반적인 공급부족 현상의 심화는 배급제를 마비시키고 자원배분 및 경제활동 패턴에 많은 변화를 수반하였다. 나아가 북한이 발표한 자료에 따르면, 1994년 이후 국가의 예산규모가 절반 수준으로 위축되었으며 이를 회복하지 못하고 있다. 이는 생산에 투입되는 인민경제비가 대폭 줄어들었음과 동시에 그만큼 계획경제 영역이 축소되었음을 의미한다. 이런 가운데 국가계획부문의 식량 및 생필품 공급이 부족해지면서 농민시장을 포함한 사적 시장 부문이 크게 확대되었던 것이다. 탈북자들의 증언에 따르면 1990년대 중반이후 일상생활의 60-70%를 계획경제가 아닌 이차경제(the second economy) 영역에서 해결하고 있다고 한다. GDP에서 이차경제가 차지하는 비중이 추정방식에 따라 3.6%에서 27.1%로 나타나고 있다.[27] 1988-89년을 기준으로 보면 동구권의 사경제 규모는 3.6-28.6%였음을 고려하면 의외로 많은 비중이 아닐 수 없다.[28]

현재 사실상 와해 상태인 소비재, 식량의 배급제를 축소하고 이를 시장기능의 역할에 맡길 수밖에 없었다. 중앙계획경제의 대폭적인 능력복원이 어려운 한 현재의 농민시장을 중심으로 자연발생적인 '원시 시장경제'의 양상을 인위적인 수단이나 정책으로 되돌리기는 어렵다. 이는 바로 7.1조치에서 거의 그대로 반영되었다.

가격인상은 7.1조치 가운데 가장 두드러지는 부분이다. 쌀 가격을 포함한 전반적 물가 조정이 이루어짐으로써 kg당 8전이던 쌀 가격이 대체로 시장 가격 수준인 44원으로 인상됐다. 물론 형식상 배급표는 지속되고 있지만 무의미하다. 최근의 경제개혁 조치가 알려진 것은 2002년 7월 초부터지만 내부적으로는 2002년 1월부터 실행하기로 이미 결정되었다고 한다. 예컨대 농민들에게 올해부터 수확량의 15%만 국가에 내고 나머지 85%는 정부가 시장가격으로 수매하겠다는 결정이 이미

27) 정세진, 「이행학적 관점에서 본 최근 북한경제변화 연구」, 《국제정치학회보》 제43집 1호, 2003, 211쪽.

28) 삼성경제연구소, 「북한경제의 변화조짐과 시사점」, CEO Information(2002/08/07), 5쪽.

통보되었다. 과거 배급제는 일종의 현물 임금방식이었지만, 7.1조치처럼 식량과 소비재 가격을 현실화하고, 배급제가 아닌 판매제를 택한 것은 임금지급 방식이 현물임금에서 화폐임금으로 전환된 것으로 볼 수 있다. 북한 당국은 장사꾼의 번성은 사회주의에 맞지 않는다고 하면서 이제 "국정가격과 장마당가격의 격차가 해소되면서 장사꾼들이 폭리를 얻을 수 있는 공간이 없어진 셈"이라고 지적하면서 기본 노임을 110원에서 2000원으로 대폭 인상하였다.

이러한 변화에 따라 모든 가격과 임금이 핵심 필수품인 쌀을 기준으로 실제 생산원가와 국내수급상황, 국제시장가격이라는 세 가지 요인을 고려하여 결정된 것으로 알려지고 있다. ≪조선신보≫는 2002년 7월 26일자는 "가격이란 생산원가, 그리고 수요와 공급과 관련되는 문제인데 우리는 나라의 부담으로 정해진 원가만을 보았지요. 수요와 공급의 부족현상을 극복하기 위해서도 이제는 생산물을 제 가치대로 다 계산하기로 한 것입니다"라는 북한 국가가격제정국[29] 관계자의 발언을 소개하면서 물가인상의 배경을 설명하고 있다.

7.1조치 내부 문건은 "지불능력이 있는 수요에 따라 값이 오르내리는 것은 하나의 객관적인 경제법칙이다"라고 하면서 "최근 우리는 사회주의경제건설에서 가격사업을 바로 하지 못하여 나라의 경제사업 전반에 엄중한 후과를 빚어냈다"고 하여 과거의 잘못된 정책을 반성하고 있다. 더 나아가 ≪조선신보≫는 "사회주의시장의 붕괴 등 최근의 변화된 환경과 조건은 나라의 막대한 재정부담에 의거하는 경제사업에 커다란 장애를 조성"하였기 때문에 새로운 가격제정 방식을 적용하게 되었다고 설명하고 있다.[30]

이러한 가격체계의 개혁과 그에 따른 임금 현실화 조치는 사회주의계

---

29) 국가가격제정국은 국가계획위원회와는 별도로 내각 직속기구인 것으로 파악된다. 북한의 가격 제정 및 적용과정에 대한 지도와 감독을 행하는 가격통제기관으로는 국가계획위원회, 재정성, 가격제정위원회가 존재한다.

30) 「더 높이 더 빨리 경제부흥의 현장에서(4) – 대담하고 혁신적인 개선책」, ≪조선신보≫ 2002년 7월 26일자.

회경제 및 경영의 기초가 되는 경제계산의 핵심요소이기 때문에 지금
까지 추진된 북한의 경제시책 중 가장 큰 의미를 갖는 것 중 하나라 할
수 있다. 여타의 각종 시책들 대부분이 올바른 가격체계가 설정되지 않
으면 실효성이 크게 제한될 수밖에 없기 때문이다. 7.1조치 이후 대표
적인 상품들의 가격인상 현황은 다음 표에서 보는 바와 같이 평균 수십
배에 이르고 있다.

<표 4-2> 북한의 가격 및 임금인상 현황(2002년 7-8월 기준)

구 분	품 목	단 위	국정가격조정		
			인상 전(원)	인상 후(원)	인상 폭(배)
가 격	쌀	1kg	0.08	44	550
	옥수수알	1kg	0.07	33	471
	디젤유	1kl	1	38	38
	전력	1kWh	0.035	2.1	60
	전차요금	1회	0.1	1	10
	지하철요금	1구간	0.1	2	20
	침대차요금	평북-함북	50	3,000	60
	유원지입장료	송도해수욕장	3	50	17
	집세	60m2	78		
	남자운동화	1켤레	18	180	10
	세숫비누	1장	3	20	6.7
임 금	생산노동자	월	110	2,000	18
	탄부	월		6,000	

자료: 7.1경제관리개선조치 내부문건, 한국은행, ≪조선신보≫ 등 2002년 7-8월 발행된 자료 종합.

주목할 점은 가격제도 개혁이 과거 소비자위주에서 생산자위주로 바
뀌었다는 점이다. 이와 관련하여 ≪조선신보≫는 지난 시기의 가격이
소비자위주로 정해진 것이라면 7월부터 실시된 가격조정은 생산자위주
라고 설명하고 있다. 경제난을 겪으면서 생산이 정상화되지 않아 생활
비와 국정가격의 모순이 표면화되고 이중적인 가격이 형성되는 문제점
이 발생했기 때문에 생산자위주의 가격조정을 하게 되었다는 것이다.[31]

31) 「생산자위주의 가격조정」, ≪조선신보≫, 2002년 8월 2일자.

여기서 이중가격이란 암시장 가격을 가리킨다.

이러한 가격조정을 통해 국가 재정부담의 해소뿐만 아니라 비공식부문의 경제활동을 공식부문으로 흡수하기 위한 목적도 지니고 있음을 시사한다. 새로운 국정가격을 농민시장에 접근시킴으로써 비공식부문을 축소시키고 공식부문을 활성화시키겠다는 것이다. 새롭게 책정된 가격은 어떻게 운영되는가. 김용술 북한 무역상 겸 대외경제협력추진위원장은 2002년 9월 2일 도쿄에서 7.1조치와 관련하여, 이번에 공표된 가격은 기준가격으로서 국내 수급상황에 따라 생산자와 구매자, 기업과 기업이 독자적으로 가격을 설정하고 거래할 수 있으며, 그 변동 폭은 5-10% 범위가 될 것이라는 견해를 피력하였다.[32] 이로부터 새로운 가격메커니즘은 시장신호를 반영한 국정가격제임을 알 수 있다. 이것은 중앙당국이 물자를 통제해 나가되 수급상황을 반영하여 일정 한도 내에서 탄력적으로 운영하겠다는 것으로 해석된다. 결국 기존의 고정 불변적인 국정가격제의 폐기를 의미한다.

아울러 상품가격의 인상과 함께 임금부문의 인센티브 강화가 두드러지게 나타난다. 인센티브제도는 사실 계획체제와 함께 사회주의 경제체제의 본질적 요소 중 하나이기 때문이다. 새로이 추진되고 있는 인센티브 제도의 핵심은 평균주의를 철폐한다는 것이다. 평균주의는 기본적으로 각 생산단위간의 수익분배와 근로자간의 임금에서 차등을 두지 않는다는 것을 의미한다. 그러나 북한은 그간 개인에 대해서는 '노동(질과 양)에 따른 분배'를 기업에 대해서는 계획지표의 달성도에 따라 기업차원 및 해당 노동자들에게 일부의 차등적인 혜택이 돌아갈 수 있도록 운영해왔다. 그런데 노동의 양은 사실상 거의 차이가 없는데다 기업/생산단위 차원에서는 계획지표가 과도하게 책정되는 등의 이유로 결과적으로는 사실상 평균주의가 지배적이었다고 해도 과언이 아니다.

그러나 이제는 전반적으로 계획지표의 수준을 하향 조정함과 동시에 계획달성도에 따른 분배의 차이도 더욱 확대하고, 또 계획지표의 달성

---

32) 조동호 외, 『북한의 경제발전전략 모색』, 서울: 한국개발연구원, 2002, 257쪽.

도에 따라서는 누진적으로 보너스를 추가 지불하는 등 파격적인 조치를 취하고 있다. 노동의 양과 질뿐 아니라 그 결과인 수익 즉 실적에 의한 평가 비중을 한층 강화하고 높인다는 것이다. 이른바 '노력 일수에 의한 평가'에서 '수입에 의한 평가'로 전환한 것이다. "기업소에서는 그가 어디에서 일하던 국가에 준 리익의 견지에서, 국가계획수행에 이바지한 정도를 가지고 로동이 평가되고 그에 맞게 보수몫이 분배되도록"33) 해야 하는 것이다. 그동안 '노력일수에 의한 평가'는 직종별 등급에 따라 노동일수를 시간으로 계산하여 임금을 주는 방식이었다. 그래서 기업 이윤과 무관하게 임금이 지급됨으로써 노동의욕을 저하시키는 원인이 되어 왔다.

반면 자본주의에서의 부가가치 개념과 유사한 '번수입'에 의한 평가는 기업이윤에 따라 임금을 지불하는 방식이다. 즉 실리주의가 그대로 반영된 것이다. 과거 기업소에서 원가와 수익성 같은 지표가 전혀 없었던 것은 아니다. 하지만 이번처럼 이를 중시하고 전면에 내세운 경우는 일찍이 없었다.34) 따라서 이제 해당 기업이 이윤을 내지 못하면 노동자들의 임금도 대폭 삭감될 수밖에 없다. 임금, 가격인상과 더불어 독립채산제나 성과급확대는 구체적인 내용이 아직 밝혀지지 않았지만 개별 근로자는 물론 공장이나 기업소의 생산성 향상에 유리한 환경을 조성할 것으로 기대되기 때문이다. 이것은 곧 개별 생산단위나 주민들의 경제생활 전반에 실리라는 측면이 부각될 수밖에 없다.

임금의 인센티브제의 도입은 기존의 사상적 자극위주에서 전면적인 물질적 자극으로의 정책전환을 의미하는 것이다. 북한은 '고난의 행군' 시기에 극도의 물질적 결핍으로 인해 사상적 자극의 효용성은 한계에

---

33) 서영식, 「사회주의로동보수제에서 국가와 개인의 리익에 대한 기업소리익 작용의 정확한 실현」, ≪경제연구≫ 2001년 2호, 24쪽; 「우리나라 경제정책은 강성대국건설의 귀중한 지침」, ≪조선신보≫ 2002년 8월 26일자.

34) 강일천, 「최근 우리나라에서 실시된 경제적 조치에 대한 잠정적 해석(1) – 전반적 가격과 생활비의 개정조치를 중심으로」, ≪KDI 북한경제리뷰≫ 제4권 10호, 2002년 10월, 32-33쪽.

달하게 되었다. 따라서 이번 조치는 성과급 임금이라는 인센티브제를 도입하여 노동의욕을 고취시킴으로써 생산량 증대를 제고하겠다는 의도이다.

2. 기업관리방식의 개선과 분권화 경향

북한은 7월의 경제관리개선조치를 통해 계획 수립 및 운영에 있어서 지령성 지표를 줄이고 지방, 공장 및 기업소, 농장 등 하부단위의 자율성을 강화한 것으로 파악된다. 즉 7.1조치에서는 경제관리 전반에서 사실상 계획체제의 분권화가 강조되고 있다. 무엇보다도 계획작성에서 전략적 중요성을 가진 지표는 국가계획위원회에서 하지만, 나머지는 해당 기관 기업소에서 하도록 했다. 1990년대 이래의 많은 공식문헌들을 보면 국가의 계획적이고 통일적 지도와 하부단위들의 창발성이 균형있게 결합되어야 한다는 원칙이 유지되어 오는 가운데, 명시적이지는 않았지만, 사실상 창발성에 더 많은 비중이 주어져 왔다. 다른 한편으로는 2000년까지는 주로 내각의 권위 강화 및 계획의 규율을 강조하는 보수적 논조도 강하게 유지되어 왔다. 그런데 2001년 10월 3일 김정일의 문건은 이런 양면적 기조에서 더 나아가 하부단위들의 창발성 고양에 분명한 강조점이 주어지고 있다. "아래에 권한을 주는 경우에도 그 권한을 옳게 행사하도록 아래를 장악 통제하고 지도 방조할 것"과 "중앙 지방기관기업소의 업무를 전반적으로 검토하여, 내각과 중앙경제지도기관들이 쥘 것은 제대로 틀어쥐고, 여러 규정을 통해 아래를 얽매어 놓은 것은 풀어주어야 한다"는 것이다. "공장 기업소가 웃 단위만 쳐다보며 무엇을 달라고 손을 내미는 낡은 사업방법을 말끔히 청산해 나가자는 것"이다.[35] 이와 같이 김정일의 2001년 10월 3일의 지시에서 첫째, 계획지표들을 중앙과 지방, 위와 아래 단위 간에 합리적으로 분담

---

35) 「라남의 봉화: 온 나라가 따라 배우는 시대의 전형」, ≪조선신보≫ 2002년 4월 22일자.

할 것, 둘째, 전략적 중요지표들만 국가계획위원회가 세우고 세부지표
는 해당기관이 자체 실정에 맞게 정할 것, 셋째, 위에서 내려 먹이는 현
상을 없앨 것 등을 강조하고 있다. ≪조선신보≫는 7월 경제관리개선
조치로 협동농장의 결심으로 얼마든지 생산계획을 세울 수 있고 농장
원들에게 더 많은 분배를 줄 수 있게 되었다고 강조하고 있다.36)

2001년 초반까지도 '계획의 일원화, 세부화 원칙'이 거론되었다.37)
하지만 2001년 10월 김정일의 '10.3 지시' 문건 이후 이제 계획지표의
세분화는 각 기업소가 자기 단위의 현실에 맞게 해나가는 원칙이 되고
있다. "국가계획의 범위 내에서 자체로 결심하고 집행할 수 있는 공간
이 충분히 있다"38)는 것이다. 사실상 계획의 일원화, 세부화 원칙이 폐
기된 셈이다.39) 이는 북한의 계획경제 운영방식이 변화되었음을 시사한
다. "국가계획은 그야말로 전인민의 의지를 반영한 당의 지령이자 국가
의 법이다. 누구에게도 그것을 어길 권리는 없으며, 모든 경제기관, 기
업소는 단지 그것을 수행할 의무를 가진다"40)는 김일성의 언급으로부
터 알 수 있듯이 지금까지 북한은 지령형 계획경제를 지향해 왔다. 또
한 국가는 "계획의 일원화, 세부화를 실현화여 생산장성의 높은 속도와
인민경제의 균형적 발전을 보장한다"는 북한 헌법 제34조로부터 북한
식 지령형 계획경제의 특징이 바로 계획의 일원화, 세부화에 있음을 알
수 있다.

북한에서 계획의 일원화, 세부화는 김일성이 주체사상을 구현하여 역
사상 처음으로 창시한 독창적인 계획화 이론이라고 선전되고 있다.41)

---

36) 「농민들을 생산의 주인으로」, ≪조선신보≫ 2002년 8월 2일자.
37) 김명철, 「생산의 정상화 보장을 위한 공업기업소 전투계획화사업에서 제기되는 중요문제」, ≪경제연구≫ 2001년 제2호, 15-18쪽.
38) 「대외무역의 특성에 맞게 꾸려진 시범단위(해설)」, ≪조선신보≫ 2002년 10월 4일자.
39) 정세진, 앞의 글, 214쪽.
40) 『김일성저작집 24』, 35-36쪽.
41) 『경제사전 1권』, 평양: 사회과학출판사, 1985, 334-335쪽.

계획의 일원화란 전국적인 차원에서 국가계획기관과 계획세포들이 하나의 계획화체계를 이루고 국가계획위원회의 통일적인 지도밑에 계획화의 유일성을 철저히 보장하는 것을 의미한다.[42] 또한 계획의 세부화란 국가계획기관이 직접 전반적 경제발전과 매개 공장, 기업소들의 경영활동을 밀접히 연결시키며 계획을 구체화하여 모든 지표들을 세부에 이르기까지 똑바로 맞물릴 수 있게 하는 계획화 방법을 의미한다.[43]

그런데 김정일은 2001년 10월 3일 지침에서 지방공업 생산 소비상품의 가격 등은 국가적으로 제정원칙과 기준을 정해주고 상급기관의 감독하에 공장 자체로 제정하여 생산 판매하도록 해야 한다고 지적하면서 이런다고 해서 가격일원화에 저촉될 것도 없으며, 도리어 수요에 맞게 품종을 늘리고 같은 상품이라도 여러 규격과 형태로 생산, 판매하게 될 것이라고 하고 있다. 결국 계획의 지령적 성격, 계획의 일원화 및 세부화의 관점에서 볼 때 7월의 경제관리개선조치는 커다란 변화로 해석된다.

또한 북한은 7.1조치를 통해 부분적이나마 시장의 조절기능을 도입한 것으로 보인다. 김정일은 2001년 10월 3일 지시를 통해 "자재공급사업도 계획을 기본으로 하면서 보충적으로 자재용 물자교류를 위한 '사회주의 물자교류시장' 조직 운영토록 해야 한다고 언급하고 있다. 공장 기업소들간 과부족 되는 일부 원자재, 부속품을 등을 유무통상 하도록 하며, 생산물의 일정 비율을 자재용 물자교류에 사용할 수 있다는 것이다. 이는 계획원칙의 약화 혹은 '현실화'라는 맥락에서 살펴볼 수 있다. 자재시장의 허용은 중앙으로부터의 체계적인 자재공급제가 작동되지 못하는 가운데, 이를 대신하여 많은 아래의 공장, 기업소 단위들간의 수평적인 자재의 비공식 거래를 하고 있는 현실을 감안한 조치이다. 관행적으로 허용되어 왔던 하부단위들 간의 거래 행위들을 일정 부분 제도화하는 의미인 것이다. 사실 이런 변화를 가져올 수밖에 없는

---

42) 『김일성저작집 19』, 458쪽.
43) 『김일성저작집 24』, 263쪽.

구조적 동인이 경제난 가운데 오래전부터 형성되어왔던 것이다. 이는 결국 공장가동률을 높이는 하나의 보완 수단으로 활용하겠다는 것으로 보인다.

이미 지난 2001년 김정일은 "공장 기업소들간 과부족 되는 일부 원자재, 부속품 등을 유무상통하도록하며, 생산물의 일정한 %를 자재용 물자교류에 사용토록 할 수 있을 것이며, 이 경우 교류 물자의 종류와 범위를 적절히 규정해 주고 반드시 은행을 통해 결제하도록" 지시한 바 있다. 그 이전 문건들에서는 "생산수단공급을 자유매매의 원칙에서 유통시켜서는 안되고 반드시 제정된 수요자에게만 계획에 따라 공급해야 한다"는 논조였다.[44]

하지만 2002년 초에는 "국가가 필요한 원료와 자재를 제때에 넉넉히 대주기 어려운 현실적 조건에서 기업소들 사이의 물자교류를 적극 보장하기 위한 일련의 조치로서 물자교류 시장의 형성은 국가계획을 수행하는 데 이바지 할 수 있게 한다"고 주장한다.[45]

가격제정에서도 지방공업의 생산품은 공장자체로 결정할 수 있도록 했다. 지방공업과 관련해서는 "시 군의 책임성과 창발성을 높이도록 권한을 주고 풀어 줄 것은 풀어줄 것"과 "지방공업 생산 소비 상품의 가격, 규격 등은 상급기관의 감독하에 공장자체로 제정하여 생산 판매토록 해야 한다"고 강조된다. 비록 국가가 정한 가격범위라는 조건은 있지만, 개별 생산주체가 상품가격을 설정하도록 한 점은 주요한 변화가 아닐 수 없다. "오늘의 현실은 그 어느 때보다도 지방의 더 높이 발양시킬 것을 요구하고 있다. … 우에서 아랫단위의 세부지표를 계획하는 것은 지방의 창발성을 억제하고, 지표의 과학성을 보장할 수 없게 한다.

---

44) 민경춘, 「위대한 수령 김일성 동지께서 밝히신 생산수단공급에서 상업적 형태를 옳게 리용할데 대한 독창적 리론」, ≪경제연구≫ 1998년 제2호, 8쪽; 김재서, 「위대한 수령 김일성동지께서 창시하신 생산수단의 상품적 형태에 관한 리론」, ≪경제연구≫ 1999년 제3호, 7쪽.

45) 리장희, 「사회주의사회에서 생산수단 유통영역에 대한 주체적 견해」, ≪경제연구≫ 2002년 1호, 23-24쪽.

그래서 새로운 지방예산편성방법에서는 국가가 아랫단위의 세부지표까지 계획하는 것이 아니라 지방별로 국가에 바칠 몫만 규정해주고 해당 집행단위가 자체로 수입과 지출계획을 세우도록 하였다."[46]

그러나 이를 일반적 의미에서 자본재 시장 도입이라고 해석해서는 곤란하다. 김정일은 사회주의 물자교류시장을 허용하면서도 계획당국이 물자교류의 종류와 범위를 적절히 규정해주고 반드시 운행을 통해 결재해야 한다는 것을 강조하고 있는 것에서도 나타나듯이 물자교류시장은 계획당국의 철저한 통제하에 있는 제한된 범위의 시장인 것이다.

그렇다면 북한당국은 왜 중앙집권적 계획운영을 더 강화하지 않고 분권화를 확대한 것인가. 이에 대해 김용술 북한 무역성 부상은 "그전에는 국가가 지방마다, 공장, 기업소마다 계획을 세우니 없는 것을 있는 것으로 보고 현실성이 없는 계획을 세워서 경제발전에 혼란을 주는 현상"들이 발생하였기 때문이라고 설명하고 있다.[47] 이런 점에서 분권화는 중앙당국에 의한 계획의 수립과 통제에는 한계가 있으므로 생산단위의 자체적인 계획수립을 통해 계획지표의 실현가능성을 높이겠다는 의도에서 나온 조치로 해석된다.

한편 기업관리방식에서도 상당한 변화가 발생한 것으로 풀이된다. 먼저 기업실적의 평가방법이 바뀌었다. 이제까지 북한은 주로 현물표시지표[48]와 화폐표시지표에 의한 계획수행률을 기준으로 기업실적을 평가하여 왔다. 그러나 7.1조치를 통해 번 수입에 의한 평가를 실시하기로 하였다. 시장경제 용어로 바꾸면 번 수입이란 매출 총액에서 노동비용을 제외한 제 비용을 뺀 수치로서 '임금 + 이윤'이라 할 수 있다. 북한이 기존의 현물지시표나 화폐지시표에서 번 수입 지표로 바꾼 것은 다음과 같이 해석된다. 이것은 생산되기만 하면 판매가 안 되어도 계획달

---

46) 오선희, 「지방예산편성을 개선하는데서 나서는 몇가지 문제」, ≪경제연구≫ 2002년 4호, 41-44쪽.

47) 「북한 경제정책 설명」," ≪KDI 북한경제 리뷰≫ 제4권 10호, 2002년 10월, 45쪽.

48) 현물표시지표는 톤, 미터, 마리, 대수 등 현물단위로 표시되는 사용가치를 말한다. 『경제사전 1권』, 577쪽.

성으로 기존 지표에 비해 새로운 지표는 판매실적이 직접적으로 반영되기 때문인 것으로 추정된다. 따라서 앞으로 북한의 기업들은 번 수입을 늘리기 위해 원가 절감, 생산효율성 증대뿐만 아니라 마케팅에도 관심을 기울일 수밖에 없다.

이런 맥락에서 결산분배를 하는 국영기업에만 적용하여 온 반 수입지표를 모든 기업에 적용한다는 것은 철저한 독립채산제의 실시를 의미한다. 이 조치로 북한 기업은 이제까지 국가에 납부하던 감가상각금과 초과이윤을 재투자재원으로 자체 사용할 수 있게 되었다고 한다.

결국 이런 변화는 1990년대 경제난 이래 계속되어 온 아래 단위들의 자력갱생을 강조해온 것과 맥락을 같이한다. 이처럼 경제전반에서 제도적으로 분권화를 시도하는 것은 중앙에 과도하게 정책결정권이 집중되는 것을 막고 독립체산제의 강화 등 실리에 맞게 경제관리방법을 적극 개선하겠다는 점을 분명히 하고 있다.

3. 공업 및 농업부문의 관리개선

앞서 살펴보았듯이 2001년 10월의 김정일 지시와 7.1경제관리개선조치를 종합해보면, 생산관리체계의 내용은 임금과 가격현실화, 기업의 자율성과 책임경영 강조, 독립채산제의 강화 등이다. 이는 각 생산단위들의 독립성과 자율성을 제고시킴으로써 이들의 효율성을 증진시키고 책임성을 강화하려는 데 목적이 있다. 나아가 공업생산의 특징인 현행 '대안의 사업체계'라는 경제관리 틀 속에서 생산성을 향상시키려는 의도라고 할 수 있다.

사회주의 경제이론상으로는 "사회주의원칙 테두리 내의 도구들을 사용하여 경제활성화를 도모하는 조치"로 정당화된다. 즉 사회주의사회의 과도적 특성을 반영하는 '도구'에는 상품화폐관계-시장원리를 체현하고 있는 가격, 원가, 수익성, 독립채산제, 노동에 대한 물질적 자극 등이 포함된다는 논거인 것이다. 그럼에도 이전의 보수적 경제운영기조에서

한발 더 나아가 "집권화와 분권화의 대응관계에서는 명백히 분권화를 지향하고 있으며, 또한 경제의 계획적 조절과 시장적 조절의 대응관계에서는 시장적 조절 공간을 더 활용하는 방향에 있다"고 강조된다.[49] 사회주의경제이론 내에서는 "사회주의사회의 과도적 특성은 사회주의 건설과정에서 점차 약화, 소멸되어 나가는 것이 합법칙적인 것"으로 파악된다. 그럼에도 현 단계에서는 사회주의 과도적 특성들을 더 잘 활용해야 하며, 이것이 7.1조치에 잘 반영되어 있다는 주장이다.

그래서 경제관리 전반에서 '공짜와 건달꾼 추방'으로 상징되듯, '실리보장'이 누누이 강조하는 것이다.[50] 즉 경제변화의 핵심을 '실리주의'로 표현하면서 "물가 체계에 시장원리를 일부 도입한 것은 국가가 어느 정도 물가를 통제하면서 수요, 공급의 원리로 결정하자는 것"으로 이해된다. 바로 중국 개혁초기 등소평의 흑묘백묘론(黑猫白猫論)을 연상시키는 대목이다.

실제 7.1조치를 전후하여 일선 공장들에도 약간의 계획량만 국가에 내고 나머지는 시장가격으로 내다 팔아서 먹고 살라는 통보가 내려 갔다. 앞으로 이윤을 창출하지 못한 기업은 살아남을 수 없다는 것이다. "공장 기업이 이윤을 국가에 납부하고 난 나머지를 노임형식으로 노동자들에게 분배할 수 있는 체계"가 강조되고, "기업소의 책임일꾼들은 경영활동을 더욱 깐지게 하지 않으면 안된다"고 지적하고 있다.[51]

이런 가운데 특히 공업분야에 있어서의 독립채산제는 또 다른 중요 시책인 기업 구조조정과 밀접히 관련될 수밖에 없는데, 이 분야에는 과거와 다른 실질적인 조치들이 상당히 포함되어 있다. 과거에는 기업의 파산이나 해체는 생각하기 어려웠다. 그러나 최근 수년간의 경우 기술

49) 강일천, 앞의 글, 41쪽.

50) 박재영, 「현시기 경제사업에서 실리보장의 중요성」, ≪경제연구≫ 2001년 4호, 15-18쪽; 리창혁, 「우리당에 의한 사회주의경제제도의 고수와 경제강국건설의 성과적 추진」, ≪경제연구≫ 2001년 4호, 2-4쪽.

51) 「건달군은 허용될 수 없다. 실리보장을 위한 경영개선대책」, ≪조선신보≫ 2002년 7월 19일자.

수준이나 수익성의 관점에서 가능성이 희박해 보이는 다수의 공장, 기업소를 완전 해체한 사실이 확인되고 있다.[52] 기업구조조정에는 기업규모의 축소와 함께 소속 기관/부문별로 전문계열화가 추진되고 있다. 연합기업소 같은 대규모기업소에 소속되어 있던 다른 부문의 공장들은 소속관계가 불분명함에 따라 전문화의 장애로 등장하였던 것이다. 또 하나 주목해야 할 것은 경영관리에 있어서 당의 역할을 전반적으로 축소하고 있다는 점이다. 공업과 농업에 있어서 북한이 그동안 독창적이라고 주창해왔던 관리방식인 '대안의 사업체계'는 사실 기업소나 지방의 경제관리 조직 내에 당조직을 설치하여 경영을 지도한다는 점이었다. 그러나 당의 간섭을 줄이고 전문경영인의 역할을 제고하는 방향으로 경영방식의 개혁을 추구하고 있는 것이다.

이런 가운데 향후 공업생산영역의 변화는 어떻게 일어날 것인가. 우선 '사회주의물자교류시장'이 부분적으로 용인되었다고 하지만, 급격히 공장가동률을 높이는 등의 직접적인 효과를 가져 올 수 있는 상황은 아니다. 구조적으로 자원배분, 특히 자재공급제가 거의 작동되지 못하는 가운데 여전히 하부단위들의 창발성이 강조될 수밖에 없다. 그럼에도 기간산업인 에너지, 원료, 수송, 중화학공업 분야에서는 중앙정부의 우선적인 지원 아래 기존의 계획체제를 계속 고수해 나갈 것으로 보인다. 하지만 경공업부문의 경우에는 내수용과 수출용으로 구분하는 등 중앙정부에 의한 차등배분이 이루어질 것이다.

향후 대체로 소비재 생산 중심의 지방공업의 경우, 실질적인 독립채산제 강화를 통한 부분적 분권화 경향이 가속화될 것이다. 이들 지방공업부문은 북한의 중앙집권적인 기업관리체계에서 가장 취약한 연결고리이다. 따라서 향후 중앙정부의 자원재분배 기능이 제대로 복원되지 않는 한, 전통적 계획경제의 틀을 벗어난 생산활동들이 확대되는 과정에서 지방산업들은 그 속도는 완만하겠지만, 중국의 향진기업과 같은 역할을 할 가능성이 높다. 국유기업에 비해 향진기업은 산업구조의 변

---

52) ≪조선신보≫ 2002년 1월 14일자.

화에 잘 적응해왔음은 주지의 사실이다.[53]

농업분야에 있어서 주목할만한 것은 그간 금기시 되어 왔던 주체농법에 대한 개혁이 추진되어 왔고 이미 상당한 정도 정착단계에 와 있다는 점이다. 주체농법은 사실 김일성이 현지지도를 통해 제시한 독창적인 것으로서 매우 획일화된 농법이었다. 이를 현지의 지역실정에 맞게 작물을 선택하고 품목도 농민들의 의사를 존중하여 선택 가능하도록 전환한 것이다. 이것은 김일성이 직접 창안한 것이라 하더라도 실리주의 원칙에 위배될 경우 개혁이 가능하다는 것을 보여준 의미 있는 조치라 할 수 있다. 개인경작지의 확대는 추후 농업의 개혁방향이나 소유 및 경영제도의 다양화와 관련해 역사 매우 중요한 의미를 갖는 시책이다.[54]

농업의 경우, 지난 2002년 6월 1일 관련기관에 하달된 문건에 따르면 1996-1997 이래 강원도 등 일부지역에서 시행되다가 중단된 '신분조관리제'를 2003년부터 전국적으로 다시 시행할 것을 예고하고 있다. 2002년 들어 함경북도 회령, 무산 등 일부지역에서는 '개인영농제'를 시범실시하고 있는 것으로 알려진다. 그리고 개인텃밭도 확대되고 있다. 7.1조치에 나타난 주요 정책변화는 생산물의 국가수매량이 축소되고 협동농장의 자체분배를 확대했다는 점이다.[55] 농민들로서는 저가의 국가수매보다는 자체 처리가 훨씬 유리하기 때문에 일정한 생산증대 효과를 가져올 것으로 보인다. 국가의 수매가격이 대폭 인상되었다 하더라도 자체배분이 여전히 유리할 것이기 때문이다. 향후 중국식의 농업개혁 선택여부가 쟁점이 될 수밖에 없지만, 완만하지만 실험적인 정책변화가 계속 모색되고 있다. 예컨대 분조관리제의 개선에서 더 나아가 일부 시장경제원리를 포함한 과감한 농업개혁 방안도 고려하고 있는 것으로 알려지고 있다.[56] 결국 제한된 범위이지만, 집단영농체제의

53) 정세진, 앞의 글, 217쪽.
54) 성채기, 「김정일 시대의 신경제노선 평가와 전망」, 중 ≪KDI 북한경제리뷰≫ 제4권 10호, 2002년 10월, 18-19쪽.
55) 남성욱, 「북한 7.1경제관리개선조치와 농업개혁」, 중앙대 민족발전연구소, 매일경제신문사 공동주최 세미나 발표논문, 2002년 10월 11일, 6-67쪽.

문제점을 고려한 실용적 정책변화가 시도되는 양상이다. 그럼에도 중국
과는 여전히 중요한 격차가 있다. 중국의 농업생산청부제가 소유제 확
립으로 이어진 경제개혁의 출발점인데 반해, 북한의 새로운 분조관리제
는 단지 인센티브 확대에만 초점을 맞추고 있다는 점에서 차이가 있다.

<표 4-3> 공업·농업 관리개선 주요 내용

분야	조치	내용
공업 경영 관리	▲독립채산제 강화	독립채산제운영방식규정 신회계체계개편 확산 실시범위를 모든 기업, 중앙기관, 지방기관으로 확대 생산계획 등 일부 자체계획수립 부여 수익처분권 강화: 감가상각금폐지, 초과이윤의 기업 보유 및 독자재투자 재원화 권한 부여
	▲기업구조조정	기술수준, 수익성 고려 및 해체대산 선별-대상기업 해체 및 기술개건사업 적극추진 연합기업소 등대규모 기업소 축소/분할 통폐합 및 해 당 공장 기업소의 소속관계 재편성-계열전문화 기업소의 생산 분화 및 전문화
	▲당역할 축소	기업내 당권한 축소, 지배인 권한 강화 지방당 책임비서의 인민위원장 겸직 철폐-인민위원장 이 지방행정경제 전담
	▲노무관리개선	사무직 축소, 생산현장 인력으로 재배치 당/정간부들의 금요노동제 폐지
농업 경영 관리	▲독립채산제 ▲자율적 권한 강 화	독자적 생산계획권한 강화-작물선택권, 영농방법 등 자체 결정 가능 자체수익 처분권 강화
	▲분조관리제강화	분조간 평균분배로부터 실적별 차등분배로 전환 분배단위를 작업반에서 분조로 하향조정 분조규모 하향조정 및 현실화
	▲김일성주체농업 개혁	김일성의 획일적 영농농법 탈피 현지실정에 맞게 품종 다양화, 적기 적작제 감자혁명-옥수수 대신 감자대량재배로 전환
	▲개인경작지확대	과거 30-50평 수준에서 최고 400평까지 확대 가능

자료: 성채기, 「김정일 시대의 신경제노선 평가와 전망」, ≪KDI 북한경제리뷰≫ 제4권 10호, 2002
년 10월, 20쪽 재작성.

---

56) 북한당국은 이미 1997년 11월 국제농업개발기금(IFAD) 주최 세미나에서 쌀이나
보리 등 기본 작물을 제외한 채소, 과실 등 농산물 가격의 자율화, 소규모 농산물
시장의 활성화, 단위작업반에 대한 보너스 제도 등 4개항의 농업개혁 방안을 발표
한 바 있다.

4. 재정금융 제도의 개선

북한은 7.1조치를 계기로 지난 몇 년간 사실상 기능정지 상태에 있던 외화와 바꾼 돈표를 공식적으로 없애고 환율도 대폭 인상하였다. 2002년 8월 중순 평양에서 개최된 북·일 적십자회담을 취재한 도쿄신문의 시로우찌 야스노부(城內康伸)기자에 의하면 고려호텔의 환율은 1달러 =150원이었다고 한다. 또한 같은 달 말 방북한 대북 인도주의지원단체인 우리민족서로돕기운동본부 대표단의 증언에 따르면 북한의 원화를 살 때는 1달러에 151원, 팔 때는 157원이었다고 한다. 기존의 환율이 1달러에 2원 남짓하였던 것과 비교하면 북한 원화는 약 70배 평가절하된 것이다. 북한이 환율인상을 단행한 목적은 내부적으로 퇴장되어 있는 달러를 끌어내리기 위한 것이다. '고난의 행군'을 거치면서 달러, 엔, 위안은 장마당에서 일상적으로 통용되는 화폐가 되었고, 주민들은 북한 원보다 외화를 선호하여 주요한 재산축적 수단으로 삼게 되었다. 따라서 북한 당국은 자본동원을 위해 주민들의 장롱속에 감추어져 있는 달러를 공식부문으로 끌어낼 필요성을 느끼게 되었고, 이를 위해 평균 물가인상률보다 높게 환율을 인상한 것으로 보인다. 따라서 7.1조치에서 나타난 환율인상은 비공식부문을 공식부문으로 흡수하기 위해 큰 폭의 가격개혁을 단행한 것과 맥을 같이한다.[57]

한편 경제변화의 속도를 가름할만한 금융체제의 변화도 나타난다. 7.1조치를 전후하여 북한당국이 금융개혁에 가까운 제도개혁에 이미 착수했다는 논의들도 제시된다. 2002년 9월 김용술 무역성 부상은 신탁은행을 설립했으며, 신탁업무를 진행하고 있다고 밝힌바 있다.[58] 이

---

57) 실제 북한 당국은 환전소를 설치하여 주민들이 가져온 달러를 원으로 바꾸어 주었다고 한다. 그러나 암시장에서는 1달러=300원에 거래되고 있는 것으로 알려진다.

58) 신탁은행이란 이름으로 볼 때 신탁상품을 통해 '주민들이 갖고 있는 현금을 흡수하여 인플레를 수습하려는 의도도 있는 것으로 보인다. 최근 북한의 유통 현금 규모는 약 730억, 가구당 현금 보유액은 14,069원으로 근로자 가구당 월급(160-200원)약 78배라는 추정치도 제시된다. 박석삼, 「북한의 금융현황과 개혁전망」, 중앙대 민족발전연구소, 매일경제주최 세미나 발표논문, 2002년 10월 11일.

같은 신탁은행 설립은 계획경제 틀 내에서 시장메카니즘의 활용을 위한 추가 조치로 볼 수 있다. 이미 "조선중앙은행의 기업대부 기능을 분리해 별도의 상업은행에 넘기는 작업에 착수했으며, 각 지방단위에서 상업은행 지사들이 들어서기 시작했다"[59]는 것이다. 이제 북한은 중앙은행에서 맡아온 상업은행 업무를 신탁은행으로 넘겨 각 단위에 대한 국가자금 지원을 중단하는 대신 신탁은행에서 대출받아 쓰도록 하는 방향으로 자금공급체계를 바꿀 것으로 보인다. 당연히 독립채산제를 강화하는 하나의 계기가 될 수 있다.

사회주의국가의 경제개혁조치는 은행제도 개편, 국가의 기업에 대한 자금보장체계 변화, 가격 및 임금 자유화, 조세제도 개편 등이다. 특히 은행제도의 개편은 다른 어느 개혁조치보다 선행되는 것이 일반적이다. 국가의 기업에 대한 자금보장체계를 변화시킬 경우, 기업소가 과거 국가예산으로 조달하던 경영자금을 은행대출 등 금융자본에 의존하게 된다. 따라서 이에 따른 혼란의 방지와 신속한 금융자금 공급을 위해 상업은행을 설립할 당위성이 제기되는 것이다.[60] 금융개혁은 또한 가격개혁이나 조세제도 부활 등 경제전반의 개혁을 확산하는 속성이 있다. 따라서 일단 금융개혁에 착수하면 다시 뒤로 돌아가기는 사실상 불가능해진다. 중국의 경우, 1979년 3월 농업은행과 인민건설은행을 비롯한 국가전업은행을 설립하였고, 1984년 1월 공상운행을 설립하여 인민은행의 상업금융업무를 이관함으로써 이원적 은행제도를 도입하게 된 바 있다.

---

59) 남문희, 「자본주의 실험준비 끝」, ≪시사저널≫ 2002년 8월 29일자.

60) 박석삼, 앞의 글, 71쪽.

제3절 경제개혁 정책의 평가

1. 사회주의경제체제의 개혁성격과 내용

북한의 경제관리 개선을 어떤 개념으로 규정하고 평가할 것인가? 북한의 경제관리개선을 평가하기 위해서는 우선 사회주의 경제체제의 개혁적 성격에 대한 개념정의가 필요하다. 통상 사회주의 경제체제와 관련한 경제개혁(reform)은 고전적 사회주의 경제관리체계를 형성하고 있는 본질적 요소가 일정한 범위와 속도를 갖고 변화됨으로써 체제의 성격이 시장-자본주의적 체제와 가까워지는 제도 및 정책상의 중요 변화로 이해할 수 있다. 여기서 문제가 되는 것은 체제의 '본질적 요소'가 무엇이며 속도와 범위를 어떻게 규정할 것인가, 그리고 북한의 경제관리개선조치의 변화가 개혁적 성격에 해당하는지 여부가 핵심이 될 것이다.

사회주의경제관리 개혁적 성격을 논할 수 있는 성격과 배경은 전통적 사회주의의 본질적 요소의 변화여부에 따라 개념화 할 수 있다는 것이다. 고전적 사회주의는 대부분의 사회주의 국가들이 택했던 경제체제이다. 즉 마르크스-레닌주의를 목표로 생산수단을 국유화하고 중공업 위주의 발전전략, 경제의 정치 이데올로기적 종속 등이 전통적 사회주의를 구성하고 있는 요소다. 그 중요성의 정도에 따라 다음과 같이 분류된다.

요소 1: 마르크스-레닌주의 당의 일당체제와 기본이념
요소 2: 생산수단의 국유화 및 공동체
요소 3: 계획 및 관료조직에 의한 조정체제
요소 4: 미시적 경영관리 방식
요소 5: 인센티브체제 및 분배체제
요소 6: 성장발전전략, 국가적 자원배분 우선순위 정책

이들 중 요소 1-3을 체제의 핵심(core)요소, 요소 4-5를 본질적(essential) 요소, 요소 6을 중요(important)요소라고 할 수 있다. 대체로 상위의 요소 일수록 더욱 핵심적이고 본질적인 성격을 가지며, 상위의 요소들의 변화는 하위요소들의 변화를 초래하게 된다.

우선 코르나이의 논지를 따라 개혁의 성격을 북한에 적용할 때 당의 권력이 다른 기구나 조직에 의해 분점 되거나, 주체사상이 갖는 공식 담론에 대한 지배권이 약화되거나(요소 1), 국가소유와 협동소유 등 사회주의적 소유제가 지배적인 상태에서 벗어날 때(요소 2), 또는 관료주의적 조정이 지배적인 지위를 상실할 때(요소 3) 등으로 규정할 수 있을 것이다. 코르나이는 이 세 가지 "기본적인 속성 중 적어도 하나 이상이 항구적이고 근본적으로 변경되어야 하며, 그러나 사회주의체제라는 범주에서 벗어나지 말아야 한다"고 정의한다. 이에 따라 보다 세부적으로는 첫째, 정치구조, 소유관계, 조정메카니즘의 세 가지 영역 중 적어도 하나에 영향을 미쳐야 하며, 둘째, 적어도 '어느 정도 급진적'이어야 한다. 즉 부분적이고 온건한 형태의 변화를 개혁이라고 할 수 있다는 것이다. 셋째, 개혁은 체제의 근본적인 변동을 포함하는 것이 아니라는 것이다. 예컨대 공산당의 권력독점이 깨진다면 그것은 개혁이 아니라 '혁명'인 것이다.[61]

그러나 북한은 일반적인 사회주의 당-국가체제와는 다른 독특한 특징을 갖는다. 그 중에서 주체사상이라는 공식 이데올로기의 성격이 변화되더라도 그 외연이 모호하기 때문에 개혁과 큰 함수관계가 없을 수 있다. 특히 '사회주의대가정'과 같이 유기체적 국가관에 입각한 전통사상과의 친화성이 더욱 크기 때문에 마르크스-레닌주의에서 규정하는 바와 같은 정치경제 원리가 상위의 위치에 있지 않다. 오히려 수령제라고 하는 전제주의적 전통을 기축으로 하고, 마르크스-레닌주의와 조합주의적 요소를 강하게 띠고 있다.

이런 의미에서 코르나이가 지적하는 대로 단순히 고전적 사회주의체

61) Kornai, *op. cit.*, p.388.

제 혹은 스탈린식 사회주의 형태에서의 변화를 개혁이라고 규정한다면 북한의 경우 다소 빗나갈 수 있다. 따라서 이를 북한에 적용한다면 북한의 개혁은 김정일의 절대적 위상과 당의 권력독점과 지배권 등 정치적 제도의 약화, 국가소유제와 명령경제시스템 등 경제적 제도의 부분적 전환, 관료주의적 조정장치의 약화 등이 발생할 때 북한이 개혁에 접어들었다고 할 수 있다.

한편 사회주의 경제관리체계의 개혁을 부분개혁과 시장도입형 개혁으로 구분하는 논지도 있다.[62] 부분개혁은 중앙집권적 명령경제 자체를 폐기하는 것이 아니라, 그 효율성을 강화하기 위한 개혁이다. 이는 중앙집권경제의 부분적인 수선(개선)이라는 뜻에서 부분개혁체계라고 부를 수 있다. 그 핵심 사항은 첫째, 이데올로기적으로 중앙집권경제를 신성시하며, 시장을 이질적 자본주의 요소로 배격한다. 둘째, 중앙집권경제의 핵심사항인 행정적 방법에 의한 경제관리체계와 계획명령을 유지하는 대신, 계획명령의 합리화라든지, 여러 종류의 분권화 조치를 취하여 전체 경제의 효율성을 높이고자 하는 체계이다. 말하자면 부분개혁 사회주의는 고전적 사회주의가 지니고 있는 문제점들을 보완하고 사회주의를 완성시키고자 하는 것으로서, 사회주의 경제체제 전반에 걸친 근본적인 제도적 변화를 추구하지 않고 권한의 분권화를 통한 정부의 직접적인 조정을 줄이는 한편 독립채산제를 강조한다.[63] 사회주의 부분개혁 내용은 사회주의경제의 기본제도와 정치체제의 기본 틀 유지하면서 경제적 효율성 증대를 위해 지방정부 또는 기업에게 의사결정권 부여하는 것이다. 그리고 소극적 분권화 및 기업이윤처리권 부여 및 계획지표의 축소도 이에 해당된다. 더 나아가 양적 생산에 의한 독립채산제를 보다 강화하는 것이다.

따라서 사회주의 부분개혁(partial reform)이란 기존 체제를 크게 손상

62) 박형중, 앞의 글, 2002, 49-50쪽.
63) 정형곤, 「동유럽 사회주의 경제체제의 개혁과 북한」, ≪현대북한연구≫ 제5권 제2호, 2002, 58-59쪽.

시키지 않는 개혁, 혹은 개혁목적에 반하는 기존체제의 모습을 그대로
유지시키는 개혁 등을 말한다. 그리고 부분적 개혁은 선택의 어려움을
창출하기 때문에 '딜레마'와 동의어로 사용되기도 하고, 특징적으로는
정치개혁 없는 경제개혁 혹은 점증적 경제개혁의 형태를 취하는 것이
다.64)

반면 시장조정기구 도입형 개혁은 중앙집권적 명령경제 자체의 한계
를 인정하고, 이를 폐기해 가는 조치를 취한다. 그 핵심사항은 첫째, 이
데올로기적으로 시장의 역할을 적극적으로 승인하며, 계획과 시장의 공
존논리를 전개한다. 둘째, 행정-명령체계를 폐기해 가는 대신 핵심조치
로서, 기업에 대한 계획명령을 폐기한다. 이에 따라 국영기업의 경영은
계획달성을 위해서가 아니라 상업적 차원의 이윤극대화를 위해 운영된
다. 계획명령의 폐지에 따라 관료적 조정(bureaucratic coordination)영역이
축소되고 그 공백을 시장조정(market coordination) 요소가 채워 나간다.
국영기업은 자율적으로 상업적 판단에 의해서 경영되기 때문에 과거
경제관리체계에서 국영기업을 직접 관리하기 위해 설치되었던 각 부문
별 성(省)과 중간급에서의 관료적 조정기구와 규범이 대폭 간소화된다.
그 대신에 시장형 재정 및 은행체계와 법체계 등이 발전해 가기 시작한
다.65)

시장도입 경제개혁의 특징은 중앙정부의 직접적인 개입을 제한하고
시장을 도입함으로써 경제정책을 통해서 각 분야가 조화가 이루어질
수 있도록 한 것이다. 시장개혁은 부분개혁 사회주의와 구분되는 것은
무엇보다도 초보적인 단계이지만 국가가 시장을 인정한다는 것이다. 특
히 시장도입 개혁은 유통체계를 부분적으로 개혁하여 생산요소 시장
등이 등장하며 비록 초보적인 수준이긴 하지만 시장이 공식적으로 형

64) David, Elliot, "Dilemmas of Reform in Vietnam," in Williams S. Turley & Mark
Selden(eds.), *Reinventing Vietnamese Socialism: 'Doi Moi' in Comparative Perspective*,
Boulder, Col.: Westview Press, 1993, pp.19-52.
65) 박형중, 앞의 글, 33쪽.

성되는 단계이다. 시장도입 개혁단계에서는 경제적 분권화가 더욱 심화되고, 임금, 가격결정권, 이윤 등이 자율적으로 처리할 수 있도록 기업경영의 자율권이 확대되었다.[66] 사회주의 시장도입개혁 내용은 중앙정부의 직접 개입 제한 및 계획과 시장이 공존하는 것이다. 그리고 유통체계 개혁으로 생산요소 시장이 등장하여 초보적 수준의 시장지향성이 나타난다. 특히 경제적 분권화 등으로 임금, 가격결정권 부여, 이윤 자율적 처리 등 기업의 경영자율권이 크게 부여 된다. 또한 수익성에 의한 독립채산제를 강조하고, 개인기업이나 상업행위를 허용하여 암시장을 제도권으로 흡수하는 것 등이다.

이와 같은 사회주의 개혁 중에서 시장도입형 개혁에 속하는 사례는 1968년 이후 헝가리의 '새로운 경제기구', 1984-1992년간의 중국의 '사회주의 상품경제', 1987-1990년간의 소련의 개혁정책, 1982년 이후 폴란드 등을 들 수 있다.[67]

한편 이러한 논의에 더하여 사회주의 경제개혁은 첫째, 가격자유화가 중요하다. 가격자유화는 경제개혁 과정에서 가장 핵심적이면서 선행되어야 하는 것으로서, 거시경제 불안정을 해소하기 위해서 재정적자와 물가 급등을 막는데 초점이 있다. 가격자유화는 농업생산물의 가격자율화부터 환율의 실세화에 이루기까지 포괄적이다. 둘째, 재정과 금융의 분리다. 재정과 금융의 분리는 사회주의 계획경제의 속성, 즉 재정에 대한 금융의 종속적 성격에 변화를 가하는 것을 말한다. 구체적으로는 세출 면에서 막대한 재정 부담을 주는 국영기업에 대한 보조금을 철폐하고 국영기업에 대한 재정부담을 금융의 자율에 맡김으로써 분권적 시장 경제로의 이행을 추진하는 것이다. 셋째, 국영기업의 개혁이다. 국영기업의 개혁은 비효율과 손실만 초래하는 산업과 공장, 기업소를 퇴출시키고 생산성이 높은 분야를 장려하기 위한 것이다. 개혁을 추진하는 사회주의 국가는 바로 이 같은 비효율성과 재정적자를 해소하기 위

---

66) 정형곤, 앞의 글, 72-73쪽.
67) 박형중, 앞의 글, 34쪽.

해서 가격자유화 및 재정, 금융의 개혁과 함께 국영기업의 개혁을 추진
하게 된다.

2. 실리사회주의하의 시장지향적 개혁 성격

그렇다면 지금까지 추진되어 온 북한의 신경제노선은 이러한 조건을
충족시킨다고 할 수 있는가. 앞서 설명한 7.1조치의 주요내용과 시책들
을 전술한 개념과 기준에 따라 설명해 보자.

북한의 경제관리개선에 대한 다양한 견해가 존재한다. 시장개혁의 출
발로 해석하는 주장이 있는가 하면, 단지 계획개선을 통한 계획경제 시
스템의 정상화를 위한 체제 내의 개선으로 평가하는 주장 등 다양하게
일어나고 있다. 그렇다면 북한의 7.1조치는 어떤 성격을 갖는가. 우선
7.1경제관리개선조치의 특징을 정리하면 다음과 같다. 첫째, 기존의 사
상적 자극위주에서 전면적인 물질적 자극으로의 전환을 통해 경제주체
들의 생산의욕을 제고시키고자 하였다. 이를 통해 노동력을 결속시키고
공장가동률을 높여 생산을 정상화하고자 하였다. 둘째, 상품가치와 가
격의 괴리현상을 극복하기 위해 과감한 가격개혁을 단행하였다. 셋째,
지령성 지표를 줄이고 하부단위의 자율성을 강화시킴으로써 계획수행
의 현실성을 높이고자 하였다.

7.1조치에 대한 북한 당국은 변화의 폭과 깊이에서 1946년 토지개혁
에 버금가는 강도를 띠고 있다고 주장한 바 있다. 특히 한 분야에 국한
된 조치가 아니라 경제 전반에 걸친 개선이란 점에서 변화의 폭 또한
상당히 크다. 다음으로 바람직한 변화의 방향이란 점에서도 이번 조치
는 획기적이다. 경제의 사회주의적 개조과정을 거쳐 줄곧 계획의 지령
적-중앙집권적 성격, 사상적 자극을 강화하는 방향으로 경제정책을 운
용해 온 것과 근본적으로 그 성격을 달리한다. 이런 맥락에서 7.1조치
는 혁신적·긍정적 변화임에 분명하다.

이러한 경제관리개선조치의 성격을 어떻게 규정할 것인가 하는 문제

다. 북한의 7.1경제관리개선조치는 정부, 개인, 기업 등의 경제관리에 있어 효율성과 실리를 강조한 것이 큰 특징이다. 말하자면 기존의 계획경제로부터 발생했던 문제점, 즉 공유재산으로 인한 무임승차(free rider) 문제, 자원의 낭비와 비율적 이용의 문제, 인센티브의 문제 그리고 연성예산제약의 문제를 해결하고자 노력하고 있는 것으로 평가된다. 특히 7.1경제관리개선조치의 주요 내용들 중에서 가격 현실화, 임금체계의 수정, 가격설정방식의 변화, 원부자재 물자교류 시장, 환율의 현실화 등은 시장 기능을 강화한 조치라고 볼 수 있다. 또한 계획수립에 있어서 지방정부와 공장이나 기업소의 경영에 있어서 분권화 조치는 비계획부문을 확대해나가는 것으로서, 계획경제의 정상화라기보다는 현재의 경제적 상황을 인정하고 현재의 상태에서 생산성과 효율성을 높이기 위한 제반 조치를 취한 것이라 볼 수 있다.

앞서 설명한 바와 같이 북한의 7.1조치는 코르나이의 개혁논의에 따르면, 고전적 사회주의체제의 핵심요소(요소 1-2)에 대한 적극적 변화를 추구하는 것은 아직까지 없다고 할 수 있으며, 이 요소들에 대한 변화는 적어도 당분간은 없을 것이다. 하지만 경제조정기구인 계획체제(요소 3)에 직접 중요한 변화를 가하거나 추후 변화를 초래하게 될 개혁적 성격은 적지 않음을 알 수 있다. 7.1조치가 시장개혁인가 아닌가를 둘러싸고 논란이 일고 있지만, 북한의 7,1조치는 정확하게 표현하면 시장지향적 개혁(market-oriented reform)이다. 여기에서 지향이란 일정한 목표를 정해 그 방향으로 나아가겠다는 정책결정자의 의지를 나타내는 것이다. 7.1조치에서 나타난 시장지향적 개혁의 요소는 크게 4가지 요소를 검토하는 바, 첫째, 가격현실화, 둘째, 계획분권화 및 자율성, 셋째, 화폐임금제의 실시, 넷째, 계획경제체제의 기형화로 볼 수 있다.

첫째, 시장적 성격을 반영한 가격의 현실화이다. 가격제도의 개혁은 계획경제체제의 근본에 해당된다고 할 수 있고, 그 여파가 가장 넓고 깊다고 할 수 있다. 부분개혁도입이건 시장도입 개혁이건 가격개혁에 있어서는 모두 국가보조금을 축소시키는데 초점을 맞추고 있다. 즉 초기에는 농산물 가격에만 가격인상을 했던 것을 점차 전체 산업으로 확대하는 것이다. 유고슬라비아와 같이 1950년대 초반부터 가격을 시장에 맡기는 경우가 있긴 했지만, 대대수의 사회주의 국가들은 단계적으로 그리고 점진적으로 시장가격과 계획가격의 범위를 축소시켜 나갔다.[68]

북한의 7.1가격개혁 조치는 대단히 큰 인상폭이라고 볼 수 있다. 쌀 가격이 기준가격이다. 쌀 가격의 경우 과거 1kg을 80전에 수매하여 8전으로 공급했다. 이번에는 40원으로 수매하여 44원으로 판매한다. 암시장 가격을 어느 정도 반영한 것이다. 가격인상폭만으로도 암시장과 국정가격과의 가격왜곡이 얼마나 심각했는지를 짐작할 수 있다. 노동자 임금의 경우 110원이던 기본임금이 2,000원으로 인상되었으며, 탄광노동자들의 경우 6,000원까지 인상되었다. 그리고 전기, 연료, 교통비도 현실화되었다. 이러한 임금인상은 사회보장체계를 축소시켰다. 이제 노동자들은 일하지 않으면 먹고 살수 없는 세상으로 바뀌게 된 것이다. 여기서 북한의 큰 변화를 지켜볼 수 있는 것이다. 북한에서도 이제는 개인이 번 수입으로 개인의 생활을 영위하여야만 하는 체제로 변화된 것이다. 과거와 같이 사회주의 관습으로는 살 수 없게 된 것이다. 새로운 관점에서 일을 해나가야 하는 사회적 요구이다. 일한 만큼, 번만큼 분배를 받는 원칙이다. 개인은 물론 공장, 기업소도 이제 변하지 않으면 기본임금을 받을 수 없다. 단적으로 말하면 실리추구다.[69]

특히 향후 가격결정방식이 원가와 수요공급 상황, 국제시장 가격을 모두 반영하면서 보다 유연하게 변화 조정되는 정도로 운영된다면 이는 곧 시장메카니즘의 핵심부분이 도입되는 것이라 할 수 있다. 이런 맥락에서 가격제도의 변화는 계획체제 및 기업경영-관리에도 중대한 영향을 파급시킨다. 하지만 북한 당국은 가격결정 방식을 완전히 시장상

---

68) 정형곤, 앞의 글, 96쪽.

69) 「높아가는 일욕심, 경제에 활력, 7.1조치이후 일어난 변화-강경순 국가가격제정국 종합처장에게 듣다」, ≪조선신보≫ 2003년 3월 14일자.

황에 연동되도록 하지는 않을 것이며, 가격당국의 지도를 받아 조정하는 방식이 될 것이라고 한다.[70] 그러나 과거와 같은 고정가격제로 운영될 수는 없을 것이고 어느 정도 유연하게 조정이 이루어질 것으로 볼 수 있다. 따라서 가격제도의 개혁만으로 이미 시장지향의 신호를 반영하고 있으며, 개혁적 요소는 포함되어 있다고 할 수 있다.[71]

둘째, 공장, 기업경영의 계획분권화이다. 기업경영의 분권화 조치는 과거 사회주의 국가들이 경제개혁을 하기위해 분권화 조치가 동반되었다. 즉 분권화 초기에는 기업의 평가방법을 총생산량에서 판매량으로 바꾸고, 수익성을 기준으로 평가하는 것으로 바뀌었고, 더 나아가서는 기업의 재량권을 확대하여 자율적으로 가격과 임금을 결정하고, 생산원자재를 조달할 수 있는 권한을 부여하였다. 북한은 1965년 이래 국가계획의 수립권한은 국가계획위원회에 집중되어 계획의 일원화, 세부화 원칙이 유지되었다. 현재 추진하고 있는 분권화는 계획작성, 가격제정, 자재공급 전반에 걸쳐있다. 계획작성과 관련해서 전략적 중요성을 가진 지표는 국가계획위원회에서 계획하지만, 나머지는 해당 기관·기업소에서 하도록 했다.[72] 특히 지방경제 부문은 공업총생산약이나 기본건설투자액 등 중요지표를 제외한 세부지표들은 도, 시, 군 자체 실정에 맞게 계획하도록 했다. 가격제정에서도 지방공업 생산품은 상급기관의 감독아래 공장자체로 결정하도록 했다. 자재공급체계에서도 생산물의 일부분을 자재용 물자교류에 사용할 수 있게 하였으며, '사회주의물자교류시장'을 허용했다. 이것은 계획의 일원화, 세부화 조치가 변화되었다. 북한 당국은 분권화를 통해서 공장이나 기업소의 자율성을 보장함과 동시에 독립채산제의 시행을 강화함으로써 경제운영에 있어서의 실리와 효율성을 도모하고자 한 것이다.[73]

분권화의 정도와 범위가 문제가 되겠지만 계획기능의 상당한 부분이 기업소나 지방으로 이양되고 있는 바, 이것은 계획 및 조정기구의 직접적인 분권화에 해당되므로 당연히 개혁의 범주에 들어간다. 단지 이것이 현재 진행 중인데다 그 범위와 깊이를 정확히 가늠할 수 있는 정보가 없어서 현재로서는 단정적으로 판단하기에는 어려움이 있다. 하지만 전반적으로 보아 과거와는 분명히 다른 범위와 심도를 갖고 있는 것은 분명하다. 그 외에도 독립채산제의 강화, 기업구조조정, 당의 역할 축소, 평균주의 배제를 통한 인센티브제 강화와 같은 조치들도 경제체제의 핵심요소인 계획기구에 직접 또는 간접적으로 적지 않은 영향을 미칠 수 있는 개혁적 요소들이다.

셋째, 현물경제에서 화폐임금제로 전환했다. 임금지급 방식에서 과거 배급제는 일종의 현물임금 방식이었다. 국가가 재정보조금으로 수매가격보다 낮은 배급가격을 책정한 것이다. 그러나 이번 조치로 국가의 보조정책은 폐지되었다. 화폐임금제로 전환한 것이다. 동시에 모든 소비품과 중간재의 가격이 현실화됨으로써 경제운영의 기본원리가 물적 균형에서 화폐를 매개로 한 균형체제로 전환되었다. 화폐임금제로의 변화는 다양한 의미를 지니고 있다. 우선적으로 독립채산제를 비롯한 인센티브정책의 변화를 의미한다. 현물임금 방식은 기업의 생산비용 계산을 어렵게 했다. 임금을 개별기업이 아니라, 국가가 현물형태로 지급해 왔기 때문이다. 당연히 기업의 이윤계산은 불가능해지고, 엄격한 독립채산제를 적용하기 어려워진다. 공장단위에서의 인센티브 정책 역시 마찬가지다. 현물임금제도에서 도급제를 비롯한 임금 차등은 인센티브 효과

---

73) 한국은행, 「최근 북한 경제조치의 의미와 향후 전망」, ≪보도자료≫ 2002년 8월 22일자.

가 거의 없었는데, 이는 화폐의 기능이 제한되었기 때문이다.

따라서 화폐임금제로의 전환은 정치 사상적 자극의 군중노선 방식을 물질적 자극으로의 중심이동을 의미한다. 나아가 조직적 주민통제와 노동이동의 제한수단으로 사용되어 왔던 배급제의 통제적 기능 역시 변화가 불가피하다.

넷째, 계획경제체제의 기형화이다. 즉 계획경제 부문과 사경제 부문으로 이원화되어 있다.[74] 북한 당국은 '계획경제의 실패'에 직면하여 계획경제체제를 복원해야 할 것인지 또는 시장경제원리의 적용을 위해 개혁을 추진해야 할 것인지를 선택해야 할 상황에 처했던 것이다. 만약 7.1조치의 목적이 계획경제체제를 복원하기 위해서라면, 배급제도의 복원, 계획의 일원화, 세부화 원칙 강화를 통한 공장 기업소의 자율성 배제, 강제적 화폐교환 등의 조치가 필요하다. 하지만 7.1조치는 이러한 방향과 배치되며, 계획경제체제의 복원의도와는 상당한 거리가 있는 것으로 볼 수 있다. 북한에서 사경제 부문이 확산된 것은 국가배급체계가 붕괴된 데 기인한다. 사경제 부문의 확산은 노동력의 계획적인 이용을 제약함으로써 계획경제를 운영하는데 부담으로 작용하였다. 따라서 배급제도가 정상화되어야만 사경제 부문의 축소 및 노동력의 계획적 이용이 가능한데 실제 배급제도를 폐지하는 방향으로 이루어지고 있다는 점이다. 그리고 사경제 부문이 확산되면서 북한주민들은 부업을 하거나 물자를 구입하기 위해 현금을 개별적으로 축적해 두고 있는데, 이러한 현금 규모는 한국은행의 발표에 의하면 730억원(1990년의 97억원의 7.5배)에 달하는 것으로 추정한다.[75] 만일 북한이 과거와 같은 화폐교환 조치를 실시하면 주민들이 보유하고 있는 현금을 시장에서 사용할 수 없게 되어 사경제 부문의 축소 및 계획경제체제의 복원을 도모할 수 있을

---

74) 계획경제 부문은 계획경제체제가 비교적 정상적으로 작동하고 있는 석탄, 전력, 화학, 기계, 수송 등의 기간산업 분야를 의미하며 사경제 부문은 계획경제가 적용되지 않는 농민시장을 말한다.

75) 한국은행, 「최근 북한 경제조치의 의미와 향후 전망」, ≪보도자료≫ 2002년 8월 22일자 참조.

것이다. 하지만 북한 당국은 화폐교환 조치를 실시하지 않고 역으로 임금인상 조치를 통해 현금공급을 확대하는 조치를 취한 것이다. 따라서 계획경제체제의 복원보다 시장경제 원리의 수용에 중점을 두고 있는 것으로 판단된다.

북한의 계획경제의 특성이 약화된 것은 주지의 사실이다. 즉 개인장사나 개인부업 등 사적 부문의 급격한 부상, 그리고 국영, 집단부문에 대한 계획중앙의 관리 통제 능력이 약화됨과 더불어 국가독점은 약화되고 있다. 앞의 제3장에서 보았듯이 당중앙의 독점적인 자원추출 능력과 정치적 기준에 따른 차등적 재분배의 능력 약화로 말미암아 경제정책 결정에 있어서의 직접적인 통제나 규제는 약화되고 있다.76) 이러한 현상은 단순히 계획경제의 문제점과 모순에 대한 대응책을 요구하는 것이 아니라, 궁극적으로 계획경제의 전환을 가져올 수 있는 주요 동인으로 작용할 수 있다고 판단된다.77)

결과적으로 북한이 추진하고 있는 7.1조치는 시장지향적 개혁의 성격을 바탕으로 실리사회주의를 추구하는 것으로 볼 수 있다. 7.1조치는 역사적으로 드러난 사회주의 경제개혁의 일반적 특징을 두루 갖추고 있다. 따라서 정책결정자의 의도와 상관없이 시장지향 개혁이라 불러야 할 것이다. 김용술 북한 무역성 부상은 2002년 9월의 도쿄 설명회에서 경제개혁이란 표현을 사용하였다. 또한 7.1조치를 큰 변화로 보는 것은

---

76) 따라서 계획경제의 침식이 가져오는 실제적인 사회경제적 변화의 폭과 속도를 고려할 때, 긍정적이든 부정적 방향이든 점진적 시장화의 가능성이 매우 높아지고 있다. 이러한 전망의 근거는 첫째, 배급제의 마비를 농민시장이 대체하는 상황, 둘째, 기업소 간의 준 시장적 거래를 포함한 다양한 뒷거래 활동이 중앙의 하부단위에 대한 자재공급 기능을 보완하고 있는 점, 셋째, 자력갱생이 구체적으로 강제되는데 따른 공장 기업소 등 하부단위들의 사실상의 자율성 증대 혹은 반(半)사적 기업화 현상, 넷째, 상당수 간부층들의 비공식적인 수입원의 창출과 주민층의 자구적인 경제활동들이 성행하고 있다는 측면 등이다. 이와 더불어 당국차원에서도 다양한 탈계획적 경제의 확대를 적극적으로 제지할 수 없는 어려움이 따르고 있다는 점을 종합적으로 고려할 때 원래의 목표와 의도와는 별도로 점진적인 시장적 변화의 길로 접어들었다고 할 수 있다.

77) 정세진, 앞의 글, 225-226쪽.

그것이 '농민시장'이 '종합시장'으로 바뀐 변화와 같이 이루어졌기 때
문이다. 자의반 타의반 시장의 수요가 아래 단위의 창발성과 연결되면
서 자주경영권의 확대로 이루어질 가능성을 열어놓은 것이다. 또한 농
업과 공업에서의 아래 단위 창발성의 수요가 시장의 성격을 변화시킬
수도 있는 것이다. 이러한 의미에서 7.1조치가 국정가격과 농민시장의
가격차이를 줄이고 종래의 배급제도에 의한 상품의 배분을 시장에 맡
겼다는 것은 대단한 의의가 있다. 7.1조치후의 변화도 바로 이 '시장'에
서 찾을 수 있는 것이다.

북한의 공장기업소들은 7.1경제관리개선조치 이후 실리에 중점을
둔 기업관리를 하고 있으며, 그 결과 생산성이 크게 향상된 것으로 나
타났다.[78] 7.1조치가 실리를 바탕으로 수익성을 추구한다는 것은 사회
전반에 걸쳐 변화를 동반할 여지를 가지고 있다는 점에 주목할 필요
가 있다.

북한 당국은 자본주의 경제요소인 시장의 기능을 중시하고 있으며
앞으로 대담하고 유연한 경제개혁을 추진해 나갈 것이라고 강조했다.
≪조선신보≫는 북한이 최근 농민시장을 종합시장으로 확대 개편한 사
실을 예로 들면서 "인민경제의 부흥을 위해 경제개혁 정책을 적극적으
로 활용해 나갈 방침을 세운 것으로 보인다고 분석했다.[79] 즉 "최근 북
한의 경제행정 일꾼들은 시장도 상품유통의 한 형태라면서 사회주의를
하지만 시장의 기능을 홀대해서는 안 된다고 강조하고 있다"며, "이는
시장이 인민들의 수요를 충족시키는 공간으로 기능하고 있다는 점을
인식하고 있는 것"이라고 보도했다. 나아가 "농민시장을 종합적인 소비
품 시장으로 확대한 것은 일련의 경제개혁의 연장선상에서 시장의 기
능에 대한 관점의 전환이 이뤄진 것"이라고 강조했다. 북한의 ≪조선중

---

78) 「실행단계에 들어선 조선의 새 세기전략」, ≪조선신보≫ 2002년 12월 25일자;
「건달군은 허용될 수 없다: 실리보장을 위한 경영개선대책」, ≪조선신보≫ 2002년
7월 9일자; 「농민들을 생산의 주인으로」, ≪조선신보≫ 2002년 8월 2일자; 「되살
아난 대규모화학공업기지」, ≪조선신보≫ 2002년 11월 15일자.

79) ≪조선신보≫ 2003년 6월 17일자.

앙통신≫은 2003년 6월10일 '농민시장'이 농산물뿐 아니라 공산품도 거래할 수 있는 종합시장으로 바뀌었다면서 이러한 조치를 '경제개혁'으로 표현했다.[80]

화이트(Gordon White)는 현실 사회주의에서의 시장개혁을 '호랑이 등에 올라타기'로 비유한 바 있다.[81] 이런 맥락에서 계획경제에서 시장메커니즘의 도입은 자연발생적인 확산효과가 있다. 사회주의 국가들의 경험이 시사하듯 실제 경제체제의 개혁이라는 것은 위로부터의 정책선택이라기 보다는 아래로부터의 사회경제적 압력에 직면하여 사후적인 공식화로 전개되었던 측면을 살펴볼 필요성이 있다. 특히 중국의 개혁과정 대부분은 사실상의 변화를 추인하는 것으로 중앙당국이 아래로부터의 변화를 사후적으로 승인하는 식이었다.[82]

북한은 개혁·개방을 '수령제' 통치체계의 이완을 의식해 거부반응을 나타내어 왔지만,[83] 이데올로기적 정당화 수사보다는 계획경제의 침식

---

80) ≪조선중앙통신≫ 2003년 6월 10일자. "올해 들어 회계법이 채택되고 농민시장도 종합적인 소비품시장으로 확대했다"면서 "농산물이나 토산물뿐만 아니라 공업품까지 사고 팔 수 있는 이러한 종합시장이 북한 전역에 조성되고 있다"고 하고, "공화국정부는 내각결정 제22호, 제128호, 제129호를 비롯한 결정들에서 인민생활을 높이기 위한 조치의 일환으로 생활비를 인상하도록 하였다 그리고 여러 기회에 걸쳐 경제개혁을 추진시켜 왔으며 다른 나라들과 합영 합작도 적극 장려하고 있다"고 보도함으로써 북한은 시장운영에 관한 경험이 없기 때문에 외국으로부터 최대한의 협조를 구할 계획이라는 점을 공개했다.

81) Gordon White, *Riding the Tiger: The Politics of Economic Reform in Post-Mao China*, Stanford, California: Stanford University Press, 1993 참조.

82) Wingthye Woo, "The Art of Reforming, Centurally Planned Economies: Comparing China, Poland and Russia," *Journal of Comparative Economic*, vol.18, no.9, 1994, pp.281-284.

83) "개혁 개방에 대한 우리들의 립장은 명백하다. 우리는 이미 주체사상의 원리에 기초하여 경제관리 체계와 방법을 우리식으로 끊임없이 개선하여 왔으며 지금도 개선하고 있다. 우리의 대외경제관계도 평등과 자주성의 원칙에서 열어 놓을 것은 다 열어놓았다. 우리나라의 문호가 언제 한번 폐쇄된 적이 있었는가. 우리에게는 새삼스럽게 더 개혁할 것도 없고 개방할 것도 없다. 제국주의자들이 우리보고 개혁 개방하라는 것은 결국 자본주의를 되살리라는 것이다. 적들은 언제인가는 우리나라도 서방식을 받아들이게 될 것이라고 하고 있지만 그것은 우리의 신념과 의지를 오판하고 있는 어리석은 수작이다." 「자립적 민족경제노선을 끝까지 견지하자」, ≪로동신문≫, ≪근로자≫ 공동논설, 1998년 9월 17일자.

이 가져오는 사회경제적 변화의 폭과 속도, 이에 대한 북한당국의 암묵적인 정책모색 등에 주목할 필요가 있다. 사회주의 담론의 성격을 고려할 때, 시장개념은 사회주의이론 내에서도 가능하다. 사회주의는 자본주의에서 공산주의로 나아가는 과도기 체제이기에 시장, 가격, 원가, 이윤과 같은 개념들을 포함하고 있다. 대부분의 국가들은 경제개혁의 초기의 변화를 사회주의 이론 틀로 정당화하고자 한다. 이데올로기의 변화는 언제나 현실적 변화보다 늦으며, 사후적으로 정당화하는 경향이 있다. 1978년 중국의 11기 3중전회가 열리고 등소평의 개혁실험이 출발했던 당시의 이데올로기는 실사구시였다. 사회주의 초급단계론이 당내에서 공식적으로 인정된 것은 10년이 지난 1987년이었다. 북한의 정치·사상적 경직성, 즉 수령제 정치체제의 특성을 고려한다면 현재의 정책변화를 설명하기 위한 보수담론의 지속은 불가피하다. 현재 북한에서 나타나고 있는 사회주의 원칙, 즉 우리식 계획경제고수 및 집단주의의 우월성 등과 같은 보수 담론은 북한 당국의 의지라기보다는 정책변화를 기존의 이데올로기적 담론 재해석을 통해 완충해보려는 정당화에 다름 아니다. 문제는 북한이 보여주고 있는 공식담론의 경직성이 아니라, 현실에서 발생하는 실제적인 정책변화의 내용과 사회경제적 기능이다. 사회주의 경제를 파악하는데 있어, 중앙의 역할을 과대평가하는 지나친 중앙집권적 관점을 탈피할 필요가 있다고 하겠다.

3. 경제개혁 정책의 극복과제

북한의 7.1조치가 몇 년간의 준비기간을 거쳐 시행하고 있는 것으로 인식되지만, 그렇다고해서 아주 이상적인 조건에서 착수한 것은 결코 아니다. 강일천 재일본 사회과학자협회 상임이사는 7.1조치의 성공의 초기 조건으로 ①당면한 공급물자의 확보와 국영상업망에로의 투입, ②생산의 정상화, ③경제구조의 개선, ④정책의 정확한 침투와 편향없는 집행이 진행되어야 한다고 말한 바 있다.[84] 또한 단기 및 중장기

조건으로 ①에너지와 기초 원료의 조달의 확대, ②수송과 통신을 위한 하부구조의 정비, ③설비의 갱신, ④대외경제관계의 결정적 개선과 같은 요소들이 구축되어야 성공할 수 있다는 것을 강조한 바 있다.[85]

일반적으로 사회주의 국가들이 체제전환을 시도할 때, '가격자유화'는 필수적인 개혁조치이나 북한의 경우 국가의 가격제정 원칙을 견지함으로써 체제전환 국가들과 차이를 보인다.[86] 체제전환국들은 개혁정책을 대내외적으로 천명하는 것이 일반적이나 북한의 경우 7.1조치가 시장경제적 요소를 내포하고 있음에도 불구하고 이를 부정하고 있다.[87] 북한은 러시아 및 중국 등 체제전환국들과 달리 '사회주의원칙에 기초하여 경제개혁을 독자적인 방식으로 추진하고 있다고 주장한다.[88] 이러한 점들은 북한의 7.1조치가 체제전환국들의 개혁과는 다른 방법에 기초하고 있음을 시사하고 있다.

이와 같이 북한의 7.1조치는 실리주의 지향성, 시장지향성을 갖고 있는 것이 사실이지만 일부 이중적인 측면도 분명 갖고 있다. 그동안 추진된 일부 정책들은 과거의 정책으로 회귀하거나 중앙의 통일적 지도와 통제를 통한 계획기구의 유지와 강화를 강조하는 것도 부인할 수 없다.[89] 그러나 이러한 경향은 외부의 시장지향적 개혁이라는 반응에 대

---

84) 강일천, 앞의 글, 42-43쪽.

85) 강일천, 「7.1경제관리개선조치 1년의 평가와 재해석」, 『7.1경제관리개선조치의 평가와 향후전망』, 고려대 북한학연구소, 2003. 6, 8쪽.

86) 북한의 가격제정국 관계자는 "앞으로 생산이 활성화하면 수요와 공급 상황을 고려하여 가격을 다시 제정할 수 있지만 공급자가 제 멋대로 할 수는 없다. 가격을 철저히 중앙과 지방행정 단위들에 조절하도록 하는 체계가 세워져 있다. 시장의 원리가 그대로 가격에 반영되는 일은 없다"라고 했다. ≪조선신보≫ 2002년 7월 26일자.

87) 북한 당국은 "최근 조치에 대해 자본주의 국가들이 '시장경제도입의 징조'라고 해석하고 있는데 대해 사회주의에 대한 원리적인 이해고 없고 사회주의건설의 역사적인 과정에 대한 초보적인 지식도 없는 사람들의 변설"이라고 강조했다. ≪조선신보≫ 2002년 7월 26일자.

88) ≪조선신보≫ 2002년 7월 31일자.

89) 하지만 예컨대 '제2의 천리마 진군운동'이나 '라남의 봉화' 같은 노력동원이나 사상투쟁 같은 요소들은 대체로 1990년대 후반 단기적인 운동으로 끝난 경우가

한 자기 보호적 반응으로 볼 수 있으며, 7.1조치의 기본 틀과 개혁적 의미를 퇴색시키지는 않는다고 본다.

여기서는 7.1조치의 문제점을 검토하고 시장개혁이 성공하기 초기 운용조건을 설명한다. 첫째, 북한의 가격개혁이 성공하기 위해서는 식량과 생필품의 지속적인 공급이 절대적으로 필요하다. 따라서 문제의 핵심은 북한당국의 공급능력이다. 식량과 소비재의 공급이 정상화된다면 임금현실화로 노동자의 의욕은 증가하고, 암시장의 비중은 수요부족으로 감소할 것이다. 생산재의 공급 역시 정상화된다면, 공장들도 보다 강화된 독립채산제의 원칙에서 이윤증대를 위한 생산에 주력할 것이다. 그러나 현재 북한의 식량수급 상황으로 보아 국가의 공급능력은 한계가 있다. 지방공업을 비롯한 소비품 공급능력도 조만간에 정상화되기 어렵다. 식량과 소비품의 공급이 차질을 빚게 되면 암시장은 다시 활성화된다. 초과수요로 암시장에서의 가격은 폭등할 것이고, 공급부족 상황에서 암시장 가격이 폭등하면 임금은 의미를 상실한다. 암시장 등 비공식 부문을 축소시키기 위해서는 가격을 수급상황에 맞게 탄력적으로 운영할 수밖에 없다. 문제는 5-10% 범위 내의 조정이 가능하도록 물자를 확보할 수 있어야 한다.[90]

북한은 단기간 동안은 비축해 놓았던 물자를 공급함으로써 어느 정도 물가안정을 기할 수 있을지 모르나 장기적으로는 낙후한 생산시설로 인해 공급을 늘리기에는 어려운 상황이다. 따라서 공급이 절대적으로 부족한 상황에서 가격을 현실화한 것은 또 다른 물가압력을 부채질하게 되고, 원래 의도하지 했던 비공식 부문의 공식부문으로의 흡수도 어렵게 될 수 있다. 특히 임금인상으로 그동안 사용되지 않던 잉여화폐가 유통부문으로 흘러들어오면서 인플레이션이 발생할 가능성이 높다. 인플레이션의 정도가 심할 경우 정치체제의 불안정까지 초래할 수 있다. 결국 시장화의 추진과정에서 발생할 수 있는 거시경제의 불안요인 가

많았다는 점을 상기할 필요가 있다.

90) 조동호 외, 앞의 책, 257쪽.

운데 가장 위협적인 것은 인플레이션이라고 볼 수 있다. 따라서 북한의 7.1조치의 시장시향적 개혁이 성공하기 위해서는 가격 안정화정책 (stabilization policy)을 어떻게 탄력적으로 운용하는가 하는 문제가 핵심이라고 할 수 있다.[91]

둘째, 인플레이션을 막고 안정적인 물가를 유지하기 위해서는 가격자유화 조치가 이루어지지 않으면 안된다. 북한이 7.1조치 이후 생산위주의 가격을 강조하고 있지만,[92] 완전한 가격자유화는 아니다. 북한은 가격자유화를 통해서 가격의 왜곡을 시정하고, 동시에 태환의 자유를 보장하고, 일정부문 이상 시장개방을 통해서 국제시장가격에 적응할 수 있도록 해야 한다. 경제개혁 초기 가격자유화 조치로 인해서 동유럽 국가들이 1990년대 초인플레이션(hyperinflation)을 경험했지만,[93] 생산자는 시장에서 공급이 부족한 제품을 생산함으로써 일정 기간이 지나면 시장에서 가격이 안정되게 된다.

따라서 가격자유화는 개혁과정에서 점진적으로 이루어져야 한다. 거시경제 불안정을 해소하기 위해서 재정적자와 물가급등을 막는데 초점이 있다. 가격자유화는 농업생산물의 가격자유화부터 환율의 실세에 이루기까지 포괄적인 것이다.[94]

셋째, 재정개혁도 필수적으로 동반되어야 한다. 재정과 금융의 분리는 사회주의 계획경제의 속성, 즉 재정에 대한 금융의 종속적 성격에 변화를 가하는 것을 의미한다. 구체적으로는 세출 면에서 막대한 부담을 주는 국영기업에 대한 보조금을 철폐하고, 국영기업에 대한 재정부담을 금융의 자율에 맡김으로써 분권적 시장경제로의 이행을 촉진하는

---

91) 양문수, 「북한의 시장화 초기 거시경제 운용방향」, 《아세아연구》 46권 3호, 2003년, 33-37쪽. 양문수는 사회주의경제에서의 시장화 초기의 정책은 첫째, 가격자유화, 사유화, 금융개혁 등 구조개혁(structure reform)이고, 둘째, 거시경제상의 불안요인에 대처하는 안정화정책(stabilization policy)이라고 한다.

92) 「생산자위주의 가격조정」, 《조선신보》 2002년 8월 2일자.

93) 정형곤, 앞의 글, 99-100쪽.

94) 김성철, 「김정일의 경제인식에 관한 담화 분석: 개혁 개방 가능성과 방식을 중심으로」, 《현대북한연구》 3권 2호, 2000, 56-57쪽.

것이다. 사회주의 경제에서 금융이 재정에 종속되는 원인은 중앙은행이
예금과 대출에 있어서 결정권을 갖지 못하는 반면 국가 계획의 목표달
성을 위해 국영기업에 자금을 투입하는 의무만 지니기 때문이다. 개혁
과정에서 금융부문은 이분화 되어 거시 금융 정책을 담당하는 중앙은
행과 다수의 상업은행으로 재구성되어야 한다.

국영기업 개혁은 비효율과 손실만 초래하는 상업과 공장, 기업소를
퇴출시키고, 생산성이 높은 분야를 장려하기 위한 것이다. 일반적으로
개혁정책 이전에는 국영기업이 이윤, 감가삼각비, 자본이용료 등을 대
부분 국가재정에 귀속시키므로 재정공급이 환원이 되는 한편, 국가재정
을 공급받아 투자를 하므로 산업발전과 경제성장을 촉진하는 기능을
수행하게 되어 있다. 국영기업이 국가목표에 따라 효율적으로 운영되는
경우에는 주요 재정 공급원이 되지만, 그렇지 않은 경우에는 재정적자
를 누증시키는 요인이 된다. 개혁을 추진하는 사회주의 국가는 바로 이
같은 비효율과 재정적자를 해소하기 위해서 가격자유화 및 재정 금융
개혁과 함께 국영기업의 개혁을 추진하게 된다.[95]

넷째, 산업구조는 경제개혁의 방법에 영향을 미치는 중요한 요인이다.
북한의 7.1조치가 시장개혁으로 성공하기 위해서는 산업구조의 변화가
필수적이다. 북한은 과거 동유럽 국가에 비해서 경제발전 단계가 훨씬
뒤떨어져 있다. 구 소련이나 동유럽의 경우 계획경제 시기에 이미 공업
화 단계를 거치면서 북한 보다 훨씬 먼저 산업화가 이루어졌고, 국영부
문에 종사하는 인구가 90%에 이르고 있었으며, 농업인구는 상대적으로
극소수에 불과하였다. 따라서 동유럽의 경우에는 상대적으로 전체 국민
경제에서 차지하는 비율이 낮은 농업부문을 근거로 개혁을 할 수 없는
상황이었다. 이와 대조적으로 북한은 현재 공업부문의 생산가동률이
20-30%에 불과하고, 충분한 자본을 가지고 있지 못하기 때문에 상대가
격의 변화를 통한 자본재의 감가상각이 발생할 가능성이 높지 않다. 따

95) O. Blanchard, R. Dornbusch, P. Krugma, R. Layard and L. Summers, *Reform in Eastern Europe*, Cambridge, MA: MIT Press, 1991, pp.8-16.

라서 북한은 생산요소시장이나 자본시장 등 시장경제를 지탱하는 조건
이 정비되어 있지 않았기 때문에 개혁작업은 경제적 혼란을 크게 초래
하지 않을 가능성이 높다. 북한이 현재 농업부문이나 1차 상품에 있어
서의 생산비중이 높기 때문에 아마도 동유럽과 같이 산업의 구조조정
에 따른 경제적 충격은 덜할 것으로 보인다.[96]

　대외무역구조 면에서 북한은 현재, 과거 동유럽 국가들에 비해서 비
교적 유리한 상황에 있다. 1987년에서 1989년 사이의 구소련과 코메콘
체제와의 교역의존도는 50% 이상이었고, 폴란드와 헝가리 역시 약
40% 정도였다. 따라서 대다수 동유럽 국가들은 1990년대 초반에 동시
에 체제전환을 추진함으로써 급격한 생산과 소비의 감소를 경험해야만
했다. 반면 북한의 무역의존도는 2000년 기준으로 12% 정도로서 동유
럽 국가들보다 훨씬 낮은 편이고, 과거 동유럽 국가와 같이 주변국들의
생산과 소비의 감소로 인한 수출시장의 붕괴 위험이 없다. 뿐만 아니라
북한은 동유럽 국가들과 달리 남한의 자본을 유치할 수 있는 장점이 있
어 우월한 외부환경에서 개혁을 추진할 수 있을 것이다.

　다섯째, 7.1조치는 여전히 사회주의계획경제를 정상화하기 위해 구
조조정이라는 점도 부인할 수 없다. 김경일 교수는 "북한의 변화를 현
단계에서 규명한다면 자유경제가 아닌 계획경제와 집단화를 전제로 한
구조조정이며 그 틀 속에서 농촌과 기업이 창발성을 발휘하도록 생산
방식과 분배방식에서 어느 만큼의 자주권을 부여한 것"이라고 분석했
다. 김경일은 북한의 변화가 되돌아 올 수 없는 다리를 건너는 변화로
서 시장경제로 이어지겠는가 아니면 경제회복을 위한 수단으로만 그치
겠는가 하는데 대해서는 논란의 여지가 있다고 밝히고 있다. 즉 예컨대
"북한이 지향하는 농촌의 변화는 결코 중국식 농촌개혁이 아니며, 자주
경영권이 확대되는 과정이었던 중국의 개혁과 달리 북한 농민들은 독

---

96) 북한은 산업구조 측면에서 1990년대 들어 사회주의시장의 붕괴로 상당 부분 산
　　업구조가 변화되어 현재는 중국의 경제개혁 당시인 1978년의 산업구조와 유사하
　　다. 중국은 농업 37.4%, 공업 37.1%, 기타 25.5%였으며 북한은 농림수산업
　　31.4%, 광공업 25.6%, 기타 부문 43%이다.

립적인 생산자와 경영자로 생산경영의 자주권을 가진 것이 아니다"[97]
고 지적했다. 즉 7.1조치는 "현시점에서 북한은 시장지향형의 경제개혁
정책을 취하지 않고 '명령형 계획경제'를 지도형 계획경제로 개선하는
단계에 머무르고 있다"[98]는 것을 강조한다.

이런 견지에서 볼 때 기업에서 실시하는 독립채산제도 완전한 독립채
산제가 아니며 기업은 결국 시장이 없는 상황에서 결국은 국가에 의존
할 수밖에 없는 것이다. 예컨대 천리마강철연합기업은 강철원자재의
60%를 폐철로 하는데 북한에 폐철이 많고 또한 톤 당 5,500원으로 가
격도 적정하지만, 철도 수송력이 따라가지 못하기 때문에 생산의 수요
를 충족시키기 어렵다.[99] 다시 말하면 여전히 "내각에서 매일, 매달, 인
민들 속에서 일어나는 반향 그리고 현실적으로 시장에서 거래되는 상
품의 가격에 이르기까지 다 종합하여 대책을 세운다는 것이며, 국가가
통제하며 계획경제를 강화하는 한 북한의 개혁은 성공할 수 없다는 점
이다. 즉 북한 당국은 경제개혁에 대한 강한 의지를 보이는 한편 계획
경제에 대해서도 강한 의지를 보이고 있다.

---

97) 김경일, 「북한의 경제관리개선조치의 의의와 향후 전망」, 고려대 북한학연구소,
    앞의 책, 52-58쪽.

98) 이찬우, 앞의 글, 76-77쪽. 북한의 경제관리개선조치는 중국의 개혁·개방의 경험
    과 유사하면서도 다른 우리식의 개혁으로서 지도형 계획경제로의 전환을 지향하
    고 있다. 중국의 경제개혁 초기단계에서의 조치, 즉 지도형 계획경제를 주(主) 하
    고 시장조절의 기능을 종(從)으로 한다는 조치와 현재 북한의 경제관리개선조치의
    내용과 유사하다는 것을 지적하고 있다.

99) 김경일, 앞의 글, 56-57쪽.

제5장 경제특구 확대: 국제적 개방전략

7.1조치에 이어 북한이 경제특구를 지정 발표함으로써 세계의 언론들은 "북한 지도자가 새로운 시대의 요구에 맞게 진지한 모색과 준비 끝에 내린 중요한 결단이며, 건국 이래 최대의 경제정책의 반전이며 김정일 위원장의 사활을 건 도박"으로 묘사하였다.[1]

북한은 7.1경제관리개선조치를 실시한 이후 신의주 특구지정과 개성과 금강산 지구를 특구로 지정 발표하였다. 7.1경제관리개선조치와 신의주, 개성, 금강산 특구 지정은 계획경제체제의 내부 시스템의 정비와 함께 대외개방정책에 대한 북한지도부의 적극적 의지를 반영한 결과라고 볼 수 있다. 또한 IT산업 육성과 기술개건 사업 및 정보화 강조, 그리고 과학기술 중시사상 등 북한의 과학기술에 대한 적극적인 관심은 북한이 기존의 추격발전전략을 생략하고 곧바로 단번도약전략을 채택한 것으로 볼 수 있다. 이같이 7.1조치 이후 북한의 변화는 자본주의 시장과의 제한적 동거를 위한 마지막 선택으로 보인다.

2002년 10월 북핵 사태 속에서 단행한 금강산 및 개성지구의 특구 지정은 단기적으로는 7.1조치와 신의주 특구의 부작용을 예방하기 위한 후속 조치로서 공급물자 부족에 따른 인플레이션 현상을 최소화 하고자 하는 데 일차적인 목적이 있는 듯하다. 그러나 장기적으로는 자립경제의 문제점과 한계를 인식하고 빈곤의 경제에서 벗어나 외자유치를

---

1) *New York Times*, 2002년 9월 25일자.

통한 경제 강성대국 건설로의 정책 전환인 동시에 경제난 해결을 위한 불가피한 선택이라고 볼 수 있다. 이제 북한은 대내외 환경변화에 따라 추진 속도와 폭의 조절만 남았을 뿐, 경제특구를 통한 대외개방 정책 추진이라는 큰 물줄기를 바꾸지는 못할 것으로 전망된다.

지금까지 살펴본 7.1조치의 정책들은 주로 경제체제의 제도적 측면과 관련된 정책들이라고 한다면, 경제특구 정책은 경제발전과 성장전략 측면에서 중요한 의미를 갖는다고 할 수 있다. 따라서 여기서는 북한의 사회주의 경제의 대외개방 조건과 특징, 그리고 북한의 경제특구정책의 전개과정을 살펴본다. 그리고 신의주, 금강산, 개성공업 특구 지정의 배경과 특성, 향후 북한의 특구정책이 성공하기 위한 방향과 과제를 검토한다.

제1절 사회주의경제에서의 대외개방의 조건과 내용

1. 대외개방 정책과 경제특구

북한이 경제난에서 벗어나 지속적인 경제성장을 달성하기 위해서는 경제개방의 확대가 필요하다는 데 대해 외부 관찰자들의 의견은 대체로 일치하고 있다. 그러나 논자에 따라 경제개방의 의미를 다르게 파악하는 경우도 있다. 경제개방이라는 개념 자체가 갖는 의미도 대단히 추상적이다. 그리고 학문적으로 엄밀하게 정의된 용어도 아니다. 현대 경제학에서는 폐쇄경제(closed economy)와 개방경제(open economy)라는 용어를 사용하나, 완전한 폐쇄경제나 개방경제는 현실적으로 존재하지 않는다.[2] 따라서 폐쇄경제에서 개방경제로 이행하는 것을 경제개방으로 규정하기 곤란한 점도 있다. 또한 경제학에서 말하는 폐쇄경제 혹은 개방

---

2) 최신림, 「북한의 경제개방과 산업정책」, 김연철·박순성 편, 『북한의 경제개혁 연구』, 서울 후마니타스, 2002, 225쪽.

경제는 어디까지나 시장경제를 전제한다. 어떻든 북한에 대해 경제개방을 논의할 경우 그 의미와 내용을 구체적으로 제시할 필요가 있는 것이다. 개방이라고 할 때 포함되는 내용과 기준, 조건에 대한 일반적 기준이 있어야 하며, 북한의 대외개방정책에 대한 분석도 가능할 것이다.

북한에 대해 말하자면, 경제개방은 강성대국 건설 혹은 인민생활의 향상을 위해 필수적이다. 강성대국을 건설하거나, 인민생활을 향상시키기 위해서는 지속적인 경제성장이 필요하며, 지속적인 경제성장은 산업생산성의 제고 없이 달성될 수 없다. 그리고 산업생산성의 제고는 경제개방을 필요로 한다.

사회주의체제에서 개혁과 개방은 상호작용함으로써 효과성과 안전성이 증진될 수 있다는 것이다. 이런 점에서 흔히 개혁과 개방을 두 수레바퀴에 비유하기도 한다. 개혁 자체가 효율과 성장을 추구하는 정책인 까닭에 외국의 자본과 기술의 도입을 주저할 필요가 없고 선진자본주의 국가와의 무역을 통한 자본축적을 도모하게 된다. 반대로 이 같은 개방으로 인해 개혁은 가속도를 얻게 되며 심도가 깊어지게 된다. 물론 개방에 따른 해외사조의 유입으로 정치적 및 사회적 혼란을 우려하는 경계심리가 지속되지만, 개방을 거부한 채 개혁을 지속시켜 나가기는 어렵게 된다.

이런 의미에서 개혁과 개방은 상호 인과적 관계(mutually causal relationship)에 놓여 있다고 말할 수 있다. 개혁과 개방은 국가마다 차이가 있으며, 특히 국가 규모에 따른 자본축적의 원천에 따라 서로 다른 경로를 밟게 된다. 예를 들어 중국은 일부 경제특구를 개방해 해외자본을 유치하기는 하였으나, 다양한 개혁 조건을 내세우는 국제금융기구의 지원을 절제하였다. 그 결과 정치적 안정을 꾀하는 범위 내에서 개혁·개방의 속도를 자체적으로 결정하고 추진해 나갈 수 있었다. 다른 한편 베트남은 일정 지역의 수출 가공구는 물론이고 나라 전체가 외국인 직접 투자와 함께 국제금융기구의 자본을 수입함으로써 이에 따른 엄격한 개혁 요구들을 수용하지 않을 수 없었다. 원래 해외의존도가 높았던 베트남은 용도와 조건이 명시된 국제금융기구의 지원을 수용함에 따라 일정 부분 강요된 개혁정책을 추진하지 않을 수 없었다. 이렇게 베트남과 같이 자본의 해외의존도가 높은 경우 개혁과정은 개방에 의해 가속화되며 개혁·개방의 상관관계는 높을 수밖에 없다. 반대로 중국처럼 규모의 경제를 가져 자체의 자본축적이 가능한 경우 개혁은 자체적으로 입안되고 추진되며 개방은 개혁의 목표를 충족시키는 수단으로 인식된다.[3]

사회주의 경제체계를 지닌 국가가 개방을 추진하는 목적은 주로 해외자본, 특히 달러와 기술을 유인하고 이를 바탕으로 인프라 구축 및 경공업·농업의 생산성 향상을 위한 제반 설비를 마련하려는 데 있다. 또한 사회주의권 블록에 한정되었던 무역을 국제적 차원으로 확대시키고 역내 경제 블록에 가입함으로써 시장 확보를 도모하게 된다.

이런 점에서 경제개방의 개념을 '세계시장 경제질서에 부합하는 방향으로 대외경제관계의 규모가 확대되고 그 구성과 내용이 변화하는 과정'으로 볼 수 있다. 즉 국민경제가 세계시장경제에 어느 정도 편입되는가에 따라 경제개방의 수준이 달라진다고 보는 것이다. 그리고 경제개방의 구체적인 내용은 대외무역 및 외자도입의 규모가 확대되고, 지역별, 상품별 형태별 구성이 다양화하는 것으로 설정된다. 이 경우 경제개방은 상대적인 평가만이 가능하다. 따라서 대외개방은 다음과 같은 몇 가지의 목표를 지향한다.

첫째, 외국인 직접 투자(foreign direct investment: FDI)로서 외국인에 의한 단독, 합작, 합영 등 다양한 방법의 민간 투자이다. 외국인 민간투자 유치에 경험이 없던 사회주의체제들은 외국인 투자법을 제정하고 경제특구를 지정하여 민간자본 유치에 힘을 기울인다. FDI는 그 방식에 관계없이 민간 자본인 만큼 비교적 해당 국가들 사이의 국제정치적 관계에 따른 영향을 덜 받는 편이다. 하지만 전혀 무관한 것은 아닌 것으로 드러나는 바, 이들 사이의 외교관계 부재로 투자보장협정, 이중과세방

---

3) 김성철, 「김정일의 경제인식에 관한 담론 분석: 개혁 개방 가능성과 방식을 중심으로」, ≪현대북한연구≫ 3권 2호, 2000, 55-56쪽.

지협정 등 경제관계 협약이 이루어지지 않은 상태에서 민간자본이 리스크를 부담한 채 투입되지 않을 것이기 때문이다.

둘째, 국제통화기금(International Monetary Fund: IMF), 세계은행(Word Bank), 아시아개발은행(Asia Development Bank: ADB) 등 국제금융기구들로부터의 금융지원이다. 국제금융기구의 지원은 두 가지 특징을 지니고 있다. 우선 국제금융기구를 주도하는 미국이 자신의 국제정치적 전략과 합치하지 않는 국가에 대해 비토권을 행사한다는 점이다. 이것은 미국이 '대적성국교역법'(Trading with the Enemy Act)과 함께 적대국가에 대해 경제제재를 가하는 중요한 수단중의 하나이다.[4] 과거 미국은 베트남과는 캄보디아 문제와 미군 유해 송환 문제를 둘러싸고 IMF, 세계은행 등의 금융지원을 허용하지 않았으며, 북한과는 핵 및 미사일 개발이라는 현안 때문에 국제금융기구에 대한 가입과 지원을 불허하고 있는 실정이다. 둘째, 국제금융기구의 지원들에는 반드시 용도와 조건이 따라붙는다는 점이다. IMF는 재정, 금융, 외환정책의 정상화 또는 합리화를 조건으로 하는 구조조정 프로그램을 요구한다. 또한 간혹 민간주도의 상업차관 도입을 제한하기도 하는 바, 이는 과도한 자금조달이 경제에 미치는 부정적 영향을 우려해서이다. 한편 세계은행은 저리 또는 무이자의 장기 융자 형태로 주로 발전소, 도로, 항만, 농업관계 시스템, 상수도 등 사회간접자본 프로젝트와 교육, 보건 의료, 금융관련 프로젝트를 지원한다. 즉 IMF의 지원이 주로 해당국의 금융정책 현대화와 구조조정을 목표로 하는 것인 반면, 세계은행의 금융지원은 사회간접 자본 관련 프로젝트에 투입함으로써 경제개발과 생산력 증대를 위한 기간산업발전에 목표를 두고 있다.

---

4) 적대국가에 대한 미국의 경제제재에는 크게 두 가지원칙이 있다. 첫째, 미국인의 적대국의 거래 관계 금지와 미국 제품의 교역 금지로서, 이것은 재무부와 상무부가 관여한 무역경제 제재로서 '대적성국교역법'에 근거한다. 둘째, 미국이 국제금융기구에서 자국의 영향력을 행사하는 것으로서, 특히 ODA 공여에 대한 비토권을 통한 경제제재이다. 미국은 세계은행, 국제통화기금, 아시아개발은행 등을 주도하면서 적대국에 자금 지원을 거부하는 바, 그 영향력은 무역 경제제재에 비해 훨씬 크다.

셋째, 국제금융기구, 경제협력개발기구(Organization for Economic Co-operation and Development), 유엔기구들로부터의 공적 개발원조 (Official Development Assistance: ODA)이다. ODA는 성격상 사회간접 자본을 구축하는 프로젝트에 투자되고 있다는 점에서 장기적 목표를 가진 지원행태라고 할 수 있다. 개별 국가로 보면 일본이 ODA 공여국가로서 크게 부상하고 있는 점이 우리의 특별한 관심을 끈다. 그러나 일본의 ODA는 '얼굴이 보일 수 있는 원조'라는 정책적 목표에 따라 민간기업의 참여적 개발을 강조하는 성향을 가지고 있다는 점에 주목할 만하다.5)

넷째, 세계 경제체제에 대한 편입과 세계시장의 진입이다. 개혁·개방을 시도하는 국가는 이를 통해 주요 서방국가들과의 무역협정을 체결함으로써 저임금의 노동집약적 산업 상품의 수출을 통해 자본 및 기술축적으로 도모한다. 이를 위해서는 해당 국가와의 외교관계 개선에 진력해야 하며, 관세인하, 지적 재산권 보호, 투자 장벽 완화 등 많은 의무조항을 준수해야 하는 부담도 있다. 중국, 베트남은 이미 무역 협정을 통해 미국과 각각 항구적 정상 무역관계(permanent normal trade relation) 또는 정상무역관계(normal trade relation)를 맺었다. 중국은 이미 세계무역기구(World Trade Organization)에 가입하였고, 이는 이른바 사회주의 시장경제의 마지막 도전이자 목표이다.6)

결국 대외경제개방은 다방면에 걸친 것이다. 이것은 무역의 확대, 자금의 개방 등 외국인 투자유치가 중심이다. 하지만 인적 교류의 개방이나 해외에서의 관광객이나 기업관계자의 방문도 빠뜨릴 수 없는 요소이다.7) 이러한 경제개방은 왜 필요한 것인가. 혹은 개방의 의의 내지

---

5) 김성철, 앞의 글, 60쪽.

6) 대외무역 및 외자도입의 확대가 경제성장에 긍정적인 역할을 미친다는 것은 이미 입증된 사실이라 할 수 있다. 따라서 경제개방의 필요성을 논의하는 것은 불필요한 일일지 모른다. 그러나 경제개방의 필요성을 너무나 당연시함으로써 경제개방 자체를 목적으로 인식하여 그것이 다른 어떤 목표를 실현하기 위한 수단이라는 사실을 간과해서는 안 된다.

목적은 무엇인가. 사회주의 제국의 경우, 국내자금부족 보충의 필요성, 기존 기업의 낡은 기술, 설비의 개조, 효율화의 필요성과 같은 것들이 대외경제개방에 대한 압력을 형성했다고 볼 수 있다. 왜냐하면 경제적으로 뒤떨어져 있는 사회주의국가가 선진자본주의국가에서 개발된 기술을 도입하는 것은 경제를 급속히 발전시키기 위한 불가결한 요소이며, 또한 외국의 자본설비를 도입함으로써 용이하게 자본형성을 할 수 있기 때문이다.

무역의 확대는 기업 또는 국민경제가 국제경쟁에 직면하게 됨을 의미하기도 한다. 어떤 제품이 국제시장에 수출될 수 있다는 것은 그 제품이 가격과 질의 면에서 국제경쟁력을 갖추고 있다는 것을 의미한다. 국내시장에서의 경쟁보다도 국제시장에서의 경쟁이 훨씬 심하다. 기업 또는 국민경제는 기술혁신이나 신제품의 개발, 제도개선, 산업간 자원의 재분배 등을 통한 생산성의 향상에 힘을 기울이지 않을 수 없다. 이렇게 해서 무역의 확대는 국제경쟁 압력에 의해 효율성의 개선을 강제하게 된다. 개혁이라는 것이 효율성을 키워드로 하는 것이라면, 여러 가지 제도적 결함에 기인하는 내재적인 개혁압력이 한쪽에서 개방을 강제하고 그 개방이 한 걸음 더 나아간 개혁을 요구하는 구조로 되어 있다. 또한 개혁이 대외개방의 국내적 조건을 정비·제공하고 대외개방은 제도개혁을 국제적 측면에서 지원 촉진하는 관계로 되어있다고 할 수 있다.

대외무역 및 외자도입의 확대가 경제성장에 긍정적인 역할을 미친다는 것은 이미 입증된 사실이라 할 수 있다. 따라서 경제개방의 필요성을 논의하는 것은 불필요한 일일지 모른다. 그러나 경제개방의 필요성을 너무나 당연시함으로써 경제개방 자체를 목적으로 인식하여 그것이 다른 어떤 목표를 실현하기 위한 수단이라는 사실을 간과해서는 안 된다.

---

7) 양문수, 「북한의 2000년대 경제개발 전략에 관한 연구」, 통일부, 『2001 북한 및 통일관련 논문집 IV』, 2001년, 192쪽.

2. 경제특구의 특징

경제특구는 개발도상국들이 경제발전을 추진하기 위하여 필요한 자
본과 기술을 선진국가에서 도입하기 위한 발전전략의 일환으로 많은
개발도상국들이 이러한 경제특구 전략을 운영했거나 또는 지금까지 운
영해오고 있다.[8] 경제특구(Special Economic Zone)라는 용어는 1979년 중
국이 대외개방정책의 일환으로 동남부 연해 4개 지역에 대해 사용한
명칭이다. 그러나 이제 경제특구는 중국의 경제특구만을 가리키는 용어
라기보다는 세계 각국에서 법적 또는 제도적으로 국내의 다른 지역과
구분하여 생산, 무역, 조세상의 특별한 대우가 주어지는 자유무역지대,
수출자유지역, 수출가공구와 같은 지역을 총칭하는 것으로 보편화되었
다.[9]

유엔공업개발기구(United Nations Industrial Development Organization:
UNIDO)의 정의에 따르면 경제특구란 "어떤 한 국가 내에 정책적으로
특별히 선정된 공업단지 지역으로 이곳에 진출하여 투자하는 기업에
대해서는 일련의 우대조치를 적용시켜 줌으로써 국내 및 외국기업들이
해당 지역에 진출, 기업을 설립하여 경영활동을 벌이도록 유도하기 위
하여 설정된 지역이다.[10]

---

8) 남궁영, 「북한의 외자유치정책 운용실태와 성과분석」, ≪통일연구논총≫ 제3권
  1호, 1994 참조.
9) 1960년대 후반 개발도상국들이 자본과 기술을 이용한 가공무역의 발전을 꾀하기
  위하여 자유무역지대를 설치함으로써 경제특구는 수출 드라이브에 의한 경제발전
  전략의 수단으로 급증하였다. 대만의 가오슝(高雄)수출가공구, 한국의 마산수출자
  유지역은 1960-1970년대 수출 드라이브정책의 대표적 사례이다. 1980년대에는 중
  국이 대외개방정책의 추진과 함께 종합형 경제특구를 설치하였고, 1990년대 들어
  서는 구소련과 동유럽 사회주의권의 체제이행 과정에서 경제특구 설치가 보편화
  되고 있다. 오용석, 「세계 경제특구의 유형 및 전략과 남북한 경제통합에의 적용」,
  한국비교경제학회 편, 『남북한의 경제와 통합』, 서울: 박영사, 1995, 233쪽.
10) United Nations Industrial Development Organization, *Export Processing Zones in
  Development Countries*. UNIDO Working Papers on Structural Changes, No.19,
  UNIDO/ICIS 176, New York, August 18, 1980.

일반적으로 경제특구의 설치 목적은 국가마다 나름대로의 구체적 우
선순위에는 상호차이가 있을 수 있으나, 수출확대 및 수출다각화, 재정
수입 증가, 고용증대 효과, 선진과학기술 및 경영관리의 방법도입, 국제
수지 개선 및 외자도입, 지역발전 등의 측면에서 효과를 노리고 있는
것은 일치한다.[11] 경제특구전략의 목적은 내향적 동기와 외향적 동기로
구분할 수 있다. 우선 내향적 목적은 내수시장이 크면서도 경제가 침체
상태에 있는 선진국이나, 노동력과 천연자원이 풍부하면서도 자본과 기
술이 부족한 개발도상국들이 외국인 직접투자유치와 선진기술의 도입,
고용기회의 확대를 통하여 국내 생산 활동의 활성화, 국내산업발전의
가속화를 추구하는 경우이다. 특히 개발도상국들의 경제특구전략은 특
구지역을 격리하여 국내 여타 지역과는 구별되는 우대조치를 마련함으
로써 외자유치 증대와 국내유치 산업보호라는 목표를 동시에 달성하고
자 하는 것이다.

둘째, 경제특구의 외향적 목적은 수출경쟁력의 확보와 대외무역의 확
대이다.[12] 이를 위해서는 경제특구에서 생산되는 상품은 가격 및 품질
면에서 국제경쟁력을 갖고 있어야 한다. 따라서 경제특구전략을 추진하
는 국가는 수출상품의 국제경쟁력 강화를 위하여 특구에 입주하는 기
업에 대해서는 생산비를 절감할 수 있는 각종 금융, 세제상의 우대조치
를 제공한다.[13]

경제특구전략은 지역경제를 활성화시키려는 자본주의 선진국, 수출경

11) N. Vital(ed.), *Export Processing Zones in Asia: Some Dimensions*, Tokyo: Asian
    Productivity Organization, 1977.

12) 1970년대까지만 해도 많은 개발도상국에서는 외국인 투자기업의 수출확대 효과
    를 높이기 위하여 투자승인시 제품의 일정비율 이상은 의무적으로 수출하도록 하
    는 수출단서 조항을 두어왔다. 인도의 경우 생산제품의 30% 이상을 수출하도록
    하였으며, 인도네시아는 85%, 태국은 50%의 수출비율을 달성해야 했으며, 멕시
    코는 기업수입의 50%를 수출하도록 의무화하였다. Andras Inoti, "Liberalization
    and Foreign Direct Investment," in Andras Koves and Paul Marer(eds.), *Forein
    Economic Liberalization: Transformation in Socialist and Market Economy*, Boulder:
    Westview Press, 1991, pp.101-104.

13) 오용석, 앞의 글, 240-241쪽.

쟁력 확보와 대외무역의 확대를 통한 경제발전을 추구하는 개발도상국
에서 주로 운영되어 왔으나, 주목되는 것은 사회주의 국가들이 체제전
환을 위한 수단으로 개혁·개방정책 속에서 이 전략이 적극적으로 도입
되고 있다는 것이다. 중국은 경제특구전략을 근간으로 경제개방 정책을
시작하여 오늘날 고도성장의 기반을 마련하였으며, 러시아, 동유럽, 베
트남 및 북한까지도 경제특구를 주요 정책으로 채택하고 있다.

　중국 경제특구전략의 목적 역시 등소평이 강조한 ①선진기술 도입
창구, ②선진경제관리 경험 도입 창구, ③현대지식 도입창구, ④대외개
방 정책 창구라는 '4대 창구'의 역할을 통하여 특구 자체의 공업화를
가속화 시키고 그것을 중국경제 전체에 확산시켜 나간다는 것이다. 중
국의 대외개방지역으로는 5개 경제특구 외에도 14개 연해 개방도시와
106개 국가급 개발구를 포함한 상당수의 개발구가 있다. 경제특구의
경우 종합적인 도시구조를 갖고 시장거래가 일반화되어 있으나 개방도
시 개발구는 수출 공단적인 특성을 가지고 있다.14)

　한편 중국의 경제특구전략에는 이 지역에 시장경제체제를 도입함으
로써 그것을 사회주의 계획경제체제와 융합하게 하여 이른바 중국식
사회주의 체제를 구축하는 '경제체제개혁 실험장'으로서의 역할이 있
다.15) 또한 경제특구를 발전시켜 홍콩, 마카오의 주권을 회복하는데 있
어 특구형식의 운용을 그 수단으로 삼고자 하였다. 더 나아가서 경제특
구를 대만 통일전략을 위한 장기적 포석으로 여기고 있다.16)

　아시아 지역의 수출지향적 공업화 정책과 중국의 경제특구 개발전략
은 베트남의 대외개방정책에 큰 영향을 주었다. 1986년 개혁·개방 노

---

14) 중국은 30개 국가급 경제기술개발구, 국가과학위원회에서 허가한 52개 고신(高
新) 기술개발구, 국가관광국에서 허가한 13개 보세구를 포함하고 있다. 대한무역
진흥공사, ≪북방통상정보≫ 제8-9호, 서울: 대한무역진흥공사, 1993 참조; 대외
경제정책연구원, 『중국편람: 증보판』, 서울: 대외경제정책연구원, 1994, 428-429쪽.

15) 오용석, 『중국 경제특구의 평가와 한국기업의 대응』, 서울: 대외경제정책연구원,
1991, 42쪽.

16) 中華經濟硏究院 編, 白權鎬 譯, 『中國 經濟特區에 관한 硏究』, 서울: 산업연구원,
1985, 11쪽.

선을 채택한 이래 수출가공구 개발정책은 베트남의 개방노선에서 가장 핵심적인 정책으로 부각되고 있다. 베트남은 경제특구의 명칭을 특별경제 가공구(Special Economic Processing Zone)라 명명하고, 제품수출과 생산 및수출 관련 제반 서비스를 제공하기 위한 산업지역으로 육성하고 있다.[17] 베트남은 1988년 말 수출가공구 설치를 결정한 이래 그동안 남부 호치민시의 딴투언과 린쭝, 메콩텔타 지역의 칸토, 중부의 다낭 및 북부의 하이퐁 지역에 수출가공구가 지정되었다. 이 중에서 딴투언, 린쭝과 하이퐁 지역의 수출가공구는 합작개발 되고 있고, 다낭과 칸토 지역은 최근 개발계획이 체결되어 공단조성이 시작되고 있다.[18]

경제특구의 유형은 추구하는 목표와 기능에 따라 무역형, 공업무역형, 과학기술형, 종합형으로 구분할 수 있다.[19] 첫째, 무역형 경제특구는 어떤 특정 무역항 혹은 일부 지역을 지정해서 그곳을 통과하는 외국물자에 대한 관세를 면제할 뿐만 아니라 출입하는 외국선박에 대해서도 일반 과세지역과는 구별해서 어느 정도의 자유를 인정하고, 방역업무도 면제하며 감독행위도 하지 않는 곳을 말한다. 무역형 경제특구에는 자유항과 자유무역지대가 있으며, 여기서는 반입된 상품의 재수출 또는 재포장 혼합 가공이 가능하다.

둘째, 공업무역형은 자유무역지대와 공업단지의 혼합체로서 자유무역지대가 갖고 있는 여러 가지 우대조치를 부여하면서 한편으로는 공업단지가 갖는 관리 및 운송상 규모의 경제를 얻기 위해서 만들어진 것이다. 대표적 형태는 외국으로부터 면세수입된 원료를 임가공하여 전량 수출하는 수출가공구(export processing zone)이다. 수출가공구는 제2차 세계대전이후 개발도상국들의 수출주도개발전략(export-drive development strategy)의 일환으로서 대만, 한국 등 아시아 지역에서 활발히 설치되었

---

17) 남궁영, 「북한 경제특구정책: 운용 및 성과」, ≪국제정치논총≫ 제40집 1호, 2000, 237쪽.

18) 권율,『베트남의 수출가공구 개발정책과 현황』, 서울: 대외경제정책연구원, 1993 참조.

19) 오용석, 앞의 글, 233-236쪽.

다.[20] 수출가공구도 자유무역지대와 같이 특정지역을 격리하여 만드는 방책형(fenced type)의 경우가 많으나 파나마의 콜론(colon) 자유무역특구, 브라질 아마존강 유역의 마나우스(manaos), 메시코의 마킬라도라스 (maquiladoras) 공단과 같은 비방책형(unfenced type)의 광역수출가공구도 적지 않다.[21]

셋째, 과학기술특구는 산(産), 학(學), 주(住)가 결합된 과학기술도시 (Technopolis)를 형성하여 기술집약적 산업과 지식집약적 산업을 육성하고 고정밀 첨단산업제품의 개발로 산업구조를 고도화함으로써 국제경쟁력을 높이고자 하는 것이다. 흔히 과학기술공업단지로 불리는 과학기술특구의 건설은 미국, 일본, 싱가포르, 대만, 중국, 한국, 홍콩 등에서 활발히 이루어지고 있다. 미국은 1950년대 초 캘리포니아주 스텐포드 대학 부근에 세계 최초이며 최대의 테크노폴리스인 실리콘벨리를 세운 이래 지금까지 전국에 걸쳐 80여 개의 과학기술단지를 운영하고 있다. 일본은 1970년대 말 규슈(九州)에 테크노폴리스 건설 프로젝트를 수립, 첨단기술제품에 대한 조세감면, 특별 감가상각 인정, 자금지원 보증 등의 특혜정책을 추진함으로써 실리콘벨리에 버금가는 테크노폴리스를 만드는데 성공하였다.[22] 그 외에 대만의 신죽(新竹) 과학공업원구가 있으며, 중국은 52개의 고신(高新)기술개발구를 운영하고 있다.

넷째, 종합형 경제특구는 생산, 무역, 금융, 과학기술, 관광 등에 이르는 거의 모든 산업을 대외적으로 개방하고 외국기업의 투자와 경제활동에 대한 폭넓은 자우와 인센티브를 제공하는 광역지구이다. 따라서 종합형 경제특구는 대부분 투자촉진지역(investment promotion zone)으로서 수출가공구를 기초로 하면서 면적의 대규모성, 경영의 광범위성, 업종의 다양성, 정책의 다목적성 및 다기능성을 갖는다. 홍콩, 싱가포르,

---

20) Peter G. Warr, "Korea's Masan Free Expport Zone: Benefits and Costs," *The Developing Economies*, vol.22, no.2, June 1984, pp.169-170.

21) 남궁영, 앞의 글, 234쪽.

22) 오용석, 앞의 글, 235-236쪽.

중국의 5대 경제특구(深圳, 珠海, 汕頭, 廈門, 海南)는 대표적인 종합형 경제특구이다. 1991년에 지정된 북한의 나진·선봉 자유경제무역지대를 자유무역항으로서의 화물중계지, 제조업 중심의 수출가공지, 관광 금융 상업의 중심지로 개발하려 하고 있으며, 면적에서도 일반 개발도상국의 수출가공구보다 훨씬 크다.23)

3. 북한의 경제특구와 대외개방 정책

북한에서 비교적 진전을 보이고 있는 부분이 대외개방이라고 할 수 있다. 북한의 1984년의 합영법, 1991년의 나진·선봉 경제특구지정 이후에 지속적으로 외국인 투자관련 법규를 제정하는 등 대외개방에 노력을 기울여왔다. 이러한 사실은 북한이 경제난 극복에 필요한 해외자본과 기술의 도입창구라고 할 수 있는 대외개방 부분에서는 상대적으로 적극적이라는 점을 보여주는 것이다.

북한의 경제특구는 첫째, 1991년 나진 선봉지역을 '자유경제무역지대'로 지정하였다. 둘째, 2002년 9월 12일 파격적인 개방내용을 담은 '신의주 특별행정구 기본법'을 제정하여 신의주를 '홍콩식 경제특구'로 개발하기로 결정한 것이다. 셋째, 북한의 최고인민회의 상임위원회에서 2002년 10월 23일 '금강산특구'를 지정하여 외화획득을 목표로 하였다. 넷째, 2002년 11월 13일 개성시 일대를 '개성공업지구'로 지정하고, 이어 11월 20일 '개성공업지구법'을 채택한 것이다.24)

23) 조선민주주의인민공화국 대외경제협력추진위원회, 『황금의 삼각주, 라진 선봉 개발계획』, 1992, 30-32쪽.
24) 정형곤, 「심천 경제특구의 개발 및 운영정책: 성공요인과 시사점」, 《KDI 북한경제리뷰》 제4권 8호, 2002년 8월, 18-19쪽. 중국의 경우도 등소평(鄧小平)의 개혁 개방정책에 있어서 가장 핵심적인 정책은 경제특구의 개발을 통한 대외개방이었다. 등소평의 정책에 따라 중국은 1978년 개혁과 개방을 선포하고 1980년대 초반에는 광동성(廣東省)에 4개의 경제특구를 설치하였고, 1988년에는 해남도(海南島)의 해남(海南)이 경제특구로 지정되었다. 중국은 이들 경제특구를 통해서 외국인 투자와 기술의 도입, 수출산업과 관광산업을 통한 외화획득, 경영기술과 마케팅기술의 습득, 노동자들의 교육, 국내산업의 육성, 새로운 경제정책의 실험, 홍콩,

북한의 신의주, 금강산, 개성 특구지정에 대해 "조선(북한)의 대내외 정책을 이른바 '고립된 나라'의 '생존전략'이란 차원에서 보고 있지만 맞지 않는 소리이다. 조선(북한)의 21세기 전략은 조선반도와 동북아시아의 지각변동을 전제로 세워진 것이다"라는 의미에서 경제특구 지정의 배경과 목표를 강조하였다.[25]

북한의 법규정에 의하면 경제특구는 "특혜적인 무역 및 중계수송과 수출가공, 금융, 봉사지역으로 선포한 조선민주주의인민공화국의 일정한 령역으로서 국가가 특별히 세운 제도와 질서에 따라 경제무역활동을 할 수 있다"[26]고 정의하고 있다. 특별한 규정에 따라 경제활동을 할 수 있는 지역이지만, '조선민주주의인민공화국의 주권'이 행사된다고 명시하고 있다.[27] 나아가 북한은 경제특구를 통한 "합영 합작은 외화를 얻을 수 있는 중요 통로의 하나"이며 "인민경제를 현대화, 과학화하고 없거나 부족한 연료, 원료 문제들을 푸는 데서 적지 않은 예비와 가능성"이 될 수 있으며, 또한 "앞선 기술과 현대적인 기계, 설비들을 끌어들이는 문제를 효과적으로 합리적으로 풀 수 있는 대외경제관계"라고 함으로써 외화획득, 부족한 국내자본의 보완, 선진기술 및 설비도입 등의 구체적인 정책목표를 밝히고 있다.[28]

북한의 경제관리개선조치가 시장지향적 개혁을 지향한 대내적인 정책변화라고 한다면, 신의주, 개성, 금강산 특구정책의 추진은 이들 지역을 통해 외국인 투자를 유치하기 위한 대외적인 정책변화라고 할 수 있다. 따라서 북한은 내부 경제개혁 조치와 병행하게 되어 기존의 개혁

마카오 및 대만 접수를 위한 신뢰구축을 하고자 했다. 경제특구를 통해서 중국정부는 개혁을 시작했던 1978년부터 2002년까지 연 10%의 높은 경제성장률을 보였다.

25) 《조선신보》 2002년 2월 25일자.

26) 「조선민주주의인민공화국 라진-선봉경제무역지대법」, 『법규집 – 외국인 투자관계』, 1999, 3쪽.

27) 통일원, 『북한의 외국인 투자 관련법』, 서울: 통일원, 1993, 116쪽.

28) 최원철, 「합영 합작을 잘하는 것은 대외경제관계 발전의 중요 요구」, 《경제연구》 1993년 제4호, 20쪽.

없는 개방, '모기장식 개방'의 한계를 벗어날 수 있는 전기를 마련하였다고 판단된다. 말하자면 북한은 7.1조치에 이어 신의주, 금강산, 개성을 특구로 지정, 선포함으로써 적극적인 개혁 개방의 길에 들어서고 있다고 전망할 수 있다. 경제특구의 성공은 북한 경제회복 및 강성대국 건설의 관건적 요소로 작용할 것이다.

2002년 이후 추진하고 있는 경제특구는 향후 건설과정에서 북한의 자세가 나진·선봉지역에 대한 경험을 바탕으로 보다 실용적이며 유연한 방향으로 진전될 수 있음을 보여주고 있다. 물론 북한이 경제개혁이나 개방의 측면에서 아직은 경험이 부족하며, 국제시장 질서의 요구 조건에 대한 인지도가 낮지만, 북한이 경제특구방식의 개발을 위한 각 지역에 해당하는 기본법을 구체적으로 제정한 것은 북한의 경제정책의 목표와 방향을 제시하고 있다는 점에서 큰 의미를 찾아볼 수 있다.

북한이 이러한 경제특구 정책을 추진하는 데는 다음과 같은 배경 요인이 있다. 첫째, 북한은 경제침체 타개책의 일환으로 1980년대 중반부터 외국인 직접투자(FDI) 형태의 자본도입 정책을 추진하였다. 경제합작(Joint Venture) 자체를 외국의 경제적 예속이라 여기고 '자력갱생원칙'과 '인민경제주체화'를 지속적으로 주장해오던 북한이 외국기업과의 합영을 공식적으로 표명한 것은 매우 커다란 변화였다. 둘째, 경제특구 설치는 일부 지역에 한정된 경제 개방정책으로써 동구와 같은 전면적 개방의 경우에 수반되는 정치체제 변화의 위험성을 최소화할 수 있는 경제발전전략인 것이다. 셋째, 중국의 경제특구 성공사례가 외화부족과 만성적인 경체침체의 어려움에 처한 북한에 영향을 주었다. 중국의 경제특구 정책은 대외무역의 확대와 대외무역 업무의 축적, 즉 외자도입에 의한 경제적 국면 타개, 외국의 선진기술 도입 대외경제무역의 발전과 국제사회에서의 중국의 국가지위 향상이라는 성과를 가져왔다. 따라서 중국의 개방성공 경험은 북한의 경제특구 확대를 촉진하였다고 볼 수 있다. 넷째, 강성대국 건설 기반의 구축이라는 목표를 달성하기 위한 전략으로 '대외개방'을 확대하고 있는 것으로 보인다. 즉 김정일 체제의 국가비전인 '강성대국건설'을 위하여 섬이라는 시장경제와 본토의 계획경제발전을 의미하는 '섬-본토 특성화 발전전략'29)으로써 시장과 계획의 병행발전을 의미하는 '북한식' 모델이라고 할 수 있다.

신의주 특별행정구 기본법에 따르면 신의주 특별행정구는 입법권과 사법권 및 행정권을 독자적으로 행사하며 특별행정구는 주민권을 가진 외국인도 입법의원이 될 수 있도록 규정하고 있어 1991년에 설치된 나진·선봉 자유무역지대, 그리고 금강산 및 개성특구와는 커다란 차이를 보이고 있다. 이와 같은 법적 자율권 이외에도 신의주특별행정구의 장관을 외국인으로 임명함으로써 내외의 관심이 크게 집중되고 있다. 북한이 이처럼 과감한 형태의 특별행정구를 도입하였다는 사실은 외국인 투자유치 활성화에 대한 북한의 강한 의지를 보여주는 것이라 할 수 있다.

신의주 특별행정구가 주로 중국의 기업 및 투자가를 대상으로 설치된 경제특구의 성격을 지니고 있는 반면, 금강산 및 개성지역은 남한기업을 상대로 한 관광, 경제특구의 성격을 지니고 있다. 즉 현대아산이 중심이 되어 진행되어온 금강산관광사업을 활성화시키는 한편 현대아산과 한국토지개발공사가 추진하고 있는 개성공단 사업을 법적으로 뒷받침하기 위한 사업이다.

북한의 나진·선봉 개발계획, 신의주 특별행정구, 개성공업지구, 금강산관광 개발계획은 '시장경제체제와의 계획되고 규제된 타협' 혹은 '자본주의와의 제한적 동거'를 추구하는 북한식 개방정책의 핵심이라고 할

___
29) 조동호 외, 『북한의 경제발전전략 모색』, 서울: 한국개발연구원, 2002, 341쪽. 북한의 섬-본토 특성화 발전전략은 북한식 모델을 의미하는 것으로서 섬은 FDI유치의 창구 역할을 수행한다. 그러나 외자유치의 창구역할을 수행하는 섬은 본토와는 격리된 기능을 수행하며, 특구에 적용되는 법 제도가 향후 본토지역에서도 점차 적용되어 나갈 것을 의도하지 않는 다는 점에서 중국의 경우처럼 점-선-면으로의 확대를 지향하는 것과는 본질적으로 차이가 있다. 또한 특구는 모두 동일한 성격을 지니는 것이 아니라 경제적 지리적 입지를 감안하여 특구마다 특성화를 추진한다. 한편 본토에서는 분권형 계획경제체제를 정착 효율화 시켜 나가는 한편 수출을 통한 외화획득을 추진한다.

수 있다. 북한의 신의주, 개성, 금강산 3대 경제특구 개발계획은 중국의
개방정책과는 성격을 달리하지만, 나진·선봉 경제특구 개발계획보다
훨씬 파격적인 정책내용을 담고 있다고 할 수 있다. 특히 이들 3대 경
제특구 개발계획은 2002년 7.1조치 이후 경제개혁을 추진하고 있는 가
운데 추진하고 있어, 개방전략도 과거보다 적극적인 개방의 성격을 지
닌다고 볼 수 있다. 물론 특정 지역에 국한된 제한된 성격의 개방이기
는 하지만 주체경제와 자력갱생의 원칙을 주장해오던 북한의 입장에서
는 커다란 변화라고 볼 수 있다.

특히 북한의 신의주, 금강산, 개성특구 확대전략은 7.1조치와 밀접한
연관성을 갖는 정책이라는 것이다. 즉 북한이 실리사회주의 원칙을 토
대로 한 7.1경제관리개선조치는 시장화(Marketization), 경제특구(Special
Economic Zone), 원조추구(Aid-Seeking)[30]를 목표로 하고 있음을 알 수 있
다.[31] 비록 특정지역에 안에서 한정하려는 경제특구지만, 장기적으로
경제특구는 경제적으로 '연관발전'을 내포하고 있는 것이다.

북한의 경제특구는 그 성패여부가 향후 북한경제의 회생과 발전의 관
건이라는 의미에서 북한경제의 사활적 요인이 된다. 경제위기를 극복하
고 강성대국을 건설하고자 도입된 경제특구인 만큼 특구전략을 통한
대외개방정책이 성공할 경우 북한의 경제회생은 물론 강성대국 건설도
실현할 수 있는 것이다. 따라서 경제특구의 성공은 외부자본을 유치할
수 있는 북한의 체제개혁 동반과 직결되는 것인 만큼 경제특구를 통한
경제회생 여부는 결국 체제개혁의 문제로 발전하게 되어 있다. 체제개
혁 없는 경제특구는 일시적으로 외국자본의 관심을 끌겠지만, 결국은
안정적인 투자환경을 조성하지 못하기 때문에 경제회생과 강성대국 건

---

30) 예컨대, 2002년 9월 북·일 정상회담에서 김정일은 과거 식민지문제를 해결하는
   외교적 과정으로서 고이즈미 총리로부터 상당규모의 금융지원을 제공하겠다는 약
   속을 받아내었다.

31) Marcus Noland, 「북한에서의 삶」, ≪KDI 북한경제리뷰≫ 제5권 7호, 2003년 7
   월, 46-50쪽. 이에 대한 원문은 www.iie.com/publications/papers/noland0603.htm
   참조.

설은 지난한 일이 되고 말 것이다.

결국 북한의 경제특구 확대는 향후 점-선-면의 중국식 개혁·개방으로 연결될 가능성과 불가능성을 동시에 안고 있다. 특히 과거의 자립경제의 관점에 의해 대외경제 관계를 부정적으로 인식하던 입장에서 벗어나 사회주의 계획경제와 자본주의 시장경제가 결합할 수 있다는 입장을 나타낸 것이고, 경우에 따라 세계계경제체제의 편입까지도 모색하는 진일보한 것이라고 평가할 수 있다. 즉 경제특구에 대한 북한의 입장은 사회주의계획경제와 자본주의적인 시장경제가 서로 이질적이기 때문에 협력을 실현할 수 없다는 생각은 잘못이며, 사회주의 경제제도는 나라의 구체적 현실에 맞게 계획적 운영을 기본으로 하면서 시장적 조절을 적절하게 배합해 갈수 있다는 것을 의미한다.

제2절 북한 경제특구의 전개과정

1. 제한적 대외개방: 나진·선봉 경제무역지대

1) 추진 목적 및 성과

1990년대에 접어들면서 북한은 사회주의권의 붕괴에 따른 대외경제 관계 재편에 직면했다. 이에 대한 북한의 대응은 1991년 12월 28일에 나진·선봉지역을 자유경제무역지대로 설정하고, 이어서 외국인 투자유치와 관련한 법제의 정비에 착수함으로써 구체화되어 나타났는데, 당시 북한은 경제특구방식의 외자유치 정책을 추진했다고 볼 수 있다. 즉 북한은 체제유지와 심각한 경제난 해소를 동시에 해결하기 위한 전략의 일환으로 나진·선봉지역을 '자유경제무역지대'로 설정함으로써 경제특구를 통한 '제한적 개방'정책을 추진하였다. 나진·선봉 지대의 선정배경은 평양과 멀리 떨어져 있어 제한적 개방의 상징적 실험장뿐 아니라 시장경제와 계획경제간의 완충 지대로 활용할 수 있다는데 있었다.

북한은 나진·선봉 일대를 자유무역경제지대로 선포한 이래 이 지역
의 개발과 외국인 투자유치를 위해 노력해왔다. 그리고 지역을 개발하
기 위한 기구로서 대외경제협력추진위원회 산하 대외경제협력총국, 라
진선봉 지도국, 조선설비총회사 등을 설치하여 외국인 투자유치를 위한
환경을 조성해왔다.[32] 나진·선봉 지대에 대한 법제도 정비와 개발은
1993년부터 본격화 되었다. 북한은 1993년 1월 13일 최고인민회의 성
설회의 결정으로 '자유경제무역지대법'을 채택하고 그 하위규정으로
'외국인출입규정'(1993. 11), '자유무역항규정'(1994. 4), '외국인체류 및
거주규정'(1994. 6), '세관규정'(1995. 6) 등을 제정하였다.

북한은 1993년 '자유경제무역지대법'을 채택한 후 1999년 2월 26일
최고인민회의 상임위원회 정령 제484호로 '라진선봉경제무역지대법'으
로 개칭하고 다른 외국인 투자법제의 개정과 함께 이를 정비하였다.[33]
여기서 주목할 내용은 '자유경제무역지대법' 제7조에서 "공화국령역
밖에 거주하고 있는 조선동포들도 이 법에 따라 자유경제무역지대안에
서 경제무역활동을 할 수 있다"라고 규정하였던 것을 '라진선봉경제특
구법' 제7조에서는 "외국투자가는 라진선봉경제무역지대 안에서 합작
합영, 단독투자 같은 형식으로 경제무역활동을 할 수 있다"로 개정하여
투자가의 범위를 개정한 것이다. '라진선봉경제특구법'은 총 7장 42조
로 구성되어 있다.[34]

1993년 3월 북한의 대외경제협력촉진위원회가 입안한 '라진선봉지대

---

32) 자유무역경제지대에 대한 북한의 자료는 『라진선봉 자유무역지대 투자 환경』,
   평양: 김일성종합대학출판사, 1995, 7-187쪽 참조.

33) 《조선일보》 1999년 9월 27일자; 통일부, 『북한의 외국인투자 관련 법규집』,
   서울: 통일부, 2000. 북한은 1998년 김정일 국방위원장이 라진선봉 지역을 방문하
   였을때 '자유'라는 표현을 삭제하라는 지시와 1998년 헌법개정에서 '특수경제지
   대'의 개념을 신설한 바에 따라 '자유경제무역지대법'의 명칭을 1999년 최고인민
   회의 상임위원회에서 '라진선봉경제무역지대법'으로 개칭하였다고 한다.

34) 나진·선봉경제특구법의 내용과 특징에 대해서는 장명봉, 「북한의 경제특구법에
   관한 고찰: 개성공업지구법을 중심으로」, 《통일정책연구》 제3권 1호, 2003,
   199-200쪽.

국토건설 총계획'에따르면 이 지역을 3단계로 개발할 계획이었다. 제1
단계(1993-1995)에서는 이 지역을 국제화물중계기지로 육성하기 위한
인프라시설을 정비하고, 제2단계(1996-2000)에서는 수출주도형 제조업에
외국인 투자를 본격 유치하며, 제3단계(2001-2010)에서는 중계무역, 수
출가공, 금융 등의 기능을 종합적으로 수행하는 국제교류의 거점으로
육성한다는 계획이었다.35) 이러한 북한의 나진·선봉지대 3단계 개발계
획은 내부경제와의 관련성 보다 해외경제와의 연관성을 중시하는 형태
로 되어 있으며, 항만, 도로, 철도 등 인프라 시설에 대한 투자 위주이
고, 소요재원을 내자나 차관보다는 합작·합영 등 외국인 투자를 통하여
건설하겠다는 구상이었다.

그러나 북한은 제1단계 사업실적이 부진함에 따라 나진·선봉 지대를
①동북아의 국제적인 화물중계기지, ②관광 금융 서비스 기지, ③수출
가공지의 기능을 종합적으로 갖춘 국제교류 거점 도시로 발전시킨다는
목표하에 2010년까지 2단계 개발계획을 수립하였다.36) 이외에도 나진·
선봉지대를 수출기공기지로 건설하기 위해 10개의 지역별 공업 배치
계획을 작성하여 제1단계에 국제화물 중계기지로 개발한 후 점차 중공
업과 경공업이 적절히 조화된 수출가공 기지로 건설할 계획을 세웠다.

북한은 나진·선봉 개발계획을 위해 외국인 투자 관련법을 지속적으
로 제기하는 한편, 1995년부터는 김일성 유훈 사업의 일환으로 별도의
대내외 투자 설명회와 적극적인 홍보활동을 벌였다. 특히 1997년 6월

---

35) 북한대외경제협력촉진위원회, 『황금의 삼각주: 라진 선봉 투자대상 안내』, 1993.
36) 당초에는 3단계 개발 계획이었으나 제1단계(1993-1995)실적이 부진함에 따라 제
2단계(1996-2000)와 통합하여 2단계로 수정하였다. 수정과정에서 개발계획이
69.9억 달러에서 47.2억 달러로 축소되었고, 나진선봉 외에 청진항을 부각시켜 물
류 기지로서의 장점을 부각시켰다. 또한 제조업의 수출가공기지 건설 목표는 우선
순위에서 밀린 대신, 중계수송업과 관광업 등 조기 성과가 가능한 부문에 역점을
두기로 변경되었다.

<표 5-1> 나진·선봉 지대의 단계별 개발목표

구분	제1단계(1993-2000)	제2단계(2001-2010)
개발 목표	-국제 화물 중계 기지 -수출 가공 기지 건설	-종합적 현대적인 국제교류 거점 도 시 (제2의 싱가포르)
중점 사업	-나진 지역을 거점 육성 -중국, 러시아와의 중계 수송망 체 계 형성 -항만 하역 능력 확장(3,000만 톤 규모) -가공 수출산업기지형 공단 조성 -수출가공지대 형성 및 국제관광기 지 개발	-항만 하역 능력을 1억 톤 규모로 확 장 -중계무역, 수출가공, 제조업, 금융서 비스 관광 기능을 종합한 지대 건설 -21세기 국제수준에 상응하는 시설과 산업구조, 제분야 서비스의 고도화 현대화 추구
도시 건설	-인구 35만명 규모(1996년 13.9만 명 -나진지역 중심 개발, 선봉 지역으 로 확대 -나진선봉 주변에 10개의 지역별 공업 지구를 배치하고 신흥공업지 구를 우선 개발	-인구 100만 명 규모 -후창, 신흥공업지구 등 나진 외곽 지 역과 사회, 홍의공업지구 등 두만강 지역에 신흥 도시개발

자료: KOTRA,『나진 선봉지대 투자환경 및 관련 법규』, 1996. 9를 재정리.

에는 통화와 환율체계 변경,[37] 자영업 허용과 자유시장 개설, 독자적인 관리 운영, 외국기업들의 투자 무역업무 지원 차원에서 인재 양성을 위한 '나진기업학교' 개설, 행정절차 간소화 등 나진·선봉지역 활성화 조치를 발표하였다. 이는 사적 소유와 시장원리를 인정하고 경영계획의 수립, 판매, 가격결정까지 모든 경영활동에 대해 자율성과 책임경영을 강조하는 획기적인 조치라고 할 수 있다. 나아가 중앙에 의해 행정 지도 통제되던 종전과 달리, 나진·선봉지대를 여타 지역과 철저히 구분하여 중앙계획경제와 분리된 시장경제 지역으로 발전시키겠다는 의도가 포함되어 있다.[38]

---

37) 북한 당국은 나진선봉 지대에서 배급제와 '외화바꾼 돈표'를 폐지하고 공정환율 (1달러당 2.16원)을 200원으로 실세화 하였으며, 종전까지 구분되었던 외화상점과 국영상점망을 통합하였다. 이로써 나진선봉지대에서 주민의 소비생활은 중앙계획의 통제 범위에서 벗어나게 되었으며, 대폭적인 평가절하로 최저 임금이 160원(약 80달러)에서 4000-5000원(20-25달러)로 하향 조정되어 외국인 투자기업의 인건비 부담은 약 1/4로 대폭 줄게 되었다. 홍순직·신연희,「북한의 특구정책 평가와 성공과제」, 고려대 북한학연구소, 앞의 책, 149-150쪽.

<표 5-2> 나진·선봉특구의 외자유치 실적(1997년 말 기준)

(단위: 만 달러)

부 문	농림수산업			제조업					
	농 업	임 업	수산업	식품 가공업	요 업	석유 가공	섬유 가공	수송 가공	기 타
금 액	6.3	65.1	198.6	11.5	61.2	74.5	0.0	2.0	50.5
비 중	4.7%			3.4%					

건설 서비스업									합계
통 신	호 텔	건설부 동산	금 융	수 송	관광 서비스	유통 소매	무 역	기 타	
1,000	819.4	815.0	760.0	654.3	441.7	112.6	69.3	650.0	5,792.0
91.9									

자료: 북한대외경제협력추진위원회발표자료, 1998; 최신림, 「북한의 경제개방과 산업정책」, 박순성·김연철 편, 『북한의 경제개혁 연구』, 서울: 후마니타스, 2002, 231쪽 재인용.

한편 나진·선봉 특구의 경제협력 실적은 1996년 9월의 나선포럼에서 2억 8,500만 달러의 계약이 성사되는 등 이후 경제협력 실적이 증가하여 1997년 말 현재까지 총 111건에 7억 5,077만 달러의 계약 체결과 5,792만 달러의 집행실적을 보였다. 1998년에 들어 2,500만 달러의 외자가 추가로 유치되었고, 2002년 7월 현재 투자 계약액은 5억 2,000만 달러, 실행실적은 2억 2,000만 달러라고 하는 분석도 있지만 불확실하다.[39] 실제 투자가 집행된 사업 가운데 국가별로는 홍콩 31.8%, 중국 2.9%, 태국 17.3%, 네덜란드 13.6%, 일본 9.3% 였으며 투자건수 기준으로는 중국 5.8%, 일본 20.8%, 홍콩 10.4% 순으로 많은 분야에서 투자한 것으로 보아 나진·선봉 특구의 외자유치 실적은 크게 저조한 것으로 나타났다.

---

38) 오승렬, 「중국과 북한의 경제특구 비교 연구」, ≪통일문제연구≫ 제7권 1호, 1995, 74-105쪽.

39) 이찬우, 「두만강 지역 개발 10년-평가와 과제」, ≪KDI 북한경제리뷰≫ 제5권 2호, 2003년 2월, 53-59쪽.

2) 한계 및 의의

북한의 나진·선봉 지대는 기대와는 달리 외자유치가 소규모적이고 부진한 상황에서 실패하였다. 그 중요한 경제적 원인은 부족한 사회간접자본 시설과 불투명한 내수시장 및 수출시장으로서의 발전 가능성, 내부자원의 빈곤과 최악의 대외신용 상태, 국제금융기구의 미가입 등의 경제적 투자환경 미비와 함께 정치적 원인으로는 사회주의계획경제체제의 경직성, 체제 방어적인 철저한 폐쇄적 개방 고수, 불안정한 대외관계 및 예측 불가능한 정치상황, 북한의 높은 국가 위험도, 투자 위험에 대한 담보적 장치 미흡 등이라고 볼 수 있다. 나진·선봉 무역지대는 제한적 개방, 투자국가들의 정치적 위험 부담, 국내시장의 협소, 경직된 중앙 통제 등으로 실패하였다.

특히 남한기업에 대한 투자배제와 유인책 부족, 체제우선의 소극적인 개혁·개방정책 추진도 실패의 한 원인으로 지적할 수 있다. 이외에도 법령의 구체성 결여에 의한 자의적 판단 개입 여지와 함께 복잡한 행정절차와 노무관리의 경직성, 미숙한 대외무역업무, 외자유치에 대한 구체적인 프로그램과 일관된 정책추진의 부족, 자금조달 계획 등 개발 경험 부족에 따른 전략의 구체성과 실행계획이 결여되어있다는 점도 나진·선봉지대의 개발속도와 성과를 부진하게 했던 주요 요인으로 지적된다.[40]

이 같은 대외개장 정책의 한계점은 북한이 대외개방 정책을 추진함에 있어서 자신들의 자립경제체제를 위협하지 않는 범위에서 경제적 실리를 취하고자 했기 때문이다. 따라서 교류방식을 엄격히 통제하고, 개방의 지리적 대상을 제한하며 노동자의 관리를 국가지도 하에 둠으로써 자본주의 국가와의 교류에서 파생될 수 있는 시장경제적 질서와 문화의 침투를 차단하는데 고심했다. 북한의 이러한 인식으로 인해 나진·선

---

40) 남궁영, 「북한 경제개방정책의 한계와 가능성」, ≪통일경제≫ 1997년 7호, 1997, 50-76쪽; 홍순직, 『나진선봉 지대의 투자환경 평가와 진출전략』, 서울: 현대경제사회연구원, 1997. 9 참조.

봉 지대는 당초의 목적과 성과를 얻기에는 한계점이 이미 노정되어 있었다고 볼 수 있다. 즉 전술한 나진·선봉 지대는 개혁·개방의 효과가 체제위협요인으로 작용할 위험성을 내포한 이중적 조건하에서 계획경제체제의 틀을 유지하면서 시도되었기 때문에 추진 범위와 내용에 있어서 제한적이며 부분적일 수밖에 없는 한계점을 갖고 있었다고 평가된다.

하지만 나진·선봉 경제특구가 북한의 개혁·개방 정책에 부정적인 영향만을 미친 것은 아니다. 통화의 환율 체계 변경, 자유시장 개설, 독립채산제 강화 등은 나진·선봉 경제특구의 성과라 할 수 있다. 또한 1990년대 초부터 발생한 북핵 문제의 위기상황, 즉 대외환경이 우호적이지 못한 상황과 개방에 따른 외부위협 요인이 존재하는 상황에서 부분적이지만 대외개방을 추진했다는 측면에서 중요한 함의를 갖는다고 볼 수 있다. 특히 나진·선봉지대의 실패와 교훈은 개방정책을 확대하는 하나의 단초를 제공하였다. 그리고 북한의 7.1경제관리개선조치와 함께 신의주, 금강산, 개성특구를 추진하는 등 대외개방을 확대하는 효과를 가져왔다는 것은 긍정적으로 평가할 수 있다.

2. 대외개방의 확대: 신의주, 금강산, 개성특구 정책

1) 신의주 특별행정구

북한은 2002년 9월 12일에 최고인민회의 상임위원회 정령을 통해 '신의주특별행정구'[41]를 지정하였고, 특별행정구의 장관에 외국인을 임명하는 파격적인 조치를 단행하여 특구전략을 통한 대외개방정책을 적극적으로 도모하고 있다. 신의주특별행정구 기본법 제13조는 "국가는 신의주특별행정구를 국제적인 금융, 무역, 상업, 공업, 첨단과학, 오락, 관광지구로 꾸린다"고 함으로써 신의주시 일대를 자본주의식 경제특구

---

41) 북한은 신의주 일대 총 4,000만평을 홍콩과 같은 자본주의 섬으로 건설하겠다는 것이다.

로 만들려는 북한의 전략이 구체화되고 있다. 북한의 신의주특구의 지정은 대외개방의 확대를 통한 투자유치와 외화획득에 있다. 기본법이 "특구안의 기업에 대해 공화국의 노력을 채용하도록 한다"고 규정한 데서도 풍부한 노동력을 통해 외화획득을 목표로 하고 있다는 것을 알 수 있다.

북한의 7.1경제관리개선조치가 임금인상 및 가격현실화, 생산 및 분배시스템의 변화에 초점을 둔 실리사회주의를 추구하는 내부개혁이라면, 신의주특구를 지정하여 대외개방정책을 파격적으로 추진하고 있는 것은 본격적인 자본주의 실험의지를 국제사회에 표방하는 대외적 개혁조치라고 볼 수 있다. 신의주특구 전략은 '북한식 개방'의 구체적인 전략이다.

신의주특구 지정조치의 배경은 2001년 1월 김정일의 상해 푸동지구 방문, 2002년 7.1조치, 경의선과 경원선 연결공사, 남북한간의 경협관련 대화 진전 등은 북한의 개혁·개방 조치의 일환으로 해석된다. 다시 말해 신의주의 지경학적 위치를 활용하여 중국의 연안 도시 개방의 성공에 자극을 받아 나진선봉지대의 실패를 반복하지 않으려는 대외개방조치인 것이다.

다시 말해 신의주는 북한 내에서 평양 다음으로 생활수준이 높고 주민들은 이미 동북 3성과의 인적·물적 교류를 통해 중국의 개혁 개방 사정을 잘 알고 있으므로 자유왕래를 통제할 경우 개방의 영향을 신의주특구 주민에 국한하여 북한전역으로의 확산을 최소화시킬 수 있는 이점이 있다. 신의주가 단둥 접경 지역으로 중국계를 포함하여 외국인으로부터 금융, 무역, 서비스, 정보통신, 관광업 분야의 투자를 유치하고자 하는 의도가 있다.

북한이 경제적 실리를 목적으로 한 신의주특구에 입법, 행정, 사법 삼권을 부여한 것은 세계적으로 전례를 찾기 어려울 만큼 획기적이다. 홍콩, 마카오를 거론할 수 있지만 식민지 지배 등에 따른 조차(租借)성격이란 점에서 신의주특구와 다르다. 또한 무비자, 무관세, 무간섭 원칙

하에 특구 운영의 독립성과 투자의 안정성, 사유재산권 등의 보장을 명
문화함으로써 특구개발의 법적 제도적 기틀을 마련하였다는데 큰 의미
가 있다.[42]

첫째, 특구운영의 독립성이다. 국가 속의 국가 형태인 특별행정구에
총독과 유사한 권한을 갖는 장관을 임명하고, 국방 외교권을 제외한 입
법, 행정, 사법권을 부여하고 있으며, 별도의 구장(區章), 구기(區旗) 같은
상징물을 사용할 수 있도록 한 점이다. 특구관리 및 운영에 있어서 독
자성과 유연성이 크게 제고되었고, 일국양제(一國兩制) 형태로 준(準) 자
치국가 혹은 하나의 도시국가 성격을 갖게 된다.[43]

둘째, 특별행정구가 여권, 화폐금융정책과 세금제도 등을 자체적으로
발급 및 운영할 수 있게 하고 다른 지역이나 국가로의 이주나 여행문
제를 결정토록 한 것도 주목된다. 또한 사법적 절차도 특구재판소와 지
구재판소가 하도록 했고 특구재판소를 최종 재판기관으로 명시함으로
써 사실상 독자적 재판관할권을 갖도록 한 것에서도 북한이 특별행정
구의 독립성 부여를 통한 외국자본의 유치를 적극 도모하려는 것이 드
러난다.

셋째, 신의주특구의 초대 장관과 입법회의 의원 절반 이상을 외국인
으로 임명하고, 50년간 장기 토지 임대와 법제 유지를 규정함으로써 특
구개발과 운영에 대한 안전성을 보장하고 경제 외적인 불확실성을 최
소화하려고 하였다.[44] 또한 사유재산권과 개인상속권, 무제한의 외화
반출입 허용 등 과실 송금을 보장한 점 등은 신의주특구에 외국자본의
안심하고 투자하도록 유도하려는 것으로 볼 수 있다.

---

42) 「북한속 홍콩 만들기 실험」, ≪중앙일보≫ 2002년 9월 23일자.
43) 신의주특별행정구기본법전문은 http://bbs.yonhapnews.net/ynaweb/printpage/New-Content.asp.
44) 하지만 입법회의에서 채택된 결정은 최고입법기관이 승인 등록 후 효력이 발생한다는 점과 기본법의 최종 해석 권한을 북한의 최고인민회의 상임위원회가 가진다는 점 등에서 특구 운영이 중앙당국과 완전히 분리되어 있지 않다는 한계를 지니며, 분쟁이 일어날 경우 해석상의 모호함으로 문제가 발생할 소지가 있는 것으로 지적된다.

북한의 신의주 경제특구는 개방초기 자본주의 방식을 수용하는 데 따른 부작용을 최소화하고 경제발전의 거점으로 삼기 위해 해안선을 따라 특구를 지정했다는 점, 자본주의 홍콩을 사회주의 중국체제 안에서 온존시키는 일국양제를 도입했다는 점 등에서 중국과 유사한 점이 많다. 그러나 중국보다 오히려 파격적인 조치도 많이 포함하고 있어 북한은 개혁 초기 중국보다 오히려 과감한 개방을 추진하는 것으로 보인다.

중국은 전(點)-선(線)-면(面)을 거치는 순차적 방식을 택함으로써 개방에 따른 부작용을 최소화하고자 하였다. 중국은 1980년 선전, 주하이, 산터우, 샤먼 지역을 '경제특별구역'으로 지정, 개방에 따른 정치적 혼란이 확산되는 것을 막으려 했다. 북한 역시 국경지대인 신의주를 특구로 지정함으로써 자본주의 요소를 도입하되, 정치적 혼란과 외부의 영향을 최소화하려는 것이다. 또한 특구에 입법권을 부여해 투자기업의 독자성을 보장한 것도 중국과 유사하다. 중국은 1997년 홍콩 반환 후 입법, 행정, 사법권의 자율성을 보장했다. 이는 나진선봉 경제특구가 실패한 원인이 북한정부에 의한 지나친 간섭으로 외국 기업들이 투자를 꺼린 점이라는 판단에 따른 것으로 볼 수 있다.

북한은 일국양제를 도입해 홍콩이 중국 경제발전을 뒷받침한 것과 마찬가지로 신의주가 북한 전체경제의 배후지 역할을 할 것으로 기대하는 것이다. 실제로 홍콩은 중국 개방과정에서 자본은 물론 금융시스템, 마케팅 기법 등의 도입 창구였다. 신의주는 중국의 단둥(丹東)과 함께 홍콩과 같은 역할을 할 가능성이 매우 높다. 그리고 신의주특구는 독자성, 산업시설, 국내외적 환경 등에서 나진선봉 특구와는 많이 다르다. 신의주와 나선지역 모두 바다에 인접해 있어 물류에 이점이 있고, 국경지역이라는 점에서 유사하다. 그러나 신의주 특구가 입법, 행정, 사법권을 독자적으로 행사할 수 있게 된 점은 중앙정부가 직접 통제했던 나진선봉 자유무역지대와는 크게 차이가 있다.

신의주 경제특구의 성공적인 투자유치와 외화획득을 위해서 북한 당국이 해결해야 하는 문제도 적지 않다. 북한은 신의주 특별행정구를 총

괄하는 초대 행정장관으로 양빈(楊斌)을 임명하였지만, 중국이 토지불법
용도 변경혐의로 구속·체포함으로써 신의주 건설은 난관에 봉착하였
다.45) 이 사건은 중국과의 사전 협의 없이 신의주를 특구로 개발하려
했음을 반증해주었다. 특구건설이 주요 대상국의 적극적인 협력 없이는
순조롭게 이루어질 수 없다는 점을 감안할 때, 중국의 양빈의 구속은
신의주 건설의 한계를 보여주는 사례였다. 이것은 곧 북한지도부의 경
제특구 건설에 있어서 여전히 대외관계의 중요성을 간과하고 있는 것
임이 드러났다고 평가할 수 있다.

이런 맥락에서 향후 신의주 특구의 성공적인 건설을 위해서는 첫째,
특구건설에 적합한 대외환경을 조성하지 못하고 있다. 북·미, 북·일관
계가 개선되지 않고는 아무리 파격적인 조건을 제시하더라도 국제적인
주목을 받기 힘들다. 둘째, 신의주의 특색을 구체화한 목표를 내걸지
못하였다. 당초 북한이 발표한 무역, 금융, 관광 등의 발전보다는 신의
주 지역의 특성상 제지, 방직 등 경공업에 기초한 수출산업을 육성하는
것이 바람직하다. 셋째, 외국기업에 우호적인 노동시장과 경영, 투자한
경을 제시하지 못하고 있다. 특히 시장경제를 충분히 이해하는 전문 인
력을 양성, 배치하여야 한다. 북한 당국은 이에 대한 구체적인 비전을
제시하지 못하였다.

2) 금강산 관광특구

금강산관광지구 지정은 7.1경제관리개선조치와 신의주특별행정구 지
정 등 북한이 취하고 있는 일련의 경제개혁 정책의 연장선상에서 평가
할 수 있다. 북한은 내부적으로 7.1경제개혁을 통해 각 기업소, 공장 단

---

45) 신의주 특별행정구역 초대 장관인 양빈(楊斌)이 중국 당국에 의해 전격 구속된
이후 "한국화교 출신으로 미국정계 진출에 성공한 샤르상(沙日香) 전 미국 플러
턴시 시장이 신의주 특별행정구 행정장관으로 내정되었다"고 홍콩의 시사주간지
≪亞洲週刊≫은 보도하였다. 이 신문은 샤르상은 최근 40억 달러를 신의주특구에
투자하겠다고 밝혔으며 양빈 초대 장관이 제정하려 했던 법안과 자신이 만드는
신의주특구 기본법 조문에 차이가 별로 없다고 말했다고 보도했다. ≪연합뉴스≫
2003년 8월 29일자.

위에서 실리추구가 진행되고 있는 상황에서 외부의 영향을 비교적 받지 않고 있는 금강산관광을 통해 외자유치를 본격화하려는 것이다.

북한 최고인민회의 상임위원회가 2002년 11월 13일 '금강산관광지구법'을 채택한 것은 향후 금강산관광을 더욱 활성화하기 위한 법적·제도적 기틀을 마련한 것으로 평가된다.[46] 금강산관광사업은 남북한 경제교류의 상징적 사업일 뿐 아니라 북한에 막대한 외화를 가져다준다는 점에서 금강산지구법이 채택됨으로써 특구정책은 더욱 활기를 띠게 되었다.

북한은 금강산법을 통해 개발투자자들에게 비과세를 적용하고 현대아산에게 일정한 자율권을 부여하는 등 금강산관광을 더욱 활성화하기 위한 실질적인 조치를 취함으로써 금강산관광을 경쟁력 있는 상품으로 육성시키는 계기를 마련했다고 볼 수 있다. 관광지구법 제7조는 "개발업자가 하는 관광지구 개발과 영업활동에는 세금을 부과하지 않는다"고 규정해 투자자들에게 이득이 돌아가도록 하고 있다. 또 제8조에서는 "개발업자가 중앙관광지구 지도기관이 정한 기간까지 관광지구 개발과 관광사업 권한을 행사할 수 있고 그 권한의 일부를 다른 투자자에게 양도하거나 임대 할 수 있다"고 함으로써 북한이 향후 현대아산을 통해 해외투자자들을 적극 유치하려는 의도를 갖고 있다. 이와 함께 관광객의 범위를 남측 및 해외동포, 외국인으로 확대하고 이들이 개별차량을 이용하거나 도보로 자유롭게 관광을 할 수 있도록 하는 한편 금강산을 통해 북한내 타 지역도 관광할 수 있도록 규정했다.[47]

2003년 2월 말 현재 관광객은 총 52만 1959만 명으로, 남북정상회담이 개최되었던 2000년에는 21.2만 명을 기록하였다. 북한지역에서의 시설투자는 2003년 5월 말 현재 부두와 온천장, 해상호텔 등 금강산

---

46) htp://nk.joins.com/article.asp?key=2002112510021250005000

47) 이러한 법에 따라 실제 평화항공여행사에서는 평양관광 상품을 개발하여 2000명이 직항로를 통하여 평양일대를 관광할 수 있게 됐다. 2003년 9월 15일 제1차 평양관광단이 고려민항 편으로 평양관광을 실시하였다.

지역의 기간 시설 건설에 총 1억 4,300만 달러가 투자되었으며, 토지
이용권 및 사업권의 대가로 4억 달러 이상이 북한에 지불되었다.

북한의 금강산지구에 대한 전략은 세계적인 환경친화적 관광지로 개
발하여 관광수입을 증대시킴으로써 북한경제의 자본 확충과 설비 현대
화를 촉진하고자 한다. 말하자면 금강산이라는 무자본 무공해 외화벌이
수단을 통해 얻은 수입으로 북한경제의 회생과 산업활동의 정상화를
도모하고자 하는 것이다. 금강산 관광지구는 7.1조치와 신의주 특구정
책의 후속조치로서 북한은 금강산 외화획득을 통한 국가 경제력을 강
화하여 경제 강성대국의 밑거름으로 활용하고자 하는 것이다. 금강산
특구는 지난 4년간의 유람선 관광을 통해 이미 준 특구수준을 유지하
고 있었다고 볼 수 있다. 또한 자본주의 황색바람을 차단시키면서 자본
주의 경제의 효율성을 습득할 수 있는 학습장으로 활용이 가능하다고
볼 수 있다.[48]

현대아산은 숙박시설, 레저 및 오락 및 시설, 종합 편의시설 등에 총
11억 8200만 달러를 투자하고 2010년에는 약 150만 명의 관광객을 유
치한다는 계획을 밝힌바 있다.[49] 단계별로는 제1단계(2003-2005)에는 종
합관광단지로서의 기반 시설을 조성하기 위해 관광지역을 고성항 일대
에서 통천 및 원산지구로 확대하고 호텔 및 콘도, 골프장, 스키장, 워터
파크 등을 건설한다. 또한 2005년에는 승용차 개별 관광을 통해 수요
기반을 확충하기로 할 계획이다. 제2단계(2006-2010)에는 평양, 백두산,
묘향산 등 북한 내 타 지역은 물론 남한의 설악산 지역과도 연계 관광
을 추진함으로써 명실상부한 종합관광단지로 육성할 계획이다. 제3단
계(2010년 이후)에는 금강산 지구가 세계적인 국제관광 단지로서의 수요

---

48) 「북 금강산 외화벌이 포석」, ≪중앙일보≫ 2002년 11월 26일자.

49) 현대경제연구원, 『아산 주요 사업의 발전전략과 과제: 북측 경제적 효과와 성공
조건』(비공개 자료 2003. 5). 현대아산의 계발계획에 따르면 레저 문화 시설을 함
께 개발하는 '파라다이스'를 만든다는 구상이다. 금강산 지역을 장기적으로 관광
뿐 아니라 경제기능도 갖는 관광 경제 특구로 확대하기 '통천경공업단지', IT산업
단지인 '금강산벨리'도 조성할 계획이다.

를 수용하기 위해 숙박 및 위락시설을 추가 증설하기로 한다.

이처럼 북한이 금강산 특구를 통해 얻게 될 유형의 직접적 경제적 효과는 관광객 증가에 따른 관광대가를 포함하여 각종 특산물과 음식물 판매 수입 외에도 관광개발 사업을 통한 인건비와 원부자재 판매 수입을 통해 2010년까지 총 6억 5000만 달러의 이득을 얻게 될 것이다. 이는 이미 북한에 지불된 관광대가(1998. 11-2003. 4) 4억 7000만 달러를 포함하면 약 10억 5600만 달러의 외화를 획득하게 된다. 이러한 금액은 2001년 북한의 국민 총생산(GNI) 157억 달러의 6.7%에 해당하며, 수출 6.5억 달러와 비슷한 규모이다. 11.8억 달러를 투자하는 금강산 특구 개발사업의 간접투자 효과는 2010년까지 생산 유발효과 21.9억 달러, 부가가치 유발효과 7.3억 달러와 고용유발효과 20만 명을 얻게 된다.[50]

북한은 2003년 5월 21일 최고인민회의 상임위원회 결정 107호로 금강산관광지구 개발규정 및 기업창설 운영규정을 채택하였다. 이 규정은 금강산관광지구법의 후속 조치로서 세부적인 시행령이라 할 수 있다. 또 이 시행령에는 남한을 비롯한 해외동포, 외국법인과 개인의 자유로운 투자와 기업 활동을 보장한다는 내용을 담고 있으며 개발업자의 권리를 북한이 법률로서 보장해주는 것과 투자자들의 사업절차를 세부적으로 규정하고 있어 대외개방을 통한 외자유치에 적극성을 띤다는데 의미가 있다.[51]

금강산관광지구 기업창설 운영규정의 주요 특징은 남측 및 해외동포, 외국의 법인, 개인, 경제조직도 투자할 수 있도록 규정하였다. 또 관광 부문과 관광과 관련된 하부구조 건설부문, 첨단과학기술 부문 투자도 가능하도록 규정하고 있다. 금강산관광지구 투자자는 단독 또는 공동으로 여러 가지 형식의 기업을 창설하고 운영할 수 있으며, 투자한 재산

---

50) 현대경제연구원, 앞의 책.

51) 「금강산관광지구 개발규정 및 기업창설 운영규정」, 《KDI 북한경제리뷰》 제5권 7호, 2003년 7월, 68-71쪽.

과 재산권의 가치평가는 해당 시기의 국제시장가격에 적용한다는 것이다. 그리고 주식, 채권 등을 발행할 수 있고 경영물자 및 생산품의 반출입을 자유롭게 할 수 있도록 하였다.

3) 개성공업특구

북한 최고인민회의 상임위원회는 2002년 11월 13일 "개성시에 민족경제를 발존시켜 나가는 것을 기본으로 하는 조선민주주의인민공화국 개성공업지구를 내온다"는 정령을 발표한 데 이어 11월 20일에는 '개성공업지구법'을 채택하였다.[52] 이로써 북한의 경제특구는 나진선봉, 신의주, 금강산, 개성 모두 4개가 되었고, 개성공단 건설 사업은 더욱 탄력을 받게 되었다.[53]

북한당국이 신의주특별행정구, 금강산특구에 이어 개성을 경제특구로 지정한 것은 북·미관계의 냉각에도 불구하고 남북경협을 지속적으로 추진하겠다는 강력한 의지를 드러낸 것이다. 또한 개성특구를 공업지구로 지정한 것은 성공적인 개혁을 위해 경제협력과 실리주의를 반영한다고 하겠다. 즉 남한자본의 유치, 시장경제 실험, 개성관광 활성화를 도모하려는 북한의 '개방체제 구축'이라고 볼 수 있다. 북한이 '4대 특구'의 지정을 통해 개방을 확대한 것은 7.1조치의 성공적 이행을 위한 외자유치의 필요성 증대, 대외 이미지 개선 등의 다목적 의도가 포함된 것이다.

북한은 개성시 일대를 공업지구로 지정함으로써 개성을 관광과 공업이 병행발전 할 수 있는 지역으로 개발한다는 구상을 드러내고 있다.[54]

---

52) 《조선중앙통신》 2002년 11월 26일자; 《연합뉴스》 2002년 11월 27일자.

53) 개성공단 건설사업은 1998년 6월에 현대아산과 북측의 민경련이 서해안 공단건설사업 추진에 합의함으로써 시작되었다. 2000년 8월에 '공업지구 건설 운영에 관한 합의서'를 체결하여 현대아산이 '개성국제자유경제지대'에 대한 독점적 개발사업자로서 지위를 확보하였고, 2000년 11월에는 한국토지공사와 함께 제1단계 개발사업을 공동시행키로 함에 따라 개성공단 사업은 민간차원에서 준당국 차원으로 발전되었다.

54) 심의섭, 「북한의 경제현황과 개방정책의 전망: 경제특구를 중심으로」, 『제14회

북한은 개성공단 개발을 통해 인건비와 원부자재 판매 수입을 통한 외화벌이 외에도 산업인프라 조성과 기술도입을 통해 북한경제가 지속발전 가능한 산업국으로 발전해나갈 수 있는 기반을 마련함으로써 성장잠재력 확충에 큰 목적이 있을 것이다.

개성공단 개발의 기본계획은 개성시 및 판문군 평화리 일대를 3단계에 걸쳐 850만평의 산업단지를 조성하여 중국의 심천이나 푸둥 경제특구와 같은 경쟁력 있는 국제자유경제지대로 개발할 계획이다. 단기적으로는 무관세 수출가공구 성격의 공업 무역형 경제특구로 개발하되, 중장기적으로는 첨단산업 금융업, 상업 및 관광산업과 국제적 도시 서비스 기능이 포함되는 종합형 경제특구로 개발한다는 것이다. 이와 함께 산업단지 배후에는 14.5만 세대가 거주할 수 있도록 하고 1150만 평의 환경친화적인 관광구역으로 지정함으로써 관광자원 개발과 개방효과를 극대화하려고 한다.[55]

개성공단의 개발 운영 방식은 현대아산은 북측으로부터 토지 이용권을 50년간 임차하고 각종 사업권을 확보하여 자유경제지대에 국내외 기업에 분양하는 방식이며, 8개 년도의 3단계에 걸쳐 개발된다. 우선 1단계의 100만평 부지에는 인건비 비중과 고용 효과가 높고 설비 설치 및 제품 생산 소요 기간이 짧아 단기간 내에 생산 가동할 수 있으면서도 현지 원료 조달이 가능하고 해외수출이 유망한 품목을 중심으로 유치할 계획이다. 제2단계에는 지속적인 산업인프라 확충과 산업단지 개발 확장과 함께 수입대체산업의 육성을 통해 북한은 '수출입국' 및 개발선진국으로 부상할 수 있는 기틀을 마련하게 될 것이다. 전면적 개발단계인 제3단계에는 북한 경제는 지속적인 성장과 발전을 보장받을

민족화해 아카데미』, 경실련 통일협회, 2002. 12. 11, 7쪽; 조봉현, 「기업의 개성공단 진출 전략과 과제」, 《통일경제》 제70호, 2000년 10월, 28쪽; 남성욱, 「북한의 특구정책 어떻게 볼 것인가」, 연세대 통일연구원 정기학술회의, 2002. 11. 22, 31쪽.

55) 현대아산과 한국토지개발공사가 남측사업자로 선정되었고 북쪽에서는 '조선아시아태평양평화위원회'와 '민족경제협력연합회'가 사업자로 선정되었다.

수 있는 산업기반과 첨단, 정보화 사회의 기반을 갖추도록 한다는 것
이다.

이와 같이 북한의 개성특구 지정은 특구가 가져다줄 거대한 경제적
효과에 대한 기대에서 비롯된 것이다. 금강산 관광을 통해 북한은 특산
물 판매와 노동력 제공을 통해 벌어들이는 외화도 연간 수백만 달러규
모라고 전망하고 있다. 특히 육로관광이 본격화화면 수익 규모는 기하
급수적으로 늘어난다고 할 수 있다. 개성특구를 지정한 것은 북한이 그
동안 남북경협을 통해 다양한 이익을 얻은 것이 특구지정의 직접적 계
기가 되었을 가능성이 크다.[56]

개성특구가 개발될 경우 엄청난 경제적 효과가 예상된다. 즉 체제안
정과 단번 도약을 위해 불균형 발전전략을 선호하는 북한의 경제정책
변화 방향과 부합되는 것이다. 사업주체인 현대아산의 개발계획에 따르
면, 개성공업지구가 계획대로 개발된다면 남측에서 약 36만 명, 북측에
서 약 25만 명의 고용효과를 누릴 것으로 전망했다. 또 8년 동안 진행
되는 3단계 개발과정에서 부가가치만 남한 60억 달러, 북한 62억 달러
에 달할 것이라는 분석이다. 또한 현대아산은 개성공단의 연간 매출액
을 200억 달러로 예상하고 있는데, 이는 2001년 기준 북한의 국민총생
산 157억 달러를 능가하는 수치이다.[57] 그밖에 개성공단이 성공적으로
추진될 경우, 북한은 2010년까지 41억 8천만 달러의 직접적 외화수입
을 포함해 총 154억 1천만 달러의 경제적 효과를 얻을 것으로 예상하
는 분석도 있다.[58]

---

56) 「개성공단 722억 달러 경제적 효과」, ≪한겨레≫ 2002년 12월 4일자.

57) 현대경제연구원, 앞의 책 참조.

58) 국토연구원도 최근 개성공단의 경제적 가치를 분석한 자료에서 공단이 완성될
　　경우 북쪽 17만 명의 고용효과와 함께 남북을 합쳐 모두 722억 달러의 경제적 효
　　과를 거둘 수 있을 것으로 예상했다. 「개성공단 722억 달러 경제적 효과」, ≪한
　　겨레≫ 2002년 12월 4일자.

<표 5-3> 개성공업지구 단계별 사업추진 계획

구 분		공업지구				배후도시	
		면적 (만평)	업체수 (개)	고용인원 (만명)	연간생산액 (억달러)	면적 (만평)	세대수 (만세대)
제1단계	1년차	100	300	2.6	20	520	2.6
제2단계	2년차	150	450	3.5	28	650	6.4
	3년차	220	650	5.0	40		
	4년차	300	1000	7.0	58		
제3단계	5년차	400	1200	9.0	75	1150	14.5
	6년차	550	1500	10.0	90		
	7년차	700	1700	12.0	115		
	8년차	800	2200	14.9	145		

자료: 현대경제연구원, 『아산 주요 사업의 발전전략과 과제: 북측 경제적 효과와 성공조건』(비공개 자료 2003. 5).

북한의 경제회생과 강성대국 건설의 물적 토대를 구축하기 위하여 단행한 개성공업 지구의 지정은 다음과 같은 의미를 지닌다. 첫째, 북한의 개성특구의 지정은 7.1경제개혁조치와 신의주특구 지정 등 일련의 개혁·개방정책의 연장선상에서 취해진 법제도화의 추진이라 할 수 있다. 개성특구는 남한기업의 투자유치에 중점을 두고 선정한 것이어서, 개성공단 개발계획이 성공하여 확대되면 남북간의 경제적 상호의존도는 비약적으로 높아질 것이며, 개성특구는 북한경제 회생은 물론 경제 강성대국의 한 축을 구성하는 것이다. 또한 개성공업지구는 남북한 경제공동체의 발전뿐 아니라 향후 동북아시아의 경제중심지로 크게 기여할 수 있다.59)

둘째, 개성특구는 공업지구 내 상품가격과 서비스 요금 등을 국제시장 원리에 입각한 경제개방 특구 방식을 취하고 있다. 또한 개성특구는 제조, 금융, 상업, 관광사업을 포함하는 종합적인 경제특구로서의 특성을 띠고 있다. 국제기준과 시장원리에 맞는 외국 금융기관의 설립을 허용함으로써 외자도입 및 외화획득의 가능성이 높다고 할 수 있다.

59)「개성공업지구, 동북아의 경제중심지로」, ≪조선신보≫ 2003년 7월 3일자.

셋째, 외화의 자유로운 반출입, 신용카드 사용, 투자재산 보호, 상속권 보장, 50년 토지임대 등 기업활동의 자율성을 보장하고 있다. 통신수단의 자유로운 활용과 광고활동을 허용한 것은 투자유치를 보다 용이하게 할 수 있다. 또 소득세율을 14%로 하되, 사회간접자본이나 경공업, 첨단과학기술 부문은 10%로 정한 것은 이 분야의 투자를 적극 유치하겠다는 것이다. 중국, 베트남이 15-17% 수준인 점을 감안하면 국제경쟁력을 갖추고 있다고 볼 수 있다.[60]

넷째, 개성특구는 북한의 경제실정을 잘 보여주는 예로서 대내적인 경제현실의 변화 내용과 함께 대외적인 개방의지가 반영되어 있다. 경제 강성대국을 위해서는 개방정책의 확대를 통한 경제발전전략의 수정이 불가피하다는 것을 인식한 결과이다. 말하자면 김정일 체제의 강성대국 비전과 국정운영의 방향을 제시한 중요한 지표가 되는 것이다.

<표 5-4> 나진·선봉, 신의주, 금강산, 개성 경제특구 비교

구 분	나진선봉	신의주	금강산	개성
특구명	-경제무역지대	-특별행정구	-관광지구	-공업지구
지정일	-1991년 12월	-2002년 9월	-2002년 11월	-2002년 11월
발전 목표	-무역 및 중계 수송과 수출가공, 금융	-국제적인 금융, 무역, 상업, 공업, 첨단과학, 오락관광	-국제적인 관광	-국제적인 공업, 무역, 상업, 금융 관광
사업 지도 기관	-중앙대외경제기관과 자유경제무역지대 당국	-신의주특별행정구	-중앙관광지구 지도기관	-중앙공업지구 지도기관
자유 활동 보장	-기업관리와 경영방법의 자유로운 선택권	-거주민의 선거권, 노동권과 언론 출판집회 시위 신앙의 자유보장	-관광객 개인의 차량 또는 도보 이용한 자유로운 관광 명문화	-법에 근거하지 않은 체류자 구속체포 및 가택 수색 금지 -우편 전화 팩스 자유이용
관세	-특혜관세	-특혜관세	-무관세	-무관세

60) 「개성특구, 토지 50년 임대, 상속권 보장」, 《중앙일보》 2002년 11월 28일자.

기업소득세	-결산이윤의 14%, 예외적 조항 있음	-특혜적인 세금제도, 세율은 특별행정구 결정	-개발업자와 관광개발과 영업활동에는 비관세	-결산 이윤의 14%, SOC, 경공업, 첨단 과학기술분야 10%
유통화폐	-북한 원	-독자적 화폐금융 정책	-전환성 외화	-전환성 외화 및 신 용카드
외화반출입	-국외 송금 가능	-제한 없이 반출입	-자유반출입	-자유반출입
예상투자자	-일본, 한국	-중국, 유럽	-한국, 해외	-한국, 해외
외국인참여	-단독, 합영 합작 기업 설립	-행정 장관을 신의주특구 주민으로 규정 해외국인 참여허용	-관리기구구성원에 남측 및 해외개발업자 추천. -외부인도 참여 가능	-금강산과 동일. 관리기관책임자인 이사장에 남측 인사
환경보호	-환경보호 한계 기준을 초과하는 대상 투자금지 제한	-환경오염 방지 명문화	-오염물질의 배출기준, 소음, 진동기준 등의 환경보호 보장	-환경보호를 저해하는 투자 금지
임대기간	-구체적 기간 명시 없음. 임대기관의 승인 가능	-50년 -2052년 12월 31일로 종료 시한 명시	-구체기간 명시 없음. 현대아산이 50년간 토지 이용증을 발급 받음	-토지 이용증 발급 일로부터 50년
특징	-무역성과 나선시 인민위원회가 통치하는 중앙정부 소속 행정기관 -중앙정부 직접 통제하에 외국자본 유치	-입법 행정 사법권 보장 -중앙정부가 임명하는 장관 자율통치 -사유재산과 상속권보장	-중앙지도기관 및 현지지도기관의 협의 관리 -확고한 투자유치 의지	-중앙지도기관과 현지지도기관의 협의 관리 -확고한 투자유치 의지

자료: 나진·선봉, 신의주, 금강산, 개성공업지구의 법령을 토대로 작성.

제3절 경제특구의 극복 과제

북한의 신의주, 개성, 금강산 경제특구는 향후 북한의 경제회생에 중요한 창구 역할을 할 것임은 분명하다. 또한 경제특구는 경제강성대국 건설의 성패를 좌우할 수 있다는 점에서, 경제특구는 당초의 목적을 실현하기 위해 극복해야 할 과제가 많다.

북한이 대외개방 확대를 통해 추진하고 있는 특구전략의 목적은 외자유치를 통해 외화를 벌어들이고 이를 통해 북한의 경제난을 극복하는 것이다. 때문에 외자유치의 성공여부가 대외개방정책의 성공과 직결된다고 할 수 있다. 이와 같은 상황을 전제로 경제특구가 갖는 시급한 과제를 설명하면 다음과 같다.

우선 신의주 특구의 경우 출발초기부터 양빈의 구속에서 알 수 있듯이 중국의 지원과 영향이 지대하다는 것을 의미한다. 이것은 신의주 특구 성공에 있어서 중국의 '단둥특구'와 연계 문제 그리고 화교자본의 유입이 필요성이 중요한 요인으로 작용하기 때문이다. 즉 신의주 특구 성공이 단둥특구의 위축을 가져올 것이며, 이는 중국의 국가이익과 충돌을 의미하는 것이다. 때문에 이를 극복하기 위해 북한은 단둥특구에 비해 경제적 실효성이 담보되는 외자유치와 투자조건의 개선과 경제적 인프라 구축이 빠른 시일 내에 이루어져야 한다. 경쟁관계에 있는 단둥특구보다 유리한 투자 인센티브를 부여하고 임금, 토지사용료, 등 생산비용을 낮게 유지하여 경쟁력을 확보해야 한다. 따라서 신의주 특구가 성공하기 위해서는 인프라 조성과 임금, 노동조건, 투자보장 장치, 그리고 국제환경이 효율적으로 작용해야 할 것이다.

금강산 특구의 경우, 사업이 성공하기 위해서는 첫째, 남북관계의 개선이 지속적으로 이루어져야 한다. 남한과의 신뢰구축을 통해 경제협력의 지속성이 보장되어야 한다. 남북한이 분단체제라는 특수성을 갖고 있고 군사적 대결상황의 불안요소는 남한기업 뿐만 아니라 외국기업도 민감한 반응을 할 것이기 때문이다. 둘째, 남한과의 육로관광이 보다 더 확대되어야 한다. 금강산 관광객의 대부분이 내국인이 차지하고 있는 현실에서 육로관광의 활성화는 금강산 관광의 성공뿐만 아니라 남북한 교류의 활성화에도 도움이 될 것이기 때문이다. 셋째, 남한기업과 외국기업에 경제적 수익성이 보장될 수 있는 자유로운 기업활동보장과 여타 외국의 경제특구 지위와 비슷한 제도적 장치를 구비하여야 하며 이의 실질적인 준수가 실현되어야 한다. 넷째, 금강산 관광 특구법에 지적된 것처럼 여타 지역으로 확대되어야 한다. 이상의 정치적 문제의 해결이라는 필요조건을 통한 제반 경제문제 해결이라는 충분조건이 이루어질 때 금강산 관광특구 사업은 성공할 수 있다.

개성공업 특구의 경우, 개성공단의 주요 투자자와 입주기업이 남한이 될 것이기 때문에 남북한의 정치·군사적 신뢰구축이 기본적인 토대로 작용하지 않은 상황에서 경제협력이 실효성 있는 발전을 기대하기는 어렵다. 때문에 남북한 신뢰구축을 전제로 한 상황에서 개성공단 특구 성공을 위한 극복과제는 투자자와 투자기업들에게 경제적 수익성이 보장되어야 한다. 경제적 수익성이 보장되지 않는 경제특구는 그 자체가 의미를 상실하기 때문이다.

예컨대 북한 당국은 개성공단에 고용될 북한 노동자들의 임금을 기본급 80달러에 성과급 20달러 등 100달러를 제시하고 있는 것으로 알려지고 있다. 반면 국내 업체들은 40-50달러를 희망하고 있다.[61] 북측이 제시하고 있는 80-100달러는 베트남의 50-60달러, 중국의 50-100달러와 비교했을 때, 국제경쟁력을 확보하기 어렵다. 북한이 보유하고 있는 상대적 비교우위는 양질의 노동력에 있으며, 국내적 자본은 매우 부족한 상황이다. 경제특구의 임금이 타 지역보다 낮은 것이 일반적이라는 것을 염두에 둔다면 경제특구 지역에 고용되는 북한 노동자들의 임금을 대폭 조정하는 것이 투자유인 효과를 가져올 수 있다. 특히 북한의 비교우위를 효과적으로 이용하기 위해서는 기존의 외국인 기업에 대한 최저 임금수준을 최대한 하향 조정할 필요가 있다. 중국 경제특구의 주요 성공요인 중의 하나가 낮은 임금에 있었다는 것을 인식할 필요가 있다.

개성특구의 분양가 역시 경쟁력 확보는 물론 외자유치에 직접적 영향을 미치는 요소다. 개성공단의 잠재적 경쟁대상국인 중국 경우 평당 10만원이하[62]라는 점을 감안할 때 개성공단의 분양가를 낮게 책정하는

---

61) ≪중앙일보≫ 2002년 11월 21일자.

것이 다른 지역과의 경쟁에서 우위를 점할 수 있다. 이와 같은 측면에서 볼 때, 개성공단 특구는 인프라 건설의 주체, 토지임대, 공단의 분양가, 노동자 임금 등 많은 문제가 남북한 협의를 거쳐 해결되고 있는 과정은 주목할 만하다.

한편 경제특구가 당초의 목적을 성공적으로 달성하기 위해서는 신의주, 금강산, 개성공업 특구간의 연관발전을 통해 수출상품의 다변화 및 질적 향상을 도모해야 한다. 즉 경제특구의 국제경쟁력 확보와 더불어 국내 산업과의 연관발전 효과를 극대화하는 것이 중요하다. 일반적으로 경제특구에 대한 투자효과는 소득창출, 생산설비 증대, 연관효과로 구성되는데 후진국의 경우 지속적인 투자유인을 위해 연관효과를 강화하는 것이 중요하다. 중국에서도 중국기업의 경제특구 진출로 인한 특구와 국내산업과의 연관효과가 중요한 성장요인으로 작용한 바 있다. 경제특구에 대한 외자유치의 경우 국내산업에 비하여 선진기술이 수입되는 것이므로 연관발전효과는 매우 중요하다.[63]

그리고 북한이 경제특구를 통한 경제 강성대국건설의 성장기반을 구축하기 위해서는 내부 자본만으로는 크게 부족한 실정이므로 해외자본의 관심을 끌 수 있는 투자환경, 그리고 투자국의 수익성이 보장될 수 있는 특구전략이 필수적이다. 따라서 전술한 바와 같이 북한의 경제특구가 성공하기 위해서는 북핵 문제의 평화적 해결을 통한 대외관계 개선이 관건이다. 북한의 경제특구는 남한, 미국, 중극, 일본의 협력 없이 성공하기 어렵다. 따라서 경제특구가 성공하기 위해서는 북한 당국의 확고한 의지를 대내외에 천명하고 신의주, 금강산, 개성 특구를 법적으로 제도화한 것을 실행하기 위한 가시적인 노력과 특구운영의 투명성 보장을 통해 국제사회로부터 신뢰를 높여야 할 것이다. 경제특구를 통

---

62) 중국 텐진 8만 2천원, 선양 6만 9천원이다. 한국 KDI의 조사에서 국내업체들이 개성공단의 적정 분양가로 제시한 가격의 평균치는 11만 7천원이다. 신지호, 『개성공업지구법 분석: 경제적 타당성을 중심으로』, 서울: 한국개발연구원, 2002. 12, 8-9쪽.

63) 조동호 외, 앞의 책, 352쪽.

한 외자유치가 대외관계의 변화와 연동되어 진행된다는 측면에서 북핵 문제의 해결과 밀접히 연관되어 있다고 할 수 있다.

특히 북·미 관계개선은 북한 경제발전의 매우 중요한 과제이다. 즉 특구정책은 양호한 투자환경과 대외 신인도 제고를 통한 보다 많은 외자유치인 만큼, 이를 위해서는 미국과의 관계개선이 전제되어야 한다. 미국과의 관계개선은 국제사회의 흐름에 동조하고 미국의 대북경제제재 조치 해제와 국제금융기구로부터의 금융지원을 용이하게 할 수 있다.

그리고 북한의 개방정책이 성공하기 위해서는 일관성 있는 실용주의적 리더십의 확보가 필수적인 전제조건이다. 중국의 개혁·개방이 성공할 수 있었던 것은 등소평을 중심으로 형성된 광범위한 실용주의적 리더십이 존재했기 때문에 가능했다. 중국식 개혁·개방의 경험은 경제분야를 중심으로 단계적이고 점진적인 개혁·개방을 추진함으로써 구소련 및 동구와는 달리 체제붕괴와 해체의 위기에서 벗어날 수 있었을 뿐 아니라 고도 경제성장을 달성하여 부국강병을 건설하는데 성공했다.64) 따라서 국가경제력 강화를 통해서 강성대국의 건설을 실현해야 하는 북한으로서는 중국식 개혁·개방에 관심을 가지는 것은 당연하다고 하겠다. 하지만 문제는 북한에 중국과 같은 실용주의적이고 개혁적인 리더십이 존재하지 않는다는 점이다. 중국은 일당체제의 기반 위에서 경제개혁을 과감히 추진, 자본주의 세계경제 참여를 통해 연관발전(associated development)에 성공했다.65)

---

64) 물론 중국에서도 모택동과 기존의 사회주의체제를 부인하는 급진적 개혁파의 논리에 대해 경계하고 4항(사회주의노선, 인민민주독재, 공산당의 영도, 마르크스-레닌주의 모택동 사상 견지) 기본원칙을 강조하는 보수파들이 있었지만, 보수파들도 개혁과 개방이 불가피한 선택이란 점을 인정하였으며, 무엇보다도 중국경제의 발전을 실현하기 위해서는 지속적인 개혁·개방이 필요하다는 점에 반대하지 않았다. 또한 중국의 지도부는 철저하게 실용주의적 입장을 견지하면서 현실의 검증을 통해서 개혁 개방의 성과를 입증하려고 하였고, 보수파와 개혁파들도 모두 수용하였다.

65) 또한 베트남과 중국의 경우 개혁정치과정에서 부정부패와 일탈행위 통제가 국가의 가장 중요한 정책 과제의 하나가 되었다는 것은 주지의 서실이다. 김호섭, 「베트남의 사회주의 개혁과 관료부패」, ≪한국정치학회보≫ 제30집 4호, 1996, 383-

특히 중국은 경제발전을 실현하기 위해서는 지속적인 개혁·개방이 필요하다는 점에 반대하지 않았다. 중국의 경제발전에 대한 이견은 개혁·개방의 필요성에 대한 것이 아니라 개혁과 개방의 속도와 범위에 대한 것이었다. 더구나 중국의 모든 지도부는 철저하게 실용주의적 입장을 견지하면서 현실의 검증을 통해서 개혁·개방의 성과를 입증하려고 하였고, 입증된 개혁·개방정책에 대해서는 보수파와 개혁파들도 모두 수용하였다.

그렇다면 과연 북한에서도 개혁·개방에 대한 이런 광범위한 합의가 존재하고 있는가 하는 문제다. 북한 당국이 실리주의적 관점에서 대외개방에 대한 의지는 확고하다는 것을 감지할 수 있지만, 북한이 21세기 강성대국 건설 목표를 달성하기 위해서는 장기적인 관점에서 체제개혁은 필수적이다. 경제특구의 성공은 외부자본을 유인할 수 있는 북한의 체제개혁 동반과 직결되는 것인 만큼 경제특구를 통한 경제회생 여부는 결국 체제개혁의 문제로 발전하게 되어 있다. 체제개혁 없는 경제특구는 일시적으로 외부자본의 관심을 끌겠지만 안정적인 투자환경을 조성하지 못하기 때문에 이름뿐인 특구에 그칠 가능성이 있다.

398쪽.

제6장 경제강국 건설전략의 특성 분석

어느 국가를 막론하고 체제위기 상황은 또 다른 의미에서 기회를 의미한다. 북한 역시 예외일수 없다. 1990년대 북한이 직면했던 체제위기 상황은 생존을 위한 여러 가지 변화를 가져왔다. 비단 그것이 '벼랑끝 외교'를 통한 생존전략이든, 수령독재의 강화를 통한 것이든 북한은 변화할 수밖에 없었다. 따라서 현재의 북한의 상황은 분명 역설적이지만 발전전략이 변화할 수 있는 기회의 시기이기도 하다. 북한의 사회주의 체제가 변화할 것인지, 또는 경제체제의 점진적 개혁과 대외개방의 확대를 통한 시장경제적 요소를 도입하여 기존의 발전전략이 수정될 것인지에 대한 관심을 갖는 것도 바로 이러한 맥락 때문이다.

국가사회주의 발전전략을 채택했던 국가들이 이를 포기하고 자본주의를 도입하거나 혹은 당-국가체제라는 사회주의 일반원칙을 견지하면서도 경제체제는 시장경제 원리를 과감히 도입하여 급속한 경제발전을 성취한 것을 고려한다면 탈냉전과 세계화시대에 경제 강성대국 건설이라는 국가비전을 동시에 맞고 있는 북한 역시 이 같은 변화의 흐름으로부터 자유로울 수 없다. 따라서 북한의 국가발전전략이 결국은 변화할 것이라는 전망은 여전히 유효하다. 지금 당장의 가시적인 변화가 보이지 않는다고 하더라도 구조적 경제난과 체제생존을 위해서라도 기존 전략의 근본적인 변화를 모색할 수밖에 없는 것은 당연한 것이다. 이런 점에서 이 장에서는 지금까지의 논의를 바탕으로 사회주의 체제전환

방식을 토대로 북한의 발전전략의 변화성격과 특징, 그리고 향후 북한
이 선택할 수 있는 발전모델을 전망해 보고자하며, 경제강국 건설의 성
과 및 극복과제를 설명하고자 한다.

제1절 전략산업의 육성과 단번도약

어떤 국가든지 경제발전을 위해 모든 산업을 비차별적으로 육성한다
면 자원배분의 효율성을 떨어뜨려 국가경제력을 분산 약화시킬 수 있
다. 따라서 국가는 산업경쟁력이 상대적으로 높은 산업을 선별하여 전
략적으로 육성한다. 국가가 전략적으로 육성하는 '전략산업'(strategic
industry)은 국가경제에 대한 기여도가 상대적으로 큰 산업, 즉 기술혁신
의 속도가 빠르며 다른 산업부문에 미치는 파급효과가 큰 산업들로 선
정된다. 이런 특성을 고려할 때 오늘날의 전략산업은 대체로 첨단산업
을 지칭한다.[1]

정보기술(information technology: IT)산업의 발전은 1990년대 이후 글로
벌 자본주의(global capitalism)의 성숙과 세계화된 경제의 활력의 원천이
되어 왔다. 따라서 세계화·정보화 시대에 IT산업의 발전은 경제적으로
나 정치사회적으로 전환의 동력을 제공하고 있다. 특히 개별 국가의 경
제적 측면에 국한시켜 볼 경우, IT산업은 국가경제를 견인하는 선도부
문으로 인식되면서 많은 국가들이 전략산업으로 채택하여 육성하고 있
다. IT산업에 대한 국가적 관심과 육성 지원은 체제와 국력, 국가 규모
와 지리적 위치 등을 불문한 일종의 글로벌 스탠더드로서 세계적 수렴
현상을 보이고 있다.[2]

1) 고경민, 「북한의 단번도약 전략산업으로서의 IT산업 발전전략 연구」, 『북한 및 통
   일관련 논문집 II』, 서울: 통일부, 2002, 5-15쪽; Willam R. Nester, *Japanese
   Industrial Targeting: The Neomercantilist Path to Economic Superpower*, London:
   Macmillan, 1991, pp.15-16.
2) 한국전산원, 『2002 국가정보화 백서』, 서울: 한국전산원, 2002 참조.

이런 IT산업의 특성 때문에 선후발 국가를 막론하고 IT산업을 국가 발전의 중심축으로 설정하여 국가적 역량을 결집시키고 있다. 특히 후 발국가들에게 IT산업은 그들의 통상적인 경제발전을 뛰어 넘거나 가속 화하고 국내경제를 촉진하고 세계경제에 연계시키는 데 도움을 줄 수 있는 산업으로 간주된다.

북한에서도 IT산업의 첨단 전략산업으로서의 중요성에 대한 인식은 마찬가지이다. "첨단과학기술은 전략적 자원으로서 세계적 경쟁에서 개 별 나라들과 지역의 정치, 경제, 군사적 지위를 규정하는 중요한 징표 의 하나"라며 전략성을 첨단과학기술의 중요한 특징으로 꼽고 있다.3) 이러한 인식에 따라 북한은 IT산업을 강성대국 건설의 전략산업으로 설정하고 있는 것이다.4)

북한의 IT산업 육성을 통한 발전을 강조하는 것은 추월전략보다는 단번도약전략을 취하고 있다는 것을 감지할 수 있다. 김정일 시대의 북 한은 '강성대국' 건설을 새로운 국가전략 목표로 제시하면서 과학기술 중시 정책을 경제발전전략의 기초로 내세우고 IT산업의 발전을 토대로 경제강국으로 도약하려는 전략을 추진하고 있다. 특히 주목할 점은 북 한이 IT산업을 전략산업으로 육성하여 최단기간 내에 괄목할만한 발전 을 성취함으로써 자본 부족에서 기인한 '빈곤의 늪'(poverty trap)을 빠져 나오려는 이른바 '단번도약'전략을 추진 중에 있다는 점이다.

IT산업 발전을 토대로 한 '단번도약'이라는 새로운 발전전략의 성공 여부는 김일성 시대에서 김정일 시대로의 전환을 마무리하는 중요한 전환점이 될 수 있다는 점에서 중요한 의미를 갖는다고 할 수 있다. 왜 냐 하면 21세기 북한의 새로운 발전전략 구상이라는 점에서 시대적 전 환점이 될 수 있고, 중공업과 경공업 등 전통적인 산업에 치중했던 과 거와는 다르게 첨단산업에 기초한 새로운 발전전략이라는 점에서 경제

---

3) ≪연합뉴스≫ 2002년 7월 3일자.

4) 김유향, 「북한의 정보화와 북한체제의 선택」, 『신진연구자논문집 II』, 서울: 통일 부, 2000 참조.

적 전환점이 될 수 있으며, 김정일이 주도하는 대규모 국가 프로젝트라는 점에서 정치적 전환점이 될 수 있다.5)

한편 북한 당국이 경제회생의 돌파구나 인민경제 생활 향상 등 경제 전반의 비약적 발전에 대한 강한 의지를 압축적으로 보여주고 있는 개념이 '단번도약'이다. 단번도약은 발전전략의 측면에서 볼 때, 추격발전 전략의 의미보다는 도약전략(leapforgging strategy)의 의미를 함축하고 있다. IT산업 분야에서 도약발전이란 개념은 IT가 개발도상국들에게 발전속도를 가속화하고 성정단계를 단축하는데 도움을 줄 수 있다는 신념에 바탕하여 1980년대에 등장했다.6)

북한 경제의 단번도약 전략은 IT산업의 발전을 도약의 발판으로 삼고 있다. IT산업의 급속한 발전을 통해 경제전반의 도약, 즉 강성대국 건설을 목표로 삼는다. 북한에서 단번도약이라는 용어는 "오물쪼물 뜯어 맞추고 남의 꼬리를 따라가는 식으로서가 아니라 단번에 세계최상의 것을 큼직큼직하게 들여앉히자는 것이 우리의 배심"이라고 하면서 "우리는 단번도약의 본때를 이미 맛보았다. 인공지구위성 광명성 1호의 탄생도 그것이었고 토지정리의 천지개벽도 그것이었다"7)고 주장하면서 단번도약을 국가경쟁력 강화의 중요한 전략이며 방법론으로 제시했다. 이러한 북한의 단번도약론을 통해서 볼 때, 북한은 선진국들의 발전모델이나 전략을 따라하는 추격전략보다는 북한식으로, 즉 속도와 방법 양면에서 단번도약 하겠다는 의지를 드러내고 있다. 북한이 추진하고자 하는 단번도약의 발판은 과학기술이다. 과학기술 발전을 통한 북한의

---

5) 고경민, 앞의 글, 6쪽.

6) J. P. Singh, *Leapfrogging Development? The Political Economy of Telecommunications Restructuring*, New York: State University of New York Press, 1999, pp.4-5. 도약이란 용어는 첫째, IT산업이 개발도상국들을 순차적인 발전단계를 건너 뛰어 산업사회에서 탈산업사회로 전환하게 하는 데 도움을 준다. 둘째, IT산업이 개발도상국들에게 발전속도를 가속화하는 데 도움을 줄 수 있다는 의미에서 '성장엔진'의 의미로 사용된다. 셋째, 미개척 분야의 기술이나 생산주기를 건너뛰는 것을 나타내기 위해 기술적인 의미로 사용된다.

7) ≪로동신문≫ 2001년 1월 7일자.

단번도약 논리는 기술적 방식의 도약을 토대로 하고 있다.

북한은 강성대국 건설을 국가발전 목표로 제시한 이후 지속적으로 과학기술의 중요성을 강조해왔다. 1998년 이후 과학기술에 대한 강조는 매년 신년 공동사설에 비중 있게 등장했고 2000년에는 '사회주의 강성대국의 3대기둥'으로 격상되면서 경제건설의 최우선 과업으로 간주되고 있다.[8] 북한에서 과학기술 중시정책에 대한 강조가 과거에도 없었던 것은 아니지만, 최근에 들어서 과학기술중시정책으로 더욱 강조하게 된 것은 북한의 경제적 빈곤을 극복하기 위한 전략일 뿐만 아니라 김정일 시대의 새로운 국가경제력 제고를 위한 통치권 차원에서의 정치적 논리로 인식되고 있다는 점도 부인할 수 없다.

한편 북한이 과학기술 중시정책을 취하고 있고, 정보산업 등을 중심으로 한 비약형 경제개발 전략을 모색하고 있다. 말하자면 국가가 전략적으로 선택한 첨단산업, 즉 정보통신, 컴퓨터, 소프트웨어 등 IT산업에 국내외 자본과 기술을 집중투자, 이를 수출산업으로 육성함으로써 북한경제의 비약적 발전을 모색한다는 것이 향후 북한 경제개발 전략의 골격을 이루게 된다는 것이다. 즉 경제회생을 위해 경공업을 우선적으로 육성하는 전통적인 산업발전 단계를 거치지 않고 곧바로 첨단산업으로 직행한다는 전략으로 평가한다.[9] 다시 말해 북한의 새로운 경제발전전략은 산업발전단계에 따라 단계적으로 기존의 낙후성을 따라잡는 추격형 방식보다 과학기술 중시정책에 바탕을 둔 '도약형' 발전전략을 채택하고 있다는 점이다. 김정일은 "경제와 과학기술을 하나로 결합시켜 과학기술을 발전시키고 그 성과에 기초하여 생산도 하고 관리도 하는 경제관리체제와 질서를 세워야 한다" 강조하였다. 이는 경제강국 건설의 요구에 맞게 사회주의경제관리를 개선, 강화하기 위해 경제와 과학기술

---

8) 「당창건 55돌을 맞는 올해를 천리마대고조의 불길속에 자랑찬 승리의 해로 빛내이자」, ≪로동신문≫ 2000년 1월 1일자.

9) 양문수, 「북한의 '비약형' 경제개발 전략과 남북IT협력 전망」, ≪LG주간경제≫, 2001. 3. 21.

을 하나로 결합시킬 것이 중요한 원칙이라는 것을 강조한다.10)

미래지향적 관점에서 볼 때, 북한을 포함해서 모든 국가들의 정치경제적 목표는 체제유지와 경제발전일 것이다. 체제유지와 경제발전의 상호 유기적 연관성을 고려할 때 새로운 경제발전전략의 채택에는 경제적 요소와 함께 정치적 요소도 함께 고려된다. 북한 지도부가 IT산업을 전략산업으로 채택하여 단번도약을 상정하는 데서도 경제적 발전뿐만 아니라 정치적 요인이 고려되었을 것이며, 단기적, 중장기적 경제발전전략 차원에서 수립되었다고 볼 수 있다. 첫째, 단기적인 경제전략 측면에서 북한은 연료, 원료, 에너지가 부족하고 생산성이 한계에 도달한 경제를 회생시키는 최선의 대안으로 과학기술을 중시하는 IT산업을 선택한 것이다. 둘째, 중장기적 경제전략 차원에서 볼 때, 이러한 발전전략은 세계적인 정보화의 물결 속에서 배제되고 고립되어서는 국가의 생존과 발전이 불가능하다는 위기의식의 발로에서 비롯된 것이다. 셋째, 특히 체제유지와 김정일 권력기반 강화의 수단이 될 수 있다는 정치적 고려가 작용했음을 지적할 수 있다.11) 북한은 정치적 측면에서 IT산업 발전전략을 통해 경제난으로 인해 다소 이완된 체제를 공고화하고, 김정일 정권의 공식출범에 따라 김일성의 경제정책 노선과 차별화된 김정일의 경제정책 및 국가발전전략을 부각시키고 있다.

북한은 "과학기술 없이는 조국의 운명과 강성대국 건설의 성과를 좌우하는 중요한 기술수준이 아니라 조국의 운명과 강성대국 건설의 성과를 좌우하는 중요한 문제"라고 주장하고 있다. 따라서 북한의 단번도약 전략은 자본과 자원이 빈약한 북한 현실에서 IT산업의 집중 육성을 통하여 자력갱생의 발판을 마련하고자 하는 전략적 선택이라고 할 수 있다.12)

---

10) 「경제와 과학기술 결합은 사회주의 경제관리의 중요원칙」, ≪민주조선≫ 2002년 1월 6일자.
11) 「정보기술인재 양성사업을 강화하는 것은 강성대국 건설의 지름길」, ≪로동신문≫ 2001년 5월 29일자.
12) 「과학중시 사상을 틀어쥐고 강성대국을 건설하자」, ≪로동신문≫, ≪근로자≫

제2절 개혁·개방 확대와 자본축적 양식의 변화

강성대국건설은 북한 당국이 개혁·개방 확대전략을 통해 부분적 개혁·개방에서 적극적 개혁·개방을 추진했다는 것을 알 수 있다. 특히 북한체제가 갖고 있던 폐쇄적 성격의 대내외 개혁·개방정책을 탈피하여 개혁·개방 확대전략을 추진한 것은 국가의 자본축적 방식의 변화를 반증한다고 볼 수 있다.

전술한 바와 같이 중국의 체제전환이 성공한 것은 무엇보다도 강한 국가를 바탕으로 점진적 개혁·개방을 추진하였기 때문이다.[13] 북한은 과거 동유럽 국가들보다 안정적인 정치체제를 갖고 있다. 이는 북한이 경제개혁을 위한 정치적 안정과 국가의 통제력 측면에서 동유럽 국가들에 비해서 훨씬 유리한 조건을 가지고 있음을 의미한다. 따라서 북한은 정치민주화 없이도 국가의 통제하에 점진적인 경제개혁이 가능하다. 북한의 경제개혁 조치는 정치적 안정을 바탕으로 계획경제를 정상화한다는 의도도 있지만, 경제개혁을 통해 분권화 및 자율성을 확대하여 점진적으로 시장기능을 강화하기 위한 것으로 평가된다.

2002년 7.1 경제조치는 내부의 경제정책 변화에 해당되며 경제특구는 대외경제 개방에 해당된다. 따라서 7.1조치와 경제특구의 지정은 북한의 경제발전전략의 변화와 관련하여 주목을 끄는 것은 다음 몇 가지 요소 때문으로 볼 수 있다. 첫째, 7.1조치에는 암시장축소, 재정난완화, 생산성 제고의 세 가지 의도가 담겨 있다. 국영 및 협동상점의 상품공급 확대를 통해 공식 부문과 비공식부문(암시장)의 격차를 완화하고, 식량 공공서비스의 보조금 철폐로 재정적자를 완화하며, 기업 및 노동성과급 도입을 통해 생산성을 높이자는 것이다. 둘째, 2002년의 개혁 조치와 특구를 통한 경제 개방정책은 과거의 정책과는 다르게 내부적 개

공동사설, 2000년 7월 4일자.

13) 권만학, 「탈국가사회주의의 여러 길과 북한」, 《한국정치학회보》 제35집호, 2001, 254쪽.

혁과 대외개방이 거의 동시에 집중적으로 이루어져 상호보완적인 상승
작용이 기대된다는 점이다. 문제는 개혁·개방이 확대, 발전하려면 북한
체제가 안정되어야 한다. 북핵 문제의 중요성이 여기에 있다. 북핵 문
제는 7.1조치의 초기 국면에서 거시경제 안정을 위해 필요했던 재정 확
충 계획에 장애를 주었다는 것은 부인할 수 없다. 그러나 북한은 핵문
제를 둘러싸고 국제환경이 불리하게 전개된다면, 오히려 대외적으로 변
화지속을 강조하기 위해 더욱 진전된 개혁담론을 보여줄 가능성을 배
제할 수 없다. 셋째, 1990년대의 개혁·개방 정책들이 실험적이거나 소
극적이고 조심스러운 접근인데 비해 이번 조치들은 공개적이며 규모면
에서도 실험 수준을 벗어나 광범위하고 매우 파격적이라는 점에서 찾
을 수 있다. 따라서 북한은 실리사회주의 원칙을 유지하면서도 내부적
개혁 조치와 대외개방을 통한 자본의 축적방식에 대한 근본적인 변화
를 모색하고 있다고 평가할 수 있다.

북한이 지속적인 경제성장을 달성하고 강성대국을 실현하기 위해서
는 개혁·개방의 추진이 불가피하다. 그러나 북한의 입장에서 개혁개
방보다 우선 하는 것이 체제유지에 대한 보장이다. 따라서 북한의 개
혁·개방은 체제유지와 관련되는 대내외 정치·경제적 환경이 변화함에
따라 굴절되는 형태를 취할 수밖에 없다. 이러한 차원에서 북한의 개
방속도에 대해 "북한은 좀더 개방의 방향으로 나아갈 것으로 판단한
다. 그러나 그 개방은 매우 조심스럽고 매우 느린 개방일 것이며, 북
한이 원하는 만큼이라는 식의 북한식 개방일 것이다"14)라는 견해도
있다.

하지만 현재 북한은 경제개방의 목표와 전략이 구체적으로 제시되고
있으며, 무엇보다도 경제특구를 통한 대외개방을 확대하고 있다. 따라
서 과거 북한의 제한적 개방정책과는 크게 차이가 있다. 과거 북한의
개방은 수입주도형 성장(import-led growth)전략과 결부되어 있었던 것이

---

14) 조동호, 「정상회담이후 남북경협 전망」, ≪KDI 북한경제리뷰≫ 제2권 6호,
2000년 6월 참조.

다.[15] 수입주도형 성장전략은 1970년대 초반 당시 폴란드를 비롯한 동유럽 국가들의 경험에서 비롯된 개념으로서, 한센(Philip Hansen)에 의하면 이 시기 동유럽 국가들은 서유럽 국가들로부터 설비 및 기술을 폭넓게 도입하여 생산성을 개선하려는 수입주도형 성장전략을 채택했으며, 단기적으로 발생하는 대규모의 무역수지 적자는 차관을 도입하여 해결하고, 중장기적으로는 소비의 희생 없이 투자의 확대를 가속화하여 수출경쟁력을 확보한다는 구상을 지니고 있었다는 것이다. 그러나 중앙집권적 계획경제는 새로운 기술의 도입 및 전파를 가로막는 내부적인 메커니즘이 존재하며 이 때문에 경제전반에 개혁이 수반되지 않는 한 수입주도형 성장전략은 성공하기 어렵다. 북한의 경우에도 동일한 문제점이 존재하는 것이 사실이다. 그러나 북한은 수출주도형 성장전략과 함께 경제특구를 통한 외자도입형 발전전략을 채택하려는 것으로 평가할 수 있다.

이러한 북한의 변화가 시사하는 것은 북한은 사회주의 원칙을 고수하면서 실리를 추구하는 이른바 실리사회주의를 추구한다할지라도 시장경제적 요소의 용인이나 허용을 배제하고는 성공이 불가능한 경제구조를 갖고 있다. 북한이 중국과 같은 개혁·개방에 미치니 못하더라도, '합영법'을 도입한 이래 개혁·개방의 시행착오를 거듭하던 북한이 2000년대 들어 비교적 뚜렷한 개혁·개방 지향을 보여주었다는 데서도 알 수 있다. 또한 경제특구를 본격적인 실험장으로 하면서 위탁가공업 등에서 시장친화적 공간을 확대하고자 했음을 보여주는 것이다. 이것은 비록 '중국모델' 수준은 아닐지라도 북한이 체제수정을 조심스럽게 실험하고

---

15) 수입주도형 성장전략은 1970년대 당시 폴란드를 위시한 동유럽 국가들의 경험에서 비롯된 개념으로써 동유럽 국가들은 서유럽 국가들로부터 설비 및 기술을 폭넓게 도입하여 생산성을 개선하려는 수입주도형 성장전략을 채택했으며, 단기적으로 발생하는 대규모의 무역수지 적자는 차관을 도입하여 해결하고 중장기적으로는 소비의 희생 없이 투자의 확대를 가속화하여 수출경쟁력을 확보한다는 구상을 지니고 있었다. Philip Hanson, "The end of Import-Led Growth? Some Observations on Soviet, Polish, and Hungarian Experience in the 1970s," *Journal of Comparative Economics*, Vol.6. No.2 참조.

있는 것만은 분명해 보인다.[16]

물론 2001년 미국 부시 행정부의 대북 강경정책 및 북핵 문제로 인해 대외환경이 불투명함으로써 북한의 개혁·개방이 영향을 받고 있지만, 북·미관계의 개선 여하에 따라 북한의 개혁·개방은 보다 더 가시화될 수 있는 가능성을 부인할 수 없다. 이러한 상황에서 선군정치, 총대철학 등 보수적인 군부에 의존하는 경향이 있지만, 근본적으로는 점진적인 방식으로 개혁·개방을 확대 할 것으로 전망할 수 있다.

북한의 체제개혁이 수반되지 않는다고 해서 개혁·개방을 반드시 부정적으로만 볼 필요는 없다. 북한의 개혁·개방이 대외환경이라는 변수가 해결되어야 하는 것도 주요한 요소지만, 개혁에 유리한 것도 분명히 있다. 즉 경제규모가 작아 불균형 성장전략의 몇 개 대형프로젝트로도 생산력을 폭발시킬 수 있는 것이며, 노동력 또한 우수한 것으로 평가되고 있다. 그리고 중앙배급 체계의 붕괴이후 지역별, 단위별, 개인별 자력갱생의 강조로 강화된 지역자립체제도 개혁에 유리한 여건으로 지적되어야 할 것이다.

한편 북한은 사회주의권 국가들과 달리 국가 내부의 여러 사회세력의 압력에서 벗어나 독립적으로 경제개발계획을 수립하고 실행할 수 있다는 의미에서 자율성이 큰 경성국가라 할 수 있다.[17] 즉 북한은 강한 국가의 힘을 바탕으로 국가주도의 시장증진적 축적전략을 추진할 수 있

---

16) 이와 관련하여 김정일은 2000년 11월 평양을 방문한 올브라이트(Albright) 미 국무장관에게 '대안적 경제체제를 연구해 왔다'며 스웨덴 모델을 시사하기까지 했다. 권만학, 앞의 글, 257쪽.

17) 북한은 전쟁과 분단, 국제적 냉전과 그 전진기지로서의 지정학적 위치 등의 요인 때문에 국가는 이데올로기/안보적 차원에서 정치적 경쟁세력에 대한 강력한 통제가 가능했다. 이에 따라 국가는 관료중심적 지배체제를 구축하고 이를 중심으로 지주, 자본, 노동 등의 사회세력보다 우위에 섰다. 국가는 권위주의적 통치의 정당성을 확보하기 위해 발전지향적 목표를 제시하고 이를 사회적 통합의 기본 원리로 삼았다. 보다 구체적으로 경제개발과 성장은 국가적 목표가 되었고, 이에 따라 각종 수출진흥정책과 산업육성정책에 대한 저항이 최소화될 수 있었다. 차관 외자도입에 대한 대외지향적 산업화가 추진되었지만 외국의 다국적 기업 등의 진출은 가능한 억제되었고 국내에 진출한 기업에 대해서는 생산활동을 수출에 한정하는 등 엄격히 통제했기 때문에 외국자본의 정책적 개입이 차단될 수 있었다.

는 조건을 갖추고 있는 것이다.

북한이 경제특구를 통해서 개방을 서두르는 것은 무엇보다도 자본부족 문제를 해결하고자 하는 것이다. 즉 자본축적은 경제발전에 결정적 요인이기 때문이다. 나아가 경제발전은 기술과 산업구조의 고도화를 반영한다. 자연자원은 일반적으로 고정된 것이고, 노동의 증가속도는 인구증가율에 의해 결정되지만, 국가간의 차이는 적어도 1-3% 정도이다.[18] 따라서 경제성장률에 차이를 가져올 수 있는 유일한 요소는 자본이다.

넉시(R. Nurkse)에 의하면 후진국이 자본을 축적하는 방법은 기본적으로 세 가지가 있는데, 이는 자발적 저축, 외자도입, 잠재실업 인구의 생산력화 등이다.[19] 첫째, 북한으로서는 자발적 저축 비중은 매우 낮다. 농업 비중 또한 매우 낮아 중국이나 베트남처럼 잠재실업 인구의 생산력화의 여지도 크지 않다. 단기적으로 북한이 선택할 수 있는 자본축적 방식은 외자도입 밖에 없다. 북한이 경제특구의 개발을 통해 개방을 서두른다는 것은 경제정책의 방향이 체제이행보다는 경제발전에 있다는 것을 의미한다.

둘째, 북한이 경제발전이라는 국가목표를 달성하기 위하여 선택 가능한 효율적인 수단은 시장중심인가, 국가중심인가 하는 것이다. 이는 주어진 제약조건 하에서 합리적 선택, 효율적 방식을 모색하는 과정이 될 것이다. 우선 제약조건으로서 낮은 저축률, 1차 산품에 대한 수출의존, 교역조건의 악화, 작은 국내시장, 경제제도의 비효율성, 취약한 기술 및 기업가 계층의 부재 등 후진국의 전형을 보여준다. 물론 산업구조는 중공업우선주의로 매우 고도화되어 있지만 경쟁력을 갖춘 것은 아니다. 오히려 산업구조 조정을 할 경우 막대한 비용을 지불해야하는 산업구조이다. 이처럼 자본형성이 미약하고 민간자본이 전무한 상황에서 국가

---

18) 이영훈, 「북한의 경제체제전환 분석-점진적 이행의 CGE모델」, 『2001 북한 및 통일관련 논문집 Ⅳ』, 서울: 통일부, 2001, 67쪽.

19) 박승, 『경제발전론』, 서울: 박영사, 1977, 123-131쪽.

가 최대의 금융가, 기업가, 소비자로서 경제활동의 전면에 나서지 않으
면 안되는 상황이다. 이러한 제약조건 하에서는 국가주도적 발전전략이
적합하다고 할 수 있다. 여기서 말하는 국가주도적 발전전략은 시장증
진적(market-enhancing) 국가개입을 전제한다. 이는 국가와 시장관계를 대
체관계가 아니라 보완적인 관계로 보는 것이며, 국가개입의 성격이 정
부가 조정문제를 해결하고 시장불완전성을 극복하는 민간부문의 능력
을 개선하는 방향으로 가는 메카니즘을 강조한다.[20)

국가주도의 시장증진적 성격을 강조하는 이유는 북한의 경제발전이
체제이행과 직결된다는 점에 있다. 우선 자원배분의 관점에서 사회주
의경제체제의 비효율성을 개혁하기 위해 점진적인 시장도입이 필수적
이다. 또한 경제발전의 관점에서 비교우위에 입각한 발전전략의 수행
을 위해서도 생산요소의 상대적 희소성을 반영해줄 시장가격기구가 요
구된다. 왜냐하면 아시아 사회주의국가들의 고도성장의 결과는 추월전
략이 아니라 비교우위전략에 기인한다. 그리고 북한은 이미 사회주의
국가들의 중공업우선주의에 의한 추월전략의 한계를 경험했다. 따라서
북한은 점차 추월전략에서 비교우위전략으로 발전전략을 전환할 수밖
에 없다.

셋째, 북한의 국가능력의 문제다. 일반적으로 제도변화는 제도, 조직,
행위자의 형태 변화임을 고려할 때, 제도변화의 성공여부는 지도와 조
직 그리고 행위자의 형태변화를 주도할 수 있는 국가의 능력과 인적 자
본의 확충에 달려있다고 볼 수 있다. 국가의 능력을 중요시하는 것은
점진적 이행은 강력한 국가능력을 전제로 하기 때문이다. 국가의 통제
력이 없을 때 이행은 외적 요인에 의해 급격히 왜곡될 수 있다. 즉 의
도하지 않은 결과와 혼란이 극대화될 가능성이 크다. 북한은 다른 아시
아 사회주의국가들에 비해 훨씬 강한 경성국가라 하겠다. 문제는 현재
의 경제위기에 따른 불안정성이다. 1999년 이후 경제는 회복세를 보이

---

20) Masahiko Aoki, Kim Hyung-Ki, Masahiro Okuno-FujiWara, *The Role of Government in Asian Economic Development*, Oxford: Clarendon Press, 1997 참조.

고 있으나, 완전히 회복했다고 볼 수 없으며, 북한의 자력으로 회복하기에는 한계가 있다. 단기적으로 향후 북한 경제성장의 가장 큰 제약은 자본이다. 자본제약을 타개할 수 있는 것은 남북관계의 개선과 개성공단의 성공적 추진, 북·일 관계개선 등이다. 그리고 이들 과정에 큰 영향을 미칠 수 있는 북·미관계 개선 등이다. 따라서 대외관계 개선을 통해서 북한경제가 안정성을 확보하면, 북한은 새로운 발전전략으로의 전환에 강력한 추진력을 확보할 수 있다. 그렇다고 대외관계 개선이 미루어진다고 발전전략의 변화와 체제이행이 이루어지지 않는 것은 아니며 시기가 다소 늦어진다고 평가할 수 있다.

북한의 경제발전에 있어 보다 큰 문제는 인적 자본의 확충문제에 있다. 인적 자본이 중시되는 이유는 흡수 능력과 관계되기 때문이다. 이와 관련하여 북한은 자본주의 학습과 첨단기술 학습에 주력하고 있다. 북한은 첨단기술 산업을 포함하여 새로운 경제발전전략으로의 전환을 위한 인적 자본 육성을 위해 '자본주의 제도연구원'을 신설하여 시장경제 연구에 노력하고 있다.[21]

북한은 이러한 조건이 충족되는 정도에 기초한 비용-편익분석을 토대로 새로운 제도 채택의 시점과 속도, 범위 등을 결정할 것이다. 특히 제도변화가 행위자들의 행태변화까지를 포함하므로, 제도변화에 수반되는 지식의 습득과 확산을 위해 자본주의경제관리 실험의 이행을 통한 학습이 필요하다. 또한 체제이행의 시간은 공간에 반비례한다. 즉 체제이행의 확산속도는 국토면적이 넓으면 넓을수록 늦어지며, 좁으면 좁을수록 빠르다는 것이다. 그런데 북한은 중국에 비해 국토의 면적과 인구, 경제규모가 작기 때문에 출발은 늦었지만, 그 과정은 급속도로 전개될 가능성이 크다.

이러한 수행능력의 취약성과 체제이행의 시공간의 특성으로 인해, 안

---

21) 2001년 북한이 해외에 파견한 경제시찰단과 무역대표단의 회수는 미국, 중국, EU, 일본, 싱가폴 등 18개국 21회에 달하였다. 외국경제대표단의 북한방문도 유럽각국, 중국, 태국 등을 중심으로 13회에 달하였다.

전적인 발전전략의 추구를 위해서는 중국의 발전전략보다 더 점진적이면서 국가주도성이 강한 시장경제로의 이행과 국가주도에 의한 외자유치와 선별적 산업에의 집중적인 자원배분을 통한 경제발전전략을 선택할 것으로 볼 수 있다. 북한의 발전전략은 정치적으로 당이 군과 정을 통제하여 현대화와 경제발전을 촉진하려는 국가주도형과 시장주도형의 혼합 모델이 될 가능성이 있다고 판단된다. 이러한 발전전략은 강력한 국가와 정부의 역할을 옹호하면서 개인과 사회의 재조직화, 국가안보를 최우선 과제로 설정할 수 있는 장점이 있으며, 당과 지도자의 정치적 권위를 지속시킨다는 면에서 효과적인 전략이라고 할 수 있다.

<표 6-1> 북한의 개혁·개방 추진 방향

부문	주요 내용
▼정책결정의 분권화	-내각의 경제부서의 역할 증대 -지방정부의 책임 권한 증대 -공장 기업소 경영책임자의 자율성 증대
▼소유제도의 다양화	-농업부문에 책임생산제 도입 -소규모 사적 생산 영리활동 추가 허용 -사회협동단체의 경제활동 확대
▼시장요소의 도입	-개인적 물적 인센티브제도 확대 -생산자 가격 위주 -농민시장의 활성화 및 종합시장화 -금융기능의 확대 -임금인상 및 가격체계 개혁 -계획경제의 의무지표 축소
▼대외경제	-외국인 투자 여건 조성 -경제특구 확대 -무역의 분권화 -환율의 현실화 -국제금융기구 참여

제3절 체제전환의 방식과 점진주의적 시장화 가능성

일반적으로 개혁은 국가의 위기감 또는 어려운 상황에서 일어난다.

왜냐하면 지금까지 믿어왔던 이론이나 이데올로기가 현재의 위기상황을 초래하였으므로 신뢰성을 상실하게 되며, 기존의 이데올로기와 이론의 수정이 필요하게 된다.22)

　20세기 사회주의체제에 대한 개혁은 주로 '계획경제의 결점과 비효율성'에 초점을 맞추어 왔다. 따라서 사회주의국가들이 실시한 개혁의 공통점은 '시장시스템의 정당화'와 '중앙계획경제체제로부터의 이탈'이라는 특징을 나타낸다. 이는 모두 '시장사회주의'(market socialism)나 '자본주의시장경제'를 옹호하는 방향으로 나아갔던 것이다. 요컨대 사회주의체제의 개혁과 개방은 한마디로 '시장화'(marketization)로 볼 수 있다. 시장사회주의는 첫째, 국가사회주의에 대한 대안으로 간주하는 것이다. 즉 시장이 국가계획기구와 공산당의 지도적인 역할을 대체하는 것이다. 둘째, 시장을 공적 소유와 중앙계획의 맥락 속에서 활용하는 것이다. 수요와 공급을 매개하는 가격이라는 의미에서 시장과 계획을 결합하는 것이다. 그동안 현실사회주의 국가의 개혁은 대체로 두 번째 입장을 수용하면서 이루어져왔다. 시크(Ota Sik)에 따르면, 사회주의적 시장은 집단과 사회경제적 이익을 조화시키는 메커니즘이며 전체사회의 일반이익을 반영하는 것이라고 강조한다.23)

　사회주의국가의 이러한 체제전환 경로에 대한 논의는 그 추진 속도와 대상에 따라 충격적인 방법과 점진적인 방법으로 구분된다. 첫째는 빅뱅 또는 충격요법이 올바른 접근이라고 주장하는데, 이를 통해서만

---

22) 정형곤, 『체제전환의 경제학』, 서울: 청암미디어, 2001, 67-72쪽. 자본주의체제에서는 정치적 개혁 없이 경제적 개혁만이 추구될 수 있어도 사회주의국가에서는 경제개혁을 추진하기 위해서 정치적 개혁이 필수적이다. 그 이유는 사회주의에서는 사회주의의 기본원칙을 바꾸는 과감한 정치적 개혁 없이는 시장경제로의 개혁은 상상할 수 없기 때문이다. 하지만 정치개혁이 필수적이라고 하지만 이것만 가지고 모든 문제가 해결되는 것은 아니다. 소련 및 동유럽의 많은 개혁 지지자들의 민주주의에 대한 열망은 국민들을 위한 더욱더 중요한 개혁, 즉 넓은 의미에서 경제적 자유화가 억압될 수 있는 또 다른 위험요소를 내재하고 있다. 정치개혁 혹은 민주주의가 곧 시장경제를 보장하는 유일한 대안은 아니다.

23) 정세진, 「이행학적 관점에서 본 최근 북한경제 연구」, ≪국제정치학회보≫ 제43집 1호, 2003, 220-221쪽.

이 경제를 일거에 자유화하며 강력한 금융정책을 도입할 수 있다는
것이다. 또한 체제전환에 필요한 정책들을 동시에 추진함으로써 체제
전환에 따른 저항 요소를 최소화하고 단기간에 경제적 성과를 거둘
수 있다는 것이다. 예컨대 동유럽 국가들이 급진주의적 체제전환에 속
한다. 둘째는 사회주의체제 전환을 느리고 점진적인 방식으로 주장하
는데 이는 시장경제 요소를 점진적으로 도입하며 국가가 통제하는 부
문과 시장부문이 공존하는 형태를 띠게 된다는 것이다. 점진적 체제전
환 방식의 근거로 제시되고 있는 것은 체제전환에 필요한 조치들이
단시일 내에 이루어질 수 있는 것이 아니며, 경제주체가 경쟁적인 시
장질서에 적응하기 위해서는 많은 시간과 비용이 필요하다는 것이다.
중국과 베트남에서 점진주의 방식으로 체제전환이 일어났다. 물론 사
회주의국가들의 이러한 체제전환 방식은 경험적으로 설득력을 갖지만,
개별국가들이 직면한 체제특성 및 국내외적 환경을 고려한다면 사회
주의국가들의 체제전환 과정을 분명하게 규정한다는 것은 그리 쉬운
작업이 아니다.

경제체제의 전환을 시도하는 국가들이 자신들의 경제체제를 성공적
으로 시장경제로 전환시키기 위해서는 다음과 같은 시장경제의 몇 가
지 특징과 기본 정책을 반드시 도입해야 된다. 이러한 요소들은 ① 기
본적인 헌법상의 권리와 시장지향적인 제도 마련, ② 사적 소유권 보
장, ③ 경쟁제도 도입, ④ 건전한 화폐의 기능, ⑤ 저축률과 조세제도,
⑥ 하부구조의 기능, ⑦ 다원주의와 개인주의에 기초한 정치체제 등이
지적되었다.[24] 라지어(Edward P. Lazear)는 시장경제체제로의 성공적인
전환을 위해서 필요한 조치로 11가지를 들고 있다. 가격자유화, 사적자
본 형성, 개인영농 허용, 경쟁도입과 독과점체제 제거, 명확한 사유권
보장, 효율적인 조세체제구축, 화폐의 태환성과 금융의 안정성 확보, 상
업적인 은행체제의 발전, 국영기업의 효율적 관리, 사회안전망 구축 등

24) P. Marer, "Models of Successful Market Economies," in P. Marer and S. Zecchini(eds.), *The Transition to a Market Economy*, Vol.1, Paris: OECD, 1991.

이다.[25]

이를 종합하면 체제전환 과정을 결정권의 분권화, 소유제도의 다양화, 시장요소의 도입, 대외개방 등 크게 4가지 방향으로 설명할 수 있을 것이다. 첫째, 정책결정의 분권화의 경우는 내각내 경제부서의 역할 증대, 지방정부의 책임 권한 증대, 공장 기업소 경영책임자의 자율성 증대가 중요하다. 둘째, 소유제도의 다양화는 농업부문에 책임생산제 도입, 소규모 사적 생산 영리활동 추가 허용, 사회협동단체의 경제활동 확대, 시장요소의 도입 등을 들 수 있다. 셋째, 개인적 물적 인센티브제도 확대를 위해서는 농민시장 활성화, 투자결정의 의무지표 축소 등이 주요 과제다. 넷째, 대외개방을 확대하기 위해서는 외국인 투자여건 조성, 무역의 분권화, 환율의 현실화, 국제경제기구 참여 등이 주요 과제로 제시될 것이다.

북한은 강성대국을 건설하기 위한 전략으로서 개혁과 개방을 적극적으로 추진하고 있다는 것을 앞 장에서 설명하였다. 그렇다면 앞서 살펴본 경제개혁 조치와 특구방식의 대외개방은 향후 북한의 체제전환 방식에 어떠한 변화를 가져올 수 있을 것인가. 이를 분석하는 데는 사회주의체제 변화에 관한 논의 가운데 중국이 경험한 점진주의적 방식을 참고할 필요가 있다. 북한의 내부 상황뿐 아니라 대외적 요인을 고려할 때 점진주의적 방식의 교훈과 시사점이 보다 더 적절하다.[26]

---

25) Edward P. Lazear, "Economic Reform: Appropriate Steps and Actual Policies," in Edward P. Lazear(ed.), *Economic Transition in Eastern Europe and Russia: Realities of Reform*, Stanford: Hoover Institution Press, 1995, pp.4-15.

26) 정형곤, 앞의 책, 152-153쪽. 점진적 시장화는 중국이나 베트남에서 적용되었던 체제전환방식으로써 구 사회주의제도들이 단기간 내에 빠르게 시장경제제도로 대체되는 것이 아니라 점진적으로 행해지는 것이다. 점진적 자유화는 계획경제체제로부터 계획적이고 사회적으로 극복할 수 있는 수준에서 국민들을 보호하면서 점진적으로 새로운 시장경제체제로 적응하도록 한다. 점진주의적 전략은 체제전환과정에 있어서 장기간 동안 사회주의 경제체제와 시장경제체제가 함께 공존함으로써 발생하는 문제를 통제할 수 있어야 하기 때문에 국가의 역할을 특히 강조하고 있다. 뿐만 아니라 시장경제에 대한 규칙을 배워 나갈 수 있도록 시간을 주어야 한다. 왜냐하면 체제전환국 국민들은 오랜 기간 동안 사회주의를 경험함으로 인해 기업가 정신이 부족할뿐더러 사회주의 경제 역시 낙후되어 있어 시장경제를 신속

향후 북한의 경제발전과 관련하여 주요하게 생각해 볼 측면은 중국의 개혁과정은 실제 개혁정책의 의도하지 않은 결과를 가져왔다는 점이다. 즉 지도부의 목표와 설계로부터 벗어난 영역으로부터 개혁의 주된 동력이 형성되었다는 것이다. 계획 밖에서의 시장이 형성된 것이다. 즉 지도부는 계획경제를 유지하기 위해 개혁을 실시했으나 이에 실패하면서 체제가 느슨해지기 시작하여 그 결과로 시장이 발생했던 것이다.[27]

중국은 사회주의로부터 자본주의로 이행하는 방식과 경제발전의 목표에는 합의하였지만, 방법론에 있어 웅대한 청사진을 가지고 출발한 것은 아니다. 즉 경제발전 목표를 위해 '흰고양이와 검은고양이'를 가리지 않는 실험적이며 실용주의적인 접근을 시도했던 것이다. 만약 중국은 개혁·개방의 방법론이 미리 제시되었다면 이를 둘러싼 이념 논쟁이 격화되었을 것이다.[28] 이렇게 시작된 개혁·개방은 이후 당내에서 여전히 갈등과 논쟁을 거듭했지만 극단적 대결로 치닫는 것이 억제되었으며 경제발전을 위하여 더 나은 방식이 무엇인가에 대해 타협되고 조정되었다. 즉 국가는 단계마다 필요에 따라 사회주의적 규제를 풀어 시장의 영역을 넓혀 갔으며 시장의 작동에 필요한 제도와 규칙을 안정적으로 정비해 나갔다. 사유화 과정에서도 급진적인 방식보다 먼저 소유제도의 다양화를 통하여 사적 소유부문을 확대하고 여기서 창출된 시장적 압력을 통하여 국유기업을 점진적으로 사유화함으로써 급진적 사유화의 문제점을 피할 수 있었다. 이는 체계적인 힘과 거대한 정책보다 시장과 당면 문제들이 사회경제적 변화의 방향을 이끌어가고 '점진적이고 진화적이며 경로의존적'인 과정이었다. 중국 모델이 북한에 권유되는 것도 이러한 요인 때문이다.

북한의 경우 경제난으로 인해 중앙의 자원배분 기능이 약화된 가운데

하게 도입할 환경이 조성되어 있지 못하다.

27) Barry Naughton, *Growing Out of the Plan: Reform in 1978-1993*, New York: University of California Press, 1995, pp.309-312.

28) 권만학, 앞의 글, 254-255쪽.

하부단위들의 실질적인 자립화, 분권화 경향은 지방의 자율성이 증대되고 소유제도가 다양해질 경우 상당한 변화가 수반될 수밖에 없다. 우선 지방단위의 다양한 생산주체는 경제적 이익을 극대화하려는 인센티브를 계속 가지려할 것이다. 1990년대 이후 기본적으로 각 단위들에서 다양한 자구책이 강구되고 있으며, 이러한 과정은 사실상의 분권화에 가까운 경향을 보여주고 있다.

2002년 7.1경제개혁 조치는 계획체제의 개선을 통해 실질적인 지방화, 분권화 효과를 가져올 수 있다는 점이다. 앞서 설명한 계획의 일원화, 세부화 약화, 사회주의물자교류시장의 허용, 지방공장들의 생산품 가격을 자체적으로 결정할 수 있도록 한 것은 매우 중요한 의미를 지닌다. 특히 지금과 같이 중앙의 경제관리능력이 현저히 약화된 상황에서 하부단위의 비계획부문의 역할이 증대되는 것을 허용하는 경향이 더욱더 강하게 나타나게 될 것이다. 1990년대의 경제난이 시장출현을 가시화하였다면, 경제개혁 조치는 점진적 시장화를 촉진하고 있다. 북한의 주민들은 국영상점에서 구입허기 어려운 남새, 잡곡류, 신발 등을 시장에서 구입하고 있다.[29] 북한의 시장 확산은 평양을 비롯한 지방도시 지역에서 광범위하게 일어나고 있는 것으로 보여진다.[30]

북한은 7.1경제개혁 조치 이후 북한의 경제상황이 현저하게 변화하고 있는 것으로 판단된다.[31] 경제개혁 조치 후, 북한은 오랜 경제난으로

---

29) 시장에서 물건을 사본 경험이 있는 한 탈북 안내원은 "시장에는 개인 협동농장 무역회사 등이 내놓은 농토산물을 중심으로 가내 수공업 제품, 수입공업품 등 다양한 물품이 판매되고 있다"고 증언하였다.

30) 예컨대 평양의 평천구역, 낙랑구역의 통일거리와 순안구역 등 두 곳에는 현대식 시장건물이 개장됐다. ≪중앙일보≫ 2003년 10월 7일자.

31) 7.1 경제관리개선 조치 이후 북한 당국이 의도했던 바대로 정책적 효과가 나타났다고 볼 수 있다. 북한 당국으로선 초기에 시장경제 방식을 계획경제 정상화를 위한 보조적 수단으로 도입했는데 북한 주민들은 오히려 이 부분을 더 부각시켜 받아들이게 된 것으로 보인다. 북한의 배급시스템이 혼들리면서 주민들에게 이미 시장경제는 일상화한 것이었다. 북한 당국은 7.1 조치와 특구개방 등을 통해 이를 공식 부분으로 끌어들이려 한 것인데 핵문제 악화로 개방을 통한 외부 지원과 투자유치라는 한 축이 무너지면서, 7.1 조치가 열어 놓은 시장경제의 확대라는 부분

인해 사실상 이완된 분권화체제(looser decentralized system)32)에 가깝다고
하는 분석처럼 순수한 정치적 맥락을 제외한 경제, 사회전반에 대한 중
앙의 직접적 장악력이 느슨해져 있는 상황은 시장의 관성이 더 쉽게 침
투될 여지를 가져올 수 있다.

경제개혁 조치 이후 북한의 주민들 사이에는 시장경제에 대한 인식이
점진적으로 확산되고 있으며, 이는 "시장에서 물건을 사고파는 것이 시
장경제"라고 이해하고 있다.33) 여기서 특이한 점은 남한의 재래식 시장
처럼 북한의 시장에서도 물건 값을 놓고 흥정이 이뤄지고, 품질과 수요
공급에 따라 시장마다 다른 판매가격이 정해진다는 것이다.34) 이 같은
현상은 2003년 6월 기존의 농민시장을 '종합시장'으로 바꾼 데35) 이은
또 다른 시장지향적 변화라고 볼 수 있다. 북한의 '6월 조치'가 원래 불
법인 공업제품의 농민시장 유통을 합법화한 조치였다면, 현대적 시설의
시장 개장은 공식적으로 개인의 상업행위를 인정했다는 의미가 있다.
더 나아가 1998년 개정된 북한 헌법에서 '합법적 경리활동을 통해 얻
은 수익'은 개인소유로 인정했기 때문에 주민의 개인 소득이 이전 보다
더욱 늘어날 수 있는 계기가 마련됐다는 점에서 주목된다. 이러한 시장
의 확대는 계획경제를 고수하는 가운데 시장활동을 장려하는 조치라고
볼 수 있다. 북한 주민들이 아직까지 시장에서 물건을 사고파는 것이
익숙하지는 않지만, 시간이 지나면서 점진적으로 적응해가고 있는 것이
다. 이것은 북한이 강성대국 건설의 연장선에서 추진하고 있는 경제개

이 더욱 가속화된 측면이 크다. 물가 현실화와 임금인상으로 시장기능을 열어 놓
은 상황에서 공급을 받쳐 줄 외부 지원이 쉽지 않게 됨으로써 북한 당국과 주민모
두 시장 확대를 통한 해결에 노력하고 있는 상황이다.

32) 정세진,『계획에서 시장으로: 북한체제 변동의 정치경제』, 서울: 한울, 2002, 285
쪽.

33)「평양에 휴대전화 3천대」, ≪중앙일보≫ 2003년 10월 7일자.

34) 단 국영 상점망을 통한 물자공급이 부족하기 때문에 시장판매 상품은 국정가격
보다 비싼 편이며 시장에 나눠 물건을 파는 개인이나 기관들은 판매액에 따라 일
정량의 매대 사용료를 시장관리위원회에 내야 한다.

35) ≪조선중앙통신≫ 2003년 6월 10일자 논평.

혁 조치가 어느 정도 성과를 내고 있다고 판단된다. 즉 과거에는 생활비가 농민시장의 물가를 따라가지 못했지만, 현재는 생활비가 많이 인상되었고 시장에서 다양한 물품을 구입할 수 있다는 것이 하나의 사례라고 할 수 있다.36) 전반적인 경제개혁 조치 이후 북한은 은행의 기능 강화에 관심을 역점을 두고 있는 것으로 알려지고 있다.37) 북한은 경제 변화에 따라 자금수요를 충족시키는데서 국가재정을 동원하는 비중보다 기업소 유동자금의 수요를 자체 자금과 함께 은행 대부금으로 충당하는 것이 바람직하다고 강조하고 은행의 대부사업을 강화하는 것이 중요한 문제라고 강조하고 있다.38)

7.1경제개혁 조치 이후 북한 경제가 '자본주의 시장경제 초기 단계에 진입한 것으로 보인다'는 보도로 미루어 보아 북한의 시장 확대와 관련하여 주목된다.39) 이 방송은 7.1 조치이후 "북한도시의 어느 지역을 가든지 활발한 시장경제 활동을 볼 수 있었으며 북한은 이제 과거로 되돌아가기 어려울 것"이라고 평가했다. 여기서 말하는 활발한 시장경제 활동에 대해 "북한의 여러 도시와 마을에 작은 버스 규모 크기의 가판대가 들어서 음료수, 담배, 과자, 등을 팔고 있다"며, "북한 주민들은 그같은 소규모 장사를 통해 난생처음 돈을 버는 경험을 해보고 있다"고 했다. 또한 "북한의 일부 농장은 과거와 같이 북한 당국의 지시대로 강냉이만을 심지 않고 자신들이 원하는 과일, 참깨, 담배 등을 재배할 수

---

36) 예컨대 북한의 맞벌이 부부의 한달 수입(임금)은 8,000원 정도, 이 가운데 쌀 구입비 월 1,500원, 시장에서 부식물 구입비 월 2,000원 기타 지출이 3,500원 정도를 차지하고 있는 것으로 알려지고 있다.

37) 「북은행합병금융개혁신호?」, http://nk.joins.com/print.asp?key=2003110409225250005000. 북한은 최근 부실 은행을 합병하고 국영기업소 생산품의 시장판매를 일부 허용하는 조치를 취한 것으로 알려졌다. 북한의 이 같은 조치는 시장 기능을 보다 확대하면서 금융개혁도 염두에 둔 것으로 분석하고 있다.

38) 리원경, 「인민경제적 자금수요해결의 원칙적 방도」, ≪경제연구≫ 2002년 3호, 27-29쪽.

39) 2003년 9월 19일 방송된 자유아시아방송(RFA)에 따르면 가톨릭계 국제구호단체인 '카리타스-홍콩'의 카티젤웨거 국제협력국장은 북한 방문을 마치고 베이징에서 가진 기자회견에서 이와 같이 말했다고 보도하였다. ≪연합뉴스≫ 2003년 9월 20일자.

있는 선택권을 갖게 됐다"며, "농촌에서는 일주일에 한번 열리던 농민 시장이 주중에도 농산물과 가구 등을 팔고 있다"고 보도했다.[40]

하지만 7.1 조치 이후 국영상점에서 물품을 공급하지 못하고, 시장에 의존하는 경향은 상대적으로 인플레이션이 확산되고 있다는 것이 문제로 지적되고 있다. 다시 말해 미시경제와 거시경제 사이에 심각한 불균형과 왜곡이 심화되고 있다. 하지만 체제전환의 속도와 순서에 대한 문제는 실용주의적인 관점에서부터 시작된다. 왜냐하면 시장경제질서를 형성하기 위해 필요한 개혁은 정치적·행정적 제약조건 때문에 한번에 동시에 이루어질 수 없기 때문이다. 뿐만 아니라 개혁의 원안과 정책의 실행사이에는 시간적인 연착이 발생하고, 개혁수단과 경제주체들의 적응과정 사이에도 시간적 연착이 나타나게 된다. 이러한 연유에서 계획경제에서 시장경제로 전환되는 과정에서는 어쩔 수 없이 미시경제적인 왜곡과 거시경제적인 불균형이 발생하게 되고 경제제도의 틀이 불완전하게 형성되게 된다. 시장의 불완전성과 왜곡은 어쩔 수 없는 체제전환의 특징이라고 할 수 있다.

따라서 이러한 북한의 변화를 시장경제로 나가는 첫걸음으로 인식하든지 아니면 전단계로 보든지 간에 북한지도부의 의지와 달리 의도하지 않은 결과(unintended consequences)를 초래할 가능성을 내포하고 있다. 7.1조치와 경제특구의 정책의 내용과 특징으로 볼 때 실제로 시장지향적이며 시장친화적 요소들이 많다. 이러한 성격과 특징을 갖고 있기 때문에 북한의 개혁과 개방은 과거로 돌아갈 수 없는 불가역적 성격을 지니고 있다. 사회주의로부터 자본주의로 이행하는 방식에 있어 실용주의와 점진주의는 결정적 요소다. 북한이 실리주의와 경제개혁을 강조하고 있는 것은 주목할 만하다.[41]

---

40) 평양을 방문(2003. 9. 15-19)한 남한 학자들은 "7.1조치 이후 북한의 시장실태를 '평양도시 지역의 공원과 거리 곳곳에서 여자들이 아이스크림, 농산물 등을 판매하는 모습을 확인했다"고 하며, "초보적인 수준이지만 북한의 시장기능이 점차 확대될 것"이라는 전망을 한다.

41) ≪조선중앙통신≫ 2003년 6월 9일자.

제4절 경제강국 건설의 성과

북한의 경제상황은 1998년을 기점으로 호전되고 있으며, 1999년 이후 4년 연속 플러스 성장한 것으로 알려지고 있다. 북한의 이러한 경제회복 추세는 외부로부터의 무상원조 유입, 남북경협 등이 큰 몫을 차지하지만, 무엇보다도 중요한 것은 실리주의와 더불어 강성대국건설에 본격적으로 주력하였기 때문인 것으로 판단된다. 특히 농수산업, 광공업, 건설부문 등의 발전을 배경으로 각 부문에서 성과를 나타내는 것으로 보인다. 그리고 2002년 하반기부터는 '7.1경제조치' 등에 따라 생산설비가 보강되는 등 산업의 생산가동률이 전반적으로 증가하고 있다.[42] 하지만 북한의 이러한 성장추세는 본격적으로 플러스 성장의 선순환(善循環)과정으로 전환되고 있는 것으로 판단하기는 어렵다.[43]

그렇다면 강성대국건설을 추진한 이후 북한경제에 어떤 성과를 가져왔는가 하는 문제다. 말하자면 극심한 식량난 등 자원추출 능력이 전반적으로 저하된 상황에서 주민생활 향상 등 가시적인 성과는 무엇이고, 장기적이고 거시적인 관점에서 북한경제전반에 어떠한 함의를 갖는가 하는 것이다.

북한의 강성대국 건설의 일차적인 목표는 인민경제의 선행부문 회복을 통하여 산업생산의 정상화를 도모하는 것이다. 이를 위한 선행부문은 농업, 석탄, 전력, 철도운수, 금속부문으로써 이들 부문에 대한 집중투자를 꾀하는 한편 생산성향상을 위한 노력동원을 통한 경제부흥을 주장하였다. 북한은 강성대국 건설을 추진한 이후 이들 선행부문에 대한 경제적 성과는 어느 정도 달성되고 있는 것으로 평가된다. 특히 농

---

42) ≪로동신문≫ 2003년 3월 27일자. 북한의 재정상 문일봉 대의원은 최고인민회의 제10기 6차회의 보고에서 "뜻 깊은 지난해는 강성대국 건설에서 새로운 비약이 이룩된 전변의 해"였다면서 "인민경제 여러 부문의 기술개건 현대화 사업이 힘있게 추진되고 생산이 활성화되었다"고 강조하였다.

43) 대외경제정책연구원, 『2002 북한 경제 백서』, 서울: 대외경제정책연구원, 2003, 20-40쪽.

업 및 식량부문에서 극심한 식량난을 해결하려는 강한 의지를 보여준
것이다. 따라서 강성대국 건설을 추진한 이후 북한경제에 어떤 변화가
있었는지, 그리고 향후의 과제는 무엇인지 설명해보기로 한다.

북한의 설명에 의하면 강성대국건설을 본격적으로 추진한 이후 주민
생활 향상 및 내부자원 추출에 많은 성과를 가져온 것으로 평가된다.
북한은 강성대국건설을 통해 "고난의 행군을 락원의 행군으로 전환시
켜 나갈 수 있는 앙양의 불길을 올리기 시작"[44]하였다고 한다. 즉 강성
대국 건설의 추진으로 극심한 경제적 난국의 돌파구를 열었다는 것이
다. 북한은 강성대국건설의 성과를 토지정리사업, 강하천 개건, 감사농
사에서 근본적인 전환이 일어난 것으로 평가하고 있다. 예컨대 1999년
5월에 강원도, 2000년 5월 중순 평안북도 지역에서 토지정리사업, 황
해남도 토지정리 사업, 개천-태성호 물길공사 등이 마무리되어 서해곡
창 평안북도는 천지개벽하였다는 것이다.[45] 토지정리사업뿐만 아니라
계속되는 자연재해로 하여 침수되거나 유실된 강하천과 도로들을 건설
하여 만년대계의 것으로 개건되었으며, '평양-원산관광도로' 개조공사
등에 인민군대가 맡았으며 최상의 수준에서 완성되었다.

강성대국건설의 성과는 어려운 식량문제를 해결하기 위한 대책으로
감자농사에서 혁명적 전환을 가져왔다는 것이다. 김정일은 1998년 10
월, 1999년 8월, 2000년 4월 등 여러 차례 현지에 직접 나가 감자농사
정형을 구체적으로 지도하였다. 특히 '대홍단군'의 현지지도를 통해 종
자혁명, 감자농사 혁명을 일으켜 두벌농사를 짓기 위한 투쟁을 강화하
였다. 김정일은 2000년 3월 27일 감자농사의 본보기 단위인 양강도 대
홍단군 종합농장을 현지지도하고 "대홍단군이 전력문제를 원만히 해결
하게 해결함으로써 주민생활을 획기적으로 향상시킬 수 있었고 생산과
건설을 힘있게 추진할 수 있었다면서 대홍단군의 실천적 경험"을 격려
하였다. 또한 "고산지대의 다수확 작물인 감자농사에 역량을 집중해 곡

---

44) 윤현철, 『고난의 행군을 락원의 행군으로』, 평양: 평양출판사, 2002 참조.

45) 김철우, 『김정일장군의선군정치』, 평양: 평양출판사, 2000, 241-242쪽.

물생산을 획기적으로 늘여야 한다"고 강조하여 대홍단군 종합농장을
짧은 기간에 종합적인 기계화가 완전히 실현된 본보기 농장으로 조성
하였다는 것이다.46)

특히 강성대국 건설에서 인민경제 선행부문인 석탄, 금속, 기계제작,
철도운수 등에 큰 힘을 넣어 돌파구를 열어 나갔다는 것이다. 경제강국
건설에서 제일 주요한 과업은 전력공급을 발전시키는 것인데, 대규모
수력발전소 건설과 중소규모의 수력발전 건설을 병진하였다. 그리하여
태천 2호발전소 확장공사, 태천3호 발전소건설, 안변청년발전소 2단계
공사, 금야강발전소건설, 어랑천 발전소건설, 예성강발전소 등이 건설
되었다. 북한은 수력발전소 건설을 다그치는 것은 전력공업발전의 근본
방도로써 1998년 한해에만 4천 940여개의 중소형 발전소가 건설되어
9만 3천 Kw의 발전능력이 조성되었다. 또한 급격히 늘어나는 전력수
요의 능력을 최대한 늘리기 위해 설비들의 운전조작으로 과학기술적으
로 진행하여 많은 전력을 생산하였고 중유와 석탄소비를 훨씬 낮추는
성과를 이룩하였다.47)

전력과 함께 석탄생산도 대폭 증가되었다. 석탄증산에서는 순천지구
와 개천지구, 적천, 구장지구 등 대규모 탄광에서 일대 혁신을 일으켰
다. 그리고 금속공업이 발전되어야 기계공업, 선박공업, 철도운수를 발
전시키고 기본 건설이 가능하다는 측면에서 경공업 발전을 강화하였다
는 것이다. 특히 기계공업 활성화의 돌파구를 회천공작기계공장의 생산
정상화에서 열었다고 한다.48)

북한의 최고인민회의 제10기 4차회의(2001. 4. 5)에서는 경제실적에
대해 강성대국 건설에서 인민생활의 획기적인 향상을 가져오는 등 경

---

46) ≪로동신문≫ 2000년 3월 28일자.
47) 김재호, 『김정일강성대국건설전략』, 평양: 평양출판사, 2000, 119-123쪽.
48) 김재호, 앞의 책, 131쪽. 북한의 회천공작기계공장은 6.25전쟁시기 김일성이 직접 터전을 세운 공장으로서 전후복구건설기에는 1,300여대의 공작기계를 생산하여 천리마대고조에 앞장섰고, 사회주의건설시기에는 1만대의 공작기계를 생산하여 6개년계획의 돌파구를 마련한 기계공업의 모체공장의 하나이다.

제상황이 호전되고 있다는 것을 강조하였다. 동 회의에서는 2000년도
를 석탄, 전력, 철도운수 등 "선행공업부문의 물질기술적 토대가 마련
되고 멎었던 공장들이 다시 돌아가고, 공업생산이 1.1배 증가"하는 등
경제상황이 정상화되고 있는 것으로 언급하였다. 또한 인민생활 향상으
로는 평양시와 청년영웅도로(평양·남포간 고속도로)주변에 "수만 세대의
살림집 건설, 휴양소, 정양소, 요양소의 건설과 정비개건, 신의주화장품
공장과 기초식품공장을 비롯한 인민소비품 생산 등을 인민생활 향상정
책으로 언급하였다.[49]

북한은 2002년 3월 27일 최고인민회의 제10기 제5차회의를 개최하
여 2001년 사업결산 및 2002년 사업계획을 등을 토의하였다. 동 회의
에서 홍성남 내각 총리는 보고를 통해 '2001년은 강성대국 건설을 위
한 새 세기 첫 진군에서 자랑찬 승리를 이룩한 력사적인 해라고 평가'
하였으며 아울러 2001년은 선군시대의 요구에 맞는 강력한 국가경쟁력
을 다지는데 커다란 성과를 거두었다'고 평가하였다.[50]

2001년은 강성대국 건설에서 국가투자의 집중으로 공업생산액은
102%, 철도화물수송량은 104% 성장하였으며 전력, 석탄, 쇠돌, 공작
기계를 비롯한 중요 공업제품 생산이 2000년에 비해 크게 증가하였다
고 평가하였다. 전력공업에 큰 힘을 넣은 결과 홍주청년발전소를 비롯
한 98개의 중소형규모의 발전소가 완공되었다. 국토관리사업과 도시경
영사업에서는 13만여 정보의 산림조성과 330km의 새 도로 건설이 진
행되고 4,400km의 강하천들이 보수되어 강성대국 건설에서 커다란 진
전이 있었던 해로 평가하였다.[51] 또한 기간공업부문의 물질기술적 토대
축성에서 이룩된 성과들을 전반적 공업생산이 발전할 수 있는 전망을
열어 놓았으며 경제강국 건설을 지향하는 인민들에게 커다란 신심과
용기가 되었다는 것이다. 그리고 사회주의문화 건설 사업으로 컴퓨터수

---

49) 《로동신문》 2001년 4월 6일자.
50) 《로동신문》 2002년 3월 28일자.
51) 《로동신문》 2002년 3월 28일자.

재양성소를 설립하고 전반적인 교육체계의 완비, 기초교육이 개선되는 등 과학기술 인재 양성에 주력하였다고 한다.

2003년 3월 26일 최고인민회의 제10기 제6차회의에서 문일봉 재정상의 보고를 통해 2002년을 '강성대국 건설에서 새로운 비약이 이룩된 전변의 해'라고 평가하였으며 또한 '4대 제일주의'를 철저히 구현하여 강성대국 건설의 모든 분야에서 승리를 이룩하였다고 보고하였다.[52] 동 회의에서는 "사회주의경제건설의 모든 전선에서 타오른 혁명대고조의 불길 속에서 인민경제 여러 부문의 기술개건, 현대화 사업이 추진되어 생산을 활성화하기 위한 투쟁이 적극 벌어진 결과 지난해 공업총생산액은 2001년에 비하여 112%로 장성되었으며 당의 농업혁명방침을 철저히 관철하기 위한 투쟁을 통하여 농업생산을 추켜세울 수 있는 토대가 마련되었다"[53]고 하였다.

또한 "전반적 상품가격과 생활비를 개정하고 독립채산제를 바로 실시하도록 한 것을 비롯하여 변화된 환경과 조건에 맞게 경제관리를 개선하고 인민생활을 높이기 위한 새로운 조치를 취함으로써 우리식 사회제도의 우월성을 전면적으로 발양시킬 수 있는 넓은 길이 열리게 되었다"고 강조하였다. 그리고 전자공업성, 체신성, 라남탄광기계연합소 북창화력발전연합기업소 등을 비롯한 많은 성, 중앙기관과 관리국, 연합기업소들이 중앙예산수입 계획을 수행하였으며, 함경북도와 여러 시, 군들에서 지방예산수입계획을 넘쳐 수행하여 100.5% 수행되었다고 평가하였다. 2002년에는 인민생활을 향상시키기 위하여 농업과 경공업에 많은 전환을 가져온 것으로 평가된다. 토지정리와 경공업의 기술개건, 현대화를 다그침으로써 인민소비품 생상이 증가하였다. 또한 전력, 석탄부문에 대해 집중적인 투자를 한 결과, 전력과 석탄생산 및 발전능력이 향상되었다고 하였다. 특히 과학기술 부문의 집중투자로 '과학기술발전 5개년계획'이 성공적으로 종료되어 정보과학기술, 생물공학, 신소

52) 《로동신문》 2003년 3월 27일자.
53) 《로동신문》 2003년 3월 27일자.

재기술 등 과학기술발전에 적지 않은 성과를 올렸다고 평가하였다.[54)

이렇게 볼 때 강성대국 건설은 극심한 식량난 해결 및 산업생산 향상 등에 어느 정도 긍정적으로 작용하였다고 평가된다. 북한 당국은 김정일 체제의 안정화가 이루어졌다는 인식을 통해 체제유지에 대한 자신감을 갖고 공세적으로 강성대국 건설을 추진했다고 볼 수 있다. 특히 강성대국 건설은 군사강국과 경제강국을 병행추진함으로써 경제위기 상황에 보다 효율적으로 대응하였다. 강성대국건설하의 선군정치는 위기상황을 돌파하는데 있어서 군이 갖고 있는 정치적 역할과 경제적 역할을 동시에 중시하는 양면성을 갖고 있다는 점이다. 이것은 상대적으로 정치적 안정화 및 경제난 극복을 동시에 추구하고 있는 북한 당국의 의지를 감지할 수 있다.

결과적으로 강성대국건설 추진성과는 정치권력의 안정화에 대한 자신감뿐만 아니라 경제난 극복을 위해 경제적 실리주의를 강조하는 등 '실리사회주의'를 강조했다는 측면에서 사회전체에 새로운 이념적 토대를 제공하는 변화요인으로 작용했다고 평가할 수 있다. 강성대국 건설 추진으로 새롭게 정립된 실리주의 원칙은 북한경제를 관통하는 지배담론으로 작용하고 있다. 또한 국가주도로 경제부문에 대한 적극적인 개혁·개방을 추진하여도 그 자체가 기존 체제의 부정을 의미하지 않는다는 정당성 기제로 작동하면서 향후 개혁·개방을 보다 더 확대할 수 있는 기회를 제공했다고 할 수 있다.

그럼에도 불구하고 강성대국 건설을 추진한 이후 어느 정도 가시적인 성과는 있었지만 여전히 해결해야 하는 과제는 많다고 할 수 있다. 첫째, 식량난은 강성대국 건설 과정에서 지속적으로 해결해야 하는 과제라고 할 수 있다. 강성대국 건설에서 북한이 새로운 도약을 하기 위해서는 우선 먹고사는 문제, 이른바 기초생활보장 부문이 정상적으로 가동되어야 하며, 여전히 만족스럽게 해결하지 못하고 있는 것으로 평가된다. 둘째, 생산요소부문이다. 생산요소는 생산성향상의 필수적인 요

---

54) ≪로동신문≫ 2003년 3월 27일자.

건이다. 강성대국 전략의 일환으로 과학기술발전 및 기술개건을 통해 성과를 얻었다고 주장하고 있지만, 아직 까지 초보적인 수준이라고 할 수 있다. 후진국들의 경험에 비추어 볼 때 인력개발과 기술에의 투자가 후진국 경제성장에 중요한 역할을 하였다는 것은 이미 잘 알려진 사실이다. 셋째, 전력 및 에너지 등 생산토대 부문이다. 강성대국 건설의 새로운 도약을 위해서는 에너지 등 전력산업이 정상적으로 가동되어야 한다. 북한의 강성대국 건설에서 직접적으로 영향을 미치는 것이 이들 산업이라는 것을 고려할 때, 에너지 및 전력산업은 여전히 난관에 봉착해있다고 할 수 있다. 그리고 사회간접자본의 확충이 시급한 것으로 평가된다. 사회간접자본은 경제발전에 기본적인 기반이 될 뿐만 아니라 경제발전에 적집적인 효과를 창출하는 부문이다. 그러나 사회간접자본은 여전히 정상적으로 작동되지 않고 있다. 특히 향후 경제특구를 통한 국내산업과의 연관발전을 도모하기 위해서도 사회간접자본이 정상적으로 가동되어야 한다.

제7장 결 론

이 논문은 북한의 강성대국건설전략에 대하여 분석하였다. 북한은 정치체제의 안정화를 유지하면서 경제체제의 내부모순을 해결하기 위한 개혁·개방 조치를 추진하는 특징을 보였다. 즉 북한은 '강성대국건설'이라는 국가목표와 비전을 달성하기 위해 북한은 내부적 경제개혁 조치와 외부적 대외개방정책을 통해 새로운 자본축적 방식을 모색하고 있다. 북한의 발전전략의 변화는 자본주의 세계시장에 대한 기본인식의 변화를 통해 국가주도의 시장증진적 발전전략을 채택하고 있다. 세계경제에서 시장경제의 확산은 객관적인 역사의 흐름이다. 동시대의 북한 또한 경제주체들의 의지와 무관하게 그 흐름 속에 편입될 수밖에 없으며, 편입을 거부한다면 현대와 다른 시간대의 역사적 경험을 하게 될 것이다.

1990년대에 줄곧 어려움을 겪어 왔던 북한의 경제사정은 1999년을 기점으로 다소 호전되는 조짐을 보여 왔다. 국제사회의 경제적 지원과 '사회주의 강행군', 개인 및 기업 단위별 자력갱생 등 북한의 자구적인 노력에 힘입어 최악의 경제상황에서 벗어나고 있는 것으로 평가된다. 북한의 경제상황이 개선되는 시기는 김정일 시대의 신 국가경영전략인 '강성대국' 건설을 제시한 것과 연장선상에 있다. 즉 북한의 경제상황이 크게 호전되지는 않았지만, 강성대국 건설전략을 통해 보여주는 국가발전 목표 및 비전과 무관하지 않다는 것을 시사한다. 이러한 현실을

뒷받침하는 것이 '강성대국 건설에서의 사회주의 경제관리 방식의 개
선'이다. 한마디로 표현하면 북한은 사회주의 경제관리 방식의 변화를
토대로 한 '실리사회주의'라는 국가이익을 추구하고 있다.

북한은 새로운 국가경영전략을 통해 변화를 모색하고 있다. 이것은
과거의 냉전적 발전전략에서 탈냉전적 발전전략으로의 변화를 시도하
고 있다고 할 수 있다. 즉 1998년 '강성대국'의 국가전략과 비전 그 후
의 '경제실리주의', '신사고', 과학기술중시정책과 IT산업 발전전략, 그
리고 신의주, 금강산, 개성 경제특구 등 후속으로 취해진 각종 정책적
조치들은 전체적으로 하나의 큰 틀 속에서 일관성과 체계를 갖고 있는
것으로 파악된다. 따라서 결과론적인 도식화일 수 있으나 이들을 '신경
제노선'으로 규정할 수 있겠다.

북한의 새로운 경제정책들은 단순히 사경제 부문을 공격하여 계획경
제를 정상화하고 국가의 통제력을 회복하기 위한 일회용 조치라고 볼
수 없는 것은 이처럼 북한 경제전체의 구조와 운영원리의 변화 폭이 깊
기 때문이다. 물론 북한의 경제정책 변화가 시장경제로의 체제전환과
같은 거대한 변화는 아니다. 그러나 북한의 변화는 분명 과거 스탈린식
현물 사회주의와는 중요한 차이를 지니고 있다. 화폐와 가격을 계획수
행의 도구로만 보는 관점을 폐기하고 있으며, 노동자에 대한 국가적 보
조나 일방적 지원도 등가교환의 원리, 즉 가치법칙이라는 논리하에서
재고되고 있다. 북한의 새로운 경제정책들은 그 성패와는 상관없이 시
장경제원리와 높은 호환성을 지닌 시스템을 지향하고 있다. 세계체제와
교류할 제도를 맞추겠다는 것이다.

결국 북한은 사회주의산업화 전략의 한계 경험, 사회주의권의 붕괴,
경제난과 식량난의 심화, 부분개방에 따른 자본주의 황색바람의 유입으
로 새로운 국가발전전략의 수립이 불가피하였던 것이다. 이에 따라 북
한은 우리식 사회주의를 고수하는 가운데 체제전반에 걸친 개혁과 개
방에 착수한 것으로 이해할 수 있다.

이런 맥락에서 이 연구를 통해 얻은 몇 가지 결론을 정리하면 다음과

같다.

첫째, 북한은 강성대국 건설을 국가발전 목표로 제시한 이후 실리주의 원칙을 견지하고 있다. 즉 이념과 사상을 강조하는 '주체사회주의'에서 물질을 중시하는 '실리사회주의'로 변화하고 있으며 그 결과로 7.1경제관리개선조치와 경제특구 지정이 단행되었다. 김정일이 추진하는 '우리식 개혁 개방'은 이미 돌이킬 수 없는 대세이며 북한 주민의 의식구조 역시 집단의 이익뿐만 아니라 개인의 이익과 실리를 함께 생각하는 방향으로 바뀌고 있어 북한체제가 과거로 회귀할 가능성은 희박하다고 평가할 수 있다.[1] 한마디로 실용주의 노선을 걷기 시작했으며,[2] '호랑이 등에 올라탔다'는 것은 적절한 지적이라고 할 수 있다. 북한이 '경제실리주의'라는 용어를 쓰는 것은 중국이 사용해온 실용주의 노선을 염두에 두면서도 이와는 차별화된 독자노선을 걷고 있는 것으로 판단된다.

둘째, 이런 점에서 경제개혁 조치는 북한 경제정책 변화, 즉 개혁이 시작되었음을 의미한다. 7.1경제관리개선조치는 과거의 변화시도와 근본적으로 다른 환경에서 추진되고 있다. 변화의 시도는 과거와 달리 개방보다 개혁이 우선적으로 진행되고 있다. 강성대국 건설전략의 연장선상에서 추진된 개혁조치는 다음과 같다. 우선 가격 현실화 및 가격제정 방식의 변화를 통해 가격의 자원배분 기능을 대폭 강화하고 있으며, 환율의 현실화를 통해 새롭게 해외시장과의 연계를 시도하고 있다. 또한 '실리'가 강조되면서 이윤 및 독립채산제를 강화하는 등 계획 및 경영에서의 분권화를 통해 생산단위에서 자율성과 독립성을 부여하고 있으며 생산단위는 수익성에 따른 분배, 생산자들은 노동에 따른 분배를 받게 됨으로써 노동의욕을 지극하고 있다. 이 시장기능의 강화를 통해 생

---

1) ≪연합뉴스≫ 2003년 9월 24일자.

2) 향후 북한은 국제사회의 규칙을 따르겠다는 강한 의지를 보여주고 있으며, 한 예로 김일성 종합대학에 국제법률학과를 설치한 것을 들 수 있다. 이는 보편적인 국제법에 대한 무시정책에서 적극적 자세로 전환한 것으로 볼 수 있다. 아시아사회과학연구원 주최 세미나 자료 「6.15 이후 북한법의 변화와 전망」, 2003년 9월 23일.

산자들의 경쟁을 유발함으로써 공급확대를 꾀하는 동시에 해외시장과
의 새로운 연계를 통해 외자유치를 도모하기 위한 사전 정비작업으로
서 그 범위나 심도 면에서 북한에서 지금까지 나타난 개혁 시도 중 가
장 획기적인 정책전환이라고 할 수 있다.

셋째, 북한의 경제개혁 조치는 향후 경제특구 등 개방정책을 적극적
으로 추진할 수 있는 제도적 기반을 제공할 것이다. 비록 북한이 나진·
선봉 경제특구에서 기대만큼의 성과를 거두지는 못했지만, 신의주, 금
강산, 개성특구를 지정하여 대외개방 확대의 토대를 마련하였다고 평가
된다. 경제특구의 방식의 대외개방은 해외자본의 관심을 끌 수 있는 법
적·제도적 장치가 강구되었다. 북한의 경제정책은 과거와 같이 개혁과
개방이 상호분리 되어 추진되는 것이 아니라 내부적 경제개혁과 외부
적 대외개방 정책이 동시에 빠르게 병행해서 추진되고 있다. 물론 북·
미관계의 교착 등 대외환경이 불안정성을 보여주고 있지만, 미국의 대
부 경제제재 조치 완화, 북핵 문제의 평화적 해결 방안이 모색되고 있
기 때문에 국가이익이라는 관점에서 낙관적으로 볼 수 있는 요소들이
많다고 할 수 있다. 따라서 북한의 대외환경이 우호적으로 조성되면 북
한은 적극적으로 세계시장 경제에 참여하는 정책을 확대할 것이다. 북
한은 내부적으로는 개혁체제를 외부적으로는 개방체제를 구축함으로써
'자본주의와의 제한적 동거'를 잠정 선택한 것으로 보인다. 이 점에서
북한은 지구화된 자본주의 세계경제 안에서 생존하기 위해 불가피하게
노선수정을 한 것이라고 볼 수 있다.

넷째, 북한의 강성대국건설전략은 국가주도의 시장증진적 발전전략을
추구하고 있다. 북한이 변화하는 이념적 환경과 현실과의 적응을 추구
한다면 국가발전의 거시적 전략은 '과학기술적 가치'를 추진력으로 하
는 국가주도의 현대화를 추진하고 있다. 국가주도형 개발전략은 강력한
국가와 정부의 역할을 옹호하면서 개인과 사회의 조화, 강력한 안보체
제 확립을 국가의 최우선 과제로 설정할 수 있기 때문이다. 이런 점에
서 북한의 경제발전 모델을 '도약형(Leap-Frog)성장전략'으로 제시하였

다. 북한의 신속한 경제재건을 위한 기본 방향은 전통적인 단계별 산업개발 모형인 '추격형(Catch-Up)발전전략' 보다는 정보통신, 과학기술 등 첨단기술에 바탕을 둔 새로운 산업의 집중 육성을 통한 성장전략을 채택하고 있다. 특히 북한의 도약형 성장전략은 우선, 주민들의 기초적인 의식주를 해결한 후에 IT 산업을 중심으로 한 전 산업의 이노베이션(Innovation; 개건 및 개선)을 추구하는 것으로 볼 수 있다.

따라서 북한의 국가목표인 강성대국 건설은 개혁·개방이 본격적으로 추진되어 자립적 민족경제 노선을 맹목적으로 추구하는 데서 벗어나 수출주도형 성장전략 또는 외자도입형 발전전략을 진지하게 모색할 때 비로소 가능하다. 또한 가능성 있는 수출산업을 중점적으로 육성하고자 하는 산업정책상의 전환도 이루어져야 한다.

북한이 국가주도의 점진적 시장화의 가능성을 열어놓고 적극적인 개혁·개방을 추진하고, 이미 상당부분 '시장'의 기능을 확대하여 시장경제를 받아들이고 있음에도 불구하고 선군정치를 통한 군사국가화를 강조하고 있다. 하지만 북한의 체제변화는 상징적 변화, 의미있는 변화, 근본적이고 불가역적인 변화 단계로 구분한다면 북한의 경우 '의미있는 변화'로 진입했다. 이는 곧 북한체제가 근본적이고 불가역적인 변화로 이행을 가속화 할 수 있는 여건을 조성하는 것으로 볼 수 있다. 이는 기본적으로 북한의 자본주의체제에 대한 인식의 변화와 미국을 비롯한 국제사회의 지원이 있을 때 가능하다.

이런 맥락에서 북한의 대내외 여건을 고려하여 장기적인 관점에서 본다면, 북한의 자본주의체제의 인식은 보다 긍정적으로 변화할 가능성이 높다고 할 수 있다.

첫째, 현재 북한이 경제발전을 통해 강성대국의 비전과 국가목표를 달성하기 위해서 자본주의 세계체제의 편입이 불가피하다는 점에서, 과거와 같이 일방적으로 반자본주의를 지향할 수 없다는 전망이다.

둘째, 현재 북한체제가 지향하고 있는 발전전략과 정책변화는 개혁·개방을 통해서 자본주의 시장경제에 편승하여 강성대국을 건설한다는 것이다. 이것은 남한을 비롯하여 과거 제3세계 국가들이 추구했던 발전 전략과 유사하다. 이러한 전략이 성공하여 경제성장을 이룩하기 위해서는 자본주의적 가치의 확대는 불가피하다.

셋째, 북한의 김정일을 비롯한 모든 사회계층은 이미 의식하지 못한 채 자본주의적 가치와 삶을 경험하고 있다고 평가된다. 예컨대 1990년대 중반부터 시작된 '시장'의 확산이다. 이는 도덕적·이념적 가치보다는 물질적 가치를 추구하는 것이다. 북한이 경제성장을 달성하여 정치적 안정이 이룩된 뒤에도 오히려 자본주의적 가치를 선호할 수도 있을 것이다.

이런 맥락에서 북한은 변할 수밖에 없는 구조적 상황에 직면해 있다. 북한경제는 현 상황을 타개하지 않고서는 체제자체의 존속이 위협받게 될 것이며 인도주의적 차원의 국제적 지원만으로는 이를 극복하기 힘들 것이다. 즉 북한은 개혁·개방 정책 없이는 경제회생이 어려울 뿐만 아니라 21세기 강성대국 건설은 정치적 대의명분에 불과하다. 북한은 이미 내부적 경제개혁 조치와 경제특구의 방식의 대외개방을 통해 외부자본을 유치하려는 전략을 채택하고 있다. 이는 북한이 세계 시장경제에 대한 선택적 접근을 시도하고 있음을 보여주는 사례라고 할 수 있다. 강성대국 건설을 위한 경제정책의 성격은 '보수적 실용주의'로 규정할 수 있을 것이다. 북한은 강성대국 건설을 통해 완충기 경제후퇴의 과정에서 나타난 이완된 사회주의 계획경제를 복원하고 동시에 이미 변화된 경제현실은 수용하면서 실리를 추구하고자 하기 때문이다. 이러한 북한 경제정책의 양면성, 즉 '보수적 실용주의'는 지난 시기의 정책적 실패에 대한 반성과 개혁·개방의 비용과 편익과 대한 계산에 근거한 것으로 보인다.

북한은 내부 통제를 강화하면서 실리가 큰 경우에만 제한적으로 개방을 추진하고 경제체제 개혁은 현실을 수용하는 정도의 최소한에서 추진할 가능성이 높다. 강성대국 건설의 성공여부는 외부의 경제지원과 같은 실리추구를 제대로 이끌어낼 수 있는가에 달려 있다. 북한이 체제

수호에 몰두하면서 소극적인 개혁·개방에 머무른다면 경제회생에 필요한 수준의 실리를 획득하기는 어려울 것이다.

북한의 최대 현안은 경제회생과 체제안정을 도모하는 것이며 '보수적 실용주의'는 이것을 실현하기 위한 방안이다. '보수적 실용주의'하에서 북한은 보다 유연하게 정책을 운용해 나갈 것이며 구체적으로 다음과 같은 정책을 추진할 가능성이 높다. 농업부문에서의 실질적인 농가책임제, 관광자원 개발을 통한 외화획득, 경제특구의 다양화 및 특화, 주변국과의 협력하에 기존 중공업 시설 복구, 수출증대를 위한 생산단위의 대외무역 분권화, 소비재유통부문 확대 등이다. 이렇게 한다면 북한이 강성대국 건설을 위해 공개적으로 개혁·개방을 거부하고 자립경제 노선 추구를 주축으로 사회주의 계획경제를 고수하더라도 실질적인 개혁·개방이 대내외적으로 추진됨으로써 경제회생의 전기를 마련할 수 있을 것이다. 현재 북한은 개혁과 개방을 촉구하는 국가들의 압력에 직면해 있다. 즉 북한의 경제사정이 악화될수록 경제협력의 전제조건으로 더욱더 큰 변화를 요구할 것이다. 문제는 북한이 미국 등 주변 국가들의 정치·경제적 압박을 어떻게 수용하는가 하는 점이다. 북한이 '우리식' 사회주의를 고수하는 한 세계시장에 편입하려는 실용주의 정책은 제한성을 띨 수밖에 없다. 그러나 제한성을 강조하는 한 북한의 미래는 장담할 수 없으며 북한 또한 이 사실을 인식하고 있다. 강행적 발전전략은 1950년대 역사적 상황에서는 그 나름대로의 장점이 있었으나 세계경제시대에는 적합하지 않다. 따라서 북한이 21세기 강성대국을 건서하기 위해서는 혁명적 경제정책으로 생산을 정상화시키고 세계자본주의 시장경제에 적극적으로 편입하는 경제발전전략을 선택해야 한다. 그러나 이것은 북한의 의도로만 가능한 것이 아니라 북한을 둘러싸고 있는 객관적 조건인 대외관계도 변화되어야 가능하다. 북한의 외부세계에 대한 거부감과 체제위기 의식이 심화된다면 북한은 개방을 서두르기보다는 오히려 체제유지의 빗장을 칠 것이기 때문이다.

부 록

1. 강성대국건설의 청사진

1) 강성대국건설 목표

오늘 이북은 위대한 김정일장군님께서 제시하긴 사회주의 강성대국건설전략에 따라 그 실현을 위한 새로운 력사적진국길에 올랐다.

1999년 1월 1일 이북의 <로동신문>, <조선인민군>, <청년전위>는 <올해를 강성대국건설의 위대한 전환의 해로 빛내이자>라는 공동사설을 발표했다.

이 공동사설은 김정일장군님의 신년사를 대신하는것이라 하겠다.

위대한 장군님께서는 공동사설을 통해 자신께서 오래동안 무르익혀 오신 사회주의 강성대국건설의 웅대한 청사진을 적으로 실현해 나간다는 것을 온 세상에 선포하시였다.

이로써 이북에서는 세계의 이목이 집중되는 가운데 사회주의 강성대국의 전면적건설이라는 격동적인 새 력사가 펼쳐지게 되였다.

이와 때를 같이하여 그분께서는 사회주의강성대국건설의 위대한 결륜을 폭 넓게 명시하시였다.

위대한 장군님께서는 무엇보다도 먼저 앞으로 이북에 세울 강성대국의 목표와 성격, 본질적특징을 밝혀 주시였다.

위대한 김정일장군님께서는 다음과 같이 지적하시였다.

<우리가 말하는 강성대국이란 사회주의강성대국입니다. 국력이 강하고 모든 것이 흥하며 인민들이 세상에 부럼없이 사는 나라가 사회주의강성대국입니다.>

국력이 강하고 모든 것이 흥하며 민중들이 세상에 부럼없이 사는 사회주의강성대국, 이것이 바로 김정일장군님께서 구상하시는 이북의 강성대국의 목표이다.

위대한 장군님께서 구상하시는 사회주의강성대국은 력사에 아직 있어 본적이 없는 강성대국이다.

돌이켜 보면 인류사에는 강국, 대국으로 명성 떨친 나라들이 적지 않았다.

로마제국이라든가 몽골제국, 대영제국들을 례로 들수 있다.

고대로마의 알렉싼드로대왕은 수많은 나라들을 침략하여 광대한 령토를 확장하고 로마제국이라 하였는가 하면 중세의 몽공의 칭기스한 역시 기마대군으로 유라시아의 많은 나라들을 석권하여 대국인 몽골제국을 형성하였다. 근세에 와서 영국이 세계도처의 많은 나라들을 침략하여 소위 <해가지지 않는 대영제국>으로 자랑을 떨쳤다. 이 나라들은 정복전쟁을 통해 광대한 령토와 많은 재부를 가진 대국, 강국이 되였다.

지금까지의 대국, 강국이란 공업대국이였거나 군사대국이였다. 오늘도 이 관념이 이어져 흔히 대국강국이라고 하면 군사의 대국, 경제의 대국을 말한다.

이전의 쏘련이나 미국 같은 나라를 군사대국이라 하고 일본을 경제대국이라고 한 것도 그러한 뜻에서 비롯된 이라고 할 수 있다.

우리 나라의 력사를 돌이켜 보면 고구려가 강성국으로 이름 떨쳤다. 그것은 군사력으로 <동방의 강국>, <강성했던 나라>라는 의미에서 였다.

대국이라고 할때 그것을 령토의 크기나 인구수의 많기 그리고 경제의 발전정도나 군사력의 크기에 의해서 규정하는 것은 결코 올바른 판단이라고 할 수 없다.

강성대국으로 되는가 못되는가 하는 최고의 기준은 민중중심의 가치관에 립가할 때 올바르게 선택될수 잇다. 즉 그 주인인 민중의 지위와 역할을 그들에 대한 배려를 최상의 수준에서 보장할 수 있는 힘을 가진 나라인가 아닌가에 따라 강성대국인가 아닌가 하는것이 좌우된다고 말할 수 있다.

나라와 민족의 자주권과 존엄을 확고히 지킬수 있고 민중들이 국가와 사회의 당당한 주인이 되어 자주적이며 창조적인 생활을 마음껏 누릴수 있으며 이를 믿음직하게 담보할 수 있는 강유력한 정치— 군사, 경제적힘을 가진 나라는 강성대국이라고 자부할 수 잇을것이다. 여기에는 령토의 크기나 인구의 대소가 문제되지 않는다.

이러한 맥락에서 볼때 김정일장군님께서 밝혀주신 사회주의 강성대국은 지극히 당위적이고 새로운것이라 할 수 있다.

위대한 장군님께서 구상하기는 강성대국은 그 성격에 있어서 사회주의강성대국이다.

사회주의위업을 끝까지 오나성하기 위하여서는 혁명과 건설에서 사회주의성격을 일관하게 견지하여야 한다.

사회주의사상는 근로민중이 주인으로 되니 사회이며 민중의 자주적요구와 리익을 철처히 옹호하고 구현한 사회이다. 그러므로 사회중의건설과정은 미중이 주인으로서의 지위와 역할을 아 할수 있도록 그들의 자주적요구와 리익을 견결히 옹호하고 혁명과 건설에서 나서는 모든 문제를 철저히 민중의 근본리익에 맞게 출어 나가야 한다.

사회주의국가가 강성대국을 건설한다고 하여 자본주의적인 정치방식과 경제관리방법을 본따거나 도입한다면 사회주의자체가 변질되거나 붕괴되고 만다.

이전 쏘련의 경우 현대사회민주주의자들이 자본주의에 대한 환상을 가지고 <신사고방식>의 미명하에 사회주의성격을 완전히 집어 던지고 자본주의적인 정치방식와 경제제도를 끌어 들인 결과 사회주의는 좌절되고 자본주의가 복귀되게 되였다.

력사적경험은 사회주의에 대한 올바른 관점과 립장을 가지고 사회주의성격을 일관하게 견지해 나갈 때 사회주의위업은 승리의 길을 따라 전진하게 되지만 그렇게 하지 못할 때에는 우여곡절과 좌절을 면치 못하게 된다는 것을 보여주고 있다.

위대한 장구님께서 구상하기는 강성대국은 사회주의 강성대국인 것으로 하여 이전의 강국, 대국들과 그 성격이 완전히 구별된다.

이전의 강국, 대국들은 어느 하나도 민중을 주인으로 내세우고 민중을 위한 것으로 되지 못하였다. 그것들은 어디까지나 정권을 장악한 지배계급의 권력유지나 타국가, 타민족들을 침탈하기 위한데 그 성격을 두고 있었다.

이전 쏘련에서도 사회주의정권은 없다고 하지만 실제로는 낡은 사회의 정치방식을 그대로 답습하다보니 국가와 하회를 관리하는 사업이 그 주인인 민중과 동떨어져 특정한 사람들의 사업으로 되게 되였고 따라서 민중에게 주인의 지위와 역할을 다 할 수 있도록 사회주의를 건설해 나갈 수 없었다.

이처럼 사회주의적성격을 고수하느냐, 못하느냐 하는 문제는 사회주의위업의 운명과 관련되는 중대한 문제로 된다.

위대한 장군님께서는 이북에 건설할 강성대국의 성격을 사회주의강성대국으로 규정하여 주심으로써 사회주의위업을 옹호고수하고 끝까지 완성할수 있는 근본 초석을 마련하시였던 것이다.

위대한 장군님께서는 사회주의강성대국의 성격과 함께 그 본질적특징에 대하여서도 과학적으로 명시해 주시였다.

위대한 장군님께서 밝혀 주신 사회주의강성대국의 본질적 특징은 국력이 강하고 모든 것이 흥하며 민중이 세상에 부럼없이 사는 나라라는데있다.

사회주의를 의한 투쟁은 민중의 자주성을 실현하기 위한 력사적위업이다.

인류력사는 민중의 자주성을 실현하기 위한 투쟁의 력사이다.

민중의 자주성은 사회주의사회에서 비로소 전면적으로 실현된다. 사회주의사회는 민중의 자주적이며 창조적인 생활이 전면적으로 보장되는 사회라는데 그 본질적우월성이 잇다.

위대한 장군님께서는 사회주의위업의 본성적요구와 사회주의사회의 본질적우월성에 대한 과학적인 분석에 기초하시여 사회주의강성대국의 본질적 특징은 무엇보다도 국력이 강한 나라라는데 있다.

국력이란 나라의 존재와 그 발전을 가능케 하는 힘이다. 즉 국력은 정치적, 경제적, 군사적임의 총체이다.

강한 국력은 나라와 민족, 민중의 자주성을 옹호하고 실현하며 사람들에게 자주적이고 창조적인 생활을 보장할수 있게 하는 필수적이며 결정적인 조건이다.

국력이 약하면 나라와 민족이 노예의 운명을 면할 수 없다.

지난 날 국력이 약하여 일제에게 나라를 빼앗기고 민족이 망국노가 되어 억울하고 비참한 운명을 강요 당했던 그 오욕의 력사가 이것을 실증한다.

아무리 훌륭한 사회주의제도를 세웠다고 하여도 국력을 키우지 않으며 그 우월성을 발휘할 수 없고 사회주의제도자체를 유지할수 없다.

국력이 강항 강성대국을 일으켜 세워야 제국주의의 침략과 간섭책동으로부터 사회주의를 옹호고수하고 강화발전시킬수 있고 나라와 민족, 민중의 자주성을 수호하고 사람들에게 자주적이며 창조적인 생활을 원만히 보장해 줄 수 있다.

위대한 장군님께서 구상하신 사회주의강성대국은 사상에서도 강국, 정치에서도 강국, 군사에서도 강국, 경제에서도 강국, 문화에서도 강국이다.

사상의 강국은 온 사회가 하나의 사상, 수령의 사상으로 일색화되여 사상의 위력으로 존재하고 발전하는 나라, 위대한 지도사상으로 시대의 발전을 선도하는 나라이다.

정치의 강국은 령도자의 주위에 전체 민중이 철석같이 일심단결된 튼튼한 정치적력량에 의거해서 철저한 자주정치를 실시하는 나라이다.

군사의 강국은 어떠한 제국주의자들의 무력침공도 일경에 타승하고 나라의 자주권과 존엄을 지킬 수 있는 강대한 군사력을 가진 무적필승의 나라이다.

경제의 강국은 자립적민족경제의 튼튼한 토대우에서 끊임없이 발전하는 나라이며 민중의 자주적이며 창조적인 물질생황을 원만히 보장하고 세계적으로 가장 발전되였다고 하는 나라들과도 당당히 겨룰 수 있는 경제력을 가진 나라이다.

문화의 강국은 민족적형식에 혁명적, 사회주의적내용을 가진 문화, 자기 민중의 감정에 맞고 로동계급적선이 선 주체 의 문화가 풍만하게 개화발전하고 문화정서생활에서 민중들의 요구를 원만히 실현할 수 있는 나라이다.

이렇게 사상, 정치, 군사, 경제, 문화 등 모든 분야에서의 강국이 바로 김정일 장군님께서 구상하시는 주체의 사회주의강성대국이며 이러한 강국이 진자 강성 대국인것이다.

나라의 모든 분야에서의 강국건설은 이북과 같은 집단주의에 기초한 사회주의 사회에서만 실현될수 있다.

집단주의에 기초하고 있는 사회주의사회에서는 집단과 개인의 리해관계가 일 치하며 모든 사람들이 하나의 지향과 요구로 굳게 결합되여 있다. 따라서 이 사 회에서는 사상의 일색화가 실현될수 있고 수령, 당, 대중이 하나의 운명공동체를 이루고 강력한 정치적력량을 형성할 수 있으며 전민방위체로 막강한 군사력을 마련할수 있고 유일한 사회주의경제형태에 기초하여 경제를 끊임없이 발전시킬 수 있는 것이다.

그러나 집단과 개인의 리해관계가 상충되고 모든 사람들이 제각기 자기의 리 익을 취하며 생존하는 개인주의에 기초한 자본주의사회에서는 정치와 경제, 군사 의 통일적발전을 이룩할 수 없다.

서방자본주의나라들이 경제대국, 군사대국, 세계의 초대국으로 자처하지만 결 코 정치대국으로는 될 수 없으며 일본 역시 경제대국으로 행세하지만 정치대국 으로 될 수 없다.

따라서 이러한 자본주의대국들은 엄연한 의미에서의 강성대국이 아니다.

나라의 모든 분야를 다같이 강국의 지위에 끌어 올리게되는 이북의 강성대국 이야말로 그 면모나 위력에서 명실상부한 강성대국이며 그 전도가 휘황찬란하고 주체시대와 더불어 승승장구할 21세기의 사회주의 강성대국이라 하겠다.

위대한 장군님께서 구상하시는 사회주의강성대국의 본질적 특징은 다음으로 모든 것이 흥하는 나라이라는데 있다.

정치와 군사, 경제와 문화 등 나라의 모든 분야가 흥하는 것은 국력강화의 체 이며 민중생활향상의 결정적조건이다.

나라의 정치령과 군사력, 경제력이 커지고 문명이 개화하면 나라가 릉성번영 하게 되고 민중이 볼락을 누릴수 있는 것이다.

그러므로 강성대국이 되자면 나라의 모든 분야가 흥하는 나라로 되여야 한다.

사회주의상회에서는 민중이 나라와 자기 운명의 주인이 되여 자각적으로 높은 열성을 발휘하여 일함으로써 나라의 모든 분야가 급속히 발정하고 흥하게 된다.

장군님께서는 사회주의의 이러한 본질적우월성으로부터 출발하여 나라의 모든 것이 흥하는 것을 사회주의강성대국의 본직적특징의 하나로 규정하게되였다.

모든 것이 흥하는 사회주의강성대국이란 사회주의정치제도가 강화되고 정치방 식이 끊임없이 개선되여 민중의 자주적권리가 더욱 철저히 보장되고 나라의 정

치위력이 세계만방에 선양되는 나라이며 군대의 간부화, 현대화, 전민무장화, 전
국요새화가 높은 수준에서 실현되여 국방에서 만전을 기하고 나라의 군사적위력
이 만방에 떨쳐 지는 나라이며 사회주의경제제도를 강화하고 공업, 농업을 비롯
한 경제의 모든 부문을 급속히 발전시켜 사회주의건설과 민중생활향상에 요구되
는 물질적수요를 원만히 보장하고 자립적민족경제의 위력을 남김없이 떨치는 나
라이며 사회주의사회에 사는 민중의 지향과 요구에 맞게 교육과 문학예술, 과학
기술과 체육, 보건사업 등 문화의 모든 부문을 고도로 발전시켜 사회주의문명이
개화만발하는 나라라 할수 있다.

모든 것이 흥하는 강성대국은 지난 날의 노예사회, 봉건사회는 물론 오늘의자
본주의사회에서도 실현될수 없다. 약육강식의 생존경쟁이 지배하는 자본주의사
회에서는 사람들이 황금의 노예가 되여 오직 온벌이를 위하여 일한다. 이 사회에
서는 소수의 자본가들이 정치, 경제, 문화의 명맥을 틀어 쥐고 치부할수 있는부
문만을 개발하며 근로민중은 아무런 창발성도 내여 일하지 않는다. 따라서 자본
주의사회에서는 나라가 불균형적으로 발전하며 그 발전이라는 것도 일면성과 한
계성을 면치 못한다.

정치생활의 반동과, 문질생활의 기형화, 정힌문화생활의 빈궁화는 현대자본주
의사회의 근본특징이다.

나라의 전발적부문이 륭성번영하는 강성대국건설은 민중이 나라와 자기 운명
의 주인이 되야 자주적으로, 창조적으로 일하며 생활하는 사회주의사회에서만 가
능한것이다.

위대한 김정일장군님께서 구상하시는 사회주의강성대국의 본질적특징은 또한
민중의 세상이 부럼없는 생활을 누리는 나라라는데 있다.

세상에 부럼 없는 생활이란 민중의 자주적이며 창조적인 생활에 필요한 모든
물질정신적재부가 완전히 충족되는 생활이다.

모든 사람들이 고르롭게 그리고 유족하게 잘 사는 것은 사회주의사회의 본직
적 우월서의 하나이다. 착취자도 피착취자도 없는 하회주의사회에서는 사람들이
다 고르롭게 살며 근로민중이 창조한 물질문화적재부가 그들의 생활향상에 그대
로 돌려진다.

사회주의사회의 이러한 본질적우월성으로부터 사회주의사회에 새워지는 강성
대국은 응당 민중의 고르롭게 그리고 세상에 부럼없이 잘 사는 나라로 되여야 한
다.

지금까지 사람들은 강국, 대국에 대하여 말할 때 그것을 민중의 생활과 결부시
켜 생각하지 못했다. 경제대국에 대해서 이야기할 때도 경제의 규모나 생산의 량
에 대해서만 주로 넘두에 준 것이 일반적인 견해였다.

사실 이 세상에는 경제대국으로 자처하는 나라들이 적지않다. 그러나 <경제적 번영>을 자랑하는 나라들에서 민중의 생활은 자본주의사회의 허상과 <국민복지>의 기만성을 여지없이 실증하고 잇는 것이다.

자본주의사회는 결코 그들이 말하는것처럼 부유하고 잘 사는 사회인 것이 아니라 <부익부, 빈익빈>의 사회로서 물질적부가 많이 생산되여도 물질생활에서의 불평등이 더욱 심화된다.

민중의 생활주순을 끊임없이 높이는 것을 조선로동당과 정부활동의 최고원칙으로 삼고 있는 이북에서는 나라의 모든 정책을 민중의 생활수준을 높이는데로 지향시켜 시행해 나가고 있다. 강성대국건설위업도 민중이 세상에 부럼 없는 생활수준을 누리게 하려는 의도에서 출발된것이라 하겠다. 다시 말하여 이북이 강성대국을 건설하여 국력을 강화하려는 목적도 결국은 민중에게 유족하고 문명한 생활을 보장해 주려는데 있는 것이다.

위대한 장군님께서 이북에 일떠세우시려는 민중이 세상에 부럼없이 사는 사회주의강성대국이란 휘쌀밥에 고기국을 먹고 비단옷을 입으며 기화집에서 살려는 민중들의세기적념원을 실현하여 먹고 입고 쓰고 사는데서 근심걱정을 모르는 나라, 아들딸 공부시킬 근심걱정, 병이 나도 치료 받을 근심걱정이 없는 나라, 그리하여 모든 사람들이 아무런 근심걱정을 모르고 유족하고 문명한 생활을 마음껏 누리게 하는 리상국이라 하겠다.

한마디로 말하여 김정일장군님께서 구상하시는 사회주의강성대국은 이북에 세워진 사회주의의 본질적우월성을 고도로 발양시켜 사람들에게 자주적이며 창조적인 생활을 마음껏 보장해 줌으로써 주체의 혁명위업, 사회주의위업을 더욱 완성해 나가는것이라고 보아 진다.

김정일장군님께서는 내 나라, 내 조국 땅우에 하루빨리 사회주의강성대국을 건설하여 그 어떤 적도 건드릴수 없게 하며 전체 인민이 아무런 걱정없이 행복하게 잘 살도록 하자는 것이 바로 나의 구상이며 확고한 결심이다라고 말씀하시였다.

장군님의 이 말씀에는 강성대국건설전략이 추구하는 목적과 내용이 간명하게 명시되여 있다.

김정일장군님께서 제시하신 강성대국건설의 의미를 내용적으로 음미해 보면 크게 두가지로 나누어 해석할수 잇다. 그것은 첫째로, 사회주의강성대국을 건설하여 그 어쩐 적도 건드릴수 없는 강국으로 만들자는것이며 둘째로, 전체 민중이 아무런 걱정없이 행복하게 잘 사는 부흥국으로 만들자는것이다.

위대한 장군님께서는 사회주의북한의 강성대국 건설전략을 펼치시면서 그 실현의 가능성에 대해서도 명백히 밝혀 주시였다.

위대한 김정일장군님께서는 다음과 같이 지적하시였다.

<세상사람들도 인정하는것처럼 지금 우리의 정치사상적위력과 군사적위력은 이미 강성대국의 지위에 올라 섰다고 볼 수 있습니다.

......

이제 우리가 경제건설에 힘을 집중하여 모든 공장, 기업소식들이 제 궤도에 올라서서 생산을 꽝꽝하게 만들면 얼마든지 경제강국의 지위에 올라 설수 있습니다.>

이북은 정치사산적으로나 군사적으로는 이미 강성대국의 지위에 올라섰다. 이제 경제건설에 힘을 집중하여 경제강국으로만 만들면 이북은 명실공히 세계적인 강성대국이 될수 있다.

사회주의강성대국을 건설하려는 이북의 결심은 결코 빈 말도 아니며 먼 앞날의 일도 아니다.

김정일장군님께서는 우리 나라를 상성대국으로 만드는것, 이것은 결코 빈 말이 아니며 먼 앞날의 일도 아니다고 말씀하시였다.

실지로 이북이 몇해동안 간고한 투쟁을 벌려 부강조국건설의 튼튼한 도약대를 마련한 조건에서 강성대국을 건설하는 것은 가까운 앞날에 실현할수 있는 일이며 현실적으로 가능한일이다. 이북은 이미 강성대국을 건설하기 위한 토대로 마련했으며 투쟁경험도 쌓았으므로 전도는 매우 밝고 휘황하다.

강성대국건설의 담보도 마련되고 목표도 뚜렷한것만큼 총진격하여 새로운 전황을 일으켜야 한다.

이북에서의 경제강국건설도 그리 힘든 문제가 아니다.

이북에는 강력한 자립적민족경제의 토대가 마련되여 있다. 이런 조선에서 경제건설에 힘을 집중하여 지금 있는 모든 공장을 기업소들이 제 궤도에 올라서서 생산을 꽝꽝 내게 만든다면 얼마든지 경제대국의 지위에 올라 설수 있다.

장군님의 의도애로 전기문제와 식량문제를 풀고 과학기술을 발전시켜 경제를 활성화하고 비약적으로 발전시키면 이북은 최상의 위력을 지닌 사회주의경제강국으로 될 수 있다.

이렇듯 위대한 장군님께서 제시하신 사회주의강성대국건설 구상은 가까운 앞날에 능히 실현 가능한 현실적인 리정표이다.

사회주의강성대국건설에 관한 김정일장군님의 전략은 지금까지 세계의 어느 정치가, 지도자도 내놓은바 없는 새롭고 독창적인 강성대국건설전략이다.

그것은 무엇보다도 강성대국을 그 성격에 있어서 사회주의 강성대국으로 규정해 주신데 있다.

진정한 강성대국은 단순히 경제력이 발전되고 국방력이 강한 군사강국인 것이 아니라 민중의 자주성과 창조성을 가장 높은 수준에서 보장할 수 있는 강국이여야 한다. 그것은 오직 민중이 모든 것의 주인으로 되고 모든 것이 민중을 위해 복무하는 민중중심의 사회주의하에서만 실현가능한것이다.

다음으로 그것은 강성대국건설의 내용을 새롭게 밝혀 주신데 잇다.

김정일장군님께서는 강성대국건설전략을 제시하시면서 이북은 이미 사상강국, 정치강국, 군사강국이 되였으며 이제 경제강국만 되면 강성대국이 될수 있다고 가르치시였다. 이것은 강성대국건설이 경제나 국방일면만 발전하면 되는 것이 아니라 정치적으로나 사상적으로 강국이 되여야 하며 국력이 민족의 자주성을 옹호하고 민중의 자주적이며 창조적인 생활을 보장하룻 있도록 모든 면에서 강국이 되여야 한다는 새로운 리해를 확립하였다.

또한 그 독창성은 강성대국건설의 원칙을 새롭게 규정한것이다.

김정일장군니께서는 강성대국건설은 그 누구의 힘을 믿거나 남의 식으로가 아니라 자기 식, 주체식으로 하며 자력갱생의 원칙에서 하여야 한다는 것을 밝히심으로써 모든 나라들에서 강국건설에서 견지해야 할 근본적인 원칙을 제시하여 주시였다.

이것은 김정일장군님께서 세계정치사와 국가건설사에 기여한 도하나의 커다란 력사적공헌으로 된다.

2) 강성대국건설의 3대기둥

(1) 사상중시

위대한 목표는 위대한 전략적로선에 의해서만 빛나게 실현될수 있다.

위대한 김정일장군님께서는 강성대국건설의 웅대한 목표를 밝혀 주시면서 그를 실현할수 있는 전략적로선을 제시하시였다.

그것이 바로 사상중시, 총대중시, 과학기술중시 로선을 틀어 쥐고 올해 초에 진군을 다그쳐 나가야 한다고 지적하였다.

위대한 장군님께서는 사상을 중시하는 것을 사회주의강성대국건설의 전략적로선의 하나로 제시하시였다.

사상을 중시한다것은 언제나 사상적요인에 선차적의의를 부여하고 사상의 힘으로 모든 것을 풀어 나가는 원칙을 견지, 구현해 나간다는 것을 의미한다.

사회주의위업, 강성대국을 성공적으로 이루어 나가는데서 물질경제적, 사상정신적요인 등 여러 가지 요인들이 작용한다.

그중에서 가장 적극적이고 결정적인 작용을 하는 것은 다름아닌 사상의식이다.

지금까지 자본주의사회를 비롯한 착취계급사회에서는 물론 이전의 일부 사회주의나라들에서까지 돈이나 물질경제적요인을 위주로 하여 사회를 운영하고 나라의 부흥을 이룩하려는 것이 보편적인 현상으로 되여 있다.

김정일장군님께서는 사회주의사회의 본성적요구와 조성된 정세에 대한 과학적인 분석에 기초하시여 사회주의강성대국건설에서 사상을 기본으로 틀어쥐고 사상을 발동하여 모든 문제를 줄어 나가는 사상중시로선을 견지할데 관하여 밝히시였다.

위대한 김정일장군님께서는 다음과 같이 지적하시였다.

<물질만능의 원리가 작용하는 자본주의사회에서는 돈이 생명이라면 인민대중이 주인으로 되고 있는 사회주의사회에서는 사상이 생명이라고 말할수 있습니다.>

사상이 사회주의의 생명이라는 것은 사상에 의하여 사회주의의 운명이 좌우된다는 말이다. 사회주의는 사회주의사상에 기초하여 탄생하며 사회주의사상에 의거하여 존재하고 발전한다. 사회주의사회에서 실시되는 모든 로선과 정책은 사회주의사상에 기초하여 작성되고 집행된다. 그리고 사회주의의 존재와 발전은 사회주의사상으로 무장한 민중에 의하여 이루어진다. 사회주의사호의 주인인 민중이 사회주의사을 버리면 사회주의제도자체를 유지할수 없게 된다.

사회주의제도의 수립과정을 놓고 보아도 착취와 압박을 반대하는 투쟁속에서 먼저 사회주의사상이 나오고 이 사상을 가진 사람들이 민중을 의식화, 조직화하여 사회주의혁명을 수행하였다는 것을 알수 있다.

사회주의사회의 발전도 사회주의사상의 결정적역할에 의하여 이루어 진다.

사회주의사상을 확고한 신념으로 간직한 민중이 사회주의사회의 주인으로서의 책임과 역할을 다하는 과정을 통하여 사회주의사회의 발전이 추동되는것이다. 사회주의사회는 이처럼 사상을 생명으로 하고 있는 사회인것만큼 사상사업을 강화하여 민중들을 사회주의사상으로 튼튼히 무장시켜야한다.

사회주의와 자본주의의 대결은 본질에 있어서 사상의 대결이다.

여러 나라들에서 사회주의의 붕괴과정은 사회주의사회에서 사상사업을 줴버리면 사람들을 사상적으로 병들게 하고 사회주의적인 모든 것을 변질시키고 파과하게 되며 사회주의사상진지가 무너지면 아무리 강한 경제력과 군사력을 가지고 있어도 사회주의를 지켜 낼 수 없다는 심각한 교훈을 주고 있다.

결국 사회주의의 변질이 사상의 변질로부터 시작되며 사상전선이 와해되면 사회주의 모든 전선이 와해되고 종당에는 사회주의를 송두리쩨 말아먹게 되는것이다.

반면에 사회주의사상으로 튼튼히 무장한 민중은 그 어떤힘으로도 정복할수 없으며 사회주의사상이 확고히 지배하는 사회는 절대로 붕괴되지 않는다.

사회주의는 사상을 틀어쥐면 승리하고 사상을 놓치면 망한다는 것이 력사에 의하여 확증된 진리이다.

그러므로 사회주의를 지키는 강성대국건설을 승리에로 이끌기 위하여서는 사상중시로선을 튼튼히 틀어쥐고 사상사업을 결정적으로 상화하여야 한다.

민중들을 사회주의사상으로 튼튼히 무장시키고 사회주의사상진지를 굳건히 다져야 그 어떤 광풍이 불어와도 사회주의를 굳건히 지켜 나갈수 있으며 강성대국을 건설하여 사회주의를 공고발전시킬 수 있다.

이로부터 이북에서는 주체형의 혁명가들은 죽으로 사나 사상을 틀러 쥐고 나가는 철저한 사상론자가 되여야 한다고 강조하고 있다.

사상주의로선에 의거하여 강성대국을 건설해야 하는 것은 다음으로 강성대국건설이 김정일장군님의 사상을 실현하기 위한 성업이기 때문이라고 보다진다.

강성대국건설은 김정일장군님의 혁명사상의 요구에 맞게 그리고 그분의 혁명사상의 위력으로 민중중심의 사회주의를 고수하고 빛내이기 위한 투쟁이다.

사상중시로선에 확고히 의거할 때에만 김정일장군님의 의도대로 당건설과 군건설, 경제건설을 성공적으로 밀고 나갈수 있다.

그러므로 이북에서는 김정일장군님의 웅대한 강성대국건설사상과 의도대로 혁명과 건설을 밀고 나가는 것은 그 성과를 위한 근본담보로 된다고 강조하고 있다.

사상중시로선에 기초하여 상성대국을 건설해야 하는 것은 또한 사상중시가 정치, 경제, 군사를 비록한 모든 분야에서 불패의 위력을 낳게하는 근본요인으로 되기 때문이라는 인식에 기초하고 있다.

위대한 김정일장군님께서는 다음과 같이 지적하시였다.

<사회주의사상진지를 튼튼히 다져야 사회주의가 정치, 경제, 문화, 군사의 모든 분야에서 불패의 위력을 지니게 할수 있다.>

사상중시로선은 사회의 모든 분야를 상화발전시키는 위력한 무기이다.

사상은 우선 사회의 모든 성원들을 하나로 굳게 단합시키는 통일단결의 근본초석이라 하겠다. 다시 말하면 사회의 일심단경을 강화하여 혁명의 주체, 나라의 정치적력향을 강화하는데서 결정적작용을 하는 것은 사상이라는 의미이다.

이북과 같은 사회주의사회에서 혁명의 주체는 다름 아니 수령, 당, 대중의 통일체이며 이는 곧 나라의 위력한 정치적력량이다.

그런데 혁명의 주체를 강화하는 사업은 저절로 이루어지는 것이 아니다. 그것은 사회의 모든 성원들을 하나의 사상, 수령의 혁명사상으로 무장시키고 그에 기초하여 사상의지적 통일단결이 실현될 때 이루어 지는것이다.

나라의 군사력을 강화하는 사업도 사상을 틀어쥐고 나가야 성과적으로 추진될 수 있다.

서방제국주의렬강들은 무기만능 즉 땅크중심론, 함대중심론, 항공중심론을 고

창하여 왔으며 오늘에는 핵무기를 만능으로 여긴다.

그러나 군사력에서 결정적역할을 하는 것은 어디까지나 무기를 다루는 군인 즉 사람의 정신력에 있다.

아무리 현대적인 군사장비를 갖춘 군대라 하더라도 군인들의 정신력이 결여되면 그 무장장비는 한갓 몽둥이에 불과한것이다. 가지 나라와 민족, 민중의 자주권과 존엄을 귀중히 간직하고 이를 위함이라면 물불을 가리지 않고 용감히 싸우려는 투철한 력명정신을 소유한 군인에 의해서 군력이 강화될수 있다.

오늘 이북에서 여러 해 동안 <고난의 행군>과 강행군을 하면서도 사회주의를 철옹성같이 옹호고수하고 있는 것은 결국 인민군대가 사상적으로 더없이 견결하기 때문이다.

사상중시론은 바로 군인들을 투철한 혁명사상으로 무장시키고 그들의 사상을 발동하는 것이 국방력을 강화하여 민족의 운면, 사회주위를 옹호보위하게 하는 결정적조건으로 된다는 것을 보여 주고 있다.

사상중시로선은 또한 나라의 경제적위력을 강화하는데서 근본조건으로 된다.

나라의 경제력을 강화하는데서도 역시 여러 가지 주객관적 요인들이 작용한다.

생산력이 발전하자면 생산자들의 정신력도 커야하며 생산수단도 좋아야 한고 자연조건도 유리하여야한다.

그중에서도 결정적인 요인은 민중의 사상정신상태이다.

생산자대중의 혁명적열의와 창발성이 고도로 발양되지 않는 한 아무리 발전된 첨단기술이나 유리한 지연조건도 은을 내지 못하게 된다.

위대한 장군님께서는 오늘 이북이 제국주의자들의 압력과 봉쇄를 런이어 받고 있는 조건에서도 민중이 자려갱생, 간고분투의 혁명정신을 높이 발휘하기만 하면 경제강국건설을 성공리에 이루어 나갈수 있다고 굳게 확신하고 계신다.

이처럼 사상을 기본으로 틀어쥐고 나가야 나라의 정치, 경제, 군사 등 모든 분야의 위력을 백방으로 강화하고 사회주의 강성대국을 성과적으로 실현해 나갈수 있는것이다.

사상중시로선을 확고히 견지하는데서 무엇보다 중요하게 강조되고 있는 것은 김정일장군님의 혁명사상를 강성대국건설에 철저히 구현해야 한다는 것이다.

이북에서 상성대국건설을 위한 력사적진군은 김정일장군님의 혁명사상의 위력으로 민중징심의 사회주의를 고수하고 빛내이기 위한 투쟁이다. 때문에 이북은 당건설과 군건설, 경제건설을 오직 김정일장군님께서 가르쳐 주신대로 하여야 한다는 것을 강조한다.

김정일장군님의 혁명사상은 인간에 대한 사랑, 민중에 대한 사랑으로 일관되여 있으며 민중중심의 사회주의를 굳건히 고수하고 끊임없이 발전시키는데서 나서는 모든 문제들에 완벽한 해답을 주는 과학적인 혁명사상이다.

강성대국건설은 김정일장군님의 혁명사상을 지침으로 삼고 그것을 철저히 구현해 나갈 대 승리적으로 완수될수 잇다는 것이 이북이 견지하고 있는 일관한 립장이다.

이로부터 이북에서는 당건설과 군거설, 경제건설을 오직 김정일장군님께서 가르쳐주신대로만 해나갈 것을 늘 강조하고 있다. 누구나 그분의 사상과 의도를 삶과 투쟁의 좌우명으로 삼고 싸워 나가는 장군님의 참된 전사, 제자가 되여야한다는 것이다.

사상중시로선을 확고히 견지하는데서 나서는 요구는 또한 수령결사옹위정신으로 튼튼히 무장하고 철저히 구현해 나가야 한다는것이다.

사회주의사회에서 근본핵은 혁명의 수뇌부옹위정신다.

김정일장군님은 사회주의위압의 위대한 수호자이시고 백전백승의 향도자로 추앙되고 계신다.

그분의 전사들은 인생의 청춘기도 수령결사옹위로 꽃 피우고 인생의 로년기로 수령결사옹위로 마무리하여야 하며 그러자면 혁명적군인정신으로 한목숨 기꺼이 바쳐 령도자를 옹위하는 총폭탄용사, 령도자가 벽을 울리면강산을 울리는 결사관철의 기수, 당의 뜻을 실현하기 위해서라면 돌우에도 꽃을 피우는 정열적인 실천가가 되여야 한다는것이다.

사상중시로선을 확고히 견지하는데서 중요시하는 것은 또한 사회주의계급진지를 튼튼히 다녀 나가는것이다.

이를 위하여 이북에서는 주체의 사회주의는 확고한 계급적 립장과 견결한 반제투쟁정신에 의하여 수호되는 불패의 보루이다. 우리는 수십년동안 피어린 투쟁을 통하여 다져 온 사회주의의 계급진지를 0.001mm도 양보할수 없다, 혁명하는 민중에게 있어서 제국주의에 대한 환상은 독약과 같다, 제국주의자들이 암살책동으로 나오든 완화전술로 나오든 일관하게 반제계급교양을 강화하여야 한다, 언제나 신천땅의 피의 교훈을 잊지 말고 계급적원쑤들과 비타협적으로 견결히 싸워 나가야 한다, 제국주의자들의 사상문화적침투를 막기 위한 투쟁을 전 사회적으로 강하게 벌려야 한다, 어려운 때일수록 필승의 신념에 넘쳐 락관적으로 살며 싸워 나가야 한다고 강조하고 있다.

이처럼 사상중시로선은 강성대국건설을 힘 있게 추진할수 있는 사상정신적원동력을 마련하기 위한 로선이다.

이북이 사상의 위력으로 사회주의를 지켜 온것처럼 앞으로도 사상중시로선의 위력으로 강성대국건설을 더욱 힘 있게 전진시켜 나가리라는 것은 의심할바 없다.

(2) 총대중시

총대중시는 사회주의강성대국건설을 위한 투쟁에서 이북이 내세운 3대중시의 하나이다.

총재로 개척한 주체혁명위업을 총대로 끝까지 완성하려는 것은 김정일장군님의 철의 신념이고 의지이시다.

총대중시는 제국주의가 있고 혁명이 계속되는 한 항구적으로 틀어 쥐고 나가야 할 전략적로선이며 모든 부문에서 최우선시하여야할 국사중의 제일 국사이다.

오늘의 세계에서 이북은 사회주의의 운명을 지키고 강성대국건설을 성공적으로 전진시킬수 있는 가장 올바른 길은 총대중시에 있다고 보고 있다.

위대한 김정일장군님께서는 다음과 같이 지적하시였다.

<수령님께서 통대로 개척하신 주체의 혁명위업을 총대로 끝까지 완수하려는 것은 나의 변함없는 의지이고 확고한 결심입니다.>

총대를 중시한다는 것은 평화도 총대우에 있고 사회주의도 총대우에 있나는 신념밑에 국방력강화에 선차적힘을 넣으며 전 사회적으로 군사를 초우선시하는 기풍을 세우고 군대를 주력군으로 하여 조국도 지키고 평화적건설도 해나간다는 것을 의미한다.

총대로 개척된 주체위업을 총대로 끝까지 완성하시려는 것이 김정일장군님의 철의 신념이다.

총대중시노선을 견지한다는 것은 김정일장군님께서 펴나가시는 선군정치를 수현한다는 것을 의미한다.

선군정치란 군사선생의 원칙에서 국정을 운영해 나가며 인민군대를 주력군으로, 기둥으로 하여 사회주의위업을 전진시켜 나가는 정치이다.

김정일장군님께서는 선군정치를 자신의 기본정치방식으로, 혁명과 건설을 전진시키기 위한 만능의 보검으로 규정하시고 그것을 구현하시여 사회주의건설에서 커다란 성과를 거두시였다.

김정일장군님께서는 총대중시, 선군정치를 구현하여 이북의 사회주의강성대국건설을 성과적으로 추진시켜 나가도록 하시였다.

이북이 강성대국건설에서 총대중시로선을 수현해야 하는 것은 무엇보다도 그것이 제국주의련합세력의 침략과 전쟁책동을 짓부시고 민중중심의 사회주의를 옹호고수하며 강성대국 선설을 추진시켜 나갈 수 있는 확고한 군사적담보로 보기 때문이다.

이북의 강성대국건설은 제국주의련합세력의 정치, 군사정인 위협공갈과 경제적인 고립암살책동이 그 어느 때보다도 로골화되는 어려운 환경에서 진행되고 있다. 제국주의련합세력은 사회주의기치를 들고 나가는 이북을 눈에 든 가시처럼 여기면서 이북에 대한 고립암살책동에 열을 올리고 있다.

이러한 조건에서 이북이 제국주의련합세력의 침략과 전쟁책동과 고립암살책동을 짓부시면서 강성대국을 건설하기 위해서는 무엇보다도 군사적위력을 강화할 것을 절박하고도 근본적인 요구로 제기하고 있다.

사회주의강성대국을 안전하게 건설해 나갈수 있는 길은 선군정치를 시종일관 견지하여 군사력을 강화하는 길밖에 없다. 그 어떤 적들의 침략책동도 철저히 저지시킬수 있는 군사력을 마련해야 사회주의건설을 안전하고 순조롭게 전진시켜 나갈수 있다.

침략과 략탈은 제국주의의 본성이다. 행성우에 제국주의가 존재하는 한 전쟁의 근원은 항시적으로 존재하게 된다.

랭전이 종식된 지금 제국주의자들은 더욱더 강도적인 힘의 론리에 매여 달리고 있다. 이라크를 반대하는 만전쟁과 유고슬라비아를 반대하는 전쟁이 보여 주는바와 같이 정치외교적 방법으로 자기의 침략적야욕을 실현하지 못하면 지체없이 횡포한 군사적공격으로 넘어가는 것이 제국주의자들의 상투적수법으로 되고 있다. 여기에는 국제적인 도의나 관례도, 공인된 법으로 되고 있다. 여기에는 국제적인 도의나 관례도, 공인된 국제법도 통하지 않는다. 군사만능의 힘의 론리에 환장한 제국주의자들에게 리성을 바라는것보다 어리석은 일은 없다.

미친개는 몽둥이로 다스려야 한다. 힘에는 힘으로 맞서고 오만한 무력행사에는 무자비한 징벌로 대답하는 것이 나라와 민족의 운명을 지키고 사회주의의 운명을 지키는 길이다.

원래 혁명운동은 총대에 의하여 개척되고 총대에 의하여 전진하며 승리한다. 총대의 역학은 사회주의정권을 세울 때에도 절대적이고 사회주의위업을 전진시키고 완성하는 시기에도 절대적이다. 총대에 의거하지 않고서는 강성대국도 건설할수 없다는 것이 김정일장군님의 뜻이다.

이북은 사회주의정치에서 군사문제를 근시안적으로 보는 것을 매우 위험시하고 있다. 정세가 긴장하면 군사를 강화하다가도 정세가 완화되면 군사를 약화시키며 사회경제적과업이 전면에 나서면 국방을 쾌버리는 일이 사회주의하에서는 허용될수 없다. 그것은 사회주의의 무덤을 하는 길이라는것이다.

예로부터 천일양병, 일일용병이라는 말이 있다. 선견지명 있는 정치가는 언제나 앞날에 있을수 있는 사태까지 예견하고 군사에 힘을 넣는 법이다. 경제는 주저앉았다가도 다시 추설수 있지만 군사가 주저 앉으면 나라의 백년기틀이 허물어지게 된다는 것은 명약관화한 일이다. 따라서 총대중시는 민중의 리익에 결코 배치되지 않는다.

사회주의하에서는 군사를 강화하는 것이 곧 제국주의의 침략과 전쟁을 저지시키고 사회주의와 민중의 안녕과 미래를 담보하는 유일한 길인것이다.

이북이 강성대국건설에서 총대중시로선을 구현해야 하는 것은 또한 인민군대가 사회주의건설의 믿음직한 주력군으로 된다고 보기때문이다.

인민군대를 사회주의건설의 주력군으로 내세우게 되는 것은 인민군대가 정치사상적으로 준비되여 있을 뿐아니라 그 조직성과 규률성, 혁명성으로 하여 높은 창조적능력을 발휘할수 있기 때문이다.

인민군대는 사회주의를 보위하는데서뿐아니라 사회주의건설의 어렵고 중요한 모든 부분에서 돌파구를 열어 나가는데서도 언제나 앞장을 서서 기적과 혁신을 창조하고 있다.

다시 말해서 인민군대는 이북의 사회주의를 지키는 성새이며 창조와 건설의 선봉대이다.

이렇듯 민중중심의 이북식사회주의를 옹호고수하고 사회주의강성대국을 힘 있게 건설해 나가기 위해서는 총대중시로선군정치를 펴나가야 하는것이다.

이북이 강성대국건설에서 총대중시로선을 구현해 나가기 위하여서는 우선 인민군장병들이 최고사령부를 목숨으로 사수하는 오늘의 오중흡이 되여야 한다는 것이다.

오중흡7련대는 항일혁명전쟁시기에 수령결사옹위의 귀중한 전통을 마련한 부대이다. 그들은 혁명의 수령을 결사옹위함으로써 조국광복을 위한 항일혁명을 승이적으로 전진시키는 위대한 모범을 보여 주었다.

이북에서는 인민군대의 역할을 높여 그들모두가 사회주의의 수호자이시고 강성대국건설의 최고사령관이신 김정일장군님을 결사옹위하는 혁명적인 기둥을 세우도록 하고 있다.

총대중시로선은 다음으로 전군에 최고사령관의 명력에 절대복종하는 령군체계와 군풍을 세움으로써 인민군대는 사회주의 건설의 여러 전선에서도 자기의 임무를 끝까지 철저히 수행할수 있게 된다.

총대중시로선은 또한 인민군대를 광병일치의 미풍이 차넘치는 혁명적동지애가 결정체로, 민중을 끝없이 사랑하는 참다운 혁명군대로 강화하며 자기 조국, 자기 제도를 해치려는 계급적원쑤들을 무자비하게 짓뭉개 버리는 무쇠주먹이 되여 조국의 푸른 하늘, 푸른 돌, 푸른 바다를 끝없이 사랑하고 철벽으로 지킬 것을 요구한다.

총대중시로선은 또한 항일유격대식으로 싸워 이기는 백두산3대장군의 군대로서 억천만법 죽더라도 원쑤를 치는 백절불굴의 투지, 물과 공기만 있으면 끝까지 살아서 싸우는 무비의 강의서으 언제나 주도권을 틀어 쥐고 적들을 답새기는 신출귀몰의 전법을 체득하것을 요구한다.

이것은 백두산기질을 타고 난 인민군대의 싸움하는 본때이다. 그러므로 전군에 항일유격대식훈련기풍을 철저히 세워인민군대의 싸움준비를 완성하여야 한다.

총대중시로선을 철저히 관철할 때 인민군대는 제국주의 침략자들이 감히 덤벼든다면 일격에 원쑤들의 아성을 폭파해 버릴수 있다.

이북민중은 평화를 사랑하지만 절대로 구걸하지는 않는다. 총대중시로선을 철저히 관철함으로써 전체 민중은 긴장되고 동원될 테세로 한손에는 총을, 다른 손에는 마치 낫을 들고 생산과 건설을 드가쳐 나가고 있다.

이북은 군대와 민중이 일심일체가 되어 조국도 보위하고 강성대국건설도 힘있게 밀고 나가게 될 것이다.

(3) 과학기술중시

위대한 김정일장군님께서 제시하신 사회주의강성대국건설을 위한 전략적로선의 하나는 과학중시사상을 틀어 쥐고 나가는것이다.

과학중시사상을 틀어 쥐고 나간다는 것은 온 사회에 과학중시기풍을 철저히 세우고 강성대국건설에서 나서는 모든 문제를 과학기술에 의거하여 풀어 나간다는 것을 말한다.

과학중시로선에는 높은 혁명성에 과학기술이 안받침될 때 사회주의강성대국의 성공탑을 쌓을수 있다는 사상이 깔려있다.

과학에 튼튼히 의거하여 사회주의강성대국을 건설하는 것은 김정일장군님의뜻이다.

위대한 김정일 장군님께서는 다음과 같이 지적하시였다.

<과학기술은 강성대국건설의 힘 있는 추동력입니다.>

과학기술은 인류문명의 상징이며 인산의 창조적능력의 발전정도를 보여 주는 귀중한 정신문화적재부의 하나이다.

자연과 사회를 개조하고 발전시켜 나가기 위한 인간의 창조적지혜의 산물인 과학기술은 경제와 국방, 문화 등 사회생활의 모든 분야에서 커다란 작용을 한다.

오늘 이북에서 과학기술은 강성대국건설의 힘 있는 추동력으로 중시되고 있다.

과학기술을 혁명과 건설의 모든 부문에 확고히 앞세우고 여기에 최대의 힘을 기울이며 사회주의건설에서 제기되는 문제를 과학기술에 의거하여 풀어 나가는 바로 거기에 이북의 과학기술중시로선의 본질이 있다.

이북의 과학기술중시로선에는 붉은기를 끝까지 고수하려는 혁명철학이 있고 조국고가 민족의 부흥발정을 하루빨리 이룩하려는 애국애족의 넋이 깃들어 있으며 비상히 빠른 속도로 전진하려는 민중의 지향이 담겨져 있다. 과학기술을 사회주의강성대국건설의 생명선으로 내세우는 이부의 립장에는 변함이 없다.

따라서 과학중시로선은 그 어떤 시련속에서도 과학기술을 확고히 틀어 쥐고 나가는 철저한 과학선생로선이다.

과학중시로선은 또한 이북긔 과학기술을 최단기간에 세계적수준에 끌어 올려 세우기 위한 대담하고 통이 큰 과학혁명로선이며 나라의 모든 힘을 과학기술발전에 집중할데 대한 적극적인 과학기술전략이다.

과학기술중시로선을 견지하는 것은 무엇보다도 그것이 사회주의발전의 기초로 되기때문이다.

과학기술은 사회적진보와 발전의 기초이다. 경제의 발전과 국방력의 강화, 민중생활의 향상은 과학기술에 의하여 담보된다.

사회주의사회에서 과학기술이 얼마나 빨리 발전하는가 하는 것은 전적으로 과학기술에 대한 로동계급의 당과 정부의 립장에 달려 있다.

현실은 과학은 중시하면 나라와 민족이 흥하지만 과학을 홀시하면 백년이 가도 뒤떨어 진 처지를 면할수 없다는 것을 보여주고 있다.

강성대국건설에서 과학기술중시로선을 견지해야 하는 것은 또한 강성대국건설이 민족경제를 비롯한 나라의 모든 분야에서 보다 높은 목표를 내걸고 그것을 실현할 것을 요구하고 있기 때문이다.

강성대국건설은 새로운 과학기술을 경제의 모든 부문에 받아 들여 자립경제를 보다 더 튼튼히 하고 경제건설을 힘잇게 다그치기 위한 방대한 사업이고 현대적인 첨단과학기술로 나라의 방위력을 더욱 강화하기 위한 웅대한 사업이다.

이러한 현실적과제는 그 어느 때보다도 과학기술의 역학을 높일 것을 시대적 요구로 제기하고 있다.

과학기술을 발전시켜야 이북의 풍부한 자연부원과 거대한 생산밑천을 최대한 효과적으로 동원리용하여 연료, 원료, 동력문제를 원만히 풀수 있으며 전반적경제를 최신과학기술로 정비하고 경영활동을 높은 과학기술적토대우에서 진행할수 있는것이다.

과학기술은 군사강국건설에서도 커다란 작용을 한다.

현대전은 고도의 기술전이다. 군사장비의 기술적우세는 현대전의 승패를 결정하는 중요한 요인의 하나로 된다.

기술적으로 우세한 타격수단과 공격수단을 다 갖추지 못하면 나라와 민족의 존엄을 지켜 낼수 없다는 것을 최근년간 국제무대에서 벌어진 군사적대결전들이 잘 증명해 주고 있다.

과학기술을 발전시켜야 현대적인 군사장비를 자체의 힘으로 생상보장하며 나라의 방위력을 튼튼히 다질수 있다.

과학기술은 민중생활이 활짝 꽃 펴나는 강성부흥의 새 시대를 열어 나가는데서도 커다란 역할을 한다.

과학기술을 발전시켜야 생산의 기계화, 자동화, 로봇화, 컴퓨터화를 실현하여 근로자들의 로동생활을 보다 보람있고 흥겹게 할수 있으며 그들에게 유족하고 문명한 생활조건을 마련해 줄수 있다.

또한 감자농사혁명과 종자혁명, 두벌농사를 비롯하여 민중들의 먹는 문제해결에서 나서는 문제들을 성과적으로 해결할 수 있으며 경공업생산을 정상화하여 생활필수품에 대한 민중들의 수요를 원만히 충족시킬수 있다.

이러한 과학의 거대한 역할로부터 과학에 튼튼히 의거하여 사회주의가영대국을 건설해 나가려는 것은 장군님의 확고한 결심이며 립장이다.

강성대국건설에서 과학중시로선을 견지해야 하는 것은 또한 일시적으로 시련을 겪고 있는 이북의 경제를 활성화해야 하는 당면한 실정과 관련되기 때문이다.

사회주의국가인 이북은 지난 시기 이전 쏘련을 비롯한 동유럽사회주의나라들과 경제관계를 맺고 있었다. 이전 쏘련과 동유럽사회주의가 붕괴되고 자본주의가 복귀하게 됨으로 하여 이북의 경제건설에서는 일련의 난관이 조성되였다. 여기에 제국주의련합세력의 경제적압력과 봉쇄로 말미암아 적지않은 공업부문들에서 생상의 저양화에 큰 지장을 받게 되였다.

이러한 조건에서 생산공정을 정비보강하고 생산을 정상화하려면 수많은 과학기술적문제들을 해결해야만 하였다. 특히 이북은 자력갱생의 원칙에서 경제를 활성화하고 강성대국 건설도 하여야 하는 조건에서 결정적으로 과학자, 기술자들의 책임성과 역할을 높여 과학기술로써 걸린 문제를 풀어 나가야 했던것이다.

그것은 우선 온 나라에 과학을 중시하는 기풍을 철저히 세우도록 하는것이다.

오늘 이북에서 과학기술을 발전시키는 것은 단순한 기술실무적사업이 아니라 김정일장군님의 과학기술중시사상을 구현하여 주채의 사회주의를 고수하고 조국과 민족의 무궁한 번영을 이룩하기 위한 중요한 정치적사업으로 간주되고 있다. 그러므로 이북에서는 누구나 과학기술발전에 깊은 관심을 돌리며 과학자, 기술자들을 사회적으로 높이 내세워 주는 것이 현실로 되고 있다.

과학기술중시로선을 관철하는데서 중요한 문제는 또한 과학자, 기술자들이 책임성과 역할을 높여 내 나라, 내 조국의 과학기술발전에 적극 이바지하도록 하는것이다.

조국의 부흥발전은 과학자, 기술자들의 손에 달려 있다고도 할수 있는것만큼 모든 과학자, 기술자들이 나라의 가학기술발전을 책임진 주인으로서의 자각을 가지고 더욱더 분발하여 이북의 과학기술을 최단기간내에 세계적수준에 올려 세우며 강성대국건설에서 절실한 과학기술적문제들을 풀어 나가야 한다.

또한 과학기술중시로선은 전면이 대중적기술혁신운동을 힘있게 벌려 도처에서 가치 있는 발명과 기술혁신안을 창안하며 실천에서 검증된 과학기술적성과들을 지체없이 생산에 적극 도입하여 큰 은을 내도록 할 것을 요구하고 있다.

과학기술중시로선은 또한 주체적인 과학기술 최단기간내에 세계적수준에 올려 세우고 강성대국건설에서 절실한 과학기술적문제들을 기동성 있게 풀어 나가며 과학기술적력량을 전망적으로 꾸려 나갈 것을 요구하고 있다.

과학중시로선을 관철하는데서 또한 중요한 것은 과학기술을 우리 식으로, 주체식으로 발전시켜 나가는것이다.

이북에서의 우리 식이란 곧 주체식으로 과학기술을 최단기간내에 세계적수준에 올려 세우고 강성대국건설에서 절실한 과학기술적문제들을 기동성있게 풀어 나가며 과학기술적력량을 전망적으로 꾸려 나갈 것을 요구하고 있다.

과학중시로선을 관철하는데서 또한 중요한 것은 과학기술을 우리 식으로, 주체식으로 발전시켜 나가는것이다.

이북에서의 우리 식이란 곧 주체식이며 과학기술발전에서 비약적인 발전을 이룩하게 하는 보검이다. 과학기술의 모든성과는 주체를 철저히 세우는 과정을 통해서만 이룩될수 있다.

주체를 철저히 세워야 과학기술발전에서 실리를 보장할수 있고 강성대국건설에서 제기되는 모든 문제들을 성과적으로 풀어 나갈수 있다.

김정일장구님께서 과학중시사상, 과학중시로선을 제시하고 그 실현에서 나서는 구체적인 과업들을 명백히 지시하심으로써 강성대국건설을 성공적으로 추진시켜 나갈수 있는 확고한 담보가 마련되게 되었다.

2. 사회주의경제강국건설

1) 공업의 활성화

사회주의 강성대국을 건설하기 위한 이북이 당면하게 힘을 집중하고 있는 부문은 경제건설이다. 다시 말하여 사회주의 경제강국건설에 박차를 가하고 있다. 경제강국건설은 사회주의강성대국의 위상에 걸맞는 현대적이고 강력한 경제력을 마련하기 위한 사업이다.

수령, 당, 대중이 일심단결되여 있는 정치사상적위력과 무적필승의 막강한 군사적위용에 강력한 경제적힘이 안받침될때 이북은 명실공히 사회주의강성대국의 지위에 올라 설수 있다.

위대한 김정일장군님께서는 사회주의경제강국을 건설하기 위하여서는 우선 공업부문전반을 활성화해야 한다고 하시면서 여기에 선차적인 힘을 집중하도록 하시였다. 특히 인민경제의 선행부문인 전력과 석탄, 금속, 기계제작, 철도운수에 큰 힘을 넣어 돌파구를 열어 나가게 하시였다. 경제강국건설에서 제일 주요한 과업은 전력공업을 발전시키는 것이다. 위대한 김정일장군님께서는 다음과 같이 지적하시였다.

≪우리 나라를 강성대국으로 만들자면 전기문제부터 풀어야 합니다.≫

전력은 이북경제의 생명선이다.

전기문제부터 풀어야 석탄도 나오고 철과 기계도 나오며 비료와 쌀도 나오고 철도수송문제도 풀리며 모든 문제가 다 풀려 공장.기업소들이 잘 돌아 가고 이북의 전반적경제가 활성화될수 있다.

전력문제는최근 이북의 긴장한 전력사정으로 볼 때도 매우 중요하고 선차적인 문제이다.

수력 및 화력에 의한 전력생산을 위주로 하고 있는 이북은 최근년간 련속적인 자연재해로 인하여 전력생산에 커다란 지장을 받았다. 게다가 제국주의련합세력의 ≪핵의혹≫소동으로 말미암아 새로이 개발추진중이였던 핵동력공업도 중단되였다. 이로 인한 이북의 전력손실은 엄청난것이였고 그만큼 이북의 전력문제가 긴장하게 되였다.

위대한 김정일장군님께서는 경제건설의 돌파구의 전력공업을 추켜 세우시기 위하여 적극적인 조치들을 취해 주시였다.

그 하나는 대규모수력발전소건설과 중소규모의 수력발전소건설을 병진시킬데 대한 조치였다. 대규모수력발전소건설을 다그치는 것은 전력공업발전의 근본방도의 하나이다.

대규모수력발전소들은 풍부한 수력자원에 의거하는 경제적 효과성이 높고 믿음성이 있는 동력기지이다. 이북에는 압록강, 두만강, 대동강, 청천강을 비롯한 강하천이 많다.

나라의 수력자원을 효과적으로 동원리용하는데서 주도적, 결정적의의를 가지는 대규모수력발전소에 의거하여야 현대과학기술의 성과를 적극 받아 들여 동력공업의 물질기술적토대를 비상히 강화하고 전력생산을 안전하게 높일수 있다.

대규모수력발전소를 건설하는 것은 건설기간이 오래고 자금과 로력이 많이 드는 것은 사실이나 그것을 한번 건설하여 놓으면 운영비도 적게 들고 관리운영하기도 쉽다. 김정일 장군님께서는 태천수력발전소건설을 추진시켜 그를 본보기로 하여 전국의 대규모수력발전소건설을 다그치도록 하시였다. 이로부터 그분께서는 1999년 1월 국방위원회 명령 제008호 《전당, 전군, 전민이 동원되여 대규모수력발전소건설을 힘있게 다그칠데 대하여》를 하달하신데 이어 태천수력발전소를 현지지도하시였다. 장군님께서는 태천2호발전소의 능력확장공사와 3호발전소건설을 비롯한 공사추진정형을 구체적으로 료해하시고 1~2년안으로 태천수력발전소를 굴지의 전력생산기지로 전변시킬 통이 큰 작전을 펼쳐 주시였다. 2000년에 들어 와서도 장군님께서는 모든 력량을 총 동원하여 태천지구의 대규모수력발전소건설을 기한을 앞당겨 끝낼데 대한 말씀을 주시면서 필요한 대책을 다 세워 주시였다. 김정일장군님의 가르치심을 받들고 태천수력발전소건설에 떨쳐 나선 군인건설자들과 각지 발전소건설자들은 결사관철의 정신으로 부닥치는 난관을 박차며 발전소건설에 힘 있게 밀고 나가고 있다.

그리하여 태천2호발전소 능력확장공사, 태천3호발전소건설, 안변청년발전소 2단계공사, 금야강발전소건설, 어랑천발전소건설, 례성강발전소건설 등 대규모수력발전소건설이 힘있게 추진되고 있다. 전력문제해결을 위한 조치중의 다른 하나는 중소형발전소건설을 다그치는것이였다. 대규모발전소들의 능력만으로는 날로 늘어 나는 경제의 수요를 원만히 충족시킬수 없다. 더욱이 대규모발전소들은 많은 투자가 요구되고 건설기간도 오래다. 그에 비해 중소형발전소들은 투자가 적게 들고 건설기간도 짧으며 생산지 가까이 건설할수 있기 때문에 송전선도 많이 절약할수 있다. 세계에는 풍력이나 원자력에 의거하여 전력문제를 해결하는 나라도 있으며 케니아와 같이 태양열에 의한 전기생산에 힘을 넣는 나라도 있다. 자체의 풍부한 동력자원에 철저히 의거하는 것은 전기생산의 기본방도가 아닐수 없다. 김정일장군님께서는 수력자원이 풍부한 이북의 자연지리적조건에서 중소형수력발전소들을 대대적으로 건설하는 것이 자체의 실정에도 맞고 최단기간내에 전력문제를 성과적으로 풀기 위한 가장 합리적인 방도라고 간주하시고 그 사업을 진두에서 현명하게 령도하시였다. 장군님께서는 자강도가 중소형발전소를 건설하는데서 선행단위가 될데 관한 과업을 주시고 1998년 1월과 1999년 6월, 발전소건설정형을 구체적으로 료해하시고 건설자재로부터 발전기설비에 이르기 까지 중소형발전소건설에서 제기되는 모든 문제들을 일일이 풀어 주시였다.

자강도에서는 1996년부터 1997년 상반기까지 수십개의 중소형발전소를 새로 건설하고 이미 있던 대상들도 완공하여 근 3만KVA의 발전능력을 조성하였다.

위대한 장군님의 정력적인 지도하에 이북에서는 1998년 한해에만 하여도 4천 940여개의 중소형발전소가 건설되여 9만 3천여Kw의 발전능력이 조성되였다.

이에 대하여 ≪련합뉴스≫는 이북이 ≪경제를 활성화하기 위해 전국적으로 소형발전소건설을 다그치고 있다.≫면서 이북은 2~3년내에 전기생산량을 1백만 Kw 늘일것이라고 전했다. 김정일장군님께서는 현존발전능력을 최대한으로 높이는데도 깊은 관심을 돌리도록 하시였다. 김정일장군님께서는 1997년 11월 나라의 전력생산에서 큰 몫을 차지하고 있는 북창화력발전소에서 발전기들에 대한 정비보수사업을 잘하여 전기생산에 지장을 주는 일이 없도록 대책을 세워야 한다고 말씀하시면서 생산정상화를 위한 여러 가지 대책들을 세워 주시였다. 또한 1999년 6월 자강도의 강계청년발전소와 장자강발전소를 현지지도하시면서 급격히 늘어 나는 전력수요를 원만히 충족시키기 위하여서는 이미 건설된 대규모발전소들의 능력을 최대한 발휘하도록 하여야 한다고 강조하시였다.

장군님의 가르치심을 받아 안은 북창의 로동계급은 1호와 8호발전기의 대보수, 절탄기의 보수를 해제끼고 설비들의 운전조작을 과학기술적으로 진행하여 많은 전력을 생산하였고 중유와 석탄소비를 훨씬 낮추는 성과를 이룩하였다. 김정일장군님께서는 전력생산을 늘이기 위하여 전력공업부문에 대한 국가적투자를 끊임없이 늘이고 그와 함께 전력설비들에 대한 관리를 더 잘하며 이 부문 기술자 후비양성사업을 잘할데 대한 조치들도 취해 주시였다. 전력과 함께 석탄도 경제의 생명선의 하나이다.

석탄생산을 늘이는 것은 인민경제 여러 부문에서 생산을 정상화하며 민중생활을 높이는데서 매우 중요한 의의를 가진다.

그러므로 이북에서는 석탄생산을 늘이기 위해 이에 힘을 집중하도록 조치를 취하고 있다.

석탄은 공업의 중요한 동력이며 원료인것이다. 이북은 탄광들에서 굴진과 갱건설을 확고히 앞세우는 것을 석탄증산의 기본고리로 간주하고 있다.

굴진과 갱건설을 확고히 앞세우는데 탄발을 넉넉히 마련하고 채탄작업의 련속성을 보장하며 석탄생산을 정상화하는 근본담보가 있다. 위대한 장군님께서는 굴진을 앞세우고 채탄장을 늘이기 위한 투쟁을 벌려 석탄생산을 정상화하여야 한

다고 하시면서 인민군군인들을 주요탄광들에 파견하시는 적극적인 대책을 세워
주시였다. 그분의 명령을 받은 인민군군인들은 탄부들을 석탄증산에로 적극 불러
일으키는 한편 탄광들의 물질기술적토대를 더욱 튼튼히 마련하기 위한 헌신적인
로력투쟁을 힘 있게 벌리였다.

순천지구와 개천, 덕천, 구장지구 등 대규모탄광들에서는 생산조직과 지휘, 자
재보장사업을 짜고 들고 채탄설비들의 리용률을 최대한으로 높여 석탄생산에서
일대 혁신를 일으켰다. 최근년간 이북에서는 안주지구의 석탄지하가스화를 실현
하는 괄목할만한 성과를 이룩하였다. 석탄지하가스화는 땅속의 석탄층에 불을 달
아 가스를 뽑아 쓰는것이다. 다시 말하여 일정한 두터이와 깊이를 가지고 땅속에
매장되여 있는 석탄층의 한쪽과 다른 한쪽에 각각 추공건설을 하고 탄층을 여러
가지 방법으로 관통한 다음 거기에 불을 달고 공기나 산소를 불어 넣어 석탄을
태우면서 가스를 잡아 쓰는것이다.

오늘 석탄지하가스화공업은 세계적으로 관심을 모으는 분야의 하나이다.

일부 나라들에서는 이미 오래전에 석탄지하가스에 대한 연구를 진행하여 적지
않은 성과를 거두었다. 그런데 그 경험을 보면 이북의 안주지구와 같이 지하탄층
경사각이 완만한 지대에서는 지하가스화가 불가능한 것으로 되여 있었고 더욱이
석탄의 발열량이 높지 않은 구역에서는 가스화에 성공한 례가 거의나 없다는것
이다.

석탄지하가스화공업의 창설은 말처럼 쉬운 것이 아니였다. 가스발생장과 발전
소건설과정에 해결하여야 할 문제들도 수없이 많았고 그 조종과 운영을 세계적
수준에서 진행하기 위한 과학기술적문제의 해결도 간단치 않았다.

이북의 과학자, 기술자, 설계원들은 로동자들과 합심하여 석탄지하가스화의 설
계와 시공, 운영에서 나서는 여러 가지 과학기술적문제들을 주체적립장에서 해결
하여 나갔다.

그들은 지하탄층에 추공을 뚫고 추공사이를 관통하는 공법은 독특하게 개발도
입하였으며 역시 독특한 방법으로 불을 달고 가스를 뽑는데 성공하였다.

컴퓨터에 의한 가스발생장의 종합적인 자동감시조종체계와 발전소의 조종운영
콤퓨터화를 100% 자체의 과학기술로 1년 남짓한 기간에 실현하였다.

안주지구석탄가스발생장과 가스발전소가 일떠섬으로써 주체적인 석탄지하가
스화공업창설의 첫장이 펼쳐 지게 되였다. 금속공업은 중공업가운데서도 기간적
인 부문의 하나이며 경제발전의 물질적기초이다. 금속공업을 발전시켜야 기계공
업, 선박공업, 철도운수를 발전시키고 기본건설을 다그칠수 있으며 농업의 공업
화, 현대화를 실현하고 경공업발전에 필요한 기계설비들을 생산하여 소비품생산
을 빨리 늘여 민중생활을 높일수 있으며 국방의 현대화와 전민무장화, 전국요새

화도 원만히 실현하여 나라의 국방력을 튼튼히 다질수 있다. 이북은 경제강국건설이 전면에 나선 현 시기 금속공업에서 생산을 정상화하고 그 주체성과 자립성을 강화하는 것을 요점사항으로 내세우고 있다. 이북에 이미 마련되어 있는 금속공업의 토대를 효과적으로 리용하여 금속공장들의 생산을 정상화하는 것은 새로운 금속공장들을 더 건설하지 않고도 철강재생산을 늘일수 있는 중요한 방도의 하나이다.

위대한 장군님께서는 금속공업발전에서 주요한 몫을 담당하고 있는 김철과 성강을 비롯하여 여러 제강, 제철소들과 련관 기업소들을 현지지도하시면서 생산을 정상화하는데서 나서는 구체적인 대책들을 세워 주시고 걸린 문제들도 해결해 주시였다. 특히 이 부문 로동계급을 강성대국건설의 전초병, 개척자로 높이 내세워 주시였다. 금속공업부문 전체 로동계급은 자기들을 강성대국건설의 전초병으로 내세워 주시는 김정일장군님의 크나큰 믿음을 가슴깊이 간직하고 생산을 높은 수준에서 정상화하기 위한 설비보수전투와 주체적인 제강법을 광범히 받아들이기 위한 사업을 통이 크게 벌려 나감으로써 철강재생산을 획기적으로 높였다. 주체성과 자립성을 강화하는 것은 금속공업의 생명선이다.

일찍이 금속공업의 주체성과 자립성을 강화할데 대한 주체적인 로선을 제시하시고 그 실현을 위하여 온갖 로고와 심혈을 다 바치신 김일성주석님의 현명한 령도에 의하여 이북에는 자체의 풍부한 자원에 의거하며 현대적기술로 장비된 그리고 제철과 제강, 압연 등 모든 부문구조를 다 갖춘 주체적이며 자립적인 금속공업의 튼튼한 토대가 마련되었다.

김정일장군님께서는 이에 기초하여 제철공업에서 일대 혁명으로 되는 산소열법에 의한 제철법을 완성하고 산소열법용광로를 100% 자체의 기술, 자체의 자재, 자체의 힘으로 건설하여 조업하도록 하심으로써 금속공업의 주체성과 자립성을 강화하는데서 일대 전환을 이룩하도록 하시였다.

산소열법에 의한 제철법은 철광석과 분탄의 소결과정을 생략하므로 콕스에 의한 제철법보다 경제적이고 환경오염도 없는 첨단제철방법이다.

세계적으로 목탄대신 콕스를 사용한 재철은 17세기에 첫 시험이 시행되여 현재에 이르렀다. 인류사발전에 지대한 기여를 한 콕스재첼의 력사는 현재 한계점에 이르렀다고 볼수 있다, 그것은 지구상에 콕스매장량이 제한되여 있는것과 관련된다.

김정일장군님께서는 콕스를 쓰지 않고 선철을 생산하게 되면 큰 문제가 풀린다고 하시면서 산소열법에 의한 제철방법을 성공시키기 위한 사업을 정력적으로 이끌어 주시였다.

산소열법에 의한 제철을 성공시키자면 고급기술인력과 최신과학기술수단, 최첨단기술공정과 엄청난 자금이 요구된다. 장군님께서는 그 모든 것을 제국주의자들의 경제봉쇄속에서, 그리고 류례없이 간고한 ≪고난의 행군≫과 강행군시기에 자체로 해결해 나가도록 현명하게 령도하시였다.

1995년 6월 김정일장군님께서는 산소열법용광로건설을 계속 힘 있게 내밀데 대한 방향을 제시하여 주신데 이어 황해제철소에 강력한 건설팀과 함께 과학자, 기술자 선발팀인 ≪2월 17일 과학자, 기술자돌격대≫를 보내주시였다.

그분께서는 시험조업조전보장을 위하여 ≪고난의 행군≫과 강행군을 하는 그 어려운 조건에서도 전기와 석탄도 아낌없이 대주도록 조처하시였고 당지도소조도 파견해 주시고 과학력량도 더 파견하도록 하시였다.

그분의 깊은 관심과 보살피심속에서 이북의 과학자, 기술자들은 황철의 로동계급과 힘을 합쳐 어려운 과학기술적문제들을 하나하나 해결해 나갔다. 그들은 현대과학기술의 종합체라 일컫는 산소분리기도 자체로 만들어 냈고 로안의 온도와 슬라크의 온도를 측정하는 새로운 고온제와 지시장치를 자체로 개발하였으며 요소기구만도 50여종에 1천여점이 있어야 하는 일산화탄소분석기도 자기들의 손으로 만들어 냈다. 그리고 마그네사이트보다 질적구성이 더 좋은 내화재료도 새로 연구개발하였다. 또한 로의 정상운영을 위하여 새로운 고무충진보강제에 의한 고무제품생산공정을 훌륭히 꾸려 놓았으며 주파수를 인위적으로 변화시키는 조건에서도 끄떡없이 정격주파수를 보장하는 특색있는 주파수변환장치도 만들어 냈다. 특히 산소열법제철에서 가장 큰 난문제로 되고 있던 분탄과 분광을 처리하는 마지막 최첨단기술문제도 자체로 훌륭히 해결하였다.

이렇게 하여 최첨단 제철공법인 산소열법제철이 완전 성공하고 그 상용화에 들어 갔다.

이북은 수백년동안 내려 오던 콕스에 의한 제철력사에 종지부를 찍고 제철공업의 새 기원을 열어 놓았다. 세계적으로 산소열법제철이 일부 시험단계에 있는 나라들도 있지만 대형상용화단계에서는 미치지 못하고 있다. 고로에 의한 제철의 시조국이라고 하는 도이췰란드는 물론 제철산업이 발전하였다고 자처하는 미국이나 일본에서조차 상용화에는 성공하지 못했다. 하기에 평생을 제철공업에 몸담아 온다는 도이췰란드의 한 제철박사는 이북의 산소열법제철의 상용화는 제철의 새기원을 열어 놓은 신화라고 격찬했다.

기계공업을 발전시키는 것은 강성대국건설에서 매우 중요한 의의를 가진다.

기계공업을 빨리 발전시켜야 중공업과 경공업, 농촌경리를 더욱 발전시키고 수송문제도 원만히 풀어 강성대국건설을 위한 경제적목표를 달성할수 있게 된다. 또한 기계공업을 발전시켜야 기술혁명의 과업을 성과적으로 수행하고 경제의 주체화, 현대화, 과학화를 더 잘 실현해 나갈수 있다. 일찍이 김일성주석님께서는

≪철과 기계는 공업의 왕이다≫라고 하시며 기계에 대한 신비주의를 깨버리고 자체의 힘으로 기계공업을 발전시켜 나가도록 하시였다. 주석님의 현명한 령도밑에 자동차, 뜨락또르, 기중기, 양수기, 굴착기등이 이북자체의 힘과 자재, 기술로 만들어 졌고 현대공업의 정수라고 일컫는 1만톤프레스, 산소분리기가 훌륭히 만들어졌던것이다.

이러한 기계공업이 사회주의시장권의 해체와 제국주의련합세력의 집요한 경제봉쇄책동으로 말미암아 생산정상화에 적지 않은 영향을 받고 있었다.

기계공업의 활성화는 강성대국건설의 필수적요구로 제기되였다.

김정일장군님께서는 기계공업의 활성화의 돌파구를 희천공작기계공장의 생산정상화에서 찾으시였다. 희천공작기계공장은 6.25전쟁 시기 김일성주석님께서 몸소 터전을 잡아 주신 공장으로서 전후복구건설시기에는 1,300여대의 공작기계를 생산하여 천리마대고조의 앞장에 섰고 사회주의대건설시기에는 1만대의 공작기계를 생산하여 6개년계획의 돌파구를 열어 놓은 이북기계공업의 모체공장의 하나이다.

1998년 6월 희천공작기계공장을 찾으신 김정일장군님께서는 공장의 형평을 구체적으로 료해하시고 설비문제, 전기문제, 과학기술문제, 행정실무문제, 후방공급문제 등 생산을 정상화하는데서 나서는 모든 문제들에 대한 해결방도를 하나하나 밝혀 주시였다.

위대한 김정일장군님께서는 공장책임일군들에게 당면하게 공장에서 수행하여야 할 과제를 제시하여 주시면서 희천공작기계공장을 돌리는 것은 나라의 경제를 추켜 세우는데서 큰 의의를 가진다고, 희천공작기계공장이 돌아 가게 되면 전국의 모든 기계공장들을 능히 돌릴수 있다는 것을 말해 준다고 하시면서 동무들은 나를 믿고 나는 동무들을 믿고 우리 함께 다가오는 9.9절까지 공작기계생산과제를 수행하자고, 공작기계생산을 정상화하여 나라의 경제를 추켜 세우자고 간곡히 당부하시였다.

장군님께서는 희천공작기계공장에 이어 락원기계공장, 구성공작기계공자, 량책베아링공장을 비롯한 여러 기계공장들에로 현지지도의 길을 끊임없이 이어 나가시며 기계공장로동계급을 생산정상화에로 힘 있게 불러 일으키시였다. 그 나날에 기계공장들에서는 설비들이 끊임없이 개조되고 생산의 기술수준이 전반적으로 높아 졌으며 생산에서 일대 앙양이 일어 나게 되였다. 철도운수를 추켜 세우는 것은 공업의 활성화를 위한 중요한 방도의 하나이다. 이북은 철도를 인민경제의 선행관으로 간주한다.

생산과 수송의 균형을 옳게 보장하며 경제의 모든 부문과 단위들에서 생산적 앙양을 일으키자면 철도의 수송능력을 결정적으로 높여야 한다.

이북에서는 오래전부터 철도건설, 철도전기화, 철도의 중량화, 철도운수수단의 현대화가 적극 추진되어 철도운수의 물질기술적토대가 튼튼히 마련되었다.

위대한 김정일장군님께서는 이러한 성과에 토대하여 강성대국건설의 새로운 요구에 맞게 철도의 물질기술적토대를 더욱 공고히 하며 철도운영을 정상화하는 데 힘을 넣도록 하시였다. 철도를 적극 도와 줄데 대한 위대한 장군님의 가르치심을 받들고 철도로 달려 나간 군인들은 이 부문 로동자들과 힘을 합쳐 수많은 침목들을 교체하고 철길자갈다지기작업을 진행하여 철도의 통과능력을 높이는데 크게 이바지하였다.

기관차와 객화차수리정비사업도 적극 추진되였다.

김종태전기기관차공장에서는 한해사이에 100대의 전기기관차를 생산수리하는 기적을 창조하였고 전국의 철도부문 로동자들은 불과 두달 남짓한 기간에 수백대의 기관차와 수천대의 화차를 수리정비하였다. 경공업을 발전시키는 것은 경제강국건설과 민중생활향상에서 자못 중요한 자리를 차지한다. 경공업은 민중생활에 필요한 여러 가지 소비품을 생산하는 공업이다. 경공업을 발전시켜야 민중들을 잘 살게 할수 있으며 광범한 민중을 강성대국건설에 힘 있게 조직동원할수 있다.

정치군사적측면에서는 물론 경제와 민중생활면에서도 자본주의를 완전히 압도하여야 제국주의자들의 반사회주의적책동을 짓부시고 민중중심의 사회주의를 옹호할수 있으며 강성대국을 성과적으로 건설해 나갈수 있다.

가까운 몇해안에 경공업을 획기적으로 발전시키고 민중소비품생산을 빨리 늘여 민중이 세상에 부럼없이 행복하게 살게 하시려는 것이 김정일장군님의 뜻이다.

김정일장군님께서는 무엇보다도 민중소비품의 량과 가지수를 늘이고 그 질을 세계적수준으로 끌어 올리도록 하는데 깊은 관심을 돌리고 계신다.

그 분께서는 1998년 정초 어느 날에는 일꾼들에게 갖가지 생활필수품들을 더 많이 생산하여 공급하여야 한다고 말씀하시였고 1999년에는 9월방직공장, 2000년 1월에는 신의주신발공장과 신의주방직공장을, 6월에는 녕변견직공장과 박천견직공장을 현지지도하시면서 민중소비품의 량과 가지수를 늘일데 대하여 강조하시였다.

또한 1999년 6월 신의주화장품공장을 찾으시여서는 지금은 제품의 량을 늘이는것도 중요하지만 제품의 질을 높이는 것이 기본이라고 하시면서 농촌에 보내는 화장품과 도시에 보내는 화장품이 형식은 좀 다를수 있지만 질은 꼭 같아야 한다고, 질이 같은 상품을 민중들에게 공급하는것이 사회주의라고, 상품의 가지수만 늘이려고 하지 말고 하나를 만들어도 제일이라고 할수 있게 생산하여야 한다고 뜨겁게 말씀하시였다.

방직공업, 피복공업, 신발공업, 일용품공업, 식료품공업을 비롯하여 경공업의 모든 부문에서 일대 혁명의 불길을 높여 민중소비품생산에서 결정적인 전환을 가져 오시려는 김정일장군님의 구상은 빛나게 실현되고 있다.

2) 농업생산을 천하지대본으로

농업생산은 강성대국건설의 천하지대본이다.

이북은 오래전부터 농업발전에 큰 힘을 넣어 알곡생산에서 획기적인 성과를 이룩하였다.

경애하는 김일성주석님께서 제시하신 ≪우리 나라 사회주의농촌문제에 관한 테제≫를 높이 받들고 농촌경리의 전기화, 수리화, 기계화, 화학화가 성과적으로 추진되고 새땅찾기를 진행하여 경지면적이 수많이 늘어 났으며 특히 주석님께서 독창적으로 창시하신 주체농법대로 농사를 지어 농업생산에서 커다란 전변이 이룩되였던것이다.

그런데 최근년간 이북에서는 여러 해째 지속되는 자연재해로 말미암아 농업생산에 커다란 지장을 받고 있다. 게다가 제국주의렬강들의 반북고립압살책동과 경제봉쇄로 인해 식량문제가 더욱 긴장하게 되였다. 농업생산을 빨리 추켜 세워 먹는 문제를 풀지 않고서는 민중에게 유족하고 행복한 생활을 마련해 줄수 없었고 생산과 건설을 힘 있게 내밀어 경제전반을 활성화하는 사업도 잘해 나갈수 없었다.

김정일장군님께서는 농업생산은 강성대국건설의 천하지대본이라고 하시면서 농업생산을 추켜 세우는 것을 강성대국건설의 돌파구로 규정하여 주시였다.

위대한 김정일장군님께서는 다음과 같이 지적하시였다.

≪식량문제를 결정적으로 풀어야 합니다. 식량문제를 풀어야 온 나라 젠체 인민이 강성대국건설투쟁에 힘 있게 떨쳐 나설수 있습니다.≫

위대한 장군님께서는 농업생산을 추켜 세우시기 위하여 무엇보다도 주체농법을 철저히 관철하도록 하시였다.

김일성주석님께서 창시하신 주체농법은 이북의 기후풍토와 농작물의 생물학적특성, 매 포전의 구체적조건에 맞게 농사를 짓는 과학적인 농법이며 높고 안전한 수확을 거둘수 있게 하는 가장 우월한 농법이다.

김정일장군님께서는 주체농법이야말로 가장 과학적이고 우월한 농법이라고 하시면서 주체농법의 요구대로 농사를 짓도록 강조하시였다. 그분께서는 종자를 시험포전에서 심어 보고 협동농장들에 일률적으로 심게 하는 현상을 보시고 그렇게 하여서는 알곡수확고를 높일수 없다고 지적하시면서 주체농법의 중요한 요구인 적지적작, 적기적작을 철저히 지키도록 하시였다.

그분께서는 농사에서는 농민들의 의사와 요구가 매우 중요하다고 하시면서 자기 고장의 지대적특성과 기후풍토, 농작물의 비배관리와 생물학적특성에 대하여 누구보다도 잘 알고 있는 농민들이 자기의 의사와 요구에 맞게 농사를 짓도록 하시였다. 김정일장군님께서는 농업생산을 추켜 세우고 식량문제를 해결하기 위한 감자농사혁명방침을 제시하시고 감자농사에서 일대 전변을 마련해 주시였다. 산이 많은 이북에서 감자농사를 잘하는 것은 식량생산을 늘이는데서와 민중의 식생활개선에서 매우 중요한 자리를 차지한다.

원래 감자의 원산지는 뻬루인 것으로 알려 져 있다. 콜롬부스가 1492년에 서반구를 발견하기 이전까지 동반구에서는 감자를 모르고 살았는데 1532년 에스빠냐인들이 뻬루에 있던 당신의 잉까제국을 정복한 후 거기에서 감자를 에스빠냐로 가져다 재배하기 시작하였다. 이때부터 감자는 유럽에 널리 퍼지게 되였으며 흉년으로 기근이 든 유럽을 구원하는데서 결정적역할을 하였다.

우리 나라에 감자가 들어온 것은 1700년대 말-1800년대 초엽이였다.

무산지방을 중심으로 함경남북도와 평안북도, 강원도의 산간지대에서 감자를 일면 ≪북저≫라고 부르며 심기 시작하였다고 한다.

그러나 밥이 주식으로 되여 있는 우리 나라에서 감자는 주로 부식물로 취급되어 왔다. 그런 것으로 하여 사람들은 감자농사를 사실상 논벼나 강냉이농사에 비해 소홀히 대해 왔으며 감자를 알곡작물이 잘되지 않는 산간고지대에서나 재배하는 작물로만 여겨 왔다.

위대한 장군님께서는 감자농사에 관한 종전의 관념을 혁신 하시였다. 그분께서는 감자농사를 잘하면 식량문제도 풀수 있고 고기문제도 풀수 있다고, 감자는 흰쌀과 같다고 말씀하시면서 이북을 아시아의 ≪감자왕국≫으로 만드실 원대한 구상을 펴쳐 주시였다.

감자농사혁명을 나라의 강성부흥을 위한 중대한 사업으로 보시는 장군님께서는 량강도 대홍단군을 감자농사의 본보기로 꾸려 주시였다.

위대한 장군님께서는 1998년 10월과 1999년 8월, 2000년 3월 등 여러차례에 걸쳐 대홍단군을 현지지도하시면서 감자 종자문제로부터 감자의 비루스감염방지문제, 땅의 지력문제, 농사일의 종합적기계화와 로력문제 등 감자농사를 잘 짓기 위한 구체적인 조건과 대책들을 한하나 료해하시고 즉석에서 해결해 주시였다. 그분께서는 대홍단군에 감자를 전문으로 연구하는 감자연구소를 새로 내오게 하시였고 마력수가 높은 뜨락또르며 물거름과 농약을 뿌리는 기계, 대형화물자동차를 비롯한 현대적인 각종 농기계들을 수많이 보내주시였다. 한 단위에서 모범을 창조하시고 그것을 일반화하여 나가는 것은 김정일장군님 특유의 령도방법이다.

감자농사의 본보기를 창조하신 위대한 김정일장군님께서는 여러차례의 강습과
방식상학을 조직하여 우량한 다수확 감자품종의 개발육종, 재배방법과 재배기술
의 혁신, 물거름을 비롯한 유기질거름의 생산과 시비 등 대홍단군 감자농사경험
을 전국에 일반화하도록 하시였다.

그분의 감자농사혁명방침에 따라 이북의 모든 곳에서 감자재배면적이 훨씬 늘
어 나고 감자생산수확고에서 경이적인 성과가 이룩되였다.

평양의 어느 한 주변 농장에서는 감자종자에 고려약물처리를 하고 통알감자를
심어 전례 없는 감자수확고를 기록하였다.

이북에서는 감자생산과 함께 감자수송과 저장, 가공문제를 풀기 위한 국가적
대책도 세워져 이북을 ≪감자왕국≫으로 만드시려는 김정일장군님의 구상을 빛
나게 실현해 나가고 있다. 두벌농사를 짓는 것은 이북의 실정에서 농업생산을 늘
이기 위한 중요한 방도의 하나로 되고 있다.

국토의 80%가 산이고 땅이 그리 넓지 못한 조건에서 부침땅을 최대한으로 리
용하여야 알곡증수는 물론 알곡종수도 늘일수 있다.

그렇기 때문에 김일성주석님께서는 일찍이 전국의 여러 농장들을 현지지도하
시면서 두벌농사의 경험과 생활력을 몸소 확증하시였고 조선로동당 제5차대회보
고에서 두벌농사를 중요한 과업의 하나로 제시해 주시였다.

경야하는 주석님의 뜻을 이어 가시는 김정일장군님께서는 이미전부터 여러 시,
군들에서 두벌농사를 진행하여 경험을 쌓도록 하시였고 ≪고난의 행군≫, 강행
군시기에 이 사업을 더욱 강하게 밀고 나가도록 하시였다.

위대한 장군님의 깊은 관심과 지도에 의하여 최근년간 이북에서는 두벌농사면
적이 훨씬 늘어 나고 특히 북부산간지대에서의 두벌농사, 세벌농사가 창조되였다.

지금까지 이북에서는 두벌농사를 주로 청천강이남지역에서만 짓는 것으로 되
여 왔다.

그러나 청천강이북지역에서도 능히 두벌농사를 지을수 있다는 것이 확증되였다.
자강도 장강군 읍협동농장의 농사경험이 그것을 립증하였다.

관리위원장을 비롯하여 이곳 협동농장의 농장원들은 자강도에서도 능히 두벌
농사를 할수 있다는 신심을 가지고 북부산간지대의 특성을 잘 고려하여 농작물
의 생육기일을 보장하는 방법으로 세벌농사를 하는 기적을 만들어 냈다.

1999년 6월 몸소 이곳 농장을 찾으신 김정일장군님께서는 북부산간지대에서
세벌농사를 하는 것은 매우 의의가 크다고 하시면서 전국적인 방식상학을 조직
하여 전국이 이 농장의 경험을 따라 배우도록 하시였다. 그리하여 자강도의 여러
군들과 함경남도, 함경북도, 평안북도 등 청천강이북지역의 많은 농장들에서 두
벌농사가 힘 있게 벌어져 농업생산에서는 커다란 성과가 일어 나고 있다.

농업생산을 늘이기 위해서는 축산업을 발전시키는것도 중요한 문제의 하나이다.

먹는 문제를 원만히 풀자면 알곡생산과 함께 고기, 알, 젖과같은 축산업발전에도 힘을 넣어야 한다. 축산업을 발전시키는 것은 알곡생산과 경공업발전에도 절실히 필요한 문제이다. 위대한 김정일장군님께서는 강성대국건설의 새로운 시대적요구에 맞게 최신과학기술로 장비된 현대적인 목장, 가금기지들을 신설하도록 하시고 풀 먹는 집짐승을 대대적으로 길러 풀과 고기를 바꾸도록 하시였다.

위대한 장군님께서는 민중들에게 고기와 알, 우유와 같은 영양가 높은 부식물을 충분히 먹이시려는 일념으로부터 막대한 자금을 들여 현대적인 목장과 가금기지들을 이북의 도처에 새롭게 꾸려 주시였다. 송암명기소목장과 타조목장이 바로 그 대표적인 사례이다.

위대한 장군님께서는 감자농사가 많이 진행되는 조건에서 감잘르 가지고 돼지를 기르는데도 깊은 관심을 돌리시였다.

그분께서는 대홍단군에서는 감자를 가지고 돼지를 길러 돼지부자가 되며 흰쌀밥에 고기국이 아니라 감자에 돼지고기국을 먹게 만들어야 한다시며 대홍단군종합농장의 매 분장마다 돼지공장을 하나씩 짓도록 하시였다. 그뿐아니라 삼지연군 포태종합농장과 같이 감자농사를 많이 하는 농장들에서도 돼지공장을 건설하도록 하시고 전군,전민이 적극 도와 주도록 해당한 조치를 취해 주시였다.

민중들의 식생활을 개선하고 축산업을 더욱 발전시키는데서 염소, 토끼와 같이 풀 먹는 집짐승들을 많이 기르는 것이 매우 중요하다.

위대한 장군님께서는 염소와 토끼기르기를 전 군중적으로 벌릴데 관한 과업을 제시하시고 풀판조성사업을 잘하도록 하시는 한편 1년에 젖을 1t씩 짤수 있는 우량종 염소와 무게가 많이 나가는 새로운 토끼종자도 구입해 주시였다.

민중에게 더 많은 고기와 젖을 먹이시려는 위대한 장군님의 높으신 뜻을 받들고 풀판조성사업에 한사람같이 떨쳐 나선 이북민중들은 1996년부터 1998년 사이에만도 전국적으로 37만 9천여정보의 풀판을 조성하였고 염소마리수는 전국적으로 2.7배나 늘어 났다.

양어를 발전시키는 것은 김일성주석님의 유혼이며 식생호라문제를 해결하기 위한 중요한 방도의 하나이다.

양어는 또한 이북의 실정에서 수익성이 높은 대단히 경제적인 생산분야이기 때문에 해볼만한 일이다.

김정일장군님께서는 이북의 양어실태를 료해하시고 양어를 하려면 통이 크게 하여야지 뙈기농사를 하는 식으로 하여서는 안된다고, 자본주의나라들에서는 양어도 몇몇 자본가들이 개별적으로 하기 때문에 소규모적으로 하지만 우리 나라에서는 마음 먹은대로 할수 있다고, 바로 이런 것이 사회주의의 우월성이라고 말씀하시면서 양어를 대대적으로 벌리도록 양어풍을 일으켜 주시였다.

그분께서는 양어정건설에서도 단순한 환원복구가 아니라 현대적으로 개건확장하여야 한다고 하시면서 짧은 기간에 양어장의 면모를 일신시키도록 하시고 양어사업에 필요한 물고기종자와 사료문제를 직접 해결해 주시였다.

김정일장군님께서는 자신께서는 민중에게 열대메기를 먹이자고 한다시며 열대메기양어에서 나서는 과학기술적문제들과 경계해야 할 점까지 몸소 가르쳐 주시였고 더운물원천이 있는 곳에서는 다 열대메기를 기르도록 하시였다.그러시고는 몸소 송화군을 비롯한 온천이 있는 황해남도의 여러 군들에 종자열대메기들도 보내주시고 온천이 있는 곳에서 종자열대메기를 길러 새끼 열대메기를 생산하여 여름철에 양어장과 논판에서 기르도록 하는 조치도 취해 주시였다.

2000년 5월 9일 김정일장군님께서는 새로 건설된 메기공장을 현지지도하시면서 우리 나라에는 온천이 많기 때문에 메기양어에 대단히 유리하다고, 현재 있는 온천들을 적극 리용하는것과 함께 더운물원천을 빠짐없이 찾아 내여 메기기르기를 전 군중적운동으로 광범히 벌려야 한다고 강조하시였다.

장군님의 말씀에 따라 지금 이북에서는 전 사회적으로 양어풍이 세차게 불고있다.

양어사업에서 중요한 것은 좋은 물고기종자를 선택하고 그 관리를 잘하는것이라고 보고 있다. 그리고 찬물원천이 있는 곳에서는 칠색송어를 기르고 온천이 있는 곳에서는 다 열대메기를 기르도록 하여야 한다는것이다.

이를 위해서 이북에서는 매 시, 군들에서 지방자재를 적극탐구동원하여 양어장을 20~30정보씩 건설하도록 하는 대책을 취하고 있다.

그리하여 이북민중은 집짐승고기만이 아니라 사철 신선한 물고기를 떨구지 않고 먹을수 있는 확고한 전망을 바라보게 되었다. 농업의 모든 분야에서 일어 나고 있는 이러한 새롭고 획기적인 성과들은 먹는 문제에서부터 강성대국건설의 지름길을 열어 나가시려는 김정일장군님의 숭고한 뜻이 현실에 빛나게 구현된 결과에 이룩된것이다.

강성대국건설의 천하지대본을 마련하시기 위해서 크나큰 심혈을 기울이시는 김정일장군님의 숭고한 뜻과 로고는 이북의 농업생산에서 혁명적인 전환을 가져오게 할것이다.

3) 국토건설에서 혁명을

국토건설사업은 나라와 부강발전과 후손만대의 번영을 위한 만년대계의 사업이다.

국토건설에서 혁명을 일으켜 삼천리금수강산을 민중의 락원으로 더 잘 꾸리려는 것은 김정일장군님의 의도이고 결심이시다.

위대한 김정일장군님께서는 다음과 같이 지적하시였다.

≪국토관리사업은 내 나라, 내 조국의 부강발전과 후손만대의 번영을 위한 만년대계의 사업이며 국토관리사업을 잘하여 삼천리금수강산을 인민의 락원으로 더 잘 꾸리려는 것이 당의 의도이고 결심입니다.≫

사회주의강성대국은 물질적부의 생산이 고도로 발전하고 사람들이 풍요로운 물질생활을 누리는 나라일뿐아니라 국토가 아름답게 꾸려 지고 근로민중들의 문화적생활조건이 더욱 훌륭하게 마련된 나라이다.

김정일장군님께서는 강성대국건설은 국토를 사회주의맛이 나게 꾸리는 일로 되어야 한다고 하시면서 국토를 일신시키는 새 력사를 펼치시였다.

이북의 대자연개조사업에서 가장 큰 몫을 차지하고 있는 것은 토지정리이다. 토지정리는 나라의 부강발전을 위한 대자연개조사업이며 만년대계의 애국위업이다.

토지를 정리하면 알곡생산을 훨씬 늘일수 있고 농촌경리의 종합적기계화를 더 잘 실현하게 된다. 또한 토지정리사업은 김일성주석님께서 찾아 주신 땅을 진정한 사회주의조선의 땅답게 그 면모를 일신하고 주석님의 령도업적을 빛내이며 토지의 면모와 구조를 개변시켜 봉건적토지소유의 잔재를 완전히 없애기 위한 사업이다.

이북에서 힘차게 벌어 지고 있는 토지정리는 위대한 장군님의 발기와 정력적인 령도하에 1998년부터 더욱 활발하게 진행되고 있다.

지난 시기 이북에서는 일군들이 간석지를 개간하는 사업에는 힘을 넣으면서도 품은 적게 들이고도 많은 토지를 얻을수 있는 토지정리사업에는 크게 관심을 돌리지 못했다. 그런 것으로 하여 농촌에는 조상대대로 내려 오는 올망졸망한 뙈기 논밭들이 적지 않았다.

김정일장군님께서는 토지정리사업이 제일 뒤떨어 지고 작업조건이 매우 불리한 강원도에서 토지정리를 먼저 진행하고 그 경험을 일반화하는 방법으로 전국의 토지를 다 정리하기로 결심하시고 이 사업에 전당, 전군, 전민이 떨쳐 나서도록 하시였다.

1998년 5월 어느 날 전선시찰의 길에서 창도군 대백마을을 찾으신 장군님께서는 산골짜기 여러 곳에 널려 있는 다락논과 뙈기밭들을 가리키시면서 강원도의 토지정리를 하여야 하겠다고 말씀하시고 즉시 관계부문 일군들의 협의회를 소집하시여 토지정리의 웅대한 구상을 펼쳐 주시였다.

토지정리가 한창 진행되고 있던 그해 12월 어느 날 고산군란정리의 토지정리

현정을 돌아 보시던 장군님께서는 토지정리를 소극적으로 하지 말고 논배미 하나가 1,000평,800평정도 되게 기준을 전해 놓고 대담하게 하라고, 일단 손을 댄바에는 먼 훗날에 가서도 손색이 없도록 하여야 한다고 말씀하시면서 토지정리사업을 대담하고 통이 크게 진행하도록 하시였다. 그분의 현명한 령도에 의하여강원땅은 천지개벽을 하였다.

3만 1,360여정보에 달하는 방대한 토지정리공사가 단 몇 달사이에 성과적으로진행됨으로써 보기만 해도 시원한 규격포전들이 생겨 났다.

김정일장군님께서는 강원도의 토지정리에 련이어 평안북도의 토지정리사업을진두에서 현명하게 이끌어 주시였다.

1999년 7월 룡천군을 비롯한 토지정리대상들을 친히 밟아 보시며 토지정리의계획작성으로부터 기계화수단의 동원과 기름보장문제, 공사의 단계별 목표와 순차까지 일일이 가르쳐 주신 위대한 장군님께서는 2000년 1월 또다시 평안북도의토지정리사업을 현지에서 지도하시였다. 태천군의 한드레벌을 찾으신 장군님께서는 규모 있고 시원스럽게 잘 정리된 한드레벌을 바라보시면서 정말 멋 있다고,대단히 만족하다고, 한드레벌이 천지개벽되고 구조가 완전히 달라 졌다고, 이제는 옛날 지주가 토지문서를 가지고 한드레벌에 와서 자기 땅을 찾자고 하여도 찾지 못하게 되였다고, 한드레벌이 사회주의 국가의 토지답게 되였다고 하시며 건설자들의 위훈을 높이 평가해 주시였다. 장군님께서는 한드레벌 이름을 고쳐 불렀으면 하는 의견을 들으시고서는 한드레벌이라는 이름의 유래에 관하여 말씀하시고 나서 그 이름을 다르게 지어 부르면 자라나는 새 세대들이 이 벌이 원래부터 그렇게 잘 정리되여 있은 줄로 생각할수 있다고, 한드레벌이라는 이름은 고치지 말고 그냥 둬두는 것이 좋다고 말씀하시였다.

그분께서는 평안북도의 토지정리사업이 끝난 다음에는 황해남도의 토지정리에달라붙어야 하며 평안남도의 토지정리는 개천 - 태성호물길공사를 끝낸 다음에하여야 한다고 하시면서 지방들에서 자체의 힘으로 토지정리를 하기 위한 투쟁도 벌려야 한다고, 모든 도, 시, 군들에서 토지정리사업을 전 군중적으로 힘 있게벌려 논밭들을 기계화포전, 규격포전으로 만들어야 한다고 말씀하시였다.

위대한 장군님의 정력적인 령도에 의하여 평안북도에서는 5만여정보에 달하는방대한 토지를 정리하여 옛 모습을 일신시켰을뿐아니라 한개 군의 경지면적과맞먹는 새땅을 얻어냈다. 국토건설을 위한 이북의 대자연개조사업에서 주목을 끄는 것은 소금밭건설이다.

소금은 인간생활의 기초식료품의 하나이고 화학공업의 중요한 원료이다.

강성대국건설이 활력 있게 벌어 지면서 소금에 대한 수요가 날을 따라 급격히늘어 나자 이북의 각도들에서는 자기 도에 필요한 소금수요를 자체로 충족시키기 위해 조자체의 힘으로 제염소를 건설하기 위한 투쟁을 힘 있게 벌리고 있다. 그 선두주자는 함경남도이다.

≪고난의 행군≫시기에 함경남도에서는 동해안에 처음으로 대규모소금밭인 광명성제염소를 일떠세웠던것이다.

동해안에 1천정보의 소금밭을 건설하는 것은 김일성주석님의 유훈이다.

그 유훈을 받들고 함경남도에서는 대규모의 소금밭건설을 계획하고 추진시켜 왔다.

위대한 김정일장군님께서는 함경남도에서 금야만에 소금밭을 건설한다는 보고를 받으시고는 전적으로 지지한다고, 한번 해볼 필요가 있다고 하시며 필요한 모든 대책을 세워 주시였다. 1999년 10월 광명성제염소를 찾으신 김정일장군님께서는 금야만이 현대적인 대규모소금생산기지로 전변된데 대하여 못내 만족해 하시며 굉장하다고, 직접 와서 보니 정말 큰 일을 하였다고 치하를 아끼지 않으시였다. 그러시고는 광명성제염소건설은 대자연개조사업이라고, 특히 ≪고난의 행군≫시기에 이 방대한 대자연개조공사를 한 것은 우리 당 력사에 기록될만한 일이라고 하시며 건설자들의 위훈을 높이 평가하시였다.

광명성제염소는 공사량도 방대하지만 규모에 있어서나 생산량에 있어서나 손꼽히는 소금생산기지이다.

중간방조제방을 중심으로 1, 2단계 소금밭들이 물길을 사이에 두고 행과 렬을 지어 늘어 서 있고 그 주변을 1, 2, 3, 4호 저류지들과 배수지들이 감싸고 있다. 저류지들에 바닷물을 공급하는 1호배수장과 호도반도너머 동해바다가에 위치한 취수장들은 물론 2호배수장도 장마철의 그 어떤 큰 비에도 빗물을 제때에 뺄수 있는 충분한 설비를 갖추고 있다. 하나의 면적이 5정보씩 되는 근 100여개의 소금밭들에서 소금을 걷어들이고 운반하는 작업은 서해안과는 달리 물길을 째고 배를 리용하여 진행한다. 이 제염소에서 한해동안 생산하게 될 소금만으로도 도안의 소금수요를 충족시키고도 남는다고 한다.

동해안의 함경북도에서도 광명성제염소와 같은 대규모의 소금밭건설의 펼치였고 서해안의 황해북도, 평안북도 등에서도 소금밭건설이 힘 있게 벌어 졌다.

강하천건설은 국토건설의 중요한 일환이다.

강하천건설을 잘하여야 큰물피해를 미리 막고 토지와 도시, 마을, 공장을 비롯한 나라의 귀중한 재보들을 보호할수 있으며 강하천을 경제건설과 민중생활향상에 종합적으로 리용할수 있다. 강하천건설을 잘하는데서 선차적으로 나서는 중요한 문제는 강하천정리를 잘하는것이라고 말할수 있다.

위대한 김정일장군님께서는 국토관리사업은 적어도 10년을 내다보고 내밀어야 한다고 말씀하시면서 도로건설과 강하천 정리 같은 사업도 10개년계획을 세워 가지고 내밀어야 한다고 가르쳐 주시였다.

위대한 장군님의 말씀을 받들고 이북에서는 강바닥파기와 물줄기바로잡기, 동뚝쌓기와 개버들심기, 돌과 잔디입히기, 해안방조제보수보강 등 강하천정리사업을 잘해 나가고 있다

1997년 한해에만 하여도 전국적으로 3,200여Km의 강하천물길을 바로 잡았으며 2,600여Km의 강하천제방을 새로 건설하거나 보수하였다. 또한 240여Km의 해안방조제들이 복구되였다.

이북에서는 나라의 수송수요를 원만히 보장하여 경제건설을 다그치며 민중의 생활상 편의를 더 잘 보장할뿐아니라 도시와 농촌간의 차이를 줄이고 전반적인 문화발전수준을 높여 갈 목적에서 도로건설에 큰 힘을 넣어 왔다.

이북은 최근 몇 년사이에만 해도 국토건설 총계획에 따라 평양의 청류다리와 금릉2동굴, 평양-향산관광도로, 평양-개성고속도로를 건설했다.

1998년부터는 평양-남포고속도로건설이 진행되고 있다.

이미 1970년대에 평양시와 남포시 두 도시를 련결하기 위한 웅대한 구상을 하시고 이 고속도로건설작전을 무르익혀 오신 김정일장군님께서는 강성대국건설투쟁이 힘차게 벌어지는 력사적시기에 평양-남포고속도로를 의의 있게 건설하여 내놓기로 결심하시고 이 고속도로를 새로운 형식과 큰 규모에서 훌륭히 건설할데 대한 과업을 제시하시였으며 그 수행방향과 방도를 환히 밝혀 주시였다.

평양-남포고속도로건설에 동원된 청년들은 강성대국건설의 대통로를 열어 간다는 긍지와 자부심을 안고 모든 것이 부족하고 어려운 속에서도 자력갱생의 정신을 높이 발휘하여 착공의 첫삽을 박은 때로부터 150여일이라는 짧은 기간에 무려 5백만 m3의 방대한 토목공사를 진행하고 30여개의 소구조물공사를 성과적으로 진행하였다. 그후 100여리 구간의 로반성토공사를 완공하였으며 2000년 5월부터는 도로의 포장작업에 들어 갔다.

삼천리강산을 민중의 지상락원으로 꾸려 민중들에게 보다 훌륭한 문화정서생활조건을 마련해 주시려는 것은 김정일장군님의 높은 뜻이다.

그분께서는 세계적으로 유명한 금강산, 묘향산뿐아니라 칠보산과 구월산, 정방산 등 이북의 명승지들을 더 잘 꾸려 국토의 면모를 아름답게 하고 민중들이 마음껏 향유할수 있도록 하여 주시였다. 김정일장군님께서는 칠보산과 구월산을 명승지로 개발하면 동서해안의 경치 좋은 명산들을 다 민중의 문화휴식터로 더 잘 리용할수 있을것이라고 하시면서 칠보산과 구월산을 종합적으로 개발하기 위한 계획을 작성하도록 하시고 여러차례에 걸쳐 귀중한 가르치심을 주시였다. 그분께서는 친히 현지에까지 찾아 가시여 민중의 문화휴식터로 멋 있게 꾸린 인민군건설자들의 노력을 높이 평가해 주시였고 새로 꾸린 명소들의 이름도 민족적향취

가 짙게 풍기면서도 시대적미감에 맞게 지어 부르도록 하여 주시였다.

위대한 장군님의 민중적인 시책에 의하여 예로부터 지하의 명승으로 널리 알려 진 룡문대굴도 더욱 멋있게 꾸려 졌다.

수수천년 자연에 파묻혀 있던 명산, 명승, 명소들이 강성대국건설시기에 훌륭하게 개발되어 세계에 빛을 뿌릴수 있게 된것이야말로 위대한 령수를 모신 이북의 행운이고 민족만대의 재보라고 하겠다.

위대한 김정일장군님께서는 산림조성과 보호사업을 나라의 만년대계의 애국사업으로 내세우시고 여기에 깊은 관심을 돌리시였다.

그분께서 1,430여정보의 산림에 710만그루의 나무를 심고 가꾸어 온 강동군산림경영소 대리로동자구 산림감독원의 소행을 높이 평가해 주시여 그를 로력영웅으로, 시대의 전형으로 내세우도록 하여 주신 사실 하나만으로도 산림보호사업에 얼마나 깊은 관심을 돌리시고 계시는가 하는 것을 잘 알수 있다.

그분의 세심한 관심과 지도에 의하여 이북의 산과 들에 나무를 많이 심고 자연환경을 보호하는 사업이 전 군중적, 전 사회적운동으로 활발히 벌어 지고 있다.

산과 들에 나무를 많이 심고 자연환경보호사업을 잘한 결과 이북에서는 새들의 종수는 계속 늘어 나고 있다고 한다.

세계적으로 8,600여종의 새류가운데서 1,000여종이 서식환경의 파괴와 지나친 사냥 등의 원인으로 멸종의 위기에 처하고 있을 대 이북에서는 저어새, 붉은발쑥새, 산골물까마귀, 흰배물닭, 북극알도요, 흰꼬리좀도요, 가슴올티티새, 흰점찌르러기, 흰띠날개갓새 등 10종이상의 새들이 더 늘어 났다고 한다.

이북에서는 2005년까지 2백만정보의 산림을 조성할 목표를 내세우고 힘찬 투쟁을 벌리고 있다. 위대한 김정일장군님께서 창조하시는 거창한 국토건설의 새 력사와 더불어 김일성주석님께서 한평생을 바치시여 가꾸어 오신 아름다운 이북의 강토를 사회주의강성대국의 새 모습으로 나날이 변모되여 가고 있는것이다.

4) 과학기술강국의 높은 령마루로

오늘 이북은 주체의 과학기술로 21세기를 빛내이며 새 세기에는 세계를 노래울 과학기술강국을 건설할 웅대한 목표를 제시하고 그 실현을 위한 보람찬 진군의 길을 다그치고 있다. 과학기술강국을 세우는 과정을 통하여 강성대국건설을 다그치려는 것이 이북의 혁명적전략이다. 과학기술을 발전시키면 이북의 풍부한 자연부원과 거대한 생산밀천을 최대한 동원리용할수 있고 두벌농사를 하여 농업생산을 늘이는데서 나서는 많은 문제를 해결할수 있으며 금속공업의 주체성을 강화하고 석탄공업과 전력공업을 비롯한 경제의 모든 분야에서 생산을 추켜 세울수 있다는것이다.

위대한 김정일장군님께서는 강성대국건설에서 과학기술의 역할과 그 발전이 가지는 의의를 깊이 통찰하신데 기초하시여 과학기술을 새로운 높은 령마루에 올려 세우도록 현명하게 이끄시였다.

1999년 1월 11일 이북의 과학원을 현지지도하신 위대한 장군님께서는 강성대국을 건설하는 현실발전의 요구에 상응하게 나라의 과학연구사업을 더욱 높은 단계에로 끌어 올리는데서 지침으로 되는 강령적과업들을 제시하시였다.

그분께서는 조국의 부강발전은 과학자, 기술자들의 손에 달려 있다고 하시면서 모든 과학자들이 주체적인 립장에 튼튼히 서서 우리 나라에 풍부한 원료에 기초한 과학연구서업을 진행하여 공업의 주체성을 더욱 강화하여야 한다고 지적하시였다.

그분께서는 이미 마련된 토대에 기초하여 전자공업을 비롯한 과학기술을 급속히 발전시키고 연구성과들을 제때에 생산에 도입하며 새로운 과학기술을 적극 개발하여야 한다고 가르치시였다. 언제나 과학자들의 연구사업을 우선적으로 보장해 주시기 위하여 깊은 관심을 돌리고 계시는 장군님께서는 과학기술발전에서 새로운 전환을 일으키기 위하여서는 과학연구사업에 필요한 모든 조건들을 충분히 마련해 주어야 한다고 강조하시였다.

그분께서는 우리의 과학자들은 나라의 귀중한 보배들이므로 이들을 위하여서는 그 무엇도 아끼지 말아야 한다고 하시면서 크나큰 사랑과 은정을 베풀어 주시였다.

장군님께서는 과학자, 기술자들이 민중들의 높은 정치적열의에 과학연구성과들을 안받침함으로써 부강조국건설의 성스러운 사업에 적극 기여하리라는 기대와 확신을 표명하시였다. 김정일장군님께서 1999년 새해의 첫 현지지도로 과학원을 찾으시여 제시하신 과업들은 과학자, 기술자들이 강성대국건설을 위한 과학연구사업에서 튼튼히 틀어 쥐고 나가야 할 강령적지침으로서 그분께서 나라의 과학기술발전에 얼마나 깊은 관심과 크나큰 로고를 기울이고 계시는가를 보여주는것이다.

뒤이어 3월에 과학원 함흥분원을 찾으신 위대한 장군님께서는 고분자화학, 화학재료공학, 무기 및 유기화학 등 매 분야의 특성과 련관관계, 세계적인 발전추세와 21세기 과학기술벌전에서 화학이 놀게 될 역할에 관하여 알려 주시고 전문과학자들도 미처 알지 못했던 새로운 문제들도 밝혀 주시였다.

장군님께서는 1999년을 ≪과학의 해≫로 정해 주시고 과학기술에 대한 국가적, 사회적관심을 높이고 과학자, 기술자들속에서 새로운 과학기술적성과들을 이룩하며 대중적기술혁신 운동을 힘 있게 벌리고 과학연구성과들을 생산에 적극

도입하며 과학연구부문에 관한 지원을 강화하여 과학기술발전에서 새로운 전환을 가져 오도록 하시였다.

장군님께서는 1999년 3월 전국과학자, 기술자대회를 마련해 주시고 과학기술 사업에서 이룩한 성과를 총화하고 사회주의강성대국건설의 현실적요구에 맞게 과학기술을 새로운 높은 단계에로 발전시키기 위한 과업에 방도를 제시해 주시여온 나라에 과학기술의 열풍이 세차게 일어 나도록 하여 주시였다.

김정일장군님께서는 과학자, 기술자들이 새로운 과학연구와 기술혁신성과들을 이룩할 때마다 높이 평가해 주시고 그들을 사회적으로 적극 내세워 주고 계신다.

장군님께서는 쇠물려과제를 연구완성하여 김일성주석님의 육성록음을 영구히 보존할수 있게 한 과학원 유색금속연구소 연구사 현영라를 로력영웅으로, 시대의 전형의 한사람으로 내세워 주시였다.

또한 그분께서는 자강도의 어느 한 공장의 청년과학자가 나라의 과학기술을 세계적인 최첨단수준에 올려 세우기 위한 사업에 큰 기여를 했을 때 이런 동무에게 영웅칭호를 주지 않으면 누구에게 영웅칭호를 주겠는가, 조국의 부강번영을 위하여, 자신의 모든 것을 깡그리 바친 이런 동무가 애국자이고 영웅이라고 뜨겁게 말씀하시였다.

최근년간 이전의 동유럽나라들에게는 수많은 과학자, 기술자들이 일자리를 잃고 해외로 빠져 나갔다. ≪빵만 주면 우리에게는 조국이 필요 없다.≫며 조국을 등진 그들의 대다수는 ≪이주민≫, 렬등인의 수모와 멸시속에 살아 가고 있다. 그 가운데는 청년과학자, 기술자들이 적지 않다.

그러나 이북의 과학자, 기술자들은 김정일장군님의 크나큰 믿음과 사랑속에서 무상의 영예와 존대를 받으며 과학연구사업에 모든 것을 다하고 있는것이다.

위대한 장군님께서는 과학연구기관들과 과학기술교육기관들의 물질기술적토대를 더욱 튼튼히 꾸려 주고 계신다.

장군님께서는 최근년간 전자공업부문의 연구기지를 최상의 수준에서 꾸려 주시였으며 나라의 수학을 세계적수준에 올려 세우기 위해 프로그람연구중심을 내오도록 하시고 컴퓨터를 비롯한 최신연구수단들을 마련해 주시였다.

그분께서는 과학원과 과학기술인재들을 양성하는 김일성종합대학과 김책공업종합대학에 많은 연구설비들과 실험기자재들을 여러차례에 걸쳐 보내주시여 과학연구사업과 과학기술교육을 높이 끌어 올릴수 있는 조건들을 충분히 마련해 주시였다.

지금 많은 나라들에서 과학연구기관들이 경영난에 허덕이고 폐쇄되고 있으며 특히 자본주의가 복귀된 나라들의 과학연구기관들의 처지는 최악의 상태에 있다. 끼르기즈스딴 국가과학원산하 지진연구소는 1999년 3월 초부터 자금난으로 연구사업을 무기한 연장하여 이 나라에서는 언제 지진에 의해 어떤 재난이 닥쳐 올지 알수도 없는 항시적인 불안이 존재한다. 1999년 로씨야에서는 재정난으로 이전 쏘련시기의 ≪미르≫ 우주정류소를 궤도우에 계속 남겨 두는 것이 난문제로 되여 에네르기야로케트회사가 년초부터 모연활동을 하지 않으면 안되게 되였으며 사회주의시기 쏘베트과학의 긍지로 되였던 과학연구기관인 ≪부란≫ 청사가 식당으로 변했고 노보씨비르스크 과학원도시에서 과학연구기관들이 돈 많은 ≪새 로씨야인≫들의 흥정물로 되고 있다.

그러나 이북에서는 김정일장군님의 깊은 관심과 원대한 구상, 적극적인 조치에 의하여 새로운 과학연구기관들이 수많이 창설되고 이미 있던 과학연구기관들도 그 물질적토대가 더욱 강화되고 있는것이다.

위대한 장군님의 현명한 령도의 손길아래 사회주의강성대국건설 시대를 맞이한 이북의 과학기술은 급속히 발전하고 있다.

강성대국건설에서 나서는 과학기술적문제들을 풀며 가까운 앞날에 과학기술을 세계적수준으로 끌어 올리려는 것이 김정일장군님의 구상이고 결심이다.

이북에서는 과학기술발전목표를 달성하기 위한 과학연구와 기술개발이 활발히 벌어 지고 있으며 그 성과가 나날이 확대됨으로써 과학기술의 새 지평을 맞이하고 있다.

과학기술발전성과에서 괄목할만한 것은 인공지구위성 ≪광명성1호≫의 성공적인 발사였다. 1998년 8월 31일 ≪광명성1호≫의 발사성공은 이북력사상 첫 인공지구위성의 발사였고 강성대국건설의 첫 포성이라는데 그 의미가 자못컸다.

일찍이 최첨단과학기술발전에 큰 힘을 넣어 우주세계를 개척할데 대한 휘황한 설계도를 펼쳐 주신 김정일장군님께서는 이 부문의 과학기술력량을 튼튼히 꾸려 주시고 직접 연구과제도 주시면서 우주정복을 결정짓는 튼튼한 공업토대를 마련해 주시였다.

이북을 위성발사국으로 전변시키려는 김정일장군님의 정력적인 령도가 있었기에 인공지구위성 ≪광명성1호≫는 성공적으로 발사되였고 이북은 세계우주개발국대렬에 당당히 들어설수 있었다.

이북이 자체의 힘으로 만든 다계단운반로케트로 단번에 위성을 궤도에 진입시킨 것은 이 분야에서 이북이 도달한 첨단과학기술의 높이가 얼마만한것인가를 잘 보여 주고 있다.

또한 ≪광명성1호≫의 발사를 통하여 세계가 최첨단기술로 공인하는 고체연로를 가진 고성능구형발동기, 수천도의 고열과 우주선, 방사선에 견딜수 있는 금속, 비금속재료들, 우주통신기술 등 이북이 자체로 개발한 모든 첨단과학기술의 완벽성이 확증되였다.

이렇게 인공지구위성 ≪광명성1호≫의 성공적인 발사로 강성대국에로의 장엄한 포성을 울리고 국력과 첨단과학기술의 위력을 과시한 이북은 과학기술의 다른 부문에서도 큰 성과를 이룩하고 있다.

전자공학부문에서는 생산공정의 자동화장치, 로보트조종장치, 국방공업에 필요한 장치, 천연색텔레비죤수상기와 같은 각종 전자일용품에 들어 가는 여러 가지 집적회로들과 빛변화 효률과 단위모줄당 출력이 세계적인 지표에 도달한 태양빛전지를 비롯하여 각종 전자요소와 전자제품도 100%로 자체의 기술, 자체의 힘, 자체의 자재로 만들어 냈다.

컴퓨터 및 프로그람부문에서는 복잡한 과학기술계산프로그람, 인공지능에 기초한 각종 진단프로그람, 조선어문서처리프로그람, 과학기술문헌검색체계프로그람, 컴퓨터지원에 의한 자동설계제작공정체계프로그람을 비롯한 수많은 프로그람 도구를 만들고 그것을 리용하여 경제의 여러 분야에 필요한 응용프로그람들을 개발함으로써 나라의 과학기술을 새로운 높은 단계에로 올려 세웠다.

생물공학부문에서는 세포공학, 유전자공학을 발전시키는데서 중요한 의의를 가지는 30여건의 과학연구성과들을 이룩하였다. 이 부문의 과학자, 기술자들은 비료를 적게 쓰고 안전한 소출을 낼수 있는 새로운 알곡품종들을 만들어 냈으며 염소의 배자이식과 다태기술, 암수조절기술을 개발하여 우량종의 수정란채취 및 성공률을 세계적수준에 도달하게 하였고 일란성쌍둥이기술을 개발하여 한배에 여러마리의 새끼를 낳게 하는데 성공하였다. 또한 무비루스감자의 대량생산과 잔알에 의한 감자재배방법에서 나서는 과학기술적문제들을 새롭게 해결하여 정보당 수확고를 높일수 있는 확고한 전망을 열어 놓았다.

그뿐아니라 유전자가공과 재조합, 발현기술을 세계적수준에 올려 세웠으며 여러 가지 항원 및 항체 분비균주들도 개발하여 보건실천과 농약제조에서 새로운 혁신이 일어 나게 하였다. 열공학부문에서는 선진적인 대용량보이라의 개발 및 운영에서 나서는 과학기술적문제들을 새롭게 개발하였으며 특히 보이라들에 2세대연소기술을 도입하여 이북에 풍부한 저열탄을 쓰면서도 연소효률을 부쩍 늘이고 공해를 완전히 막을수 있게 하였다. 산소열법에 의한 제철방법의 성공과 안주지구의 석탄지하가스화공업 창설 등 강성대국건설의 힘 있게 추동하는 수많은 과학기술성과들이 이룩되고 있다.

이북의 놀라운 과학기술의 성과에 대해 ≪경향신문≫(1998년 9월 9일부)은 이북의 과학기술이 하루아침에 이루어 진 것이 아니라고 하면서 ≪전기기관차, 항공기부품생산기술 등도 남쪽보다 훨씬 빨랐다. 제네바국제발명전 등에서도 북 기술자들의 수상경력도 만만치 않다. 지문열쇠, 메아리마이크 등 10여회가 넘게 최고상을 받았다. 평양시에 우뚝 선 1백 70m 높이의 주체사상탑 꼭대기에 45t의

해불탑을 올린 건축공법도 세계적으로 인정 받아 북이 자랑하는 기술이다.≫고 소개했다.

이북이 제국주의자들과 반동들의 끊임없는 경제제재와 고립압살책동에도 끄떡 없이 과학기술을 힘 있는 추동력으로 하여 사회주의강성대국건설을 다그치고 있는 것은 전적으로 비범한 과학적예지로 나라의 과학기술발전을 현명하게 령도해 나가시는 과학의 천재이시고 거장이신 김정일장군님께서 계시기 때문이다.

그분의 과학중시사상을 구현하여 과학을 모든 사업에 확고히 앞세우고 여기에 최대의 힘을 기울이며 강성대국건설에서 제기되는 모든 문제를 과학기술에 의거하여 풀어 나가는 이북은 머지 않아 과학기술을 세계의 정상에 올려 세울것이다.

이북에서 ≪로동신문≫, ≪근로자≫ 공동론설 ≪과학중시사상을 틀어 쥐고 강성대국을 건설하자≫를 발표한 것은 과학과 기술로써 강성대국건설을 앞당기려는 이북의 결심과 의지를 내외에 다시 한번 힘 있게 과시한 것으로 된다.

3. 올해를 강성대국건설의 위대한 전환의 해로 빛내이자

≪로동신문≫
조선로동당중앙위원회기관지
제1호[루계 제 18935호] 주체 88(1999)년 1월 1일(금요일)
≪로동신문≫, ≪조선인민군≫, ≪청년전위≫ 공동사설

오늘 우리는 사회주의승리자의 긍지드높이 희망한 새해 주체 88 (1999)년을 맞이한다.

뜻깊은 새해를 맞이할 때마다 수령은 인민을 뜨겁게 고무격려하고 인민은 수령을 믿고 따를 충성의 맹세를 다지는 것은 우리 혁명의 자랑스러운 전통이다.

위대한 령도자 김정일동지께서는 새로운 진군에 떨쳐나선 전체 당원들과 인민군장병들, 인민들에게 열렬한 축하를 보내고 계시며 우리 인민은 김정일동지께 최대의 영예와 뜨거운 인사를 드리고 있다.

지난해 주체 87(1998)년은 최후승리를 위한 결정적담보가 마련된 강행군의 해, 투쟁과 전진의 해이다.

력사의 풍파를 맞받아나가는 우리 인민의 투쟁을 간고하였다. 당의 령도따라 과감히 진행한 강행군은 제국주의의 도전을 짓부시고 사회주의보루를 지키기 위한 신념의 행군, 의지의 행군이이였다.

전당, 전군, 전민이 견인불발의 투지로 떨쳐나 공화국창건 50돐을 사회주의승리자의 대축전으로 빛내이고 부강조국건설의 튼튼한 도약대를 마련하였다. 사회주의강행군에서 영예로운 돌파자로 되게 된 것은 우리 인민의 더없는 자랑이다.

지난해에 수령, 당, 대중의 혼연일체가 굳건해지고 우리 식의 정치체제가 튼튼히 다져지게 되였다.

력사적인 최고인민회의 제 10기 제 1차회의에서는 위대한 령도자 김정일동지를 조선민주주의인민공화국 국방위원회 위원장으로 높이 추대하였다. 김정일동지의 사상과 정치를 빛나게 실현해나갈수 있는 혁명적인 국가기구체계가 정비되였다. 우리의 국가정치체제는 위대한 수령 김일성동지께서 개척하신 주체위업을 끝까지 완성해나가기 위한 계승성있는 정치체제이며 사회주의를 군건히 수호해나갈수 있는 강위력한 정치체제이다. 조국과 민족의 전도를 담보하는 만년대계의 기틀이 마련된 것은 력사적사번으로 된다.

사회주의강행군과정에 우리 혁명대로의 정치사상적순결성이 더욱 철저히 보장되게 되였다. 당과 수령을 따라 혁명의 천만리길을 걸어가려는 우리 인민의 신념은 강해졌으며 사회주의계급진지가 튼튼히 다져졌다. 우리 인민이 얻은것은 백배해진 일심단결이고 우려를 고립암살하려는자들에게 차례진 것은 수치스러운 패배뿐이다.

지난해는 사회주의조선의 국력이 힘있게 과시된 긍지높은 해였다.

우리는 첫 인공지구위성 ≪광명성 1호≫를 성공적으로 발사하여 공화국의 위용을 온 세계에 떨치였다. 준엄한 시련의 시기에 우리 나라가 당당한 위성보유국으로 된 것은 력사의 기적이다.

사회주의경제건설에서도 우리 인민을 기쁘게 하는 좋은 징조들이 나타났다. 금속공업과 전력공업, 기계공업을 비롯한 인민경제 기간공업부문을 활성화할 수 있는 토대가 닦아졌다. 농업무문에서도 먹는 문제를 완전히 해결할수 있는 확고한 되였다. 전군중적운동으로 중소형발전소건설과 국토관리사업이 계속 힘있게 추진되였다. 우리는 가장 어려운 고비들을 성과적으로 극복하고 최후승리를 눈앞에 바라보는 령마루에 올라섰다는 것을 긍지높이 말할수 있다.

지난해에 제국주의자들의 침략책동을 단호히 짓부셔버린 우리 인민군대의 무적필승의 위력이 힘있게 과시되였다.

나라의 자주권이 엄중히 위협당하는 일촉즉발의 시기에 인민군대는 침략자들에게 무자비한 섬멸적타격을 안실 단호한 자위적조치를 취하였다. 전체 인민들은 한손네는 총을, 다른 손에는 마치와 낫을 들고 떨쳐나 자기 제도, 자기 조국을 영예롭게 수호하였다. 제국주의자들의 ≪유화전략≫에는 혁명적원픽으로, 침략전쟁에는 해방전쟁으로 대답하려는 우리 군대와 인민의 의지가 확고부동하다는 것이 확증되였다.

지난해 우리 당과 군대, 인민이 사회주의강행군에서 이룩한 자랑찬 승리는 위대한 령도자 김정일동지의 사상과 지략의 승리, 담력과 의지의 승리이다.

김정일동지는 우리 조국과 민족의 위대하 수호자이시다. 김정일동지께서는 ≪최후의 승리를 위한 강행군 앞으로!≫라는 전투적구호를 제시하시고 몸소 총전군의 진두에 서시여 우리 당과 군대, 인민을 새로운 승리에로 불러일으키시였다. 자강도와 함경북도, 대홍단과 덕천을 비롯한 온 나라의 방방곡곡에는 사회주의건설의 전환적국면을 열어나가시는 김정일동지의 현지지도의 거룩한 자욱이 아로새겨져있다. 온 나라에는 강계정신이 나래치고 서양의 봉화따라 새로운 대고조의 불길이 세차게 일어나게 되였다.

사회주의강행군을 현명하세 이끄시는 김정일동지의 활동은 건군혁명령도로 일관되여있다. 인민군대를 핵심으로 하여 혁명대오를 튼튼히 꾸리고 혁명적군인정신을 무기로 하여 사회주의건설을 밀고나가는 것은 김정일동지의 독특한 령도방식이다. 인민군대가 혁명의 주력군으로서의 역할을 훌륭히 n행하고 군대와 인민이 일심동체가되여 사회주의를 수호해나가는 위대한 현실이 펼쳐지게 된 것은 김정일동지의 선군혁명령도의 고귀한 결실이다.

력사에 류례없는 사회주의강행군을 주동적으로 단행하시여 강성대국건설의 휘황한 전망을 열어놓으신 김정일동지의 업적은 천추만대에 길이 빛날것이다.

새해 주체 88(1999)년은 위대한 당의 령도따라 강성대국건설에로 전진하는 새로운 전환의 해, 총진격의 해이다.

위대한 령도자 김정일동지께서는 다음과 같이 지적하시였다.

≪우리는 우리 당과 혁명의 영광스러운 력사와 위대한 업적을 고수하고 새로운 승리로 빛내이기 위하여 붉은기를 더욱 높이 휘날리며 힘차게 전진하여야 합니다.≫

올해의 투쟁은 위대한 김정일동지께서 오래동안 무르익혀오신 강성대국건설의 웅대한 설계도를 전면적으로 실현해나가는 력사적진군이다. 가까운 앞날에 우리 나라를 사상과 정치─군사와 경제 등 모든 분야에서 회상의 위력을 지닌사회주의강국으로 만들려는 것은 위대한 김정일동지의 확고부동한 의지이다. 지금 우리 앞에는 항일혁명투쟁시기 고난의 행군에서 승리한 그 기세로 조국에로 진격하던 때와 같은 력사적전환의 시기가 도래하였다. 우리는 사회주의강행군에서 다져진 정치사상저그, 군사경제적 힘을 통동원하여 강성부흥의 새 시대를 열어나가야 한다.

올해는 위대한 수령 김일성동지의 서거 5돐이 되는 해이다. 경애하는 수령님 씨거 건군의 길에서 쌓으신 불멸의 없적은 강성대국건설의 만년재본이다.

우리는 수령님의 령도에따라 빈터우에서 천리마진군으로 자주, 자립, 자위의 사회조국을 일떠세운것처럼 경대하는 김정일동지의 령도따라 제2릐 천리마대 진군을 다그쳐나가야 한다.

≪올해를 강성대국건설의위대한 전환의 해로 빛내이다!≫ 이것이 우리당과 인민이 튼튼히 틀어쥐고나가야 할 전투적구호이다.

우리 나라를 사회주의사상강국으로 더욱 빛내여나가야 한다.

우리의 사회주의강성대국은 위대한 김정일동지의 사상으로 일색화된 주체의 나라이다. 사상으로 건설되고 신념으로 다져진 사회주의성새는 금성철벽이다.

위대한 김정일동지의 사상은 주체혁명의 새 시대의 전투적기치이다. 김정일동지의 사상이 있기에 주체혁명의 계승완성도있고 조국의 무궁한 륭성번영도 있다. 우리는 오직 우리 당의 사상의지대로만 숨쉬고 싸워나가는 위대한 김정일사상의 절대적인 숭배자, 견결한 옹호자, 철저한 관철자가 되여야 한다. 당 및 국가군 건설과 사회생활의 모든 분야에서 김정일동지의 사상과 로선을 튼튼히 틀어쥐고 철저히 구현해나가야 한다.

사회주의사상강국은 수령결사옹위정신의 결정체이다. 최고의 애국도 수령결사옹위에 있고 최대의 충정도 수령을 위하여 한목숨 바치는데 잇다. 위대한 김정일동지는 곧 우리 당이고 우리국가, 우리 군대이며 우리 인민이다. 우리는 김정일동지를 위하여 한목숨 서슴없이 바치는 리수복형의 육탄영웅, 길영조형의 자폭용사가 되여야 한다. 누구나 다 우리 혁명의 최고수뇌부가 있는 평양을 결사수호하는 성새가 되고 방패가 되여야 한다.

우리의 사회주의사상강국을 건설하기 위한 투쟁은 제국주의와의 치렬한 사상적대결을 동반한다. 사회주의사회에서는 자본주의황색바람도 사소한 비계급적요소도 허용될수 없다. 우리는 제국주의자들의 사상문화적침투에 최대한의 경각성을 높여야 한다. 우리 식의 건전한 사상과 문화, 생활양식이 온 사회에 차넘치게 해야 한다. 반미교양, 계급교양을 강화하여 모든 사람들을 견결한 계급의 전위투사로 키워야 한다.

사회주의군사강국의 불해의 위용을 더욱 힘있게 과시하여야 한다.

우리의 사회주의강국은 주체적인 군중시의 정치가 빛나게 구현된 무적필승의 나라이다. 혁명의 총대우에 조국의 강성부흥이 잇고 사회주의승리가 있다.

인민군대는 사회주의군사강국의 제일기둥이며 수령옹위의 제일결사대이다.

인민군대에서는 <위대한 김정일동지를 수반으로 하는 력명의 수뇌부를 목숨으로 사수하자!>라는 구호를 높이 들고 전군을 오늘의 오중흡7련대로 만들어야 한다. 경애하는 최고사령관 명령을 목숨바쳐 관철하는 혁명적 령군체계와 군중을 더욱 철저히 헤워냐 한다. 모든 인민군장병들을 적에 대한 불타는 증오심과 비타협적인 투쟁정신을 지니고 계급적원쑤들과 끝까지 싸우는 사나운 맹호로 키워야 한다.

우리 인민군대는 백두산 3대장군의 기질로 싸워이기는 사상의 강군, 신념의 강군이다. 세계유일초대국도 내려다보는 만만한 배심, 불가능을 모르는 공격정신은 원쑤들과 단호히 결판을 내고야마는 무자비성, 이것이 백두산발찌산의 전통을 이어받은 우리 군대의 본성이고 전투적 기질이다. 이 행성에서 우리 혁명무력의 타격을 막아낼자는 없다. 우리 인민군대는 덤벼드는 침략자들을 무쇠주먹으로 단호히 짓부실것이며 그 어떤 적의 아성도 불바다로 만들어버릴것이다.

인민군대에서는 어데서 어떤 바람이 불어와도 싸움준비를 튼튼히 갖추어야하며 그 어떤 적의아성도 불바다로 만들어버릴것이다.

전국이 요새화되고 전민이 무장한 것은 우리의 군사강국의 자랑스러운 군사를 성실히 배우며 온 나라를 소황청과 같은 난공불락의 요새로 만들어야 한다. 허리띠를 졸라매며 건설하여 놓은 우리의 국방공업의 위력을 더욱 튼튼히 다져나가야한다.

군민일치는 우리 사회의 밑뿌리이다. 혁명적군인정신에 기초한 군대와 인민의 사상의 일치, 투쟁기풍의 일치를 확고히 보장하며 옹군애민의 전통적미풍을 활짝 꽃피워야 한다.

우리 나라를 사회주의경제강국으로 건설해 나가야 한다.

경제건설은 강성대국건설의 가장 중요한 과업이다. 우리의 정치사상적, 군사적 위력에 경제적힘이 안받침될때 우리나라는 명실공히 강성대국의 지위에 올라설 수 있다. 올해의 총진군은 강행군의 계속이며 90년대를 빛나게 결속하기 위한 마지막격전이다. 우리는 ≪<고난의 행군>을 락원의 행군으로 힘차게 이어가자!≫ 는 구호를 높이 들고 강성대국건설의 새로운 진격로를 열어나가야 한다.

인민경제 모든 부문에서 생산을 정상화하고 나라의 경제전반을 자기의 궤도우에 확고히올려세우며 인민생활을 안정향상시키는것, 이석이 올해 우리가 수향하여야 할 경제건설의 기본과업니다.

농업행상은 강성대국건설의 천하지대본이다.

올해에 우리는 농사에 전국가적힘을 넣어 먹는 문제를 해결하여야 한다. 감자농사에서 혁명을 일으키며 적지적작, 적기적작의 원칙에서 우리의 농업구조를 개선하여야 한다. 두벌농사를 대대적으로 하며 종자혁명을 계속 힘있게 내밀어야 한다. 강원도를 비롯하여 도처에서 토지정리사업을 전군중적운동으로 벌려야 한다.

전력과 석탄은 인민경제의 생명선이다. 전국이 말라붙어 이미 건설중에 있는 대규모수력발전소들의 조업을 최대한 앞당기며 자강도의 모범을 따라 중소형발전소건설을 계속 힘있게 밀고나가야한다. 석탄공업부문에서는 굴진과 갱건설을 앞세워 탄발을 더 많이 마련하고 석탄생산을 늘여나가야 한다. 금속공업의 주체성과 자립성을 강화하여 철강재 생산을 높은 수준에 끌어올리며 긴장한 철도수송문제를 풀어야 한다. 나라의 자연부원을 대대적으로 개발하여 경제적부흥의 밑천으로 마련해놓아야 한다.

평양-남포고속도로를 비롯한 중요대상건설을 힘있게 밀고나가야 한다.

경공업부문에서는 인민소비품을 원만히 생산보장하기 위한 투쟁을 적극 벌리며 지방의 예비와 가능성을 남김없이 동원하여 모든 지방산업공장들을 만부하로 돌려야 한다.

새로운 국가기구체계의 요구에 맞게 경제에 대한 중앙집권적통일적지도를 더욱 강화하여 경제사업에서 실리를 보장하고 규률과 질서를 철저히 세워야 한다.

과학기술은 강성대국건설의 힘있는 추동력이다. 조국의 부흥발전은 과학자, 기술자들의 손에 달려있다. 과학자, 기술자들은 우리의 기술, 우리의 힘으로 첫인공지구위성을 쏴올린 그 본때로 나라의 전발적과학기술을 세계적수준에 올려 세워야 한다. 온 나라에 과학을 중시하는 기풍을 세우고 거기에서 기술혁신의 불길이 세차게 타번지게 하여야 한다.

올해에 강성대국건설에서 새로운 진격로를 열어놓기 위해서는 우리 식의 혁명
방식을 철저히 구현해나가야 한다.

당, 군, 민의 일심단결의 위력, 정치사상적위력을 발동하고 자체의 힘으로 모
든 것을 풀어나가는 것이 우리 식의 혁명방식이다.

령도자를 중심으로 하는 우리의 일심단결을 철통같이 다지고 그 힘으로 사회
주의건설을 밀고나가야 한다. 모든 부문, 모든 단위에서 당애렬을 조직사상적으
로 더욱 튼튼히 꾸리고 당의 령도적역할을 백방으로 강화하여야 한다. 당정치사
업을 결정적으로 개선하여 사상의 위력으로 오늘의 난관을 뚫고 나가야 한다.

새 환경에 맞는 혁명투쟁기풍이 온 나라에 나래치게 하여야 한다.

사회주의강행군에서 창조된 강계정신은 전당, 전민을 강성대국건설에로 떠밀
어주는 원동력이다. 우리는 당의 의도라면 불가능도 가능으로 만드는 결사관철의
정신, 자기 살림살이를 제 손으로 꾸려 나가는 자력갱생의 기풍을 높이 발양하여
야 한다. 어려울수록 락천적으로 살고 일하며 생산문화, 생활문화를 철저히 확립
하여야 한다.

일군들의 어깨우에 강성대국건설의 중하가 지워져있다. 일군들은 새 환경에
맞게 사업방법과 일본새에서 근본적인 개선을 가져와야 한다. 잡도리를 크게 하
고 냅다 미는 대담성과 완강한 실천력, 언제나 기발을 들고 앞장서는 이신작칙,
대중과 한가마밥을 먹는 인민적품성, 이것이 오늘의 시대가 요구하는 일군들의
투쟁기풍이며 일본새이다. 일군들은 더욱 분발하여 대홍단기풍으로 일해나감으
로써 당의 품속에서 자라난 혁명의 지휘성원으로서의 본때를 보여주어야 한다.

청년들을 강성대국건설의 돌격대이다. 청년들은 김일성사회주의청년동맹의 기
발을 힘차게 휘날리며 당이 부르는 사회주의건설장마다에서 영웅적위훈을 떨쳐
야 한다.

전체 인민이 애국의 불타는 열정으로 강성대국건설위업에 한결같이 떨쳐나서
야 한다.

애국속에 민족부흥이 있고 참된 삶이 있다. 우리는 해방 후 들끓는 건국열의로
내 나라를 일떠세우던 그때처럼 있는 림, 있는 지혜, 있는 열정을 다 바쳐 사회주
의조선을 끝없이 빛내여나가야 한다. 누구나 강성대국을 건설하는 투쟁에서 순국
할줄 아는 열혈의 애국충신이 되어야 한다. 향토애, 공장애를 지니고 거리와 마
을, 공장과 일터를 알뜰히 꾸리고 튼튼히 지켜나가야 한다. 한그루의 나무를 심
고 하나의 선설물을 일떠세워도 후대들이 덕을 볼수 있도록 만년대계로 되게 하
여야 한다.

올해 우리의 투쟁은 여전히 간고하지만 최후의 승리는 눈앞에 있다. 우리에 계

는 강성대국을 건설할수 있는 휘황한 설계도도 있고 튼튼한 토대로 마련되여있다. 전당, 전군, 전민이 떨쳐나 총진격할 때 우리의 행군길은 반드시 락원의 행군길로 이어질것이며 1999년은 20세기의 가장 빛나는 해로 력사에 기록될것이다.

지난해는 우리 민족이 위대한 령도자 김정일동지께서 제시하신 민족대단결 5대방침의 가치높이 조국통일을 위한 투쟁에서 커다란 전진을 가져온 력사적인 해였다.

지난해에 조국통일을 가로막기 위한 분렬주의세력의 책동은 전례없이 악랄하였다. 남조선에서 ≪정권≫교체가 있었다고 하지만 북남관계에서는 달라진 것이 없으며 남조선인민들의 처지도 더욱 비참하고 어렵게 되였다. 국제금융의 신탁통치로 경제는 총체적파국상태에 처하고 대중적인 실업과 빈궁, 부정부패가 범람하는 것이 남조선의 현실이다.

미제와 그 하수인들의 식민지파쑈체제하에서는 자주, 민주, 통일의 념원을 이루기는 고사하고 목숨자체도 부지할수 없다는것, 바로 그것이 이른바 ≪국민정부≫에 대한 1년간의 검증과정에 남조선인민들 스스로가 찾은 결론이다.

새해 주체88(1999)년은 우리 민족이 조국통일을 위한 투쟁에서 획기적인 전환을 이룩하여야 할 매우 중요한 해이다.

조국통일에 대한 우리 민족의 세기적인 념원이 실현되자면 무엇보다도 남조선이 자주화되여야 한다. 반세기가 넘도록 식민지노예로 살아온 남조선인민들은 이제 더는 그렇게 살수 없다.

남조선에서 자주화투쟁대상은 미제를 비롯한 외세이다. 침략적인 외세는 저들의 리익을 위해서라면 다른 민족을 전쟁의 제물로 삼는것도 서슴지 않는다. 반외세, 반제, 반피뢰 추쟁을 전민족적인 범위에서 더욱 힘있게 벌려나가야 한다. 남조선에서 자주화된 새 세상을 가져오기 위한 인민들의 거족적인 반외세자주화투쟁의 폭발은 불가피하다.

민족대단결은 조국통일위업실현의 근본초석이다. 남조선에 있어서 출로는 오직 외세의존을 배격하고 동족과 손을 잡는 련공북통일에 있다. 조국통일을 진정으로 바라는 사람이라면 외계의존의 길이 아니라 동족과 힘을 합쳐 민족의 운명을 자주적으로 개척하는데로 나가야 한다.

남조선인민들은 동족사이의 접촉과 대화, 통일을 가로막는 ≪국가보안법≫과 ≪통일부≫, ≪안기부≫ 등 온갖 제도적 장치들을 철폐, 해체하기 위한 투쟁을 끝장을 볼 때까지 벌려야 한다.

온 민족이 화합하고 단결하면 그것이 곧 조국통일이다. 해내외의 전체 조선동포들은 사상과 리념, 신앙과 정견, 계급과 계층의 사이를 초월하여 조국통일의 기치아해 굳게 단결해야 한다.

민족의 태양이신 위대란 령도자 김정일동지께서 민족의 통일대진군을 전군에서 이끄시기에 통일의 앞길은 락관적이다. 북과 남, 해외의 온 민족은 새로운 신심과 용기를 가지고 조국통일 운동에 박차를 가함으로써 가까운 앞날에 이 땅우에 통일되고 번영하는 경성대국을 일떠세워야 할것이다.

지난해에 국제무대에서는 제국주의 침략책동에 의하여 의연히 긴장한 정세가 조성되였다. 현실은 미제의 오만한 강권행위를 짓부시지 않고서는 민족의 자주권도, 세계평화도 수호할수 없다는 것을 보여주고 있다.

우리 당의 대외정책은 사회주의위업, 인류자주위업을 위한 가장 정당하고 원칙적인 대외정책이다. 우리는 자주, 평화, 친선의 리념밑에 사회주의를 지향하는 세계 진보적인민들, 반제자주력량하의 단결과 련대성을 더욱 강화해 나갈 것이며 제국주의자들의 침략과 전쟁책동을 짓부시고 평화롭고 자주적인 새세계를 건설해 나갈 것이다.

우리는 멀지 않아 2천년대를 맞이하게 된다.

다가오는 새로운 년대는 위대한 수령 김일성동지께사 일떠우신 사회주의조선이 경애하는 김정일동지의 령도 밑에 강성대국으로 위용떨칠 희망의 년대이다.

광활한 미래는 위대한 노력을 요구한다.

≪고난의 행군≫길에서 단련된 강의한 우리 민족이 다시한번 분발하여 일떠서면 점령 못할 요새란 없다. 우리는 2000년을 맞이하게 될 당창건 55돐을 뜻깊게 기념하기 위하여 총돌격하여야 한다.

강성대국건설의 기치높이 새 세기에로 나아가는 우리의 진군길은 가장 숭고한 애국애족의 길이며 인류의 광명한 미래를 개척하는 정의로운 길이다. 이 길에서 우리 당과 인민은 반드시 최후승리자로 될것이다.

모두다 위대한 김정일동지를 수반으로 하는 당중아위원회의 두리에 굳게 뭉쳐 사회주의조선의 기상을 만방에 떨치며 주체혁명의 새 시대를 끝없이 빛내여나가자.

4. 당창건 55돐을 맞는 올해를 천리마대고조의 불길속에 자랑찬 승리의 해로 빛내이자

≪로동신문≫
조선로동당중앙위원회기관지
제1호[루계 제19300호] 주체 89(2000)년 1월 1일(토요일)
≪로동신문≫, ≪조선인민군≫, ≪청년전위≫ 공동사설

오늘 우리 인민은 준엄한 력사의 풍파를 헤쳐온 조선혁명의 년대기들을 긍지 높이 돌이켜보며 희망찬 새해 주체 89(2000)년을 맞이한다.

세기를 격동시킨 사회주의의 기치를 변함없이 높이 들고 2000년을 떳떳하게 맞이하고 있는 것은 우리 당과 인민의 크나큰 긍지이다.

전체 당원들과 인민군장병들, 인민들은 위대한 령도자 김정일동지께 최대의 영예와 만수축원의 인사를 드리고 있으며 김정일동지의 두리에 군게 뭉쳐 새해의 총진군을 다그쳐나갈 결의에 넘쳐있다.

지난해 주체 88(1999)년은 강성대국건설에서 위대한 전환이 일어난 력사의 해이다.

최근 몇해동안 우리 인민은 류례없는 시련의 언덕을 넘어왔다. 90년대후반기 우리가 벌린 <고난의 행군>,강행군은 우리 식 사회주의를 지키기 위한 결사전이였다. 지난해에 우리 인민은 불굴의 투쟁을 벌려 여러해째 계속된 어려운 행군을 구보행군으로 전화시켜놓았다.

<고난의 행군>의 영웅서사시는 오랜 기간에 걸치는 우리 인민의 혁명투쟁사에 지울수 없는 자욱을 남긴 불멸의 위훈이다.

지난해에 간고한 투쟁속에서 다져진 수령과 인민의 혼연일체의 대풍모가 남김없이 과시되였다. 위대한 김일성동지의 서거 5돐을 계기로 수령님을 천세만세 받들어 모시고 수령님식대로 혁명을 하려는 우리 당과 인민의 의지는 더욱 확고부동한 것으로 되였다.

언제 어디서나 경애하는 김정일동지를 마음의 기둥으로 군게 믿고 억세게 살며 싸워나가는 우리 인민의 숭고한 사상정신세계가 높이 발현되였다.

당과 수령에게 끝없이 충직한 우리 시대의 영웅들이 수많이 배출되였다. 정성옥영웅이 세계녀자마라손의 패권을 쥐게 된 것은 조선민족의 존엄과 영예를 온누리에 떨친 20세기의 뜻깊은 사변이며 백번 쓰러지면 백번 다시 일어나 싸우는 우리 인민의 영웅성의 정화였다. 우리 시대의 영웅들을 따라배우는 운동이 힘있게 벌어짐으로써 온 사회에 수령옹위정신, 결사관철의 기풍, 혁명적락관주의가 차넘치게 되였다. 사상의 강자, 신념의 강자들의 대부대가 자라나게 된 것은 수천만톤의 쌀과도 대비할수 없는 고귀한 성과이다.

지난해는 제2의 천리마대진군이 장엄하게 벌어진 보람찬 해였다.

전체 인민이 떨쳐나 어려운속에서도 당의 웅대한 경제건설구상을 실현하는데서 많은 일을 해놓았다. 성강의 봉화따라 인민경제 여러 부문에서 생산적앙양을 일으키기 위한 투쟁이 힘있게 벌어졌다. 농업발전에 커다란 힘이 돌려지고 주체농법의 요구가 구현되게 되였다. 강원도와 평안북도의 토지정리와 광명성제염소건설을 비롯한 거창한 대자연개조사업에서 커다란 성과가 달성되였다. 과학자, 기술자들의 헌신적노력에 의하여 많은 과학기술적문제들이 해결되였다.

지난해에 강성대국건설을 위한 토대가 더욱 튼튼해졌으며 우리는 앞으로 더 빨리 달려나갈수 있는 강력한 힘을 가지게 되였다. 온 나라를 진감시킨 제2의 천리마대진군은 자력갱생의 위력으로 사회주의경제강국을 일떠세우려는 우리 인민의 혁명적기세를 그 무엇으로써도 꺾을수 없다는 것을 보여주었다.

지난해는 제국주의자들과의 정치군사적대결에서 빛나는 승리가 이룩된 긍지높은 한해였다.

90년대 우리 나라는 제국주의와의 가장 치렬한 대결장으로 되였다. 우리 식 사회주의를 압살하려는 제국주의자들의 책동은 전례없이 강화되였지만 갈수록 궁지에 빠지게 된 것은 우리가 아니라 제국주의자들이다. 우리 군대와 인민은 제국주의자들이 힘의 정책으로 나올 때에도 강경하게 맞서 싸웠고 유화전략으로 나올 때에도 확고한 혁명전원칙성으로 그것을 짓부셔버리였다. 세계를 격동시킨 우리의 승리는 제국주의에 대하여서는 티끌만한 환상도 가져서는 안되며 최후승리를 이룩할 때까지 견결히 맞서 싸워나가야 한다는 것을 보여주었다.

지난해는 강성대국건설위업을 진두에서 이끄시는 위대한 김정일동지의 정력적인 령도로 수놓아져있다.

경애하는 김정일동지께서는 언제나 들끓는 현실속에서 작전하고 대중을 불러 일으키는 현명한 정치를 실시해오시였다. 김정일동지의 명철한 예지와 불면불휴의 로고에 의하여 전국적인 본보기들이 수많이 창조되고 강성대국건설에서 새로운 진격로가 열리게 되였다.

령도자가 지펴준 한점의 불꽃이 료원의 불길처럼 온 나라에 타번지고 령도자의 귀감이 전인민적인 기풍으로 되고있다.

위대한 김정일동지의 혁명령도는 곧 선군정치이다.

김정일동지께서는 옹근 한해동안 전선시찰의 길에 계시면서 인민군대와 함께 조국도 보위하시고 사회주의건설도 령도하여 오시였다. 전환의 해 구보행군의 앞

장에는 언제나 인민군대가 끄떡없이 서있었고 인민군대의 진두에는 경애하는 최
고사령관동지께서 서계시였다. 인민군대를 혁명의 기둥으로 내세우시고 로동계
급과 농민을 비롯한 전체 인민들이 혁명적군인정신으로 싸워나가도록 하신 김정
일동지의 선군정치는 우리 시대의 위력하고 완성된 사회주의정치방식으로 빛을
뿌리고 있다.

력사의 해 1999년에 강성대국건설의 장엄한 시대를 펼쳐놓으신 김정일동지의
업적은 위대한 혁명실록으로 후세에 길이 전해지게 될것이다.

새해 주체 89(2000)년은 위대한 당의 령도따라 강성대국건설에서 결정적전진
을 이룩해나가는 총진격의 해이다.

위대한 령도자 김정일동지께서는 다음과 같이 지적하시였다.

≪사회주의강성대국을 건설하기 위한 우리의 투쟁은 당의 령도밑에 주체의 사
회주의위업을 빛나게 계승완성하며 우리 조국을 가장 위력하고 번영하는 사회주
의강국으로 일떠세우는 더없이 보람차고 거창한 투쟁입니다.≫

올해는 영광스러운 조선로동당 창건 55돐이 되는 뜻깊은 해이다. 당창건 55돐
은 주체형의 당의 창건자, 건설자의 불멸의 혁명업적을 만대에 빛내이는 크나큰
경사이며 ≪고난의 행군≫, 강행군을 돌파한 사회주의승리자들의 대축전이다.
전당, 전군, 전민이 한결같이 떨쳐나 겹쌓인 시련을 과감히 이겨내고 당창건 55
돐이 되는 올해에 사회주의조성의 기상을 높이 떨쳐야 한다.

당창건 55돐을 성대히 기념하기 위한 오늘의 총진군은 위대한 김정일동지의
령도따라 강성대국건설에서 비약을 이룩하기 위한 투쟁이며 준엄한 시련속에서
고수하여온 우리 식 사회주의의 불패의 위력을 과시하기 위한 성스러운 투쟁이
다. 우리의 리상과 포부는 강성대국건설이며 승리의 표대는 주체의 사회주의기치
이다.

≪당창건 55돐을 맞는 올해를 천리마대고조의 불길속에 자랑찬 승리의 해로
빛내이자!≫, 이것이 우리 당과 인민이 올해에 높이 들고 나가야 할 전투적구호
이다.

우리는 사상중시, 총대중시, 과학기술중시 로선을 틀어쥐고 올해 총진군을 다
그쳐나가야 한다. 사상과 총대, 과학기술은 강성대국건설의 3대기둥이다. 사상이
견결하고 총대가 위력하며 과학기술이 발전하면 그것이 곧 주체의 사회주의 강
성대국이다.

사상중시로선을 확고히 견지하여야 한다.

사상중시는 우리 당의 제일생명선이며 우리 식 사회주의의 근본이다. 우리 주
체형의 혁명가들은 죽으나 사나 사상을 틀어쥐고나가는 철저한 사상론자가 되여
야 한다.

오늘의 진군은 위대한 김정일동지의 혁명사상의 위력으로 우리 식 사회주의를 고수하고 빛내이기 위한 투쟁이다. 우리는 당건설과 군건설, 경제건설을 오직 김정일동지께서 가르쳐주신대로만 해나가야 한다. 누구나 당의 사상과 의도를 삶과 투쟁의 좌우명으로 삼고 싸워나가는 김정일동지의 참된 전사, 제자가 되여야 한다.

사회주의사상에서 근본핵은 혁명의 수뇌부옹위정신이다. 김정일동지는 사회주의위업의 위대한 수호자이시고 백전백승의 향도자이시다. 우리 혁명전사들은 인생의 청춘기도수령결사옹위로 꽃피우고 인생의 로년기도 수령결사옹위로 마무리하여야 한다. 우리는 혁명적군인정신으로 한목숨 기꺼이 바쳐 령도자를 옹위하는 총폭탄용사, 령도자가 벽을 울리면 강산을 울리는 결사관철의 기수, 당의 뜻을 실현하기 위해서라면 돌우에도 꽃을 피우는 정열적인 실천가가 되여야 한다.

우리 식 사회주의는 확고한 계급적립장과 견결한 반제투쟁정신에 의하여 수호되는 불패의 보루이다. 우리는 수십년동안 피어린 투쟁을 통하여 다져온 사회주의의 계급진지를 0.001미리메터도 양보할수 없다. 혁명하는 인민에게 있어서 제국주의에 대한 환상은 독약과 같다. 제국주의자들이 압살책동으로 나오든 완화전술로 나오든 일관하게 반제계급교양을 강화하여야 한다. 언제나 신천땅의 피의 교훈을 잊지 말고 계급적원쑤들과 비타협적으로 견결히 싸워나가야 한다. 제국주의의 사상문화적침투를 막기 위한 투쟁을 온 사회적으로 강하게 벌려야 한다. 어려울때일수록 필승의 신심에 넘쳐 락관적으로 살며 싸워나가야 한다.

총대중시사상을 철저히 구현해나가야 한다.

총대로 개척된 조선혁명을 총대로 끝까지 완성하려는 것은 위대한 김정일동지의 철의 신념이다. 총대중시는 제국주의가 있고 혁명이 계속되는 한 항구적으로 틀어쥐고나가야 할 전략적로선이며 모든 부문에서 최우선시하여야 할 국사중의 제일국사이다. 오늘의 세계에서 사회주의운명을 지키는 가장 올바른 길은 국방중시에 있다.

우리 인민군대는 우리 식 사회주의의 불패의 성새이며 강성대국건설의 주력군이다.

인민군대가 틀어쥔 총대에는 수령옹위의 불타는 넋이 깃들어있고 원쑤들을 추호도 용서치 않는 투철한 계급적각오가 어려있다. 인민군장병들은 항일의 경위대처럼 최고사령부를 목숨으로 사수하는 오늘의 오중흡이 되여야 한다. 전군에 최고사령관 명령에 절대복종하는 혁명적력군체계와 군풍을 철저히 세워야 한다. 우리 군대를 관병일치의 미풍이 차넘치는 혁명적동지애이 결정체로, 인민을 끝없이 사랑하는 참다운 혁명군대로 강화하여야 한다.

우리 혁명무력의 과녁은 어제도 오늘도 변함이 없다. 인민군장병들은 자기 조국, 자기 제도를 해치려는 계급의 원쑤들을 무자비하게 짓뭉게버리는 무쇠주먹이 되여야 한다. 조국의 푸른 하늘, 푸른 돌, 푸른 바다를 끝없이 사랑하고 철벽으로 지켜야 한다.

인민군대는 항일유격대식으로 싸워이기는 백두산 3대장군의 군대이다. 억천만 번 죽더라도 원쑤를 치는 백절불굴의 투지, 물과 공기만 있으면 끝까지 살아서 싸우는 무비의 강의성, 언제나 주도권을 쥐고 적들을 답새기는 신출귀몰의 전법, 이것이백두산기질을 타고난 우리 군대의 싸움하는 본때이다. 전군에 항일유격대식훈련기풍을 철저히 세워 인민군대의 싸움준비를 완성하여야 한다. 백두산 3대장군의 슬하에서 자라난 우리 혁명무력을 당할자는 이 세상에 없다. 제국주의침략자들이 감히 덤벼든다면 인민군대는 일격에 원쑤들의 아성을 폭파해버릴것이며 정의의 전쟁으로 조국통일의 력사적위업을 성취할것이다.

우리 인민은 평화를 사랑하지만 절대로 구걸하지 않는 인민이다. 전체 인민들은 긴장되고 동원된 태세로 한손에는 총을 , 다른 한손에는 마치와 낫을 들고 생산과 건설을 다그쳐나가야 한다. 군대와 인민이 일심일체가 되여 조국도 보위하고 사회주의건설도 밀고 나가야 한다. 과학중시사상을 틀어쥐고나가야 한다.

과학에 튼튼히 의거하여 사회주의를 건설해나가는 것은 우리 당의 확고한 립장이다.

높은 혁명성에 과학기술이 안받침될 때 사회주의의 성공탑을 쌓을수 있다.

우리는 온 사회에 과학중시기풍을 철저히 세워야 한다. 누구나 과학기술발전에 깊은 관심을 돌리며 과학자, 기술자들을 사회적으로 내세워주어야 한다. 모든 과학자, 기술자들은 원대한 포부와 피타는 탐구정신, 깨끗한 량심을 가지고 내조국의 과학기술발전에 적극 이바지하여야 한다. 우리는 주체적인 과학기술을 최단기간내에 세계적수준에 올려 세우며 강성대국건설에서 절실한 과학기술적 문제를 풀어나가야 한다. 과학기술적력량을 전망적으로 꾸려나가야 한다. 새로운 과학연구성과와 기술혁신안을 제때에 생산에 받아들이며 과학기술행정사업을 개선해나가야 한다.

올해 우리가 보다 큰힘을 넣어야 할 전선은 사회주의경제건설이다.

우리의 경제형편은 의연히 어렵다. 올해 우리의 투쟁은 구보행군의 계속이며 강제강국건설에서 비약을 일으키기 위한 투쟁이다.

우리는 ≪고난의 행군≫, 강행군을 하던 그 기세로 10월의 대축전장을 향하여 총돌격하여야 한다. ≪모두다 당창건 55돐을 빛내이는 돌격전의 영웅이 되자!≫ 라는 구호를 들고 더 많은 일을 하여야 한다. 누구나 성강의 봉화따라 기적을 창조해나가는 제2의 천리마대진군의 선구자가 되여야 한다.

위대한 김정일동지께서 제시하신 혁명적경제정책은 사회주의경제강국건설의 전투적기치이다. 제국주의포위속에서 체힘으로 살아나가는 길도 당의 경제정책에 있고 인민생활을 결정적으로 높이기 위한 비결도 당의 경제정책 관철에 있다. 우리는 락원의 10명 당원들의 투쟁정신으로 당의 경제정책을 옹호 관철해나가야 한다. 남을 쳐다볼것이 아니라 자력갱생의 원칙에서 피땀으로 이루어놓은 우리의 자립적민족경제를 하나씩 추켜세워야 한다. 모든 부문에서 실리를 철저히 보장하는 것이 중요하다. 경제적타산을 앞세우고 절약투쟁을 강화하며 생산물과 건설물의 질을 높여야 한다.

전력공업과 석탄공업은 사회주의건설의 전초선이다. 현존발전능력을 최대한 높이고 대규모수력발전소건설과 중소형발전소건설을 다같이 밀고나가며 석탄생산을 결정적으로 늘여야 한다. 생산잠재력을 남김없이 발양시키며 철도운수를 추켜세워야 한다. 경공업혁명의 불길을 더 높여 인민소비품생산에서 새로운 앙양을 가져와야 한다.

농업부문에서는 농민들의 의사가 집대성되고 그 정당성이 확증된 주체농법을 철저히 관철하여야 한다. 종자혁명과 감자농사혁명, 두벌농사를 밀고나가며 집짐승을 많이 길러야 한다. 양어사업을 전군중적운동으로 벌려야 한다. 토지정리와 산림조성을 비롯한 국토관리사업을 계속 밀고나가야 한다.

전후 빈터에서 일떠서던 그 기세로 평양-남포고속도로 건설과 개천-태성호물길공사를 비롯한 중요대상건설을 힘있게 다그쳐야 한다.

올해 전투적과업을 성과적으로 수행하기 위하여서는 당을 강화하고 당이 령도적역할을 백방으로 높여야 한다.

당의 령도는 우리 식 사회주의의 불패성의 원천이다. 당이 위력하고 당의 령도를 받들어나가는 충직한 인민만 있으면 천하대적도 이길수 있고 《고난의 행군》을 열백번 한다고 해도 두려울것이 없다.

조선로동당은 우리 사회의 심장이며 조선혁명의 참모부이다. 오랜 혁명투쟁을 통하여 획득하고 공고화된 당의 령도적권위를 백방으로 옹호하여야 한다. 각급 당조직들은 당창건 55돐을 맞으며 당사업에서 새로운 전환을 가져와야 한다. 우리 시대 영웅들을 따라배우는 운동과 3대혁명붉은기 쟁취운동을 힘있게 벌려 온 나라를 혁명적열정으로 들끓게 하여야 한다. 모든 간부들과 당원들은 당이자 수령이라는 확고한 관점을 가지고 당의 령도를 높이 받들어나가야 한다. 청년들은 당의 웅대한 사회주의건설구상을 실현하기 위한 보람찬 투쟁에서 최고사령관의 예비전투부대, 별동대로서의 사명을 다해나가야 한다.

혁명과 건설에서 주체를 확립하고 민족성을 구현하기 위한 투쟁을 전면적으로 심화시켜야 한다. 우리 식 사회주의는 주체성과 민족성이 구현된 애국애족의 사회주의이다. 우리는 누가 무엇이라 하든 조선민족제일주의를 높이 들고 제 정신을 가지고 우리 식대로 살아나가야 한다. 제국주의자들의 《세계화》 책동을 짓

부시고 우리 식의 정치체제,우리 식의 경제구조, 우리 식의 생활양식을 고수하여
야 한다. 교육, 보건, 문학예술, 체육을 비롯한 모든 분야에서 주체를 세우기 위
한 투쟁을 심화시키며 강성대국건설의 요구에 맞게 새로운 전환을 이룩하여야
한다. 언어생활에서 고유한 우리 말을 적극 살려나가야 한다. 도덕과 문화정서
생활에서 우수한 민족성을 높이 발양시켜야 한다.

우리는 올해에 명실공히 실력전을 하여야 한다.

위대한 김정일동지는 희세의 실력가형의 위인이시며 우리 혁명전사들은 실력
으로 령도자를 받들어나가는 강성대국건설의 전위들이다. 모든 것이 충실성과 실
력에 달려있다. 온 사회에 혁명적학풍을 세우고 정치실무수준을 높이기 위한 된
바람을 일으켜야 한다. 일군들은 김정일동지식으로 면밀하게 작전하고 대담하게
일판을 벌이며 끝장을 볼 때까지 밀고나가는 정열적인 사색가, 창조의 능수, 용
감무쌍한 지휘관이 되여야 한다. 당정책관철에서 일군들의 책임성을 결정적으로
높여야 한다.

강계정신은 높은 실적을 올리게 하는 위력한 투쟁정신이다. 우리는 자강도 사
람들이 지닌 왕성한 일욕심과 강한 생활력, 알뜰한 살림살이기풍으로 당의 구상
을 빛나는 현실로 전변시켜나가야 한다. 온 사회에 노래도 있고 웃음도 있는 전
투적이며 혁명적인 랑만이 차넘치게 하여야 한다.

의연히 간고한 우리 혁명은 강의한 의지와 완강한 투쟁을 요구한다. 전체 당원
들과 인민군장병들, 인민들은 조선인민군 공훈합창단의 군가처럼 장엄하고 씩씩
하게 승리의 행진을 다그침으로써 2000년을 강성대국건설의 비약의 해로 되게
하여야 한다.

지난해는 조국통일운동에서 력사적인 전진이 이룩된 해이다.

민족의 자주와 대단결을 위한 99통일대축전 10차 범민족대회를 비롯한 조국통
일행사들에서 처음으로 북과 남, 해외의 3자련대가 이루어져 민족의 꺾을수 없는
통일의지가 남김없이 과시되였다. 자주, 민주, 통일을 위한 남조선인민들의 대중
적진출도 더 한층 강화되였다. 오래도고 간고한 조국통일운동사는 외래침략자들
과 민족반역자들을 그대로 두고서는 자주도 통일도 있을수 없다는 피의 교훈을
남기고 있다.

통일만이 살 길이고 조선민족이 부흥하는 길이다. 우리는 조국광복 55돐이 되
는 올해 2000년을 조국통일을 위한 투쟁에서 새로운 력사적인 전환의 해로 되게
하여야 한다.

지금 온 민족은 경애하는 김정일동지의 위대성에서 조국통일을 밝은 앞날을
내다보고있다. 김정일동지의 권위는 통일의 원쑤들에게는 공포를 주고 겨레에게
는 승리의 신심을 주는 절대적인 권위이며 장군님의 덕망은 주의주장이 다른 각

계각층의 온 민족을 묶어 세우는 위대한 인덕이다. 민족의 태양이신 위대한 김정일장군님께서 계시여 조국통일을 반드시 이룩된다는것, 이것이 새해를 맞으며 전체 조선민족이 다시금 굳게 간직하는 신념이고 의지이다. 온 민족이 위대한 수령 김일성동지의 두리에 굳게 뭉쳐 조국광복위업을 실현한것처럼 경애하는 김정일장군님의 령도따라 한사람같이 떨쳐나 조국통일의 력사적숙망을 반드시 성취하여야 한다.

남조선사회의 자주화는 미룰수 없는 시대적과제이다. 자주가 없는 조국통일이란 있을수 없다. 외세와 야합한 사대매국세력의 반민족적, 반통일적 행위를 절대로 용납하지 말아야 한다. 남조선인민들은 대중적인 반외세자주화, 반괴뢰민주화투쟁을 벌려 미제와 그 주구들의 식민지파쑈통치를 청산하고 남조선사회를 자주화, 민주화하여야 한다.

온 민족의 대단결은 조국통일의 전제이다.

민족대단결을 지향하는 사람은 애국자이고 민족의 단합을 저야하는 사람은 반역자이다. 해내외의 모든 동포들은 위대한 장군님께서 제시하신 민족대단결 5대방침의 기치아래 사상과 제도, 정견과 신앙의 차이를 초월하여 하나로 굳게 단결하여야 한다.

조국통일의 전환적국면을 열어나가는 근본열쇠는 조국통일 3대헌장을 철저히 실현하는데 있다. 위대한 수령 김일성동지께서 제시하신 조국통일 3대원칙과 전민족대단결 10대강령, 고려민주련방공화국창립방안은 우리민족의 한결같은 의사와 나라의 구체적현실을 반영한 민족공동의 통일강령이다. 온 겨레는 조국통일 3대헌장을 견결히 옹호고수하고 그 실현을 위한 투쟁에 몸과 마음을 다바쳐야 한다.

조국통일은 력사의 부름이며 통일을 위한 투쟁은 최대의 애국이다. 우리 민족은 조국통일을 가로막는 온갖 력사의 반동들을 쓸어버리고 이 땅우에 통일되고 번영하는 강성대국을 반드시 일더세울것이다.

지난해 국제무대에서는 제국주의자들의 강권과 침략 책동으로 하여 세계평화와 인류의 자주위업이 엄중히 침해당하는 비극적사태가 빚어졌다. 지배주의적야망을 실현하기 위해서라면 주권국가에 대한 강도적인 무력침공도 비렬한 내부와해책동도 서슴없이 감행하는 것이 오늘의 제국주의자들이다. 제국주의의 침략적본성은 언제나 오늘이나 변함이 없다. 혁명하는 인민들은 ≪평화≫와 ≪인도주의≫를 부르짖는 제국주의자들의 궤변에 절대로 속지 말아야 한다. 현실은 제국주의자들의 도전에 견결한 반제정신과 강력한 주체적력량으로 끝까지 맞서 싸울때 혁명의 전취물도 민족의 자주권도 지킬수 있다는 고귀한 진리를 가르쳐주고 있다.

우리의 위업은 정의의 위업이며 우리 당은 정의의 위대한 수호자이다. 우리는 앞으로도 반제자주의 혁명적기치를 높이 들고 인류의 자주위업과 사회주의위업 앞에 지닌 자기의 성스러운 국제적임무를 다해나갈것이다.

우리는 지금 세기의 령마루에서 찬란한 미래를 내다보고있다.

강성대국건설의 진두에는 위대한 김정일동지께서 서계시며 우리 앞길에는 어버이수령님의 한생이 어려있는 붉은기가 힘차게 휘날리고있다.

최후승리는 우리의 것이고 2000년은 우리의 투쟁활무대이다. 우리 군대와 인민은 위대한 수령 김일성동지를 따라 간고한 혁명의 천만리를 걸어온것처럼 김정일동지를 따라 영광스러운 투쟁과 승리의 천만리길을 억세게 걸어나갈것이다.

모두다 우리 식 사회주의의 종국적승리와 강성대국건설위업을 실현하기 위하여 더욱 힘차게 싸워나가자.

5. ≪고난의 행군≫에서 승리한 기세로 새 세기의 진격로를 열어 나가자

≪로동신문≫

조선로동당중앙위원회기관지

제1호[루계 제19666호] 주체 90(2001) 년 1월 1일(월요일)

≪로동신문≫, ≪조선인민군≫, ≪청년전위≫ 공동사설

오늘 조선혁명은 희망찬 새 세기, 21세기의 진군길에 들어 섰다.

사회주의수호전의 위대한 승리로 20세기를 빛나게 결속하고 새해 주체 90(2001)년을 뜻 깊게 맞이하게 되는 것은 우리 당과 인민의 크나큰 긍지이다.

원대한 포부와 필승의 신심에 넘쳐 광명한 미래에로 나아가는 우리 혁명대오의 진두에는 위대한 령도자 김정일동지께서 서계신다.

지금 전체 당원들과 인민군장병들, 인민들은 김정일동지의 두리에 굳게 뭉쳐 새 세기 승리의 천만리길을 억세게 걸어 나갈 확고한 결의에 넘쳐 있다.

지난해 주체89(2000)년은 우리 민족사에서 일찍이 없었던 경이적인 사변들이 일어 난 위대한 전환의 해, 20세기를 빛나게 총화한 력사적인 해이다.

우리 인민은 사회주의붉은기를 높이 추켜들고 혁명의 년대와 년대들을 승리로 수 놓아왔다. 20세기는 빛을 잃었던 우리 조선이 주체사상의 조국으로, 영웅조선, 천리마조선으로 존엄 떨친 영광의 세기이며 우리 식 사회주의가 승승장구하여 온 긍지 높은 세기이다. ≪고난의 행군≫을 단행하여 우리의 리념, 우리의 제도, 우리의 위업을 끝까지 고수하고 세기의 마무리를 잘한 것은 우리 당과 인민의 자랑이다. 쓰라린 곡절도 있었고 빛나는 위훈도 많았던 격동의 20세기는 위대한 수령을 모시고 혁명의 한길을 끝까지 걸어 나가는 인민은 반드시 영광의 단상에 오를수 있다는 것을 보여 주고 있다.

지난해는 세기와 더불어 튼튼히 다져 진 우리의 일심단결의 위력이 힘 있게 과시된 의의 깊은 해였다.

우리는 당창건 55돐을 사회주의승리자의 자부심에 넘쳐 성대하게 기념하였다. 당창건 55돐 경축행사는 수령숭배, 수령결사옹위로 뜨겁게 맥박친 일심단결의 대축전이였으며 ≪고난의 행군≫을 이겨 낸 신념의 강자, 의지의 강자들의 대행진이였다.

오래고도 간고한 시련의 언덕을 넘어 온 우리 혁명대오는 당의 품을 영원한 삶의 품으로 믿고 싸워 나가는 불패의 대오로 더욱 튼튼히 꾸려 지게 되었다. 남조선의 비전향 장기수들이 송환되고 혁명가의 참된 삶을 빛내이려는 고결한 사상정신적풍모가 온 사회에 차넘치게 되었다. 사랑과 충성, 믿음과 의리로 뭉쳐진 우리의 일심단결이 갈수록 백배해 지고 있는 것은 천만금과도 바꿀 수 없는 더없이 고귀한 성과이다.

지난해는 세기를 진감시킨 천리마대고조의 북소리가 더욱 높이 울린 보람찬 투쟁의 해였다.

우리 인민은 견인불발의 의지로 ≪고난의 행군≫ 마지막돌격전을 빛나게 장식하였다. 우리 당이 심어 준 혁명적군인정신, 강계정신은 안변청년발전소, 청년영웅도로를 비롯한 대기념비적창조물들을 수많이 일떠서게 하였고 성강의 봉화, 락원의 봉화는 사회주의경제를 활성화하기 위한 전투장마다에서 세차게 타올랐다. 1950년대에 시작된 우람찬 천리마대진군이 년대와 년대를 이어 지난해에도 힘차게 다그쳐 짐으로써 20세기가 천리마의 세기로 빛나게 되였다.

지난해는 조국통일위업실현에서 새로운 전환적 국면이 열린 뜻 깊은 해였다. 력사적인 평양상봉이 마련되고 6.15북남공동선언이 발표되여 온 삼천리강토가 통일의 열기로 들끓게 되었다. 50여년동안에 걸쳐 이룩할수 없었던 조국통일을 위한 력사적 과제들이 실현된 것은 민족사적사변이다.

조국통일운동이 민족자주의 궤도에 확고히 들어 서게 되였으며 민족적화해와 단합, 대단결의 기운이 더한층 높아 지게 되였다. 빛나는 선견지명과 애국애족의 대용단으로 새로운 통일강령을 마련하시여 민족분렬을 끝장낼수 있는 확고한 전망을 열어 놓으신 것은 경애하는 김정일동지의 불멸의 공적으로 된다.

우리 당의 올바른 민족자주, 민족대단결로선이 있고 민족의 운명을 빛나게 개척해 나가시는 위대한 김정일장군님께서 계시는 한 조국통일의 새 아침은 반드시 밝아 온다는것, 이것이 7천만 민족의 가슴속에 깊이 뿌리 내린 철석의 신념이다.

지난해는 사회주의조선의 존엄과 영예가 온 세상에 높이 떨쳐 진 긍지 높은 해였다.

자주의 기치를 굳건히 고수해 나가는 우리 나라는 세계정치의 초점으로 되여 왔다.

우리의 강경하고도 원칙적인 투쟁에 의하여 제국주의자들의 고립압살책동이 실패를 면할수 없게 되였다. 적들이 떠들던 사회주의 ≪붕괴론≫이 파산되고 우리 나라가 불패의 사회주의성새로 거연히 솟아 빛나게 된것은 혁명하는 인민들에게 커다란 고무로 된다.

5천년 민족사에서 오늘처럼 우리 나라의 국제적지위가 최상의 경지에 오른 때는 없었다. 우리와 선린우호관계를 맺고 발전시켜 나가려는것은 막을수 없는 시대적추세로 되고 있다. 현실은 정의는 반드시 승리하며 그 어떤 힘도 우리 식 사회주의의 힘찬 전진을 가로 막을수 없다는것을 확증해 주고 있다.

20세기를 빛나게 결속한 지난해의 위대한 승리는 경애하는 김정일동지의 특출한 정치실력과 정력적인 활동의 고귀한 결실이다.

지난 20세기에 우리 인민은 대를 이어 수령복을 누려 왔다. 우리 인민이 걸어온 시련에 찬 투쟁의 길에도 영광 넘친 승리의 길에도 위대한 김일성동지의 거룩한 자욱이 새겨 져 있으며 수령님식대로 혁명을 이끄시는 김정일동지의 존함이 빛나고 있다. 김정일동지의 정력적인 령도는 불사조와 같이 싸워 이긴 사회주의 조선의 기적을 낳게 하고 20세기를 김일성세기로 빛내이게 한 근본원천으로 되였다. 인민의 령도자, 행복의 창조자, 정의의 수호자이신 김정일동지를 혁명의 진두에 높이 모시고 주체혁명의 새 시대를 개척해 온것은 세기의 행운이다.

위대한 김정일동지의 정치실력은 온 민족을 매혹시키고 온 세계를 격동시켰다. 세기가 교체되는 시기에 김정일동지께서는 선군혁명령도로 우리 혁명을 백전백승의 한 길로 이끄심으로써 로숙하고 세련된 정치원로로서의 풍모를 남김없이 보여 주시였다. 경애하는 김정일동지의 령활무쌍한 지략은 언제나 주동적으로 승리를 앞당겨 나가게 하였고 김정일동지의 정치적결단성은 순간에 전환적국면은 마련하게 하였으며 김정일동지의 크나큰 포용력은 만민의 심장을 억세게 틀어 잡았다. 복잡다단한 세계정치를 주도하여 인류의 자주위업을 힘차게 전진시켜 나가시는 김정일동지는 21세기의 향도자로 절대적인 존경과 신뢰를 받고 계신다.

우리 혁명투쟁력사에서 2000년은 위대한 김정일동지의 두리에 굳게 뭉쳐 ≪고난의 행군≫에서 커다란 승리를 이룩한 해, 20세기를 영웅서사시로 장식한 긍지 높은 해로 빛날것이다.

새해 주체90(2001)년은 위대한 당의 령도 따라 21세기 강성대국건설의 활로를 열어나가야 할 새로운 진격의 해, 거창한 전변의 해이다.

위대한 령도자 김정일동지께서는 다음과 같이 지적하시였다.

≪우리는 우리 당과 혁명의 영광스러운 력사와 위대한 업적을 고수하고 새로운 승리로 빛내이기 위하여 붉은기를 더욱 높이 휘날리며 힘차게 전진하여야 합니다.≫

올해는 21세기의 첫해이다. 21새기는 력사와 풍파속에서 검증된 위대한 김정일동지의 정치가 전면적으로 꽃 펴나는 영광스러운 세기이며 우리 조국이 사회주의 강성대국으로 위용 떨치는 보람찬 세기이다. 우리는 올해에 ≪고난의 행군≫에서 이룩한 승리에 토대하여 혁명과 건설의 모든 분야에서 사회주의의 우월성을 더욱 높이 발양시키며 강성대국 건설에 새로운 박차를 가하여야한다.

다음해에 우리는 위대한 수령 김일성동지의 탄생 90돐을 맞이하게 된다. 사회

334 북한의 강성대국 건설전략

주의조선의 시조이신 위대한 김일성동지의 건당, 건국, 건군의 불멸의 업적을 영원히 옹호고수해 나가려는것은 우리 당의 확고부동한 의지이다. 우리는 위대한 수령, 위대한 령도자의 영광스러운 력사와 위업을 만대에 빛내이기 위한 사회주의붉은기진군을 힘차게 다그쳐 나가야 한다. 우리가 틀어 쥐고 나가는 21세기 혁명의 계주봉은 혁명선렬들의 뜻이 어린 붉은기이고 우리 인민이 걸어 가야할 승일의 길은 주체의 사회주의항로이다.

《<고난의 행군>에서 승리한 기세로 새 세기의 진격로를 열어 나가자!》, 이것이 올해 전당, 전군, 전민이 튼튼히 틀어 쥐고 나가야 할 전투적구호이다.

21세기 사회주의붉은기진군은 위대한 김정일동지의 자주정치, 단결의 정치, 애국애족의 정치를 철저히 구현하기 위한 성스러운 투쟁이다. 자주로 존엄 높고 단결로 승리하며 애국애족으로 번영하는것이 우리의 사회주의강성대국이다.

우리 당의 위대한 자주정치를 높이 받들어 나가야 한다.

자주는 새 세기의 막을수 없는 시대적흐름이며 자주정치는 인류의 지향을 반영한 보편적인 정치이다. 우리는 《ㅌ, ㄷ》의 기치를 높이 들고 자주시대를 앞장에서 선도해 온 영광스러운 전통을 끝없이 빛내여 나가야 한다.

우리는 강성대국을 건설하는 인민답게 자주성을 철저히 지키며 우리 혁명과 우리 나라의 실정에 맞게 모든 문제를 풀어 나가야 한다. 우리의 리념, 우리 식의 정치체제, 우리 식의 혁명방식을 견결히 옹호고수하여야 한다. 당적령도원칙을 확고히 견지하며 사상을 틀어 쥐고 나가는 주체의 사회주의건설로선을 일관하게 구현하여야 한다. 백두의 혁명전통을 혁명의 만년초석으로 여기고 전면적으로 계승발전시켜야 한다.

새 세기에는 제국주의의 강권과 전횡, 지배주의적책동이 더는 허용될수 없다. 우리는 제국주의자들의 도전을 단호히 짓부시고 피로써 쟁취한 우리의 신성한 자주권과 민족적존엄을 견결히 지켜 나갈것이다.

자주성에 기초한 국제관계발전의 새 시기를 주동적으로 열어 나가려는것은 우리 당의 일관한 립장이다. 우리 당은 우리의 자주권을 존중하는 나라들이라면 그 어떤 나라든지 대외관계를 개선해 나갈것이며 세계의 자주화와 인류의 평화위업에 적극 기여할것이다.

우리 당의 위력한 단결의 정치를 빛나게 구현해 나가야 한다.

단결은 사회주의정치의 근본이다. 우리 당의 영원한 정치철학은 단결의 철학이며 우리 당의 불패의 령도력도 단결에 있다. 20세기 혁명의 폭풍우를 뚫고 온 우리의 일심단결의 력사가 21세기에도 끊임없이 흐르게 하여야 한다.

일심단결의 위력이 수령결사옹위에 있다. 우리 혁명대오를 그 어떤 환경속에서도 경애하는 김정일동지의 사상과 로선을 결사관철해 나가는 불굴의 투사들의 대오로 만들어야 한다. 수령결사옹위가 추상적인 구호가 아니라 행동의 구호, 실천의 구호가 되게 하여야 한다.

우리의 일심단결은 혁명적동지애에 기초한 단결이다. 가는 길 험난하다. 행도 령도자와 뜻을 같이 하고 불바람 휘몰아 쳐 와도 령도자와 생사를 같이 하며 아무리 세월이 흘러도 다진 맹세 변치 않는것이 조선의 혁명가들의 동지애이다. 우리는 위대한 김정일동지를 받드는 길에서 청춘도 생명도 다 바치는 김혁형의 열혈의 동지, 차광수형의 신념의 동지가 되여야 한다. ≪어디에 계십니까 그리운 장군님≫의 노래가 21세기의 영원한 동지애의 노래로 힘차게 울려 퍼지게 하여야 한다. 우리는 당을 따르는 모든 사람들을 품어 주고 이끌어 주는 광폭정치의 위대한 생활력이 높이 발휘되게 하여야 한다.

우리 당의 숭고한 애국애족의 정치를 활짝 꽃 피워 나가야 한다.

우리 당은 조국과 민족을 중시하는 애국애족의 당이며 우리 당이 혁명하는 목적도 조국과 민족의 륭성번영에 있다. 반만년 민족사에 일찍이 없었던 강성부흥을 이룩하여 민족의 존엄을 높이 떨치는것이 우리 당의 의도이다.

우리는 모든 분야에서 강성대국의 체모를 갖추기 위한 투쟁을 힘 있게 벌려야 한다. 우리 땅에 든든히 발을 붙이고 눈은 항상 미래를 내다보면서 모든 분야를 세계적인 수준에로 끌어 올리기 위하여 투쟁해야 한다. 조국과 민족의 부흥발전에 특출한 기여를 하여 후세에 길이 찬양을 받는 로동당시대의 애국자들이 많이 나와야 한다. 모든 당원들과 근로자들은 조선민족제일주의정신을 높이 발휘하며 혁명과 건설에서 주체성과 민족성을 철저히 구현하여야 한다.

우리가 건설하는 강성대국은 모든 것이 흥하고 인민들이 세상에 부럼없이 사는 사회주의락원이다. 올해에 우리는 인민생활을 향상시키는데 최대의 힘을 넣어야 한다. 우리 당의 대담하고 통이 큰 인민적시책이 실제적으로 커다란 은이 나타나도록 해야 한다.

우리 당의 위대한 정치를 받들고 21세기 사회주의붉은기진군을 다그치는데서 기본은 선군혁명로선을 튼튼히 틀어 쥐고 나가는것이다.

선군혁명로선은 우리 시대 혁명의 영원한 전략적로선이며 사회주의건설의 만능의 보검이다. 20세기 사회주의붉은기수호전에서 확증된 혁명의 철리가 선군로선에 구현되여 있다. 선군정치는 시대적보편성과 진리성으로 하여 정의와 번영의 길로 나가는 혁명적당들과 인민들속에서 절대적인 지지를 받고 있다. 선군혁명의 길에 자주도 있고 단결도 있으며 애국애족도 있다.

선군혁명로선에는 총대로 혁명을 개척하신 위대한 수령님의 한생이 어려 있으며 총대로 혁명을 끝까지 완성하려는 경애하는 김정일동지의 강철의 의지가 구현되고 있다. 력사가 알지 못하는 선군정치방식을 창시하시고 그 위력으로 우리 식 사회주의를 수호하시고 인류의 자주위업을 전진시키신 경애하는 김정일동 지의 업적은 20세기 정치사에 끝없이 빛나고 있다.

우리는 정세가 어떻게 변하든지 김정일동지께서 제시하신 선군혁명로선을 생 명선으로 삼고 싸워 나가야 한다. 군사선행의 원칙에서 혁명과 건설에서 나서는 모든 문제를 풀며 혁명군대를 주력군으로 하여 사회주의위업을 밀고 나가는 우 리 당의 혁명방식은 앞으로도 영원히 변함이 없다.

선군혁명시대의 요구에 맞게 우리의 군력을 불패의것으로 다져 나가야 한다. 인민군대는 우리 당의 선군혁명령도를 받드는 제일기수이며 돌격대이다. 전체 인민군장병들은 수천만리 전선시찰의 길을 걸으시며 이룩하신 경애하는 최고사 령관 김정일동지의 불멸의 선군혁명업적을 끝없이 귀중히 여기고 견결히 옹호고 수하여야 한다. 혁명군가를 힘차게 부르며 《고난의 행군》의 앞장에서 싸우던 그때처럼 혁명적군인정신을 더 높이 발휘해야 한다.

인민군대의 영원한 좌우명은 혁명의 수뇌부사수이며 우리 군대의 전투적기질 은 총폭탄정신, 자폭정신이다. 인민군대에서는 오중흡7련대칭호쟁취운동을 주선 으로 틀어 쥐고 전군을 수령결사옹위의 결정체, 혁명적령군체계와 군풍이 확고히 선 무적의 강군, 항일유격대식기풍이 차넘치는 불패의 혁명군대로 만들어야 한 다. 천리방선을 지켜 선 매 군인들의 익측은 피로써 맺어 진 혁명전우들이며 종 심은 성심성의로 원호하는 인민들이다. 전체 장병들은 관병일치, 군민일치의 전 통적미풍을 더욱 활짝 꽃 피워 나감으로써 모든 전투대오를 익측이 튼튼하고 종 심이 무한대한 강철의 대오로 다져 나가야 한다.

이 세상에 제국주의가 남아 있는 한 인민군대의 과녁은 절대로 변할수 없다. 그 어떤 천지풍파가 닥쳐 온다 해도 오직 당과 숨결을 같이 하는 높은 정치성, 혁명의 원쑤들과는 끝까지 사생결단하려는 투철한 계급적각오, 사회주의전취물 을 수호하기 위해서라면 한목숨 기꺼이 내대는 고귀한 희생성, 이것이 인민군대 의 총대에 맥박쳐야 할 붉은기정신이다. 인민군대에서는 훈련제일주의구호를 들 고 전투정치훈련을 백방으로 강화하며 조국의 방선을 철벽으로 지켜야 한다. 전 체 당원들과 근로자들은 총대중시사상을 받들고 조국보위정신과 원군기풍을 높 이 발휘해야 한다. 인민군대가 창조한 사상정신과 투쟁기풍, 생활기풍을 적극 따 라 배우며 군민이 혼연일체가 되여 그 어떤 난관도 뚫고 사회주의위업을 전진시 켜 나가야 한다.

선군혁명의 새 시대의 요구에 맞는 강력한 국가경제력을 다져 나가야 한다. 국가경제력은 사회주의강성부흥의 기초이다. 불패의 군력과 정치사상적위력은 반드시 강력한 경제력에 의하여 안받친되여야 한다는것이 사회주의정치의 원리 이다. 오늘 우리에게 있어서 21세기에 상응한 국가경제력을 다져 나가는것보다 더 중대한 과없은 없다.

우리는 ≪올해는 21세기 경제강국건설의 새로운 진격의 해로 빛내이자!≫라는 구호를 높이 들고 사회주의건설을 힘차게 다그쳐 나가야 한다.

올해 경제건설의 중심과업은 현존경제토대를 정비하고 그 위력을 최대한 높이면서 인민경제전반을 현대적기술로 개건하기 위한 사업을 착실히 해나가는것이다.

인민경제의 기술적개건은 현 시기 경제사업의 중심고리이며 더는 미룰수 없는 절박한 과제이다. 우리는 모든 공장, 기업소들을 대담하게 현대적기술로 갱신해나가며 최신과학기술에 기초한 새로운 생산기지들을 일떠 세워야 한다. 온 사회에 과학기술을 중시하는 기풍을 세우며 기술혁신의 불길이 세차게 타오르게 하여야 한다.

올해 사회주의경제건설의 가장 중요한 전선은 전력공업, 석탄공업, 금속공업, 철도운수이다. 대규모수력발전소건설을 힘 있게 다그치고 전력생산을 높은 수준에서 정상화하며 석탄생산을 최대한으로 늘여 나가야 한다. 금속공장들의 설비현대화를 밀고 나가 철강재생산에서 혁신을 일으키며 철도운수를 정비보강하여 늘어 나는 수송수요를 원만히 보장하여야 한다. 경공업부문에서는 인민생활에 절실히 필요한 1차소비품과 기초식품을 더 많이 생산하여야 한다.

농업생산을 늘이는 것은 올해 인민생활을 향상시키기 위한 결정고리이다. 농업근로자들은 돌우에도 꽃을 피우는 대홍단정신, 대홍단일본새로 21세기의 첫해 농사에서 풍작을 이룩하여야 한다. 종자혁명과 감자농사혁명을 계속 힘 있게 밀고 나가며 두벌농사면적을 적극 늘여야 한다. 메기를 비롯한 생산성이 높은 물고기를 더 많이 기르며 현대적인 축산기지들을 튼튼히 꾸려야 한다. 황해남도의 토지정리사업, 개천-태성호물길공사를 비롯한 대자연개조사업을 다그쳐야 한다. 휴양소, 정양소, 병원들을 비롯한 문화후생 및 보건시설들과 현대적인 살림집들을 더 많이 건설하여 로동자, 농민들이 그 덕을 보게 하여야 한다.

새 세기의 요구에 맞게 사상관점과 사고방식, 투쟁기풍과 일본새에서 근본적인 혁신을 이룩해 나가는 것은 우리앞에 나선 선차적인 과업이다.

21세기는 거창한 전변의 세기, 창조의 세기이다. 위대한 김정일동지께서는 언제나 먼 앞날을 내다보시며 통이 크게 작전하시고 대담하게 변혁을 이룩해 나가고 계신다. 김정일동지식으로 살며 싸워 나가는 우리 혁명전사들은 낡은 관념에서 벗어 나 참신하게 사고하고 더 높이 비약해야 한다.

새 세기는 혁시적인 안목과 기발한 착상, 진취적인 사업기풍을 요구한다. 사상교양사업을 해도 사람들의 심금을 우릴게 실효성있게 하고 경제조직사업을 해도 실리가 나게 효률적으로 해나가야 한다. 새로운 환경, 새로운 분위기에 맞게 우리 식의 경제관리체계를 더욱 개선해야 한다. 농업을 비롯한 모든 분야에서 우리 당이 제시한 종자론을 철저히 구현하기 위한 된바람을 일으켜야 한다.

새 세기에도 우리는 간고한 투쟁의 길을 걸어나가야 한다. 최후의 웃음을 웃을 때까지 혁명의 한길을 끝까지 걸어 나가는 계속혁명의 정신, 고난의 천리를 걸으면 행복의 만리가 온다는 혁명적락관주의, 이 하늘아래, 이 땅우에 제 힘으로 락원을 꾸려 나가는 강한 투쟁력, 이것이 21세기 사회주의붉은기진군의 원동력이다. 지도일군들은 혁명군대의 지휘관들처럼 주도성, 창발성, 헌신성을 지니고 전진의 돌파구를 열어 나가는 유능한 작전가, 패기 있는 실천가가 되여야 한다. 청년들은 청년영웅도로를 건설하여 조선청년의 기개를 온 세상에 떨친것처럼 새로운 대고조의 앞장에서 세기적기적과 위훈을 창조해 나가야 한다.

사회주의붉은기진군에서 승리의 비결은 당의 전투력에 있다. 당조직들은 발전하는 현실에 맞게 당사업에서 새로운 전환을 일으키며 우리 혁명대오를 정치사상적으로 더욱 튼튼히 다져나가야 한다. 모든 당원들과 근로자들을 예리한 정치적안목과 사회주의에 대한 신념, 계급적우월감을 지닌 사회주의의 견결한 수호자로 키워야 한다. 대중속에 깊이 들어가 그들과 고락을 같이 하며 대중을 불러 일으켜 온 나라에 강성대국건설의 북소리가 높이 울려 퍼지게 하여야 한다.

새 세기의 닻은 올랐다. 우리의 사상의 힘, 단결의 힘, 의지의 힘은 백배천배로 용솟음치고 있다. 우리는 사회주의락원에로의 총진군을 다그침으로써 21세기의 첫해인 올해는 새로운 비약의 해, 전면적부흥의 해로 빛나게 장식하여야 할것이다.

올해 우리는 조국통일위업수행에서 결정적 전진을 이룩하여야 한다.

통일은 애국이고 민족적륭성번영의 길이다. 나라의 분렬을 끝장내지 못한채 새 세기를 맞이한 우리 민족에게 있어서 조국통일을 이룩하는것보다 더 절박한 과업은 없다.

현 시기 조국통일을 이룩하는데서 나서는 중대하고도 원칙적인 문제는 6.15북남공동선언을 철저히 리행하는것이다.

6.15북남공동선언은 조국통일3대원칙에 기초하고 있는 자주, 평화통일, 민족대단결선언이며 21세기 조국통일의 리정표이다. 북과 남은 력사적인 북남공동선언의 정신대로 조국통일을 우리 민족끼리 힘을 합쳐 자주적으로, 평화적으로, 민족대단결로 이룩해 나가야 한다.

민족자주의 원칙은 통일문제해결의 근본원칙이다. 외세에 의존할것이 아니라 우리 민족자체의 힘에 의거하고 외세와의 공조가 아니라 동족과 공조하는 확고한 립장을 견지하여야 한다. 조국통일을 평화적으로 이룩하는 길은 북과 남이 사상과 제도를 그대로 두고 서로 련합하여 하나의 통일국가를 세우는 것이다. 북과 남은 서로의 차이점을 뒤로 미루고 민족적공통성에 기초한 련장제방식의 통일을 지향해 나가야 할것이다.

온 민족이 화합하고 하나로 단결하면 그것이 곧 우리가 바라는 통일이다. 북과 남, 해외이 모든 조선동포들은 사상와 제조, 정견과 신앙의 차이를 초월하여 6.15 북남공동선언을 관청하기 위한 거족적 투쟁에 합류하여한 한다. 민족 대단결에 처측되는 온갖 제도적, 법률적장애가 제거되어야 한다.

조국통일운동은 위대한 김정일동지의 사상으로 숨쉬고 장군님의 령도력으로 전진하며 장군님의 덩망으로 승리하고 있다. 우리는 민족의 전도에 대한 확고한 신심을 가지고 조국통일운동에 한사람같이 떨쳐 나섬으로써 새 세기의 첫해인 올해를 민족자주통일의 회기적국면을 여는 뜻 깊은 해로 빛내여야 할것이다.

장엄한 새 세기의 진군길에 떨쳐 나선 우리 인민의 혁명적신심과 열의는 드높다.

위대한 수령 김일성동지의 혁명사상이 21세기의 앞길을 휘황히 밝혀 주고 있고 경애하는 김정일동지의 두리에 굳게 뭉친 일심단결의 위력이 우리의 영원한 승리를 담보해 주고 있다.

백두산에서 시작된 주체혁명은 세기를 이어 계속된다.

우리 당과 군대와 인민은 하나의 사상, 하나의 혈통, 하나의 신념을 가지고 비가 오나 눈이 오나 혁명의 한길을 끝까지 걸어 나갈것이다.

모두다 위대한 령도자 김정일동지의 세련된 령도 따라 우리 식 사회주의의 붉은기를 높이 추켜 들고 주체혁명위업의 종국적승리를 이룩하기 위하여 더욱 힘차게 싸워 나가자.

6. 위대한 수령님 탄생 90돐을 맞는 올해를 강성대국건설의 새로운 비약의 해로 빛내이자

≪로동신문≫
조선로동당중앙위원회
제1호[루계 제20031호] 주체 91(2002)년1월1일(화요일)
≪로동신문≫, ≪조선인민군≫, ≪청년전위≫ 공동사설

오늘 우리는 앙양된 정치적 분위기와 전 민족적환희 속에 희망찬 새해 주체 91(2002)년을 뜻깊게 맞이한다.

지나온 력사가 영광스럽고 계승이 위대하며 전도가 양양한 것으로 하여 조선 혁명의 새 시대 진군길은 더욱 보람찬 것으로 되고 있다.

위대한 령도자 김정일동지께서는 20세기 혁명의 년대들처럼 오늘도 무한대한 열정과 투지로 우리 혁명을 정력적으로 이끌어 나가고 계신다. 지금 전체 당원들과 인민군장병들, 인민들은 김정일동지의 령도에서 강성대국의 휘황한 앞날을 내다보며 새해의 총 진군을 힘차게 다그쳐 나갈 굳은 결의에 넘쳐 있다.

지난해 주체 90(2001)년은 21세기 사회주의강성대국건설의 진격로가 열린 력사의 해이다.

우리는 ≪고난의 행군≫에서 승리한 불굴의 기세로 새 세기 첫해 전투를 빛나게 장식하였

다. 사회주의 붉은기를 고수하기 위한 거창한 투쟁 속에서 조선혁명은 새로운 앙양기를 맞이하게 되었다. 20세기의 준엄한 혁명의 폭풍우를 헤치며 꿋꿋이 이어져 온 우리의 사상, 우리의 전통, 우리의 위업이 변함없이 계승되어 나가고 있는 것은 더 없는 긍지이다. 지난해의 투쟁은 21세기가 위대한 김정일동지의 정치가 전면적으로 꽃펴 나는 영광의 세기로 빛날 것이라는 것을 확증해 주고 있다.

지난해는 우리 조국이 존엄이 온 세계에 높이 떨쳐 진 긍지 높은 해였다.

위대한 김정일동지께서 지난해에 벌리신 정력적인 대외활동은 우리 혁명위업을 힘차게 전진시키고 21세기 국제관계발전에 커다란 영향을 준 력사적사변이였다.

김정일동지의 독특한 혁명활동방식과 천재적인 령도실력은 세계를 격동시켰고 우리 인민의 민족적자존심을 백배로 높여 주었다.

지난해는 우리의 혼연일체의 대풍모가 활짝 꽃 펴 난 긍지 높은 단결의 해였다.

우리 군대와 인민은 선군혁명 천만리길을 이어 가시는 경애하는 김정일동지를

절절히 그리며 어려운 시련을 과감히 헤쳐 왔다. 김정일동지께서는 언제나 우리 인민들을 생각하시고

인민들은 김정일동지를 자나깨나 우러르며 고도의 자각성과 정치적열성을 발휘하였다. 세계의 면전에서 우리 군대와 인민의 정치사상적풍모의 순결성과 우리 정치체제의 확고부동성이 힘 있게 과시되게 된 것은 사회주의 붉은기진군에서 이룩된 가장 큰 승리이다.

지난해는 21세기 새로운 혁명적대고조의 불길이 타오른 장엄한 진격의 해였다.

여러해째 어려운 난관을 겪던 우리의 사회주의 건설은 새로운 전환적국면을 맞이하게 되었다. 전반적경제분야에서 생산적앙양이 일어 나기 시작하였으며 도체에 현대적기술에 기초한 생산기지들이 일떠섰다. 우리는 경제강국건설을 위한 공격진지를 확고히 차지하고 전면적인 공세에로 나아가게 되였다는 것을 긍지높이 말할수 있다.

새 세기 진격로를 열어 나가기 위한 거창한 투쟁속에서 라남의 봉화가 타오르게 되였다. 21세기 첫해에 새로운 비약과 혁신의 북소리가 높이 울리게 된 것은 부강조국의 미래를 확고히 담보해 주고 있다.

지난해는 제국주의자들의 횡포한 도전을 짓부시고 사회주의보루를 굳건히 다진 투쟁의 해였다.

새 세기에 들어 서면서 우리를 고립압살하려는 제국주의자들의 책동은 전례없이 악랄하게 감행되였다. 우리 군대와 인민은 제국주의자들의 강경에는 초강경으로 대답하며 적들의 기도를 걸음마다 짓부셔 버리였다. 세계도처에서 전횡과 강권행위를 일 삼는 제국주의자들도 우리 나라에 대하여서는 감히 건드리지 못하였다. 격번하는 정세속에서도 끄떡없이 자기의 곧바른 길로 확신성 있게 전진해 나가는 우리 식 사회주의는 진보와 평화, 사회주의를 지향하는 인민들에게 고무적기치로 되고 있다.

새 세기 첫해에 이룩된 빛나는 승리는 우리 시대의 걸출한 사회주의령도자이신 경애하는 김정일 동지의 위대성을 과시하며 우리 당의 선군혁명로선의 결실이다.

오늘 세계정치에서 나서는 어렵고 복잡한 문제들은 김정일동지에 의하여 빛나게 해결되여 나가고 있다. 예측할수 없는 사태가 발생할 때마다 김정일동지의 판단과 분석은 언제나 명철하였고 김정일동지께서 제시하신 방략은 백발백중하였다.

위대한 령도자 김정일동지께서는 지난해에도 선군혁명로선을 확고히 틀어 쥐고 혁명과 건설을 백적전백승의 한길로 이끌어 오시였다. 최전선에서 공장으로, 공장에서 농촌으로 끊임없는 현지지도의 길을 이어가시는 김정일동지의 현명한 령도에 의하여 온 나라에 선군시대의 새 기상이 약동하게 되고 군민이 힘을 합쳐

기적을 창조하는 자랑스러운 현실이 펼쳐지게 되였다. 선군의 기치 따라 사회주의위업이 완성되는 21세기의 서막을 장엄하게 열어 놓으신 것은 김정일 동지의 불멸의 세계사적공헌이다.

우리 군대와 인민은 새 세기 첫해에 우리식 사회주의의 붉은기를 더 높이, 더 자랑스럽게 휘날린 승리자의 커다란 긍지와 자부심을 안고 새로운 진군길에 떨쳐 나서고 있다.

새해 주체 91(2002)년은 위대한 수령, 위대한 령도자의 력사와 업적을 끝없이 빛내이기 위한 총 돌격의 해, 강성대국건설의 새로운 비약의 해이다.

위대한 령도자 김정일동지께서는 다음과 같이 지적하시였다.

《이 하늘 아래 이 땅우에 주체 사상이 전면적으로 구현된 사회주의강성대국을 건설하여 민족의 존엄을 온 세상에 높이 떨치려는 것은 우리 당의 확고한 결심이며 우리 군대와 인민의 한결 같은 열망입니다.》

올해는 위대한 수령 김일성동지의 탄생 90돐, 영웅적조선인민군창건 70돐이 되는 매우 뜻깊은 해이다. 주체사회주의의 시조이시며 건군의 어버이이신 수령님의 생전의 뜻과 위업을 끝까지 실현하며 경애하는 김정일동지를 받들고 백두의 혈통을 꿋꿋이 이어 나가려는 것은 우리 군대와 인민의 확고부동한 의지이다. 우리는 민족최대의 경사가 겹친 2002년을 대를 이어 수령복을 누리는 우리 인민의 혁명적기개를 떨치는 영광의 해로 빛내여야 한다.

우리 혁명은 당의 웅대한 강성대국건설구상을 전면적으로 꽃 피우는 보람찬 시대에 들어 섰다. 준엄한 시련속에서 다져 진 우리의 힘을 천백배로 높이 발양시켜 전면적개화기를 마련하고 우리 인민들이 실질적으로 덕을 보게 하자는 것이 우리 당의 드팀 없는 결심이다. 우리는 《위대한 수령님 탄생 90돐을 맞는 올해를 강성대국건설의 새로운 비약의 해로 빛내이자!》라는 구호를 높이 들고 새해전투를 힘 있게 다그쳐 나가야 한다.

올해의 혁명적대진군은 우리 수령, 우리 사상, 우리 군대, 우리 제도제일주의를 철저히 구현하여 김일성민족의 존엄과 영예를 빛내이기 위한 투쟁이다. 수령이 탁월하고 사상이 위대하며 군대가 위력하고 제도가 우월하기에 우리 식 사회주의위업은 반드시 승리한다. 4대제일주의는 주체의 숨결로 약동하는 사회주의조선의 기상이며 21세기 강성대국건설의 영원한 구호이다.

우리 수령제일주의정신을 높이 발양하여야 한다.

수령은 민족의 존엄의 상징이다. 수령의 위대성에 민족의 번영이 있고 찬란한 미래가 있다. 우리 수령제일주의는 조선민족의 재생과 륭성을 가져다 준 생명수이며 우리 인민의 무비의 영웅성과 강의성, 높은 창조적위력의 근본원천이다. 우리는 자기 수령, 자기 령도자가 제일이며 수령의 존함으로 빛나는 태양민족이 제일이라는 순결한 마음이 자자손손 우리 인민의 넋으로 영원히 이어지게 하여야 한다. 엎어 놓아도 매달아 놓아도 수령 만세를 부르고 절해고도에서도 수령에 대한 의리와 절개를 지키는 2000년대의 《ㅌ,ㄷ》열혈투사가 되여야 한다.

위대한 수령 김일성동지는 20세기를 대표하는 절세의 위인이시며 수령님께서 이룩하신 불멸의 혁명업적은 21세기 강성대국건설의 만년초석이다. 우리는 수령님 탄생 90돐을 계기로 수령님은 영원히 우리와 함께 계신다는 전 인민적사상감정이 온 사회에 꽉 차넘치게 하여야 한다. 모든 부문, 모든 단위에서 수령님의 유훈을 일관성있게 틀어 쥐고 철저히 관철해 나가야 한다. 발전하는 현실적요구에 맞게 위대한 수령님의 업적을 옹호하고 계승하는 사업을 새로운 높은 단계에서 전면적으로 심화시켜야 한다.

김정일동지는 천리혜안의 예지와 오랜 정치경력, 비상히 풍부한 경험을 지니신 특출한 정치실력가이시며 끝 없는 열정으로 혁명과 건설전반을 이끌어 나가시는 희세의 정력가이시다. 김정일동지의 령도는 오늘도 앞으로도 우리의 영원한 승리의 기치이다. 우리는 김정일동지와 뜻도 하나, 마음도 하나, 운명도 하나가 되는 순결의 인간, 순결의 동지가 되여야 한다. 말로써가 아니라 사생결단의 각오와 높은 실적으로 김정일동지를 받드는 결사옹위, 결사관철의 정신을 발휘하여야 한다. 제2, 제3의 《고난의 행군》을 한다고 해도 김정일동지만을 절대적으로 믿고 이 세상 끝까지 따르는 우리의 의지는 영원히 변함이 없을것이다.

우리 사상제일주의를 높이 들고 나가야 한다.

조선혁명은 주체사상의 기치밑에 개척되고 력사의 풍파를 뚫고 승리하여 온 혁명이다. 우리 사상제일주의는 주체사상의 불패성에 대한 확고부동한 신념이며 위대한 김정일동지의 사상을 영원한 지도적지침으로 삼고 싸워 나가려는 드팀없는 의지이다. 세기가 바뀌고 력사가 멀리 전진했다고 해도 조선혁명은 우리 당의 혁명사상이 가리키는 길에서 순간의 탈선도 있을수 없다.

우리는 주체사상을 혁명의 천하지대본으로 튼튼히 틀어 쥐고 나가야 한다. 주체사상을 뿌리로 하여 선군정치가 나오고 주체사상을 구현하는 투쟁속에서 일심단결도, 우월한 사회주의도 생겨 났다는 것을 똑똑히 알아야 한다. 혁명이 계속되는 한 당원들과 인민군 장병들, 인민들을 주체사상으로 무장시키는 사업을 한순간도 중단하지 말아야 한다. 주체의 혁명적세계관을 세우기 위한 원리교양과 주체사상이 구현된 우리 혁명실천을 통한 교양을 힘 있게밀고 나가야 한다.

우리는 주체사상의 요구대로 혁명과 건설에서 자주적대를 확고히 세워야 한다. 준엄한 《고난의 행군》시기처럼 제 정신을 가지고 제 힘으로 일떠서며 우리의 로선, 우리의 원칙을 추호도 양보하지 말아야 한다. 언어와 풍습, 생활양식 등 사회생활의 모든 분야에서 민족성을 철저히 살리고 우리의것을 적극 내세워야 한

다. 언제 어디서나 자기 민족의 리익을 견결히 옹호하며 높은 민족적자존심을 지
니고 나라의 존엄과 영예를 떨치는 열렬한 애국자, 진정한 민족주의자가 되여야
한다.

우리 군대제일주의를 철저히 구현하여야 한다. 총대는 곧 국력이며 민족적자
주권이다. 우리 군대제일주의는 총대로 승리하여 온 조선혁명의 영광스러운 전통
이며 불패의 군력에 의하여 전진하는 우리 식 사회주의의 영원한 표대이다. 총대
를 중시하고 선군정치를 하는 한 우리의 사상, 우리의 정치체제는 굳건하며 우리
나라는 끄떡 없다.

진군 70돐을 맞는 올해를 백두령장의 손길아래서 자라난 영웅적조선인민군의
불패의 위력을 남김없이 과시하는 승리자의 열병의 해로 되게 하여야 한다. 인민
군대에서는 선군정치의 요구에 맞게 혁명과 건설의 모든 면에서 사회의 본보기
가 되고 인민의 거울이 되며 혁명대오의 기수가 되기 위한 투쟁을 힘 있게 밀고
나가야 한다. 《오중흡7련대칭호쟁취운동》을 끊임없이 심화시켜 인민군대를 혁
명의 수뇌부옹위의 제1선대오로, 혁명화, 사회주의애국주의화되고 정예화된 백두
산혁명강군으로 만들어야 한다. 전군에 최고사령관 명령에 절대복종하고 한결같
이 움직이는 혁명적령군체계와 군풍을 철저히 세워야 한다. 인민군장병들은 조국
과 인민, 사회주의를 위하여 헌신하고 계급적원쑤들과 비타협적으로 싸우는 사랑
과 증오의 심장을 지녀야 한다.

제국주의침략자들에 대한 인민군대의 립장은 단호하며 우리의 총대는 무자비
하다. 만약 미제와 그 추종세력들이 감히 불질을 한다면 덤벼드는 침략자들은 무
주고혼이 될것이며 적들의 침략적야성은 지구상 그 어디에 있건 무사치 못할 것
이다. 인민군대에서는 일당백구호를 높이 들고 전투정치훈련을 백방으로 강화하
며 내 나라, 내 조국, 내 고향을 목숨바쳐 지켜야 한다.

우리 인민은 오랜 실생활을 통하여 인민군대제일주의를 신념으로 새긴 인민이
다. 전체 인민들은 백두산3대장군의 군대로 빛을 뿌리고 있고 주체혁명위업완성
의 주력군으로 자랑 떨치고 있는 우리 군대에 대한 한 없는 긍지와 자부심을 간
직하여야 한다. 당원들과 근로자들은 선군시대에 사는 인민답게 인민군대가 높이
발휘하는 혁명적군인정신과 투쟁기풍을 적극 따라 배우고 생활화, 체질화해 나가
야 한다. 인민들은 우리 군대제일주의구호를 들고 군대를 친혈육처럼 사랑하고
인민군대는 우리 인민제일주의구호를 들고 인민에게 헌신적으로 복무하는 혈연
적군민관계를 백방으로 강화하여야 한다. 우리는 뜻깊은 올해를 웅군애민사상 만
세소리가 높이 울려 퍼지는 군민대행진의 해로 되게 하여야 한다.

우리 제도제일주의를 활짝 꽃 피워 나가야 한다. 우리 식 사회주의는 우리 인
민이 장구하고도 간고한 투쟁을 통하여 쟁취한 혁명의 고귀한 전취물이며 김일

성민족의 영원한 삶의 터전이다. 우리 제도제일주의에는 위대한 수령님의 한생이 어려있는 주체의 사회주의를 견결히 옹호고수하고 끝없이 빛내여 나가려는 애국의 열정이 높뛰고 있다. 우리 사상, 우리 군대제일주의를 하자는 것도 결국은 우리 제도의 우월성을 더 높이 발양시키자는데 있다.

현 시기 우리 제도제일주의를 구현하는데서 가장 중요한 문제는 사회주의경제건설을 다그쳐 인민생활을 결정적으로 추켜 세우는 것이다. 우리는 ≪경제강국건설의 자랑찬 성과로 민족최대의 명절을 빛내이자!≫는 구호를 들고 사회주의건설의 모든 전선에서 새로운 혁명적대고조를 일으켜 나가야 한다.

우리의 자립경제의 현실적요구와 전망에 맞게 채취공업발전에 계속 커다란 힘을 넣어야 한다. 전력, 석탄, 금속공업과 철도운수를 경제건설의 주공전선으로 틀어 쥐고 이 부문에서부터 경제적양양의 돌파구를 열어 나가야 한다. 농업부문에서는 이미 실천을 통하여 그 정당성이 남김없이 확증된 우리 당의 농업혁명방침을 철저히 관철하여 농업 생산을 획기적으로 늘여야 한다. 황해남도의 토지정리와 개천-태성호물길공사를 최상의 수준에서 질적으로 끝 내야 한다.

우리 사회주의제도의 우월성은 인민생활에서 나타나야 한다. 모든 분야에서 인민적인 것, 대중적인 것을 우선시하고 인민생활과 관련된 문제들을 제1차적인 파업으로 풀어 나가야 한다. 올해 우리는 새로 꾸려 진 현대적인 생산기지들의 위력을 적극 발양시켜 인민생활을 보다 윤택하게 하여야 한다. 온 나라를 수림화, 원림화하고 도시와 농촌을 아름답고 살기좋은 사회주의선경으로 꾸려 나가야 한다.

변화된 환경과 우리 혁명실천은 경제관리를 혁명적으로 개선완성하는 것을 절박한 요구로 제기하고 있다. 사회주의원칙을 확고히 지키면서 가장 큰 실리를 얻을수 있게 하는 것, 이것이 우리 당이 내세우고 있는 사회주의경제관리완성의 기본방향이다. 주체적인 계획경제관리원칙을 철저히 관철하며 국가의 중앙집권적, 통일적지도를 확고히 보장하면서 아래단위의 창발성을 높이 발양시켜야 한다. 사회주의분배원칙을 옳게 구현하며 사회적시책을 바로 실시해 나가야 한다. 우리 제도제일주의를 구현하자면 과학기술과 교육사업발전에 전 국가적인 관심을 돌려야 한다. 나라의 륭성번영은 과학기술과 인재에 의하여 안받침된다. 우리는 공업의 기술개건과 현대화를 중요하고 절실한 부문부터 하나씩 착실하게 해나가야 한다. 과학기술을 전반적으로 빨리 발전시키면서 특히 정보기술과 정보산업발전에 힘을 집중하여야 한다. 우리 당의 인재 중시방침을 철저히 구현하여 실력있는 첨단과학기술인재들을 더 많이 키워내야 한다.

올해의 총 진군을 힘 있게 다그치자면 온 사회를 혁명적분위기로 들끓게 하기 위한 일대 정치 사상공세를 벌리는 것이 중요하다. 혁명의 전환적계기마다 비상히 앙양된 정치적열의를 안고 한결같이 일떠서는 것은 우리 인민의 전통적 기질이다.1950년대에 준엄한 전쟁의 포화도 뚫고 불 타는 강도 건느던 그 불굴의 정신, 잿더미를 헤치고 천리마대고조를 일으키던 그 혁명적기백이 온 나라에 맥박치게 하여야 한다.

격동하는 오늘의 현실은 라남의 봉화가 온 나라에 타번질 것을 요구한다. 창조화 혁신으로 약동하는 사회주의건설장마다에는 더 높이, 더 빨리 내달리려는 라남의 대담한 공격정신과 백번천번 다시 일어 나 기어이 목표를 점령해 나가는 라남의 혁명적인 일본새가 차넘쳐야 한다. 누구나 다 낡은 틀, 고정격식화된 재래식방법에서 벗어 나 모든 문제를 혁신적안목에서 보고 통이 크게 일판을 전개해 나가야 한다,. 지도일군들은 강한 장악력, 통제력, 집행력을 지닌 손탁이 센 일군, ≪우리≫라는 고귀한 칭호화 함께 불리우는 인민의 참된 충복이 되어야 한다. 청년들은 오늘의 대진군의 앞장에서 영웅적위훈과 기적을 창조함으로써 최고사령관의 가장 활력 있는 전투부대, 별동대로서의 영예를 끝없이 빛내여 나가야 한다.

오늘의 대진군은 우리 혁명의 영광스러운 력사와 전통을 계승하기 위한 성스러운 투쟁이다.

빛나는 계승속에 혁신이 있고 미래가 있다. 우리는 경애하는 김정일동지께서 오래동안 조선혁명을 령도하시면서 이룩하신 불멸의 업적과 전통을 절대적인 지침으로 삼고 혁명과 건설을 밀고 나가야 한다. 우리 혁면 전사들의 심장속에는 위대한 령도자를 받들어 당사업과 문화예술을 비롯한 모든 분야에서 혁명을 일으키고 당의 기초를 축성하던 그때의 순결한 혁명정신이 맥박쳐야 한다. 김정일동지께서 이미전에 내놓으신 종자론과 속도전의 방침을 비롯한 독창적인 사상리론들을 일관성 있게 관철해 나가야 한다.

당조직들의 전투적기능과 역할을 높이는 것은 강성대국건설의 총 진군을 힘 있게 다그치기 위한 결정적 요인이다. 모든 당조직들은 당의 인덕장치를 철저히 구현하여 전체 인민들을 당과 수령의 두리에 철통같이 묶어 세우고 우리 사회를 일심단결된 하나의 대가정으로 튼튼히 꾸려 나가야 한다. 당사당사업의 모든 화력을 당원들과 근로자들이 김이성민족제일주의 정신으로 살며 싸워 나가도록 하는데로 집중시켜야 한다. 당조직들은 경제사업에서 3위1체를 확고히 보장하여 새로운 생산적앙양이 일어 나도록 하여야 한다.

새로운 직격명령은 내렸다. 당과 수령의 품속에서 자라나고 ≪고난의 행군≫ 속에서 억세여진 김정일장군의 혁명전사의 기개를 남김없이 떨칠 때는 왔다. 우리의 사상, 우리의 힘, 우리의 지혜를 활화산처럼 분출시켜 사회주의건설에서 새로운 영웅적위훈을 창조함으로써 뜻깊은 올해를 강성대국건설의 일대 비약의 해, 우리 인민의 정치생활에서 가장 의의 깊은 해로 되게 하여야 한다.

올해 우리는 민족자주의 기치밑에 조국통일의 결정적 국면을 열어 나가야 한다.

6.15북남공동선언은 오늘도 래일도 조국통일의 리정표이다. 강렬한 통일열망을 안고 투쟁하여 온 지난해의 교훈은 북남공동선언리행에 민족자주통일의 운명이 달려 있다는 것을 보여주고 있다.

민족자주통일의 지름길은 6.15북남공동선언의 기본정신을 존중하고 옳게 구현해 나가는데 있다. 북남공동선언의 기본정신은 조국통일문제를 그 주인인 북과 남의 우리 민족끼리 힘을 합쳐 자주적으로 해결해 나가야 한다는 것이다. 온민족은 ≪우리 민족끼리 조국을 통일하자!≫라는 자주 통일의 구호를 더 높이 추켜들고 모든것을 민족공동의 리익에 복종시키며 사대와 외세의존을 배격하고 민족공조를 실현하여야 한다. 남조선에서는 외세와 야합하여 동족을 모해압살할 것을 노린 ≪주적≫론을 철회하고 반통일과 쏘악법인 ≪보안법≫을 철폐하여야 하며 외세에 민족의 리익을 희생시키는 반역행위를 하지 말아야 한다.

6.15북남공동선언을 말살하려는 온갖시도들을 단호히 배격하여야 한다. 6.15북남공동선언을 옹호고수하는 사람은 애국자이고 그것을 부정하고 거세하는 사람은 민족반역자이다. 우리민족은 공동선언을 말살하려는 안팎의 분렬주의세력의 책동을 단호히 짓부시고 북남관계가 화해와 단합, 통일에로 나아가도록 하여야 한다.

조선반도에서 평화를 보장하고 민족자주통일을 이룩하자면 침략과 전쟁책동을 반대하고 전쟁위험을 제거하여야 한다.≪반테로≫의 명목밑에 감행되고 있는 미제와 남조선호전분자들의 반공화국, 반통일책동으로 말미암아 지금 조선반도에서는 긴장상태가 격화되고 있다. 새 전쟁의 위험이 날로 커가고 있는 정세하에서는 나라의 평화와 통일에 대해 생각할수 없다.북과 남, 해외의 전체 조선민족은 호전세력들의 침략과 전쟁도발책동을 저지파탄시키고 나라의 평화와 민족의 안전을 지키기 위한 투쟁에 과감히 떨쳐 나서야 할 것이다. 제국주의호전계층들은 우리 민족의 드팀 없는 통일의지를 똑바로 보고 대조선고립압살기도를 버려야하며 남조선에서 침략군을 당장 철수시켜야 한다.

조국통일의 전진도상에는 난관도 있고 우여곡절도 있지만 그 어떤 힘으로도 자주통일에로 향한 거세찬 민족사적흐름을 절대로 가로 막을수 없다. 온세계가 우러르는 위대한 김정일 장군님을 조국통일의 구성으로 높이 모시고 있고 올바른 민족통일강령이 있는 한 조국통일 위업은 반드시 성취될 것이다.

백두의 혈통을 이어 나가는 조선혁명의 미래는 끝없이 창창하다. 백두산3대장군이 추켜 든 혁명의 붉은기가 우리 혁명대오의 진두에 휘날리고 있고 백두의 혁명정신이 우리를 막을수 없는 힘으로 떠밀어 주고 있다. 영광스러운 백승의 력사를 가지고 있는 우리에게는 불가능이란 있을수 없다. 우리 군대와 인민은 백두장군별, 백두광명성을 우러르며 헤쳐 온 혁명의 천만리길을 꿋꿋이 이어 나갈것이며 그 어떤 천지풍파가 닥쳐 온다 하여도 우리의 사상, 우리의 제도, 우리의 위업을 견결히 옹호고수해 나갈 것이다.

모두다 위대한 령도자 김정일동지의 두리에 굳게 뭉쳐 강성대국의 희망찬 미래를 내다 보며 사회주의의 최후승리를 이룩할 때까지 더욱 힘차게 싸워 나가자.

7. 강성대국

≪로동신문≫
주체 87(1998)년 8월 22일(토요일)
정론

조국번영의 새 시대를 부르는 력사의 봄우뢰가 이 땅을 뒤흔들고있다.

참기 어려운 간난신고인들 얼마였으며, 이를 악물고 죽음도 두려움없이 돌파한 경난인들 그 얼마였던가.

우리는 긍지높이 자랑하며 소리높이 웨친다.

조선인민은 ≪고난의 행군≫을 통하여 기어코 화를 복으로 바꾸었고 세계사적승리의 력사를 창조하였다.

우리 민족앞엔 지금 세상을 경탄케 할 새로운 위대한 표대가 나붓기고 있다.

강성대국,듣기만 해도 힘과 용기가 샘솟고 민족적 자존심을 가슴후런히 폭발시켜주는 이 한마디 말속에 담긴 웅지와 무게는 무엇으로써도 가늠할수 없다.

조선 인민이 어찌하여 산전수전 다 겪어야 하는 ≪고난의 행군≫을 결연히 단행하였고 그리고 힘에 부친 력사적중임을 단독으로 걸머지고 민족의 운명과 세계사회보루를 사수하였던가.

피눈물의 바다와 고난의 사선천리를 헤치고 거연히 일떠선 조선이 이제 무엇을 위하여, 어떤 웅대한 목표를 향하여 진격해나갈것인가.

위대한 김정일장군님을 따라 새 시대의 령마루에 오른 ≪고난의 행군≫ 승리자들, 강의한 조선민족은 애국의 심장을 터쳐 이 력사의 물음에 대답한다.

(1)

주체의 강성대국건설은 가장 신성하고도 위대한 애국애족위업이다.

강의한 조선민족은 또다시 이 거창한 력사적위업을 위하여 닻을 올렸다. 형언할수 없는 력사의 시련을 용감무쌍히 이겨낸 우리 조선인민이 신들메를 풀새도 없이 강성대국을 향하여 련속 새로운 진격의 길에 오른 것은 실로 기적적인 영웅적장거가 아닐수 없다.

경애하는 김정일 장군님과 운명을 함께 하며 기어이 위대한 력사적전환의 활로를 열어놓은 우리 인민은 희망찬 미래를 소리쳐 부르며 세상이 보란 듯이 강성과 번영의 새 력사를 펼쳐간다.

영원히 잊을수 없는 감회와 웅대한 포부로 가슴이 한껏 부풀어오르는 이 장엄한 전환적 계선에서 우리 장군님의 위대한 심장은 무엇으로 뜨겁게 고동치고 있는가.

위대한 김정일동지께서는 엄숙히 확언하시였다.

≪우리가 지금 일시적으로 난관을 겪고있지만 멀지 않아 사회주의강성대국을 건설할수 있습니다.≫

뇌성은 울렸다. 주체의 강성대국건설, 이것은 위대한 장군님께서 선대국가수반 앞에, 조국과 민족 앞에 다지신 애구충정맹약이며 조선을 이끌어 21세기를 찬란히 빛내이시려는 담대한 설계도이다.

지금 우리 인민은 반세기전 9월, 위대한 김일성동지를 건국수반으로 모시고 터치던 그런 환호성을 울리며 위대한 김정일ㄷ동지의 강성대국건설 구상과 결심을 기어이 꽃피우려는 자신만만한 투지와 신심에 넘쳐있다.

허리띠를 졸라매면서도 경애하는 장군님만을 믿고 미래를 내다보며 온갖 고생을 다 이겨낸 보람이 이렇게도 큰것이다.

≪고난의 행군≫을 통하여 더욱 단련되고 강해진 조선민족의 기질과 위력을 다시한번 세상에 시위할 때는 왔다.

강성대국건설은 주체의 기치밑에 전진해온 우리 혁명의 새로운 력사적단계의 필연적요구이며 한없이 거창하고 영광스러운 민족사적성업이다.

주체의 강성대국건설은 나라와 민족, 인민 대중의 자주성을 전면적으로 완전히 실현시켜주는 높은 요구를 담고있다. 자주성을위한 인민대중의 오랜 투쟁사와 그들의 최고념원은 강성대국건설구호에 총집대성되여있다.

우리 인민은 일찍이 주체사상을 구현하여 두단계의 사회혁명을 우리 식으로 빛나게 수행하고 이 땅우에, 이 하늘아래서 세계사적변혁을 이룩하였다. 이제 우리는 반세기 동안 간고분투하여 축적해온 강유력한 토대우에서 거연히 솟구쳐올라 조선을 강성대국으로 만들어야 할 력사적과제를 수행하게 되였다.

국호마저 잃었던 우리 조선이 반세기사이에 식민지약소국으로부터 강대한 사회주의자주독립국가로 위용떨치게 된것도 놀라운 기적이지만 오늘과 같이 어려운 때에 세계적인 강성대국을 향하여 나아가게 된 것은 세상사람들을 경탄시키는 일이다.

인류사에 민족이 형성되고 국가가 출현하여 수수천년 나라마다 민족들마다 강상과 번영을 갈망하여 얼마나 많은 땀을 흘리고 피어린 투쟁을 벌려왔던가. 그러나 력사는 진정한 의미에서의 완성된 강상대국을 보지 못하였다.

지구상에서 오래동안 제국주의가 대국행세를 하는 오욕의 력사가 흘러왔다. 오만하게도 ≪19세기는 영국시대≫요, ≪20세기는 미국시대≫요라고 뇌까리면서 인류를 제 마음대로 란도질해온 제국주의의 만행은 력사의 분노를 자아내고

있다. 사회주의 10월혁명후 쏘베트강국이 생겨나고 사회주의진영이 형성됨으로
써 진보적인류는 제국주의와 힘을 겨루며 력사의 전진운동을 크게 떠밀어 왔다.
20세기말에 이르러 사회주의대국의 붕괴는 인류에게 많은 것을 깨우쳐주었다.

제국주의의 《강성》과 《번영》은 식민지 략략탈과 침략전쟁, 비인간적이고
야수적인 수법으로 이룩된 죄악에 찬 행적이다. 자본주의는《강성》하면 할수록
인민들에게 더 가혹한 불행과 재난만을 들씌우며 자기의 쇠퇴몰락과 멸망을 재
촉할뿐이다. 나라와 민족의 진정한 강성과 부흥은 자즈의 길에 있으며 사회주의
의 길에 있다.

우리가 말하는 강성대국은 주체의 사회주의나라이다.

근로인민대중이 력사의 당당한 자주적주체가 되고 자주, 자립, 자위가 실현되
여 그 어떤 지배와 예속도 허용하지 않는 강대한 국가, 정치와 군사, 경제와 문화
의 모든 분야에서 세계적인 봉우리에 우뚝 솟은 나라, 인민들의 자주적이며 창조
적인 삶이 활짝 꽃피는 행복의 락원...

실로 주체의 사회주의강성대국은 착취와 억압, 가난과 무지, 침략과 략탈, 지
배와 예속으로 얼룩진 지난 시대의 반동적, 반인류적 국가건설사에 종지부를 찍
고 인민의 자주적요구, 인류의 념원을 전면적으로 꽃피워주는 영원한 리상국이다.

조선민족은 포부가 크고 담이 크다.

우리 공화국을 또다시 자주강국의 전형으로 위용떨치게 하려는 우리 인민의
애국충정과 혁명적열의는 지금 분화구를 찾는 용암처럼 이글거린다.

야합된 제국주의련합세력들과 맞서 민족과 사회주의조국의 운명을 지키자고만
해도 헤아릴수 없이 어려운 처지에 있는 우리가 강성대국건설의 기치를 높이 든
것은 제국주의자들의 악랄한 반사회주의공세와 온갖 원쑤들의 반동적 훼방에 대
한 강력한 타격으로 된다.

원쑤들의 머리우에 번개가 치고 우뢰가 운다.

제국주의의 《강성》에 대한 신화, 딸라와 《경제대국》에 대한 환상과 의존
은 이제 거품처럼 산산쪼각이 날것이다.

애국정신이 높고 민족적자존심이 센 우리 인민은 자주적인 국권, 국위, 국력을
생명처럼 귀중히 여기며 조국번영을 위한 일이라면 죽으나사나 해내는 강의한
민족이다.

역경이 백겹천겹 덧쌓인다 해도 조선인민의 지향과 투지를 꺾을수 없다. 비판
과 동요, 굴복과 답보를 모르는 락천적이고 진취적인 조선민족의 도도한 전진을
멈출 힘은 세상에 없다.

사대망국의 피바다에도 절어보고 자주건국의 기쁨도 가슴뿌듯이 체험해보았으
며 세계적강적들의 오만한 코대를 꺾어놓고 남들이 몇백년 걸은 길도 일약 몇십

년동안에 강행돌파하는 기적도 창조한 우리 인민의 가슴속에서는 자기 민족이 그 누구보다도 빨리 발전하고 강대해질수 있다는 확신과 제일주의정신이 부글부글 끓고있다.

남에게 수모받고 남보다 뒤떨어지며 대국들의 비위를 맞추고 남의 덕에 잘 살아보려는 것은 조선민족의 자존심이 절대로 허락할수 없다. 비록 땅덩어리는 작고 지금은 별의별 고생을 다 겪고 있지만 이제 두고보라, 우리가 통장훈을 부를 날은 꼭 온다는 것이 오늘의 조선인민의 신념이고 배짱이다.

위대한 김정일장군님의 구상과 결심을 피끓는 심장으로 받아들인 우리 인민은 강렬한 민족자주정신과 애국충정에 넘쳐 인류의 면전에서 기어이 주체의 사회주의강성대국을 거연히 일떠세울것이다.

(2)

우리 민족이 헤쳐온 ≪고난의 행군≫길은 실로 엄혹하기 그지없었다.

대국상을 당한 한 민족의 불행을 두고 원쑤들은 때이른 쾌재를 울리고 벗들은 손에 땀을 쥐고 우려하던 4년전,

온 민족이 땅을 치며 통곡하던 그때에 이 세상 그 누가 조선이 다시 일떠설수 있으리라 믿었으며 네해만에는 강성대국의 기발을 하늘높이 쳐들것이라고 상상이나 했겠는가.

이제는 승리봉에 올라섰으나 뒤를 돌아다 보면 우리에게 무슨 힘과 용기, 믿음이 있어서 그렇게 극심한 시련과 난관을 이겨냈던가 하는 것을 체험자들도 믿기 어려울 정도로 조선민족은 력사와 풍상고초를 겪었다.

어쩌면 한 민족이 그리도 모질고 그리도 강의할수 있었으며 그리도 락관적일수 있었는가.

력사는 이런 물음을 안고 있다.

위대한 수령, 위대한 장군이 강의한 민족을 키우고 강대한 나라를 세운다!

바로 이것이 간고한 시련을 돌파한 조선인민의 대답이다.

지구상의 그 어느 나라, 그 어느 민족치고 강하고 흥하기를 바라지 않는 나라와 민족은 없다. 그런데 어떻게 되여 나라와 민족들이 홍망성쇠, 강약진퇴의 판이한 길을 걷게 되였는가.

강성대국의 건립과 홍망은 과연 무엇이 결정하는가.

한때 칼부림으로 수많은 나라들을 메주밟듯 정복하던 로마제국의 강성과 붕괴로부터 근대와 현대에 이르는 대국들의 수백년 홍망사를 거론하면서 사람들은 경제력이나 무장력을 기본으로 하는 물력론에서 국가홍망의 원인을 찾고있다. 그러나 력사와 현실은 령토가 넓고 인구가 많아서 대국이 되는것도 아니며 천연의

자원과 물질적부가 풍요하고 핵무기나 휘두른다고 하여 강국이 되는것도 아님을 가르쳐주고 있다.

우리 공화국은 지난날 식민지약소국가였으며 령토도 크지 않은 작고 분렬된 나라이다. 대국들의 쫌에 끼워 눈치놀음하고 뜯기우고 짓밟히다 못해 종당에는 망국참상을 빚어냈던 어제날의 조선이 사회주의강국으로 혜성처럼 솟아올랐을뿐 아니라 오늘 초대국과 위엄있게 맞서 큰소리치며 인류력사를 자주의길로 이끌어 나가는 것은 강성대국에 대한 주체적인 새로운 관점을 세워준다.

우리는 수령중심의 강성대국론을 주장한다.

사회주의강성대국건설사는 곧 국가수반사이다. 걸출한 수령, 위대한 애국자, 강철의령장을 영원한 국가수반으로 모시는 것은 사회주의자주강국건설의 생명이며 최고원리이다.

위대한 김일성동지!

그이는 인류가 처음으로 맞이한 주체의 강성대국건설위업의 위대한 개척자이시다.

조선식강성대국은 그 력사적기원과 건국로선도 위대한 수령님에 의하여 마련되고 창건도 수령님에 의하여 실현되였으며 영원한 번영을 위한 만년터전도 수령님에 의하여 억척같이 다져졌다.

자주적인 강성대국건설의 초행길을 열어오신 우리 수령님의 한생은 얼마나 험난하고 영광스러운 애국행로였던가.

열네살 어리신 나이에 신음하는 고국산천을 뒤에 두고 ≪압록강의 노래≫를 비장하게 부르시며 다지신 포평의 맹세가 기어이 빼앗긴 나라를 찾고 이 땅에 강국을 안아올리려는 거인적대용단이였음을 력사는 전설처럼 전할것이다.

유격구에 인민의 새 정권을 탄생시키고 밀림속 우등불가에서 ≪사향가≫를 부르시고 ≪조국광복회10대강령≫을 조항조항 적어가실 때 우리 수령님 그려보신 미래는 바로 오늘과 같이 강대한 조선이였다.

포악한 제국주의강도들, 선진대국들이 피압박약소민족들의 운명을 마음대로 롱락하는 저주로운 시대를 끝장내고 모든 대소민족들과 나라들이 자주의 한길에서 어깨겯고 륭성과 번영을 이룩하고 행복을 노래하는 새 세상을 안아오기 위해 우리 수령님 헤치신 로고와 사선의 고비 천이던가 만이던가.

사람들이여, 무심히 대하지 마시라!

이 땅의 풀 한포기, 땅 한뙈기에도, 수풀처럼 일떠선 공장들과 산속의 험한 오솔길에도 어버이수령님의 체취가 그대로 풍기고 있거늘…

이세상에서 가장 아름답고 고상하며 제일 강하고 정의로운 모든 것은 어버이수령님께서 하나하나 찾아주시고 애지중지 꽃피워주시였기에…

장구한 5천년 민족사의 갈피를 더듬어보고 광대한 세상천지를 둘러보아도 우리 수령님처럼 조국과 민족, 인류를 위하여 생의 마지막숨결까지 다 바쳐 강성대국의 터전을 마련하여 후손들에게 최대의 전취물로, 고귀한 유산으로 남기고 영생하시는 절세의 애국자, 만고의 민족적영웅, 인류의 태양은 없었다.

대를 이어가며 국가수반복을 누리는 것은 우리 인민의 민족적대행운이다.

우리 혁명에서 새로운 전환적국면이 열리는 오늘의 장엄한 력사적시기에 우리 앞에 나선 가장 신성한 목표인 강성대국건설!

이것은 사회주의건국수반이신 위대한 김일성동지의 부강조국건설르 위업의 계승이며 새로운 높은 단계이다. 선대국가수반의 사상과 위업에 무한히 충실한 령도자만이 내세우고 실현할수 있는 애국애족강령이 위대한 김일성조선의 앞길을 환히 밝혀주고 있다.

위대한 김정일동지는 어버이수령님께서 개척하신 주체의 사회주의강성대국건설위업의 위대한 령도자이시고 완성자이시다.

나라는 자기의 수반을 닮는다. 국가수반은 국위이고 국권이며 국력이다.

인류가 21세기로 넘어가는 력사의 분수령에서 우리 민족이 강성대국에로의 큰 걸음을 내디디게 된 것은 위대한 백두의 천출명장 김정일장군을 공화국의 수위에 높이 모시고 있기때문이다.

비록 고생을 많이 하고 큰 시련을 겪었지만 우리는 그것을 긍지로 여긴다.

고난의 행군길에서 우리 인민이 헤쳐온 한걸음한걸음, 이룩한 하나하나의 승리는 위대한 장군님을 따라 강성대국에로의 진격로를 닦고 무진장한 정치사상적, 륜리도덕적 힘을 쌓아온 눈물겨운 사연을 안고있다.

공산주의혁명가는 관직은 어떻든 혁명만하면 그만이라고 하시며 살을 에이고 뼈를 깎는 비분도 한가슴에 묻어두시고 오로지 수령영생위업을 위하여, 시련속에 고생하는 인민을 안아 일으켜세우고 민족의 운명을 좌절의 위기에서 건지기 위하여 모든 것을 묵묵히 바쳐오신 경애하는 장군님의 위인상은 륜리도덕의 최정상에 오르신 대성인의 모습이였다.

경애하는 장군님 계시지 않으시였더라면 우리 민족이 어찌 땅을 차고 다시 일어설수 있었으랴.

단신으로 민족의 운명과 인류의 운명을 수호해야 할 력사적사명을 스스로 맡아안으시고 ≪고난의 행군≫과 강행군의 진두에 나서신 경애하는 장군님과 슬픔도 기쁨도 고락도 함께 하여온 우리 인민은 장군님의 심중을 자기 마음으로 삼고 부강조국건설에 분연히 떨쳐나섰다.

고난은 강자를 검증한다.

고생을 겪고 이겨낸 민족은 더욱 강해진다.

불속에서 강철을 벼려내듯이 휘몰아쳐온 력사의 광풍속에서 조국의 힘을 백배, 천배로 다지시고 민족의 기개와 용맹을 높이 떨치신 위대한 김정일동지,

그이께서 이끄시기에 위대한 수령님 한생을 다 바쳐 마련하신 강성대국건설의 뿌리와 기둥이 더 억세여지고 조선은 찬란한 미래를 향하여 비약의 나래를 한껏 펼치고 더 힘차게 전진하게 되였다.

경애하는 장군님께서 내세우신 목표는 명백하며 우리의 갈길은 불변이다.

나에게서 그 어떤 변화를 바라지 말라!

모든 사업을 위대한 수령님식대로!

이것이 3년 몽상의 나날에도 오늘의 강성대국건설령도에서도 우리 장군님께서 견지하시는 신조이고 철칙이다.

위대한 수령님께서 언제나 그렇게 하시였던것처럼 사상과 군대를 틀어쥐면 주체의 강성대국건설에서 근본을 틀어쥔 것으로 된다.

올바른 지도사상, 자주적인 정치철학, 풍만한 사상정신적재부가 없고 강력한 군력에 의해 수호되지 못하는 나라는 아무리 강대국행세를 해도 허장성세에 지나지 않는다.

사상의 강국을 만드는것부터 시작하여 군대를 혁명의 기둥으로 튼튼히 세우고 그 위력으로 경제건설의 눈부신 비약을 일으키는 것이 우리 장군님의 주체적인 강성대국건설방식이다.

당이 강위력하고 인민들의 사상적 각오와 열의가 높으면 경제적번영을 이룩하는 것은 문제로도 되지 않으며 무적강국이 있으면 천만대적도 두렵지 않고 민족의 존엄과 위용을 당당히 떨칠수 있다는 것을 조선은 세상에 실증해보였다.

정세가 복잡하고 시련이 크면 클수록 사상사업을 더 강화하고 전체 인민을 붉은기정신으로 꽉 들어찬 신념의 강자, 의지로 강자로 키우신 우리 장군님의 세련된 령도는 사회주의사상진지를 금성철벽으로 다지고 나라의 강성번영을 위한 무궁무진한 힘을 쌓아놓았다.

사회주의강성대국건설은 ≪힘≫의 전략을 휘두르는 제국주의자들과의 치렬한 계급투쟁속에서 진행된다. 총대가 든든하지 못하면 나라의 강성을 떨칠수 없고 민족적자주권과 나라자체를 지켜낼수도 없다.

오래전부터 ≪딸라와 폭탄, 이것은 세계제패의 2대무기이다.≫라는 침략적이고 지배적인 국가전략을 내세우고 오늘도 정의와 진리를 총칼의 ≪힘≫으로 압살하려는 제국주의초대국과 당당히 맞서 싸워 승리하는 힘은 강대한 군대를 가지는데 있다.

≪고난의 행군≫에서의 우리의 력사적승리는 강철의 령장이신 우리 장군님의 총대철학의 정당성과 위력을 과시하였다.

온갖 고난과 시련이 덧쌓이는 간고처절한 날과 달들에 눈보라, 비바람세찬 전선길을 불철주야로 걸으시며 우리 군대를 세계제일의 무적강군으로 키워주시고 독창적인 위대한 선군정치로 인민군대를 주체혁명의 기둥으로, 부강조국건설의 주력군으로 내세워주신 경애하는 장군님의 비범한 령군실력,

우리는 여기서 만능불패의 군력, 혁명적 군인정신으로 이 땅우에 강성대국을 본때있게 건설하시려는 경애하는 김정일동지의 장군다운 결단과 배짱, 철의 의지를 본다.

일시적으로 경제건설에 지장을 받고 인민생활이 어려워도 나라의 운명과 민족의 장래를 위하여 군사를 중시하고 국방력을 강화하여 미래의 강성대국을 준비하고 지켜낸 경애하는 장군님의 선견지명과 민족사적업적은 대를 두고 길이 칭송될것이다.

진정 우리 장군님께서 강하시여 우리 민족이 강하고 장군님께서 영명하시고 대담하시여 우리 인민이 지혜롭고 배심이 든든한 민족으로 자랑떨치게 되였다.

이제 우리 장군님께서 이 땅우에 어떤 경이적인 현실을 펼쳐놓으실것인가는 누구도 예측할수 없으며 적들은 상상도 못한다.

동서남북을 둘러봐도 부러운 나라가 없고 무서운 강적이 없으며 세상은 넓고 넓어도 내 사는 내 나라가 제일 좋고 조선사람이 제일이라 자부할수 있는 강성대국을 보란 듯이 일떠세우시려는 우리 장군님의 불타는 애국열망,

세상사람들은 이제 보게 될것이다.

우리 장군님께서 수령님의 애국한생을 어린 이 땅우에 어떤 모습의 강성대국을 어떻게 일떠세우시는가를…

(3)

민족의 강의성은 완강한 실천력에 있다.

강한 민족은 허세를 모르며 빈말을 하지 않는다.

조선인민은 《고난의 행군》, 강행군길에서 죽음을 각오한 사람을 당할자 세상에 없다는 철의 진리를 민족적기질로 뼈와 살에 새기였다.

최악의 역경속에서도 래일을 위한 오늘에 살자고 그렇게도 맹세다지며 그려보던 그 래일이 마침내 우리앞에 서광처럼 밝아왔다.

강성대국은 우리의 눈앞에서 바라본다.

우리의 포부는 몇세대후에 빛을 볼 료원한 꿈이 아니며 단순한 리상만이 아니다.

지난날에는 비터우에서, 잿더미우에서 건국과 복구의 첫 삽을 박았지만 이제 우리는 위대한 수령님께서 마련해주신 무진장한 토대우에서 승리자의 신심드높이 강성대국건설의 길로 줄달음쳐나간다.

20세기의 풍운속에서 사회주의강국의 초행길을 단독으로 개척했고 ≪고난의 행군≫속에서 민족의 존엄을 끝끝내 지켜낸 우리 조선이 이제는 누구도 숙볼수 없는 사상의 제일강국, 그 누가 감히 이래라 저래라 못하는 정치대국, 제노라하는 제국주의렬강들도 함부로 범접 못하는 군사강국으로 세상에 위용을 떨치고 있다.

일심단결은 강성대국건설의 천하지대본이다.

인류최고봉의 주체사상으로 온사회가 일색화되고 수령을 중심으로 전체 인민이 혼연일체를 이룬 힘이야말로 우리 민족이 무한히 강성할수 있는 최대국력을 이룬다. 자기 나라, 자기 민족이 제일이라는 민족적자부심을 가진 인민이 자기 수령과 한식솔이 되고 군대와 한몸이 되여있는 조선이야말로 세상에 둘도 없는 일심단결의 최강국이다.

위대한 장군님께서 우리가 좋은 사회주의제도와 전투력있는 당, 충실하고 근면한 인민을 가지고 있는 조건에서 경제문제를 풀지 못할 리유가 없다고 하신것처럼 우리가 미구에 경제강국의 높이에 오르는 것은 확정적이다.

반세기동안 허리띠를 졸라매며 축적해온 우리 나라 자립경제의 잠재력은 실로 무궁무진하다. 최근 몇 년간 제국주의자들의 그처럼 검질긴 경제적봉쇄와 참혹한 자연재해의 파괴력을 견디여낸 우리의 강력한 자립적민족경제가 이제 또다시 룡마를 타고 무제한한 용을 쓸 때가 왔다.

참된 강국은 자력갱생의 나라이다.

어제도 오늘도 래일에도 부강조국건설의 최대의 원칙, 필승의 보검은 주체의 정신, 자력갱생에 있다.

남의 힘을 빌어 건설한 나라는 내 나라가 아니며 남의 덕에 잘 살아보려는 인민처럼 어리석고 비굴한 민족은 없다.

그 누가 우리를 강하게 해주지 않으며 우리를 지켜줄수도 잘 살게 해줄수 없다는 것은 우리 민족이 피로써 찾은 철리이며 영원히 잊지 말아야 할 인생교훈이다.

이 땅, 이 하늘아래 사는 사람이라면 누구나 다 자력갱생하고 모든 단위, 모든 지역이 다 자력갱생할 때 우리 조국은 말 그대로 천지풍파가 불어와도 끄떡없이 천년만년 강성번영할수 있다.

위대한 목적은 결사와 투쟁, 헌신적노력을 요구한다.

내조국이 강성의 령마루에 오르고이는 지금이야말로 앉았던 사람이 일어나고 걷던 사람은 달음질치며 온 민족이 산악같이 떨쳐일어나야 할 때이다.

바다도 갈라 길을 낼 각오와 담력으로 온 나라, 온 사회가 부글부글 끓고 사회주희건설의 전전선에서 진격의 함성을 높이 터쳐올려야 한다.

위대한 김정일장군님의 애국충정의 높은 뜻을 받들고 이 땅우에 통일되고 부강번영하는 사회주의 강성대국을 일떠세우는 것은 우리 세대의 신성한 민족사적 임무이며 더없는 영광이다.

우리의 후대들이 다른 나라, 다른 민족에 대한 천박한 부러움이 없이 이 땅우에서 태여난 조선민족된 행운을 영원히 가슴뿌듯이 느낄수 있도록 우리 세대도 그 어떤 천년만고도 달게 여기며 기어이 주체의 대강국을 웅장하게 일떠세울것이다.

일제가 항일유격대를 ≪창해의 일속≫이라고 했지만 우리는 ≪일속≫으로 ≪창해≫를 이기고 조국광복의 새 봄을 안아왔다. 미제가 조선은 잿더미속에서 100년이 걸려도 다시 일떠서지 못한다고 했지만 우리는 단숨에 천리마를 타고 사회주의강국에로 치달아 올랐다.

강성대국건설은 더없이 아름찬 세기적과제이지만 우리는 남들이 못한다고 할 때마다 기어이 해낸 정의롭고 용감하고 강의한 조선사람의 본때로 이 땅우에 사회주의강성대국의 기발을 기어이 휘날리고야말것이다.

강성대국건설은 위대한 수령님께서 생전에 그처럼 바라신 소원이였고 우리 후손들에게 남기신 최대의 유훈이다.

자기 수령의 위업에 무한히 충실한 수천만 전사, 제자들은 강성대국건설을 사회주의건국수반에게 의리와 충효를 다하는 신성한 륜리도덕적위업으로, 김일성민족을 만대에 빛내이는 영광스러운 사업으로 내세우고 기어이 실현할것이다.

강의한 조선민족이여,

광명한 미래가 우리를 소리쳐부른다.

21세기의 조선, 위대한 김정일강성대국을 향하여 총진군 앞으로!

어머니조국이여, 백두장군의 위대한 품속에 천년만년 부장번영하시라.

8. 가격과 생활비를 전반적으로 개정한 국가적 조치를 잘 알고, 강성대국 건설을 힘있게 앞당기자.

경제자료
내부한정
강연 및 해설 담화 자료
조선로동당 출판사
주체 91(2002). 7.

본 자료는 2002년 7월 1일 북한의 경제관리개선조치를 주민들에게 알리기 위해 북한 당국이 직장이나 학교 등의 기관장에게 강연 자료로 배포된 문건으로 추정된다. 이 문건은 RENK (구출! 북한민중 긴급행동 네트워크, 대표 간사이대 이영화 조교수)라는 일본NGO에 의해 입수되어 2002년 12월 19일자 일본 마이니치신문(每日新聞)에 소개되었다.

입수경위는 북한으로 재 잠입한 32세 탈북청년이 현지의 협력자로부터 북한 중부에 위치한 도시에 있는 공장 지배인에게 배포된 문건을 제공받아 중국으로 가지고 나온 것으로 보도되었다.

이 문건은 B5판 8쪽 분량으로 조선로동당출판사 발행, 2002년 7월이라고 기재되어 있다. 표지에 『강연 및 해설담화자료 - 내부 한정』이라고 쓰여 있고 일련번호가 기록되어 있다.

이 문건에는 북한의 경제관리개선조치의 내용뿐만 아니라 북한 주민의 실제 경제생활 동행과 주민의 태도에 대한 당국의 우려 등을 엿볼 수 있는 부분이 있다.

본 자료의 원문은 www.bekkoame.ne.jp/ro/renk/kaidai.htm에 수록되어 있다. 본 자료는 일본어로 번역된 북한 문건을 다시 한국어로 번역한 것으로 일부는 북한식 표현과 다를 수 있다.

<작성: 김은영 연구원>
key@kd.re.kr

위대한 영도자 김정일 동지는 다음과 같이 지적하시었다.

"우리 일군들은 변화 발전이 현실의 요구에 맞게 경제 관리에 있어서 고칠 것은 대담하게 고치고, 새롭게 창조할 것은 적극적으로 창조해 사회주의 경제 관리 방법을 우리식으로 독특하게 개척해 가야 한다."

최근 국가에서 알곡 수매가를 다시 정하고, 식량값을 기준으로 전체 가격을 전반적으로 개정하며 근로자의 생활비도 그에 맞추도록 하는 조치를 채택했다. 국가가 이번에 택한 조치는 강대국 건설의 요구에 맞게 사회주의의 경제 관리를 개선할 데 대한 당의 방침을 철저히 관철하고, 경제사업에서 실리를 보장하고, 근로자의 생산의욕을 높여 사회의 물질적 부를 늘리며, 인민 생활을 향상시키려고 하는 데에 그 의도가 있다.

경제사업에서 실리를 보장하고 생산자를 우대하는 원칙에서, 이번에 가격을 전반적으로 개정했다. 가격을 옳게 정하는 것은 나라의 경제 발전과 인민 생활 향상에 상당히 중요한 의의를 가진다.

그런데 최근 수년간 우리는 사회주의 경제건설에서 가격사업을 옳게 실행하지 않아, 나라의 경제사업에 전반적으로 중대한 나쁜 결과를 초래했다. 현재 국정가격이 농민시장 가격보다도 낮아서 장사행위가 성행하고, 국가에는 상품이 부족한데 민간은 상품에 둘러싸여 있는 현상을 초래하고 있다. 농민시장에 가보면 쌀을 원료로 하는 식료품에서 공업제품에 이르기까지 생활에 필요한 대부분의 상품이 모두 있다. 그 대부분은 낮게 책정된 국정가격과의 격차를 이용해 국가물자를 모두 빼돌려서, 농민시장에서 높은 가격으로 팔고 있는 것이다. 그래서 생산은 국가가 하고 있는데, 상품과 돈의 대부분은 개인의 손에 들어간다.

따라서 이번에 국가에서는 사회주의 경제관리를 개선하기 위해 저 품목의 가격을 종전보다도 평균 25배 정도 끌어올리기로 개정하고, 이달부터 전국적으로 새롭게 개정된 가격에 따라 전체 생산과 경영활동이 진행되도록 했다.

지난 시기 우리는 가격사업에서 석탄과 전력 같은 근원적 원료를 가격제정의 출발점으로 해왔다. 위대한 장군님께서 인민들의 문질생활에서 가장 우선적이고 필수적인 것은 식량이라고 하셨듯이, 그 가격부터 옳게 정하고 그것을 모든 가격제정의 출발점으로 하도록 현명한 가르침을 주셨다.

사실 사람들의 물질생활에서 식량보다 더 귀중한 것은 없다. 사람은 다른 것은 몰라도 배고픈 것과는 타협 할 수 없다. 사람들의 물질생활에서 기초를 이루는 식량가격을 모든 가격제정의 출발점으로 삼는 것은 어느 면에서 보나 정당하다.

이번에 국가에서는 알곡 생산에서 실리를 보장하고 농민을 우대하는 원칙에서 국가가 수매하는 알곡 가격을 흰쌀 1kg당 45전에서 20원으로 대폭 인상했다. 흰쌀가격 인상과 같이 대두는 1kg당 40원으로, 돼지고기는 생체 1kg당 110원으로 가격을 대폭 인상시킴으로써 농민이 높은 생산 의욕을 가지고 알곡과 축산물 생산에 떨쳐나서게 했다. 현재 개인 장사꾼들이 돼지고기 생체를 1kg당 60~80원에 사들여 농민 시장에서 폭리를 얻고 있지만, 이제부터는 국가의 수매가가 더 높기 때문에 자연히 돼지고기 장사꾼들이 없어지게 된다.

인민경제의 동력, 연료, 원료로 이용되는 중요 공업제품과 국가적으로 수입에 의존해야만 하는 전력물자의 가격은 다른 물건보다도 훨씬 높게 책정되었다. 실례로 석탄 1톤당 1,500원으로 44배, 전력 1,000kw에 2,100원으로 60배, 코크스탄·전기등·생고무 가격은 45배, 휘발유· 디젤유 가격은 70배 이상 인상하였다. 철도 여객 운임은 35.8배 시내버스 운임은 20배 높였다. 지금은 평양에서 청진까지의 기차 여행을 한번 하려고 하면 590원 이상 내야 한다. 시내버스도 한번 타는데 2원이다.

지난 시기 기차비와 버스비가 지나치게 낮았기 때문에, 이 부문에서 번 수입으로는 운수 수단의 보수도 제대로 충당할 수 없었다 지금부터는 이러한 현상이 없어지게 되었다.

대중 소비품과 식료품의 가격도 수요와 공급 수준에 맞춰 개정하였다. 남자용 운동화 한 켤레에 180원, 세수 비누 한 장에 20원, 세탁비누 한 장에 15원, 된장 1kg에 17원, 간장 1kg에 16원, 콩기름 1kg에 180원, 조미료 1kg에 300원, 소주 1 ℓ 에 43원, 청어 1kg에 100원이다.

주택 사용료도 1세대가 60㎡인 경우, 1개월에 78원이고, 난방 사용료는 한달에 175원이다. 이제까지 사회적으로 허용해 온 각종 가격 기준을 전부 없애고, 모든 상품 가격을 한 가지 기준으로 통일시켰다. 앞으로는 상품의 수요와 공급이 변동하는데 따라 상품 유통과 화폐유통을 원만히 보장하기 위해 상품가격을 고정시키지 않고 능동적으로 계속 조절하도록 한다.

경제적으로 실리에 맞는가 맞지 않는가, 생산자를 우대하는 원칙에 입각한 것인가 아닌가, 사회적 수요와 공급을 고려했는가 하지 않았는가 하는 것을 검토하고, 엄격하게 계산해서 가격을 정하도록 하였다. 다음으로 국가는 사회주의 분배 원칙을 제대로 실시하여 사람들이 실제 자기가 일한 만큼 득을 볼 수 있도록 생활비도 개정했다. 사람들에게 일한 것만큼, 번 것만큼 순서가 돌아오도록 하는 것은 사회주의 분배 원칙의 기본 요구이다. 그렇지만, 이제까지 이 요구가 제대로 구현되지 못했다.

우선 분배에서 평균주의가 많았다. 노동자와 사무원에게 생활비를 줄 때, 일을 많이 한 사람인가 적게 한 사람인가, 기본 노력인가 보조 부문 노력인가를 고려하지 않고 기업소가 계획 보다 더 수행했다고 하여 모두 똑같이 계산해 주었다.

협동 농장원의 경우, 농장에 나가 일을 잘 했건 못했건, 가동일수만 보장하면

1년 식량을 가족에게까지 일률적으로 완전히 다 지급했었다. 그리고 철도 일군이라고 해서 그 가족들까지도 무임승차권을 가지고 여행한다고 생각할 때도 그렇고, 보상금, 간식비 등을 비롯해서 국가적으로 무료로 나가는 돈이 상당히 많았다.

결국 지난 시기 사회주의 분배 원칙이 바로 실시되지 못하고 사회적으로 공짜가 많았으며, 평균주의를 하다 보면 그것이 사람들에게 건달풍을 조장하고 근로자의 노력적 열성을 떨어뜨리게 하였다. 따라서 이번에 국가에서는 사회주의 분배 원칙의 요구에 맞게 근로자들이 실제 자기가 일한 것만큼, 번 것만큼, 생활비를 엄격히 계산해 주도록 기준을 다시 정했다.

우선 올해 7월부터, 모든 상품의 가격을 개정한 데 맞게 생활비를 전반적으로 평균 18배 정도 인상하였다. 한 가정에서 평균 2명 정도 일하는 것으로 보고 노동자, 사무원 한 사람의 한달 생활비 기준을 평균 2,000원 정도로 정했다.

그리고 사회와 집단을 위해 실제로 일을 더 많이 하는 사람들을 우대한다는 원칙에 입각해서, 사무실에서 일하는 사람보다도 생산 현장에서 일하는 기술자와 고급 기능공, 과학자, 기술자의 생활비를 더 높게 책정했다.

이번에 생활비를 새롭게 개정하면서 탄광, 광산을 비롯해 어렵고 힘든 부문에서 일하거나, 전력물자를 생산하는 근로자들에 대해서는 생활비를 20~25배 정도로 더 높여 정했다. 특히 탄광, 광산의 굴진공, 채탄공, 채광공의 경우, 한달생활비가 6,000원으로 가장 높게 정해졌다.

생산 현장에서 일하는 기사와 해당 기술 자격 직제에서 일하는 연구사, 설계원, 대학 교원등 전문가의 생활비는 19배 정도 높였다. 그러나 비생산 부문과 지도단위 일군의 생활비는 17배 정도로 상대적으로 인상폭을 낮게 했다. 지난 시기에 20여 가지나 되던 가급금도 대폭 정리했다.

사회적으로 과학 기술을 중시하는 기풍을 세우고, 새로운 과학 기술의 성과가 인민 경제 여러 분야에 빨리 도입되어 실제로 은이 나도록 하기 위해 새로운 과학 기술로 나라의 경제발전에 이바지 한 경우에는 그 가치에 따라 3년간 번 이익금 중에서 연구자와 연구 집단, 도입단위에 대부분의 자금을 현금으로 지급하도록 했다.

이와 관련하여 작업반 우대제는 없앴다. 농업생산을 신속히 증대시키기 위해, 농민의 한달치 생활비는 평균 2,300원 정도로, 노동자·사무원보다도 기준을 더 높게 정하고, 그것으로 식량도 사먹고, 생활도 할 수 있도록 했다. 앞으로는 누구나를 막론하고 자기가 얻은 생활비를 가지고 생활 할 수 있도록 되었다. 공짜, 평균주의는 절대로 없다.

누구든지 자기가 번 돈으로 쌀을 제 가격으로 사 먹을 수 있게 된다. 우리가 지금까지 적용해 온 낮은 가격에 의한 식량공급제는 1946년부터 실시해 온 것이다. 지난 시기, 노동자, 사무원의 실질 생활비에서 식량값이 차지하는 비율은 불과 3.5%밖에 안 되었다. 하루만 일하면, 한달치 식량을 사 먹을 수 있었기 때문에 특별히 애써 일하지 않아도 살아 갈 수 있게 되어 있었다. 일할 수 있는 많은 가정주부가 사회에 진출하지 않고, 일부 근로자들이 생산활동에서 열성을 내지 않는 이유는 바로 여기에 있었다. 특히 최근 수년간, 국가가 식량을 제대로 공급할 수 없게 되자 많은 사람들이 이미 가지고 있던 직업까지 버리고, 장사나 하면서 자기 개인의 이익을 채우고 있다.

앞으로는 국가가 협동농장에서 수매한 식량값에 일정한 부가금을 청구해 지금의 식량공급

기준을 초과하지 않는 범위에서 판매하게 되는데 그렇게 되면 근로자의 실질 생계비에서 식량값이 차지하는 비율이 50%정도가 된다.

이렇게 모든 물건을 제 가격으로 사서 사용하게 된다고 해도, 사회주의 제도의 우월성과 관련된 사회적 시책까지 없어지는 것은 아니다. 앞으로 국가에서는 사회주의 제도의 우월성을 더 높이 발양시키기 위해, 무상치료제, 무료교육제, 사회보장제와 영예군인 우대제를 비롯한 30여 종류의 사회적 시책은 계속 실시하며 이에 대한 국가적 지출을 더 늘리도록 한다.

이번에도 연로보장자의 연금과 영예군의 보조금을 비롯한 연금, 보조금은 근로자의 생활비를 개정하는데 맞춰 정하면서도, 영예군인과 연로자가 안정된 생활을 보장 할 수 있도록 영예군인 보조금과 낮게 책정되었던 연금액은 더욱 높였다. 부모가 없는 아이와 돌볼 사람이 없는 노인을 데려다 부양하는 세대에는 부양자 1명당 매월 300원 정도의 보조금을 주도록 했다. 또한 노동자 없이 아이만 사는 세대, 부양받을 자식없이 노인만 사는 세대, 부부가 모두 일할 수 없는 환자로서 아이만이 있는 세대에는 가족 1인당 600원 정도의 생활 보조금을 지급한다. 육아원, 애육원, 야영소에서는 원아와 야영생의 쌀값까지도 전체 국가가 부담한다.

그리고 앞으로 국가 경제가 활성화되는데 따라, 근로자의 생활비도 그에 맞게 계속 높여주게 된다. 우리는 새로운 국가적 조치에 대해서 잘 알고, 강성대국 건설에 새로운 혁신을 달성시켜야 한다. 우선 새로운 국가적 조치에 대해서 옳은 인식을 가져야 한다. 현재 많은 사람들 중에는 식량도 부족하고 상품도 없는데 물건의 가격과 생활비를 올려 경제 문제가 해결되는가,

국가에서 가격을 끌어 올리면 시장 가격이 더 오른다고 말하면서 반신반의하고 있다.

이것은 이번 조치의 의도를 깊이 파악하지 못하고, 사회주의 경제관리에 대한 인식이 부족한 데 그 원인이 있다. 근로인민대중을 경제관리의 주인으로 보고, 경제사업에서 나서는 모든 문제를 생산자 대중과 함께 지혜를 발동하여 풀어가

야 한다는 것이야말로 당의 의도이고, 사회주의 경제관리의 근본원칙인 것이다.

생산자 대중이 발동되자면, 사상사업을 선행하는 것과 함께 사회와 집단을 위해 일을 많이 하는 사람에게 정치적 평가도 잘 해주고 물질적 보수도 더욱 많이 돌아가도록 해야 한다. 그래야 사람들의 혁명적 열의와 창조적 적극성이 높이 발양될 수 있고, 그것이 다른 사람들 에게도 좋은 영향을 주게 되어 사람들이 노동을 생활의 제일차적인 요구로 받아들이게 할 수 있다.

사람들에게 자기가 일한 만큼, 번 만큼 보수가 돌아오도록 하는 것은 단순히 물질적 자극을 높이는 것으로만 보아서는 안 된다. 지난 시기 우리는 사회주의 분배원칙에 대한 인식이 바로 서 있지 못하여 물질적 평가 문제를 정치적 평가 문제와 인위적으로 대치시켜 놓음으로써 그것을 사회주의 사회의 본성적 요구에 맞게 제대로 구현하지 못하였다.

현재 인민들은 이제는 애써 일하면 나라가 부강해지고, 모두 잘 살 수 있게 되었다고 기뻐하고 있다. 특히 농민들은 어버이 수령님께서 준비해 주신 토지개혁이 토지의 주인이 되고 싶어 하던 농민의 세기적 숙원을 풀어주신 역사적 사변이라고 한다면, 이번 조치는 농민이 실제로 농장의 포전을 나의 포전으로 할 수 있도록 한 정당한 조치라고 말하고 있다.

누구나가 모두 애써 일하고, 모두 물질적 부가 창조되도록 하려는 데 그 기본이 있다. 그렇지만 지금 일부 사람들 중에는 새로운 국가적 조치에 대해 제멋대로 해석해 부정적인 세론을 퍼뜨리는 현상이 나타나고 있다.

우리는 이번 국가적 조치가 나라의 경제를 빨리 발전시키고, 인민생활을 실제로 해결 할 수 있는 정당한 조치라는 것을 확실히 알아야 한다. 모두 이번에 채택된 국가적 조치를 잘 알고, 하루라도 빨리 은을 낼 수 있도록 해야 한다. 모든 일군, 당원과 근로자는 전반적 가격과 생활비를 개정할 데 맞춰 혁신적 안목과 근면한 본성으로 강성대국 건설에 새로운 전환을 달성해 가야 한다.

9. 조선민주주의인민공화국 신의주특별행정구 기본법

2002년 9월 12일 최고인민회의 상임위원회 채택

제1장 정 치

제1조 신의주특별행정구는 조선민주주의인민공화국 주권이 행사되는 특수행정단위이다. 국가는 신의주특별행정구를 중앙에 직할시킨다.

제2조 국가는 신의주특별행정구에 립법권, 행정권, 사법권을 부여한다.

제3조 국가는 신의주특별행정구의 법률제도를 50년간 변화시키지 않는다.

제4조 국가는 신의주특별행정구에서 주민과 비주민의 합법적권리와 리익을 보장하도록 한다.

제5조 국가는 신의주특별행정구에서 주민가 비주민의 신변을 법에 따라 보호하도록 한다.

제6조 조선민주주의인민공화국의 내각, 위원회, 성, 중앙기관은 신의주특별행정구사업에 관여하지 않는다. 신의주특별행정구에 인원을 파견하거나 주재시키려 할 경우에는 장관의 동의를 받는다.

제7조 신의주특별행정구의 방위사업은 국가가 한다. 국가는 필요에 따라 신의주특별행정구에 군사인원을 주둔시킬수 있다. 신의주특별행정구는 주둔부대에 사회질서유지, 재해구조의 협조를 요구할수 있다.

제8조 신의주특별행정구와 관련한 외교사업은 국가가 한다. 신의주특별행정구는 국가가 위임한 범위에서 자기의 명의로 대외사업을 하며 신의주특별행정구 려권을 따로 발급할수 있다.

제9조 국가는 신의주특별행정구에서 공식문건을 조선말로 작성하도록 한다.

다른 나라 말로 작성한 공식문건에는 조선말로 된 번역문을 첨부한다.

제10조 국가는 신의주특별행정구에서 다른 나라 정치조직의 활동을 허용하지 않도록 한다.

제11조 국가는 전쟁, 무장반란 같은 사유의 발생시 신의주특별행정구에 비상사태를 선포할수 있다. 이 경우 전국적으로 적용하는 법규를 실시한다.

제2장 경 제

제12조 신의주특별행정구의 토지와 자연부원은 조선민주주의인민공화국의 소유이다. 국가는 신의주특별행정구에서 토지와 자연부원의 침해를 허용하지 않는다.

제13조 국가는 신의주특별행정구를 국제적인 금융, 무역, 상업, 공업, 첨단과학, 오락, 관광지구로 꾸리도록 한다.

제14조 국가는 신의주특별행정구에 토지의 개발, 리용, 관리권한을 부여한다. 신의주특별행정구의 건설총계획은 국가의 승인을 받는다. 대상건설은 승인된 건설총계획에 따라한다.

제15조 신의주특별행정구의 토지임대기간은 2052년 12월 31일까지이다. 국가는 토지임대기간이 끝난 다음에도 기업의 신청에 따라 그 기간을 연장하여 준다. 이 경우 기업에 주던 유리한 경영활동조건을 그대로 보장한다.

제16조 국가는 신의주특별행정구에서 합법적으로 얻은 토지리용권과 건물, 시설물을 양도, 임대, 재임대, 저당하도록 한다.

제17조 국가는 신의주특별행정구에서 개인소유의 재산을 보호하며 그에 대한 상속권을 보장하도록 한다. 국가는 신의주특별행정구에서 개인소유의 재산을 국유화하지 않는다. 나라의 안전과 관련하여 개인소유의 재산을 거두어 들이려 할 경우에는 그 가치를 보상하여 준다.

제18조 신의주특별행정구에서 주민이 로동하는 나이는 16살부터이다. 국가는 로동하는 나이에 이르지 못한 소년들의 로동를 금지하도록 한다.

제19조 국가는 신의주특별행정구에서 근로자들의 로동시간을 하루 8시간, 주 48시간을 초과하지 않는다.

제20조 국가는 신의주특별행정구에 창설된 기업이 공화국의 로력을 채용하도록 한다. 필요한 직종에는 구행정부의 승인을 받아 다른 나라 사람으로 쓸수 있다.

제21조 국가는 신의주특별행정구에서 근로자들의 최저로임기준을 구행정부와 공화국 해당기관이 합의하여 정하도록 한다.

제22조 국가는 신의주특별행정구에서 유급휴가제, 사회보장제 같은 로동시책을 바로 실시하도록 한다.

제23조 국가는 신의주특별행정구에서 자체로 화폐금융시책을 실시하도록 한다. 신의주특별행정구에서는 외화를 제한없이 반출입할수 있다.

제24조 국가는 신의주특별행정구에서 공정하고 특혜적인 세금제도를 세우도록 한다. 세금의 종류와 세률은 신의주특별행정구가 정한다.

제25조 국가는 신의주특별행정구에서 특혜관세제도를 세우도록 한다. 관세률은 신의주특별행정구가 정한다.

제26조 국가는 신의주특별행정구에서 회계제도를 바로 세우고 계산과 검증을 엄격히 하도록 한다.

제27조 국가는 신의주특별행정구에서 자체로 예산을 편성하고 집행하도록 한다. 예산과 관련한 립법회의결정은 최고립법기관에 등록한다.

제28조 국가는 신의주특별행정구에서 생산한 상품의 검사를 자체로 하며 원산지증명서를 발급하도록 한다.

제29조 국가는 신의주특별행정구에서 투자가들의 투자를 장려하도록 한다. 나

라의 안전과 주민들의 건강, 환경보호에 저해를 주거나 경제기술적으로 뒤떨어진 부문의 투자는 할수 없다.

제30조 신의주특별행정구에서 기업창설신청에 대한 심의는 구행정부가 한다. 수상운수업, 항공운수업은 공화국 해당 기관의 승인을 받아야 할수 있다.

제31조 국가는 신의주특별행정구에서 기업에 유리한 투자환경과 경제활동조건을 보장하도록 한다. 신의주특별행정구는 인원의 출입과 물자, 자금, 정보, 통신교류의 편의를 보장한다.

제3장 문 화

제32조 조선민주주의인민공화국은 신의주특별행정구에서 문화분야의 시책을 바로 실시하여 주민들의 창조적능력을 높이고 건전한 문화정서적요구를 충족시키도록 한다.

제33조 국가는 신의주특별행정구에서 1년동안의 학교전 의무교육을 포함한 전반적 11년제무료의무교육을 구예산으로 높은 수준에서 실시하도록 한다. 신의주특별행정구에서 사회과학과목교육은 공화국의 해당 기관과 합의하여 한다.

제34조 국가는 신의주특별행정구에서 학령전 어린이들을 탁아소와 유치원에서 키우도록 한다.

제35조 국가는 신의주특별행정구에서 첨단과학기술을 받아 들이고 새로운 과학기술분야를 적극 개척하도록 한다.

제36조 국가는 신의주특별행정구에서 현대적인 문화시설을 갖추고 광범한 주민들이 문학예술활동에 참가하도록 한다. 나라의 통일과 민족의 단결에 저해를 주는 문학예술활동은 할수 없다.

제37조 국가는 신의주특별행정구에 있는 혁명사적지와 명승지, 천연기념물, 문화유물을 구예산으로 특별히 보호하도록 한다. 보호할 혁명사적지와 명승지, 천연기념물, 문화유산물은 공화국의 해당 기관이 정한다.

제38조 국가는 신의주특별행정구에서 의료보험제를 실시하도록 한다. 신의주특별행정구는 전염병의 만연 같은 엄중한 사태가 발생하였을 경우 공화국의 해당 기관에 의뢰하여 방조 받을수 있다.

제39조 국가는 신의주특별행정구에서 대중체육활동을 장려하여 주민들의 체력을 증진시키며 체육과학기술을 발전시키도록 한다.

제40조 국가는 신의주특별행정구에서 신문, 잡지 같은 정기간행물을 발행하며 체신, 방송망 같은 것을 자체로 운영하도록 한다. 정기간행물, 체신 방송망을 리용하여 주민들의 건전한 사회의식과 구의 사회질서를 해치는 행위를 할수 없다.

제41조 국가는 신의주특별행정구에서 자연환경을 보존, 조성하고 환경오염을 방지하며 주민들에게 문화위생적인 생활환경과 로동조건을 마련하여 주도록 한다.

제4장 주민의 기본권리와 의무

제42조 신의주특별행정구의 주민으로 되는 조건은 다음과 같다.

1. 신의주특별행정구가 조직되기 이전에 거주한 자
2. 공화국공민으로서 신의주특별행정구의 요구에 따라 구안의 기관 또는 기업에 취직한 자
3. 다른 나라 사람으로서 합법적인 직업을 가지고 구에 7년이상 거주한 자
4. 최고립법기관 또는 장관이 추천한 자

제43조 주민은 사회생활의 모든 분야에서 누구나 똑같은 권리와 의무를 지닌다. 성별, 국적별, 민족별, 인종별, 언어, 재산과 지식정도, 정견, 신앙에 따라 주민은 차별 당하지 않는다.

제44조 신의주특별행정구에서 17살이상의 주민은 선거할 권리와 선거 받을 권리를 가진다. 법에 의하여 선거권을 빼앗긴 자는 선거할 권리와 선거 받을 권리를 가지지 못한다.

제45조 주민은 언론, 출판, 집회, 시위, 파업, 결사의 자유를 가진다. 이 권리는 신의주특별행정구의 해당 법규에 의하여 보장된다.

제46조 주민은 신앙의 자유를 가진다. 그 누구도 종교를 사회직서를 해치는데 리용할수 없다.

제47조 주민은 인신과 주택의 불가침권, 서신의 비밀을 보장 받는다. 법에 근거하지 않고는 주민을 구속, 체포하거나 몸, 살림집을 수색할수 없다.

제48조 주민은 신소와 청원을 할 권리를 가진다. 신의주특별행정구는 주민의 신소와 청원을 공정하게 심의, 처리한다.

제49조 주민은 거주이전, 려행의 자유를 가진다. 공화국의 다른 지역 또는 다른 나라로 이주하거나 려행하는 질서는 신의주특별행정구가 정한다.

제50조 주민은 로동에 대한 권리를 가진다. 희망과 재능에 따라 주민은 직업을 선택할수 있으며 로동에 따르는 보수를 받는다.

제51조 주민은 휴식할 권리를 가진다. 신의주특별행정구에서 주민은 공화국이 정한 공휴일, 명절일의 휴식을 보장 받으며 다른 나라 사람은 민족적풍습에 따르는 휴식을 보장 받을수 있다.

제52조 주민은 치료 받을 권리를 가진다. 나이 많거나 병 또는 불구로 로동능력을 잃은 사람, 돌볼 사람이 없는 늙은이와 어린이는 사회보험과 사회보장제에 의한 물질적방조를 받는다

제53조 주민은 교육을 받을 권리를 가진다. 이 권리는 신의주특별행정구의 교육시책에 의하여 보장된다.

제54조 주민은 과학과 문학예술활동의 자유를 가진다. 신의주특별행정구는 법에 따라 저작권과 발명권, 특허권을 특별히 보호한다.

제55조 녀자는 남자와 똑같은 사회적지위와 권리를 가진다. 신의주특별행정구는 산전산후유가제 같은 시책으로 애기어머니와 어린이를 보호한다.

제56조 주민은 결혼의 자유를 가진다. 신의주특별행정구는 법에 따라 결혼과 가정을 보호한다.

제57조 신의주특별행정구에서 주민권을 가지지 못한 다른 나라 사람은 주민과 같은 권리와 의무를 지닌다. 그러나 주민권을 가지지 못한 다른 나라 사람은 선거할 권리아 선거 받을 권리, 구예산으로 실시하는 사회적혜택을 받을 권리를 가지지 못한다.

제58조 신의주특별행정구의 공화국공민은 조국보위의무를 지닌다. 신의주특별행정구에서 군대초모질서는 따로 정하낟.

제59조 법규는 주민의 의사와 리익의 반영이며 구관리의 기본수단이다. 주민은 신의주특별행정구에서 제정한 법규를 존중하고 엄격히 준수하여여 한다.

제5장 기 구

제1절 립법회의

제60조 립법회의는 신의주특별행정구의 립법기관이다. 립법권은 립법회의가 행사한다.

제61조 립법회의 의원수는 15명으로 한다. 립법회의 의원은 주민들의 일반적, 평등적, 직접적선거원칙에 의하여 비밀투표로 선서한다.

제62조 립법회의 임기는 5년이다. 립법회의 의원의 임기는 립법회의 임기와 같다.

제63조 매기 립법회의 임기는 5년이다. 립법회의 의원의 임기는 립법회의 임기와 같다.

제64조 립법회의 권한은 다음과 같다.

    1. 법규를 제정하거나 수정, 보충, 페지한다.

2. 구의 예산과 그 집행에 대한 보고를 심의, 승인한다.

3. 채택한 법규를 해석한다.

4. 장관으로부터 행정부의 사업보고를 청취하고 심의한다.

5. 장관의 제의에 의하여 구재판소 소장을 임명, 해임한다.

6. 구재판소 소장의 제의에 의하여 구재판소 판사, 지구재판소 소장, 판사를 임명, 해임한다.

제65조 립법회의는 정기회의와 비정기회의를 가진다. 정기회의는 분기 1차, 비정기회의는 정기회의 휴회기간에 립법회의 의원전원의 3분의 1이상의 요청이 있을 때에 소집한다. 회의기간은 년에 100일이상으로 한다.

제66조 립법회의는 의원전원의 3분의 2이상이 참석하여야 성립된다.

제67조 립법회의는 의장, 부의장을 둔다. 의장, 부의장의 임기는 립법회의 임기와 같다.

제68조 립법회의 의장, 부의장은 립법회의에서 선거한다. 의장, 부의장은 회의에 참석한 립법회의 의원 반수이상의 찬성을 받아야 선거된다.

제69조 립법회의 의장의 임무는 다음과 같다.

1. 립법회의를 사회한다.

2. 립법회의 소집날짜를 정하고 공포한다.

3. 립법회의가 위임한 사업을 한다.

제70조 립법회의 부의장은 의장의 사업을 돕는다. 의장이 결원중이거나 직무를 수행할수 없을 경우에는 그를 대리한다.

제71조 립법회의 의안은 의원들이 제출한다. 장관과 행정부도 립법회의 의안을 제출할수 있다.

제72조 립법회의는 결정을 낸다. 립법회의 결정은 회의에 참석한 의원 반수이상의 찬성을 받아야 채택된다.

제73조 립법회의는 채택한 결정에 대하여 장관이 의견을 제기할 경우 1개월안에 다시 심의한다. 다시 심의하여 채택한 결정에 대하여 장관이 의견을 제기할 경우에는 립법회의 의원전원의 3분의 2이상의 찬성을 받아 채택한다. 이 경우 장관은 의무적으로 동의한다.

제74조 립법회의에서 채택한 결정은 1개월안으로 최고립법기관에 등록한다. 최고립법기관은 제출된 결정에 대하여 등록하거나 돌려 보내여 수정시킬수 있다. 등록하지 않고 돌려 보낸 결정은 효력을 가지지 못한다.

제75조 립법회의 의원은 불가침권을 보장 받는다. 립법회의 의원은 현행범인 경우를 제외하고 립법회의 승인없이 구속하거나 채포할수 없다.

제2절 장 관

제76조 장관은 신의주특별행정구를 대표한다. 장관은 자기사업에 대하여 최고립법기관앞에 책임진다.

제77조 장관으로는 신의주특별행정구 주민으로서 사업능력이 있고 주민들의 신망이 높은 자가 될수 있다. 장관의 임명과 해임은 최고립법기관이 한다.

제78조 장관은 조선민주주의인민공화국와 신의주특별행정구에 충실할 것을 선서한다. 선서는 최고인민회의 상임위원회 전원회의에서 한다.

제79조 장관의 권한과 임무는 다음과 같다.

1. 구사업을 지도한다.
2. 립법회의 결정, 행정부 지시를 공포하며 명령을 낸다.
3. 행정부성원을 임명, 해임한다.
4. 구검찰소 소장을 임명, 해임한다.
5. 구검찰소 소장의 제의에 의하여 구검찰소 부소장, 검사, 지구검찰소 소장을 임명, 해임한다.
6. 구경찰국 국장을 임명, 해임한다.
7. 구경찰국 국장의 제의에 의하여 구경찰국 부국장, 부서책임자, 지구 경찰서 서장을 임명, 해임한다.

8. 상장을 제정, 수여한다.

9. 대사권과 특사권을 행사한다.

10. 이밖에 제기되는 사업을 한다.

제80조 장관은 립법회의에서 채택한 결정이 구의 리익에 부합되지 않는다고 인정될 경우 그것을 립법회의에 돌려 보내어 다시 심의하게 할수 있다. 립법회의가 내린 한건의 결정에 대하여 장관은 2차례까지 돌려 보낼수 있다.

제3절 행 정 부

제81조 행정부는 신의주특별행정구의 행정적집행기관이며 전반적관리기관이다. 행정부의 책임자는 장관이다.

제82조 행정부에는 필요한 부서를 둔다. 행정부의 부서책임자, 경찰국 국장으로는 신의주특별행정구의 주민이 된다.

제83조 행정부의 임무와 권한은 다음과 같다.

1. 법규집행사업을 조직한다.
2. 구의 예산을 편성하고 그 집행대책을 세운다.
3. 교육, 과학, 문화, 보건, 체육, 환경보호 같은 여러 부문의 사업을 조직하고 집행한다.
4. 주민행정사업을 한다.
5. 사회질서유지사업을 한다.
6. 건설총계획을 작성한다.
7. 건설허가 및 준공검사를 한다.
8. 투자유치를 한다.
9. 기업의 창설신청을 심의, 승인한다.
10. 토지리용권, 건물을 등록한다.
11. 세무사업을 한다.
12. 세관검사, 위생, 동식물검역사업을 한다.
13. 하부구조시설물을 관리한다.
14. 소방대책을 세운다.
15. 국가가 위임한데 따라 대외사무를 처리한다.

제84조 행정부는 지시를 낸다.

제4절 검 찰 소

제85조 신의주특별행정구의 검찰사업은 구검찰소와 지구검찰소가 한다.

제86조 검찰소의 임무는 다음과 같다.

1. 법규를 정확히 준수하는가를 감시하난.
2. 법이 정한데 따라 범죄사건에 대하여 수사, 기소를 하며 법인과 개인의 합법적 권리와 생명재산을 보호한다.

제87조 구검찰소 소장으로는 신의주특별행정구 주민이 된다. 소장의 임기는 5년이다.

제88조 지구검찰소 검사의 임명, 해임은 지구검찰소 소장의 제의에 의하여 신의주특별행정구검찰소 소장이 한다.

제89조 신의주특별행정구에서 검찰사업에 대한 지도는 구검찰소가 한다. 지구검찰소는 구검찰소 소장이 한다.

제90조 신의주특별행정구검찰소는 자기 사업에 대하여 장관앞에 책임진다.

제5절 재판소

제91조 신의주특별행정구에서 재판은 구재판소와 지구재판소가 한다. 판결은 조선민주주의인민공화국 신의주특별행정구 해당 재판소의 명의로 선고한다.

제92조 재판소의 임무는 다음과 같다.

1. 제기된 사건에 대하여 재판한다.
2. 법인과 개인의 합법적권리와 생명재산을 보호한다.
3. 재판활동을 통하여 법규를 정확히 준수하도록 교양한다.
4. 판결, 판정을 집행한다.

제93조 재판은 오직 법에 의거하여 독자적으로 한다. 누구도 재판활동에 간섭할수 없다.

제94조 구재판소 소장으로는 신의주특별행정구 주빈이 된다. 소장의 임기는 립법회의 임기와 같다.

제95조 재판은 판사 1명과 참심원 2명으로 구성된 재판소가 한다. 경우에 따라 판사 3명으로 재판소를 구성하고 재판할수 있다.

제96조 재판은 공개하며 피소자의 변호권을 보장한다. 특수한 사건에 대한 재판은 공개하지 않을수도 있다.

제97조 재판은 조선말로 한다. 다른 나라 사람은 재판에서 자기 나라 말을 할수 있다.

제98조 신의주특별행정구에서 재판사업에 대한 감독은 구재판소가 한다. 구재판소는 최종재판기관이다.

제6절 구장, 구기

제99조 신의주특별행정구는 조선민주주의인민공화국 국장, 국기를 사용하는 밖에 자기의 구장, 구기를 사용한다. 구장, 구기 사용질서는 신의주특별행정구가 정한다.

제100조 신의주특별행정구의 구장은 원형하늘색선과 흰색으로 된 띠안의 좌우 아래부분에 하늘색의 오각별이 그려 져 있고 그 웃부분에는 하늘색으로 <조선민주주의인민공화국>이라고 씌여 져 있으며 흰색의 띠로 둘러 막힌 하늘색바탕의 중심에는 목란꽃이 흰색으로 그려 져 있고 그 아래 원형밑부분과 겹친 하늘색의 띠부분에는 두줄로 <신의주특별행정구>라고 흰색으로 씌여 있다. 원형하늘색바탕의 밑부분과 하늘색띠와 겹친 부분에는 흰색선이 있다.

제101조 신의주 특별행정구의 구기는 하늘색바탕의 중심에 목란꽃이 흰색으로 그려 져 있다. 기발의 세로와 가로의 비는 1: 1.5이다.

부 칙

제1조 이 법은 채택한 날부터 실시한다.

제2조 신의주특별행정구에는 조선민주주의인민공화국 국적, 국장, 국기, 국가, 수도, 령해, 령공, 국가안전에 관한 법규밖의 다른 법규를 적용하지 않는다.

제3조 신의주특별행정구에서 법규제정은 이 법에 엄격히 준하여 한다.

제4조 이 법의 해석은 최고인민회의 상임위원회가 한다.

10. 금강산관광지구법

2002.11.13 최고인민회의 상임위원회 정령

제1조 금강산관광지구는 공화국의 법에 따라 관리운영하는 국제적인 관광지역이다. 조선민주주의인민공화국 금강산관광지구법은 관광지구의 개발과 관리운영에서 제도와 질서를 엄격히 세워 금강산의 자연생태관광을 발전시키는데 이바지한다.

제2조 금강산관광지구에서의 관광은 남측 및 해외동포들이 한다. 외국인도 금강산관광을 할수 있다.

제3조 관광은 민족의 유구한 력사, 찬란한 문화를 인식하고 등산과 해수욕, 휴양으로 건강을 증진하며 금강산을 유람하는 방법으로 한다.

제4조 관광지구에서 관광과 관광업 그밖의 경제활동은 이 법과 그 시행을 위한 규정에 따라 한다. 법규로 정하지 않은 사항은 중앙관광지구지도기관과 관광지구관리기관이 협의하여 처리한다.

제5조 관광지구의 사업에 대한 통일적지도는 중앙관광지구지도기관이 관광지구관리기관을 통하여 한다. 기관, 기업소, 단체는 관광지구사업에 관여하려 할 경우 중앙관광지구지도기관과 합의하여야 한다.

제6조 중앙관광지구지도기관의 임무는 다음과 같다.

1. 관광지구관리기관사업에 대한 지도
2. 관광지구개발사업에 대한 지도
3. 대상건설설계문건의 합의
4. 관광지구법규의 시행세칙작성
5. 관광지구관리기관이 요구하는 물자와 기념상품의 보장
6. 관광지구의 세무관리
7. 이밖에 국가로부터 위임 받은 사업

제7조 관광지구의 개발은 개발업자가 한다. 개발업자는 중앙관광지구지도기관 으로부터 해당기관의 토지리용증을 발급 받아야 한다.

제8조 개발업자는 중앙관광지구지도기관이 정한 기간까지 관광지구개발과 관 광사업권한을 행사할수 있으며 그 권한의 일부를 다른 투자가에게 양도하거나 임대할수 있다. 개발업자가 하는 관광지구개발과 영업활동에는 세금을 부과하지 않는다.

제9조 개발업자는 관광지구개발총계획을 작성하여 중앙관광지구지도기관에 내야 한다. 중앙관광지구지도기관은 관광지구개발총계획을 접수한 날부터 30일 안으로 심의결과를 개발업자에게 알려 주어야 한다.

제10조 개발업자는 승인된 관광지구개발총계획을 변경시키려 할 경우 중앙관 광지구지도기관에 신청서를 내여 승인을 받아야 한다.

제11조 개발업자는 관광지의 풍치림을 베거나 명승지, 바다기슭의 솔밭, 해수 욕장, 기암절벽, 우아하고 기묘한 산세, 풍치 좋은 섬을 비롯한 자연풍치와 동굴, 폭포, 옛성터 같은 천연기념물과 명승고적을 파손시키거나 환경보호에 지장을 주 는 건물, 시설물을 건설하지 말며 정해진 오염물질의 배출기준, 소음, 진동기준 같은 환경보호기준을 보장하여야 한다.

제12조 관광지구의 관리는 중앙관광지구지도기관의 지도밑에 관광지구관리기 관이 한다. 관광지구관리기관은 개발업자가 추천하는 성원으로 구성한다. 중앙관 광지구지도기관이 추천하는 성원도 관광지구관리기관의 성원으로 될수 있다.

제13조 관광지구관리기관의 임무는 다음과 같다.

1. 관광계획의 작성
2. 관광자원의 조사와 개발, 관리
3. 관광선전과 관광객모집, 관광조직
4. 투자유치와 기업의 창설승인, 등록, 영업허가
5. 토지리용권, 건물, 류전기재의 등록
6. 관광지구하부구조시설물의 관리
7. 관광지구의 환경보호, 소방대책

8. 남측지역에서 관광지구로 출입하는 인원과 수송수단의 출입증명서
   발급
9. 관광지구관리기관의 사업준칙작성
10. 관광지구관리운영사업정형과 관련한 보고서제출
11. 이밖에 중앙관광지구지도기관이 위임하는 사업

제14조 관광지구관리기관은 관광지구에 현대적인 정화장, 침전지, 오물처리장
같은 환경보호시설과 위생시설을 갖추고 여러가지 버림물을 관광과 환경보호에
지장이 없도록 정화하거나 처리하여야 한다.

제15조 관광지구관리기관은 관광을 높은 수준에서 진행할수 있도록 관광환경
과 조건을 보장하여야 한다. 주앙관광지구지도기관은 관광환경과 조건보장에서
제기되는 문제를 제때에 관광지구관리기관과 협의여 처리하여야 한다.

제16조 관광지구관리기관의 운영자금은 수수료 같은 수입금으로 충당한다. 관
광지구관리기관은 관광객으로부터 관광지입장료를 받을수 있다.

제17조 관광객이 휴대할수 없는 물건은 다음과 같다.

1. 무기, 총탄, 폭발물, 흉기
2. 정해 진 확대배수 또는 규격을 초과하는 렌즈가 달린 쌍안경, 망원
   경, 사진기, 록화촬영기
3. 무전기와 그 부속품
4. 독약, 마약, 방사성물질 같은 유해물질
5. 전염병이 발생한 지역의 물건
6. 사회질서유지에 지장을 줄수 있는 각종 인쇄물, 그림, 글자판, 록음
   록화물
7. 애완용이 아닌 짐승
8. 이밖에 관광과 관련 없는 물건

제18조 관광객은 단독으로 또는 집체적으로 자동차 같은 륜전기재를 리용하거
나 걸어서 자유롭게 관광할수 있다. 필요에 따라 행사, 문예활동, 사진촬영, 록화
촬영이나 투자상단, 무역계약체결 같은 것을 할수 있다.

제19조 관광객이 지켜야 할 사항은 다음과 같다.

1. 관광지구관리기관이 정한 로정을 따라 관광하여야 한다.
2. 사회제도와 주민들이 생활풍습을 존중하여야 한다.
3. 민족의 단합과 미풍량속에 맞지 않는 인쇄물, 그림, 록음록화물 같은 것을 류포시키지 말아야 한다.
4. 관광과 관련 없는 대상을 촬영하지 말아야 한다.
5. 관광지구관리기관이 정한 출입금지 또는 출입제한구역에 들어 가지 말아야 한다.
6. 통신기재를 관광과 관련없는 목적에 리용하지 말아야 한다.
7. 혁명사적지와 력사유적유물, 천연기념물, 동식물, 온천 같은 관광자원에 손상을 주는 행위를 하지 말아야 한다.

제20조 관광객은 금강산관광지구밖의 다른 관광지를 관광할수 있다. 이 경우 관광지구관리기관을 통하여 관광증명서발급신청을 하여야 한다.

제21조 관광지구에는 남측 및 해외동포, 다른 나라의 법인, 개인, 경제조직이 투자하여 관광업을 할수 있다. 관광업에는 려행업, 숙박업, 오락 및 편의시설업 같은 것이 속한다. 쏘프트웨어산업 같이 공해가 없는 첨단과학기술문의 투자도 관광지구에 할수 있다.

제22조 관광지구에는 관광업과 그와 련관된 하부구조건설부문의 투자를 장려한다. 금강산의 자연생태환경을 파괴하거나 변화시킬수 있는 부문의 투자는 할수 없다.

제23조 관광지구에 투자하려는 자는 관광지구관리기관의 기업창설승인과 업종허가를 받아야 한다. 기업창설승인을 받은 경우에는 정해 진 출자를 하고 관광지구관리기관에 기업등록을 하며 해당 기관에 세관등록, 세무등록을 하여야 한다.

제24조 관광지구에서는 정해 진 전환성외화를 쓸수 있다. 전환성외화의 종류와 기준화페는 관광지구관리기관이 중앙관광지구지도기관과 합의하여 정한다. 관광지구에서 외화는 자유롭게 반출입할수 있다.

제25조 남측지역에서 관광지구로 출입하는 남측 및 해외동포, 외국인과 수송

수단은 관광지구관리기관이 발급한 출입증명서를 가지고 지정된 통로로 사증없이 출입할수 있다. 관광지구에서 공화국의 다른 지역으로 출입하거나 다른 관광지로 출입하는 질서, 공화국의 다른 지역을 통하여 관광지구로 출입하는 질서는 따로 정한다.

제26조 관광지구의 출입은 중앙관광지구지도기관과 관광지구관리기관사이에 합의한 통로와 수송수단으로 한다. 관광객의 수송수단에는 군사분계선을 넘은 때부터 관광을 마치고 군사분계선을 넘어 갈 때까지 정해 진 관광표식기만을 계양한다.

제27조 관광지구에 출입하는 관광객과 기타 인원, 동식물과 수송수단은 출입검사와 세관검사, 위생 및 동식물검역을 받아야 한다. 검사, 검역기관은 출입검사와 세관검사, 위생 및 동식물검역사업을 관광지구의 안전과 출입에 지장이 없도록 과학기술적방법으로 신속히 하여야 한다.

제28조 이 법을 어겨 관광지구의 관리운영과 관광사업에 지장을 준 자에게는 정상에 따라 손해보상 같은 제재를 줄수 있다. 정상이 엄중한 경우에는 추방할수 있다.

제29조 관광지구의 개발과 관리운영, 기업활동과 관련하여 발생한 의견상이는 당사자들사이에 협의회 방법으로 해결한다. 협의의 방법으로 해결할수 없을 경우에는 북남사이에 합의한 상사분쟁해결절차 또는 중재, 재판절차로 해결한다.

부 칙

제1조 이 법은 채택한 날부터 실시한다.

제2조 금강산관광지구와 관련하여 북남사이에 맺은 합의서의 내용은 이 법과 같은 효력을 가진다.

11. 개성공업지구법

2002.11.20 최고인민회의 상임위원회 정령

제1장 개성공업지구법의 기본

제1조 개성공업지구는 공화국의 법에 따라 관리운영하는 국제적인 공업, 무역, 상업, 금융, 관광지역이다. 조선민주주의인민공화국 개성공업지구법은 공업지구의 개발과 관리운영에서 제도와 질서를 엄격히 세워 민족경제를 발전시키는데 이바지한다.

제2조 공업지구개발은 지구의 토지를 개발업자가 임대 받아 부지정리와 하부구조건설을 하고 투자를 유치하는 방법으로 한다. 공업지구는 공장구역, 상업구역, 생활구역, 관광구역 같은 것으로 나눈다.

제3조 공업지구에는 남측 및 해외동포, 다른 나라의 법인, 개인, 경제조직들이 투자할수 있다. 투자가는 공업지구에 기업을 창설하거나 지사, 영업소, 사무소 같은 것을 설치하고 경제활동을 자유롭게 할수 있다. 공업지구에서는 로력채용, 토지리용, 세금납부 같은분야에서 특혜적인 경제활동조건을 보장한다.

제4조 공업지구에서는 사회의 안전과 민족경제의 건전한 발전, 주민들의 건강과 환경보호에 저해를 주거나 경제기술적으로 뒤떨어 진 부문의 투자와 영업활동은 할수 없다. 하부구조건설부문, 경공업부문, 첨단과학기술부문의 투자는 특별히 장려한다.

제5조 공업지구의 사업에 대한 통일적지도는 중앙공업지구지도기관이 한다. 중앙공업지구지도기관은 공업지구관리기관을 통하여 공업지구의 사업을 지도한다.

제6조 기관, 기업소, 단체는 공업지구의 사업에 관여할수 없다. 필요에 따라 공업지구의 사업에 관여하려 할 경우에는 중앙공업지구지도기관과 합의하여야 한다.

제7조 공업지구에서는 투자가의 권리와 리익을 보호하며 투자재산에 대한 상속권을 보장한다. 투자가의 재산은 국유화하지 않는다. 사회공동의 리익과 관련하여 부득이하게 투자가의 재산을 거두어 들이려 할 경우에는 투자가와 사전 협의를 하며 그 가치를 보상하여 준다.

제8조 법에 근거하지 않고는 남측 및 해외동포, 외국인을 구속, 체포하거나 몸, 살림집을 수색하지 않는다. 신변안전 및 형사사건과 관련하여 북남사이의 합의 또는 공화국과 다른 나라사이에 맺은 조약이 있을 경우에는 그에 따른다.

제9조 공업지구에서 경제활동은 이 법과 그 시행을 위한 규정에 따라 한다.

법규로 정하지 않은 사항은 중앙공업지구지도기관과 공업지구관리기관이 협의하여 처리한다.

제2장 개성공업지구의 개발

제10조 공업지구의 개발은 정해 진 개발업자가 한다. 개발업자를 정하는 사업은 중앙공업지구지도기관이 한다.

제11조 개발업자는 중앙공업지구지도기관과 토지임대차계약을 맺어야 한다. 중앙공업지구지도기관은 토지임대차계약을 맺은 개발업자에게 해당 기관이 발급한 토지리용증을 주어야 한다.

제12조 공업지구의 토지임대기간은 토지리용증을 발급한 날부터 50년으로 한다. 토지임대기간이 끝난 다음에도 기업의 신청에 따라 임대 받은 토지를 계속 리용할수 있다.

제13조 개발업자는 공업지구개발총계획을 정확히 작성하여 중앙공업지구지도기관에 내야 한다. 중앙공업지구지도기관은 공업지구개발총계획을 접수한 날부터 30일안으로 심의결과를 개발업자에게 알려 주어야 한다.

제14조 공업지구의 개발은 승인된 공업지구개발총계획에 따라 한다. 공업지구개발총계획을 변경시키려 할 경우에는 중앙공업지구지도기관에 신청서를 내여

승인을 받는다.

제15조 중앙공업지구지도기관은 개발공사에 지장이 없도록 건물과 부착물을 제때에 철거, 이설하고 주민을 이주시켜야 한다. 개발구역안에 있는 건물, 부착물의 철거와 이설, 주민이주에 드는 비용은 개발업자가 부담한다.

제16조 개발업자는 개발구역안에 있는 건물과 부착물의 철거사업이 끝나는 차제로 개발공사에 착수하여야 한다. 공업지구개발은 단계별로 나누어 할수 있다.

제17조 공업지구의 하부구조건설은 개발업자가 한다. 개발업자는 필요에 따라 전력, 통신, 용수보장시설 같은 하부구조대상을 다른 투자가와 공동으로 건설하거나 양도, 위탁의 방법으로 건설할수도 있다.

제18조 개발업자는 하부구조대상건설이 끝나는 차제로 공업지구개발총계획에 따라 투자기업을 배치하여야 한다. 이 경우 공업지구의 토지리용권과 건물을 기업에 양도하거나 재임대할수 있다.

제19조 개발업자는 공업지구에서 살림집건설업, 관광오락업, 광고업 같은 영업활동을 할수 있다.

제20조 중앙공업지구지도기관과 해당 기관은 공업지구개발에 지장이 없도록 인원의 출입과 물자의 반출입조건을 보장하여야 한다.

제3장 개성공업지구의 관리

제21조 공업지구에 대한 관리는 중앙공업지구지도기관의 지도밑에 공업지구관리기관이 한다. 공업지구관리기관은 공업지구관리운영사업정형을 분기별로 중앙공업지구지도기관에 보고하여야 한다.

제22조 중앙공업지구지도기관의 임무는 다음과 같다.

   1. 개발업자의 지정
   2. 공업지구관리기관의 사업에 대한 지도

3. 공업지구개발사업에 대한 지도
4. 대상건설설계문건의 합의
5. 공업지구법규의 시행세칙작성
6. 기업이 요구하는 로력, 용수, 물자의 보장
7. 공업지구에서 생산된 제품의 북측지역판매실현
8. 공업지구의 세무관리
9. 이밖에 국가로부터 위임 받은 사업

제23조 중앙공업지구지도기관은 공업지구의 관리운영과 관련하여 제기되는 문제를 해당 기관과 정상적으로 협의하여야 한다. 해당 기관은 중앙공업지구지도기관의 사업에 적극 협력하여야 한다.

제24조 공업지구관리기관은 개발업자가 추천하는 성원들로 구성한다. 중앙공업지구지도기관이 추천하는 성원들도 공업지구관리기관의 성원으로 될수 있다.

제25조 공업지구관리기관의 임무는 다음과 같다.

1. 투자조건의 조성과 투자유치
2. 기업의 창설승인, 등록, 영업허가
3. 건설허가와 준공검사
4. 토지리용권, 건물, 륜전기재의 등록
5. 기업의 경영활동에 대한 지원
6. 하부구조시설의 관리
7. 공업지구의 환경보호, 소방대책
8. 남측 지역에서 공업지구로 출입하는 인원과 수송수단의 출입증명서발급
9. 공업지구관리기관의 사업준칙작성
10. 이밖에 중앙공업지구지도기관이 위임하는 사업

제26조 공업지구관리기관의 책임자는 리사장이다. 리사장은 공업지구관리기관의 사업전반을 조직하고 지도한다.

제27조 공업지구관리기관은 운영자금을 가진다. 운영자금은 수수료 같은 수입금으로 충당한다.

제28조 남측 지역에서 공업지구로 출입하는 남측 및 해외동포, 외국인과 수송수단은 공업지구관리기관이 발급한 출입증명서를 가지고 지정된 통로로 사증없이 출입할수 있다. 공화국의 다른 지역에서 공업지구로 출입하는 질서, 공업지구에서 공화국의 다른 지역으로 출입하는 질서는 따로 정한다.

제29조 공업지구에서 남측 및 해외동포, 외국인은 문화, 보건, 체육, 교육 분야의 생활상 편의를 보장 받으며 우편, 전화, 팍스 같은통신수단을 자유롭게 리용할수 있다.

제30조 공업지구에 출입, 체류, 거주하는 남측 및 해외동포, 외국인은 정해진데 따라 개성시의 혁명사적지와 력사유적유물, 명승지, 천연기념물 같은것을 관광할수 있다. 개성시인민위원회는 개성시의 관광대상과 시설을 잘 꾸리고 보존, 관리하며 필요한 봉사를 제공하여야 한다.

제31조 공업지구에서 광고는 장소, 종류, 내용, 방법, 기간 같은것을 제한 받지 않고 할수 있다. 그러나 야외에 광고물을 설치하려 할 경우에는 공업지구관리기관의 승인을 받는다.

제32조 공업지구에서 물자의 반출입은 신고제로 한다. 물자를 반출입하려는 자는 반출입신고서를 정확히 작성하여 물자출입지점의 세관에 내야 한다.

제33조 공업지구에 들여 오거나 공업지구에서 남측 또는 다른 나라로 내가는 물자와 공화국의 기관, 기업소, 단체에 위탁가공하는 물자에 대하여서는 관세를 부과하지 않는다. 다른 나라에서 들여 온 물자를 그대로 공화국의 다른 지역에 판매할 경우에는 관세를 부과할수 있다.

제34조 검사, 검역기관은 공업지구의 출입검사, 세관검사, 위생 및 동식물 검역사업을 공업지구의 안전과 투자유치에 지장이 없도록 과학기술적방법으로 신속히 하여야 한다.

제4장 개성공업지구의 기업창설운영

제35조 투자가는 공업지구에 기업을 창설하려 할 경우 공업지구관리기관에 기

업창설신청서를 내야 한다. 공업지구관리기관은 기업창설신청서를 접수한 날부터 10일안으로 기업창설을 승인하거나 부결하는 결정을 하고 그 결과를 신청자에게 알려 주어야 한다.

제36조 기업창설승인을 받은 투자가는 정해 진 출자를 하고 공업지구관리기관에 기업등록을 한 다음 20일안으로 해당 기관에 세관등록, 세무등록을 하여야 한다. 이 경우 정해 진 문건을 내야 한다.

제37조 기업은 종업원을 공화국의 로력으로 채용하여야 한다. 관리인원과 특수한 직종의 기술자, 기능공은 공업지구관리기관을 통하여 중앙공업지구지도기관과 협의하고 남측 또는 다른 나라 로력으로 채용할수 있다.

제38조 기업은 승인 받은 업종범위안에서 경영활동을 하여야 한다. 업종을 늘이거나 변경하려 할 경우에는 공업지구관리기관의 승인을 받아야 한다.

제39조 기업은 공업지구밖의 공화국령역에서 경영활동에 필요한 물자를 구입하거나 생산한 제품을 공화국령역에 판매할수 있다. 필요에 따라 공화국의 기관, 기업소, 단체에 원료, 자재, 부분품의 가공을 위탁할수도 있다.

제40조 공업지구에서 상품의 가격과 봉사료금, 기업과 공화국의 기관, 기업소, 단체사이에 거래되는 상품의 가격은 국제시장가격에 준하여 당사자들이 합의하여 정한다.

제41조 공업지구에서 류통화폐는 전환성외화로 하며 신용카드 같은것을 사용할수 있다. 류통화폐의 종류와 기준화폐는 공업지구관리기관이 중앙공업지구지도기관과 합의하여 정한다.

제42조 기업은 공업지구에 설립된 은행에 돈자리를 두어야 한다. 공업지구관리기관에 신고하고 공업지구밖의 남측 또는 다른 나라 은행에도 돈자리를 둘수 있다.

제43조 기업은 회계업무를 정확히 하며 기업소득세, 거래세, 영업세, 지방세 같은 세금을 제때에 납부하여야 한다. 공업지구에서 기업소득세률은 결산리윤의 14프로로 하며 하부구조건설부문과 경공업부문, 첨단과학기술부문은 10프

로로 한다.

제44조 공업지구에서는 외화를 자유롭게 반출입할수 있다. 경영활동을 하여 얻은 리윤과 그밖의 소득금은 남측 지역 또는 다른 나라로 세금없이 송금하거나 가지고 갈수 있다.

제45조 공업지구에 지사, 영업소, 사무소 같은것을 설치하려 할 경우에는 공업지구관리기관에 해당한 신청을 하고 승인을 받는다. 지사, 영업소는 공업지구관리기관에 등록을 하여야 영업활동을 할수 있다.

제5장 분쟁해결

제46조 공업지구의 개발과 관리운영, 기업활동과 관련한 의견상이는 당사자들 사이에 협의의 방법으로 해결한다. 협의의 방법으로 해결할수 없을 경우에는 북남사이에 합의한 상사분쟁해결절차 또는 중재, 재판절차로 해결한다.

부 칙

제1조 이 법은 채택한 날부터 실시한다.

제2조 개성공업지구와 관련하여 북남사이에 맺은 합의서의 내용은 이 법과 같은 효력을 가진다.

제3조 이 법의 해석은 최고인민회의 상임위원회가 한다.

〈참고문헌〉

1. 북한 문헌

(1) 단행본

과학백과사전출판사, 1987, 『사회주의정치경제학 연구에서의 몇가지 리론문제』, 과학백과사전출판사.

『김일성동지회고록, 세기와 더불어 7』, 1996, 평양: 조선로동당출판사.

김정일, 『사회주의에 대한 훼방은 허용될 수 없다』, 1993, 평양: 조선로동당출판사.

　　　. 1987, 『주체사상 교양에서 제기되는 몇가지 문제에 대하여』, 평양: 조선로동당출판사.

＿＿＿. 1987, 『주체혁명위업의 완성을 위하여 3』, 평양: 조선로동당출판사.

김재호, 2000, 『김정일강성대국전략』, 평양: 평양출판사.

김철우, 2000, 『김정일장군의선군정치』, 평양: 평양출판사.

김현환, 2002, 『김정일장군 정치방식 연구』, 평양: 평양출판사.

김화·고봉, 2000, 『21세기 태양 김정일장군』, 평양: 평양출판사.

『라진선봉 자유무역지대 투자 환경』, 1995, 평양: 김일성종합대학출판사.

박영근 외, 1992, 『주체의 경제관리리론』, 평양: 사회과학출판사.

북한대외경제협력촉진위원회, 1993, 『황금의 삼각주: 라진 선봉 투자대상 안내』.

사회과학백과사전출판사, 1989, 『영도체계』, 서울: 지평.

사회과학원 력사연구소, 1982, 『조선전사 28』, 평양: 과학백과사전출판사.

사회과학출판사 편, 1975, 『위대한 수령 김일성 동지의 경제리론해설』, 평양: 사회과학출판사.

『우리 당의 자립적 민족경제건설로선』, 1963, 평양: 조선로동당출판사,

윤현철, 2002, 『고난의 행군을 락원의 행군으로』, 평양: 평양출판사.

조선민주주의인민공화국 대외경제협력추진위원회, 1992, 『황금의 삼각주, 라진 선봉 개발계획』.

조성박, 1999, 『세계를 매혹시키는 김정일 정치』, 평양: 평양출판사.

철학연구소, 2000, 『사회주의강성대국건설사상』, 평양: 사회과학출판사.

홍승은, 1984, 『자립경제리론』, 평양: 사회과학출판사.

(2) 논문

「21세기는 거창한 전변의 세기, 창조의 세기이다」, ≪로동신문≫ 2001년 1월4일
　　자.

「강계정신으로 억세게 싸워 나가자」, ≪근로자≫, 2000년 제5호.

「강성대국 건설사에 빛날 제2의 천리마진군 선구자대회」, ≪로동신문≫ 1999년
　　월 3일자.

「강성대국」, ≪로동신문≫ 1998년 8월 22일자.

「고난의 행군에서 승리한 기세로 새 세기의 진격로를 열어나가자」, ≪로동신문≫,
　　≪조선인민군≫, ≪청년전위≫, 2001년 공동사설.

「과학중시 사상을 구현하여 강성대국의 앞길을 열어가자」, ≪로동신문≫ 1999년
　　1월 16일자.

「과학중시사상을 틀어쥐고 강성대국을 건설하자」, ≪로동신문≫ 2000년 7월 4일
　　자.

「김일성동지께서 제시하신 자립적 민족경제건설로선」, ≪근로자≫ 1960년 제6호.

「당 창건 55돐을 맞는 올해를 천리마대고조의 불길 속에 자랑찬 승리의 해로 빛
　　내이자」, ≪로동신문≫, ≪조선인민군≫, ≪청년전위≫, 공동사설, 2000
　　년 1월 1일자.

「모든 문제를 새로운 관점과 높이에서 보고 풀어나가자」, ≪로동신문≫ 2001년 1
　　월 9일자.

「붉은기를 높이 들고 새해의 진군을 힘차게 다그쳐 나가자」, ≪로동신문≫, ≪조
　　선인민군≫, ≪청년전위≫, 1996년 1월 1일자 공동사설.

「올해를 강성대국건설의 위대한 전환의 해로 빛내이자」, ≪로동신문≫, ≪조선인
　　민군≫, ≪청년전위≫, 1999년 1월 1일자 공동사설.

「우리는 우리 식의 사회주의가 걸어온 이러한 역사적 노정을 잘 알아야 그 독특성
　　을 더 잘 인식할 수 있다」, ≪로동신문≫ 1991년 1월1일자.

「위대한 당의 령도따라 새해의 총진군을 다그치자」, ≪로동신문≫ 1998년 1월 1
　　일자.

「위대한 혼연일체의 위력으로 강성대국의 새 시대를 열어가자」, ≪로동신문≫
　　1999년 2월 16일자.

「인민군대의 화선식정치사업 방식을 철저히 구현하자」, ≪로동신문≫ 2001년 8
　　월 27일자.

「조선민주주의인민공화국라진-선봉경제무역지대법」, 1999, 『법규집－외국인투자
　　관계』.

강응철, 2001, 「과학기술 중시는 강성대국건설을 위한 우리 당의 전략적 로선」, ≪
　　경제연구≫ 제1호.

고상진, 1999, 「위대한 령도자 김정일동지의 선군정치의 근본 특징」, ≪철학연구≫

제1호.

고학천, 1989, 「우리 식대로 살아나가는 것은 우리 당이 일관되게 견지하고 있는 전략적 방침」, ≪근로자≫ 제10호.

김경일, 2003, 「위대한 령도자 김정일동지는 새 세기 경제강국건설의 휘황한 앞길을 밝혀주신 사상리론의 영재」, ≪경제연구≫ 제1호.

김경일·김정철, 2002, 「최신과학기술에 기초한 새로운 생산기지축성은 국가경제력강화에서 나서는 중요과업」, ≪경제연구≫ 제3호.

김광철, 2003, 「선군은 사회주의경제제도의 확립과 공고발전을 위한 확고한 담보」, ≪경제연구≫ 제1호.

김덕호, 2000, 「과학기술은 강성대국건설의 힘있는 추동력」, ≪경제연구≫ 제4호.

김동남, 2001, 「위대한 령도자 김정일동지께서 사회주의경제강국건설의 길에 쌓아올리신 불멸의 업적」, ≪경제연구≫ 제1호.

_____. 2001, 「위대한 령도자 김정일동지의 선군정치는 사회주의경제강국건설의 결정적 담보」, ≪경제연구≫ 제2호.

김동식, 2001, 「현존경제토대를 정비하고 그 위력을 최대한 높이는 것은 사회주의경제강국건설의 중요방도」, ≪경제연구≫ 제2호.

김명철, 2001, 「생산의 정상화 보장을 위한 공업기업소 전투계획화사업에서 제기되는 중요문제」, ≪경제연구≫ 제2호.

김명희, 1996, 「인민에 대한 복무정신은 당의 인덕정치를 구현하기 위한 중요 요구」, ≪로동신문≫ 7월 22일자.

김상학, 2002, 「정보산업발전과 사회주의강성대국건설」, ≪경제연구≫ 제2호.

김순재, 2000, 「지방경제에 대한 당적지도를 강화하는 것은 경제를 발전시켜 사회주의강성대국을 건설하기 위한 필수적 조건」, ≪경제연구≫ 제4호.

김웅호, 1995, 「당의 혁명적 경제전략을 관철하는 것은 현 시기 사회주의 경제건설에서 나서는 가장 중요한 문제」, ≪경제연구≫ 제3호.

_____. 2000, 「위대한 수령 김일성 동지께서 마련해 주신 우리식 사회주의경제제도는 강성대국건설을위한 튼튼한 초석」, ≪경제연구≫ 제4호.

김원국, 2002, 「자립적 민족경제 건설은 자주시대 경제건설의 합법칙적 요구」, ≪경제연구≫ 제4호.

김일성, 1995, 「국가계획기관들의 계획단위를 바로 정할데 대하여」, 『김일성 저작집 41』, 평양: 조선로동당출판사.

_____. 1969, 「국가활동의 모든 분야에서 자주, 자립, 자위의 혁명정신을 철저히 구현하자」, 『김일성저작선집 4』, 평양: 조선로동당출판사.

_____. 1993, 「련합기업소를 조직하며 정무원의 사업체계와 방법을 개선할데 대하여」, 『김일성 저작집 39』, 평양: 조선로동당출판사.

_____. 1980, 「모든 것을 전후 인민경제복구 발전을 위하여」, 『김일성적작집 8』,

평양: 조선로동당출판사.

_____. 1996, 「변화된 환경에 맞게 대외무역을 발전시킬데 대하여」, 『김일성저작집 43』, 평양: 조선로동당출판사.

_____. 1996, 「인민생활을 높이기 위한 경제과업들을 철저히 관철할데 대하여」, 『인민정권건설에 대하여 5』, 평양: 조선로동당출판사.

_____. 1995, 「정무원사업을 개선하며 경제사업에서 5대과업을 틀어쥐고 나갈데 대하여」, 『김일성저작집 41』, 평양: 조선로동당출판사.

_____. 1987, 「정무원의 사업방향에 대하여」, 『김일성 저작선집 9』, 평양: 조선로동당출판사.

_____. 1968, 「제1차 5개년계획을 성과적으로 수행하기 위하여」, 『김일성저작선집 2』, 평양: 조선로동당출판사.

김일성, 1980, 「조선로동당 제3차 대회에서 한 중앙위원회 사업총화보고」, 『김일성저작집 10』, 평양: 조선로동당출판사.

_____. 1968, 「조선로동당 제4차 당대회에서 한 중앙위원회 사업총화보고」, 『김일성저작선집 3』, 평양: 조선로동당출판사.

_____. 1982, 「조선로동당 제6차대회에서 한 중앙위원회 사업총화보고」, 『김일성저작선집 8』, 평양: 조선로동당출판사.

_____. 1995, 「중앙인민위원회와 정무원의 사업방향에 대하여」, 『김일성저작집 42』, 평양: 조선로동당출판사.

_____. 1996, 「현 시기 정무원 앞에 나서는 중심과업에 대하여」, 『김일성저작집 44』, 평양: 조선로동당출판사.

김재서, 1999, 「경제건설은 강성대국 건설의 가장 중요한 과업」, ≪경제연구≫ 제1호.

_____. 1999, 「위대한 수령 김일성동지께서 창시하신 생산수단의 상품적 형태에 관한 리론」, ≪경제연구≫ 제3호.

김정길, 2003, 「사회주의원칙을 확고히 지키면서 가장 큰 실리를 얻게 하는 것은 사회주의 경제관리완성의 기본방향」, ≪경제연구≫ 제1호.

김정일, 1998, 「당, 국가, 경제 사업에서 나서는 몇가지 문제에 대하여」, 『김정일선집 13』, 평양: 조선로동당출판사.

_____. 1996, 「당과 혁명대오의 강화발전과 사회주의 경제건설의 새로운 앙양을 위하여」, 『김정일 선집 8』, 평양: 조선로동당출판사.

_____. 1998, 「당사업과 경제사업에 힘을 넣어 사회주의위력을 더욱 강화하자」, 『김정일 선집 13』, 평양: 조선로동당출판사.

_____. 1997, 「당사업을 더욱 강화하며 사회주의건설을 힘있게 다그치자」, 『김정일 선집』, 평양: 조선로동당출판사.

_____. 1997, 「당을 강화하고 그 령도적 역할을 더욱 높이자」, 『김정일 선집 9』,

평양: 조선로동당출판사.

_____. 1995, 「사상사업을 앞세우는 것은 사회주의위업 수행의 필수적 요구이다」, ≪로동신문≫ 6월 19일자.

_____. 1997, 「사회주의건설의 력사적 교훈과 우리 당의 총로선」, 『김정일선집 12』, 평양: 조선노동당출판사.

김정일, 1994, 「사회주의는 과학이다」, ≪로동신문≫ 월 1일자.

_____. 1992, 「우리 인민정권의 우월성을 더욱 높이 발양시키자」, ≪로동신문≫ 12월 21일자.

_____. 1997, 「우리는 지금 식량 때문에 무정부 상태가 되고 있다」, ≪월간조선≫ 4월호.

_____. 1998, 「위대한 수령님을 영원히 높이 모시고 수령님의 위업을 끝까지 완성하자」, 『김정일 선집 13』, 평양: 조선로동당출판사.

_____. 1993, 「인민경제계획화사업에 대한 당적 지도를 강화할데 대하여」, 『김정일 선집 2』, 평양: 조선로동당출판사.

_____. 1991, 「인민대중 중심의 우리 식 사회주의는 필승불패이다」, ≪근로자≫ 제6호.

_____. 1996, 「인민생활에 깊은 관심을 돌릴데 대하여」, 『김정일 선집 7』, 평양: 조선로동당출판사.

_____. 1987, 「정무원 위원회, 부 당조직들의 사업을 개선강화할데 대하여」, 『주체혁명위업의 완성을 위하여 3』, 평양: 조선로동당출판사.

_____. 1995, 「조선로동당은 위대한 수령 김일성동지의 당이다」(.10.2.), http://www.kcna.co.jp/works/951002.htm.

_____. 1988, 「중앙기관 당조직들의 역할을 더욱 높일데 대하여」, 『주체혁명위업의 완성을 위하여 5』, 평양: 조선로동당출판사.

김준기, 1999, 「우리 식의 혁명방식은 강성대국 건설의 방도」, ≪천리마≫ 제7호.

김희남, 1998, 「위대한 령도자 김정일 동지의 현명한 령도하에 우리 인민이 누리고 있는 집단주의적 경제생활」, ≪경제연구≫ 제4호.

리기반, 2001, 「사회주의경제관리의 특징과 우월성」, ≪경제연구≫ 제4호.

_____. 2003, 「사회주의분배원칙을 정확히 구현하는 것은 경제관리개선완성의 중요한 요구」, ≪경제연구≫ 제2호.

리기성, 1997, 「위대한 령도자 김정일동지께서 밝히신 현시기 경제운영 방향과 자립적 민족경제 잠재력의 옳은 리용」, ≪경제연구≫ 제4호.

_____. 2003, 「위대한 령도자 김정일동지께서 새롭게 정립하신 선군시대 사회주의 경제건설로선」, ≪경제연구≫ 제2호.

리명서, 1998, 「위대한 수령 김일성 동지께서 마련해 주신 자립적 민족경제는 우리식 사회주의의 물질적 기초」, ≪경제연구≫ 제3호.

리상우, 1999, 「상업의 최량성 규준과 그 리용」, ≪경제연구≫ 제4호.

리성혁, 2001, 「21세기에 상응한 국가경제력을 다져나가는 것은 우리 앞에 나서는 중대한 과업」, ≪경제연구≫ 제1호.

리영화, 1999, 「경제에 대한 국가의 중앙집권적 통일적 지도는 사회주의 경제강국 건설의 근본 담보」, ≪경제연구≫ 제3호.

리원경, 2002, 「인민경제적 자금수요해결의 원칙적 방도」, ≪경제연구≫ 제3호.

리장희, 2002, 「사회주의사회에서 생산수단 유통영역에 대한 주체적 견해」, ≪경제연구≫ 제1호.

리종산, 2000, 「총대 중시는 우리 혁명의 기본 전략 노선」, ≪근로자≫ 제3호.

리준혁, 1996, 「혁명적 경제전략의 관철과 사회주의 경제적 진진의 공고화」, ≪경제연구≫ 제3호.

리중서, 2000, 「위대한 김정일 동지께서 제시하신 혁명적 경제정책은 사회주의경제강국건설의 전투적 기치」, ≪경제연구≫ 제1호.

리창근, 2003, 「경애하는 김정일동지는 경제강국건설을 현명하게 이끌어나가시는 창조와 건설의 영재」, ≪경제연구≫ 제1호.

_____. 2000, 「과학기술 중시 로선을 틀어쥐고 나간은 것은 강성대국 건설의 중요한 담보」, ≪경제연구≫ 제1호.

_____. 1999, 「사회주의 경제건설은 강성대국 건설의 가장 중요한 과업」, ≪경제연구≫ 제1호.

리창혁, 2003, 「경제와 과학기술의 결합은 경제강국건설의 요구」, ≪경제연구≫ 제2호.

_____. 2001, 「우리 당에 의한 사회주의경제제도의 고수와 경제강국건설의 성과적 추진」, ≪경제연구≫ 제4호.

리혜정, 1993, 「당의 령도는 사회주의정권이 인민의 정권으로서의 사명과 역할을 다하기 위한 근본담보」, 『친애하는 지도자 김정일동지의 고전적로작 ≪사회주의건설의 력사적 교훈과 우리당의 총로선≫에 대한 해설론문집』, 평양: 사회과학출판사.

리호웅, 1996, 「일군들의 책임성과 역할을 높이는 것은 경제사업에서 새로운 앙양을 일으키기 위한 기본고리」, ≪근로자≫ 제1호.

림영화, 2002, 「인민경제 정보화는 현 시기 경제발전의 중요요구」, ≪경제연구≫ 제2호.

림형구, 1991, 「우리나라 사회주의는 위대한 주체사상을 구현하고 있는 인민대중 중심의 사회주의」, ≪근로자≫ 제7호.

마춘영·최정현, 1961, 「우리 나라에서 사회주의 건설의 대고조」, ≪근로자≫ 제8호.

민경춘, 1998,「위대한 수령 김일성 동지께서 밝히신 생산수단공급에서 상업적 형
　　태를 옳게 리용할데 대한 독창적 리론」, ≪경제연구≫ 제2호.
박광수, 2000,「총대 중시는 국사 중의 제일 국사」, ≪철학연구≫ 제2호.
박명철, 2002,「위대한 령도자 김정일동지께서 밝히신 경제와 과학기술을 하나로
　　결합시킬데 대한 사상의 정당성」, ≪경제연구≫ 제2호.
박성호, 2001,「재정예비를 적극 동원리용하는 것은 강성대국건설을 자금적으로
　　보장하기 위한 중요 담보」, ≪경제연구≫ 제1호.
박송봉, 2000,「당의 혁명적 경제정책은 사회주의 경제강국 건설의 전투적 기치」,
　　≪근로자≫ 제3호.
박영근, 1996,「당의 혁명적 경제전략을 계속 철저히 관철하는 것은 인민생활을
　　높이며 자립적 경제토대를 반석같이 다지기 위한 확고한 담보」, ≪경제
　　연구≫ 제2호.
박재영, 2001,「현시기 경제사업에서 실리보장의 중요성」, ≪경제연구≫ 제4호,
서영식, 2001,「사회주의로동보수제에서 국가와 개인의 리익에 대한 기업소리익
　　작용의 정확한 실현」, ≪경제연구≫ 제2호.
신영균·박명숙, 1991,「우리 식 사회주의의 근본적 우월성」,『철학론문집 18』, 평
　　양: 과학백과사전종합출판사.
안윤옥, 2001,「자립적민족경제의 강화는 사회주의강성대국건설의 확고한 담보」,
　　≪경제연구≫ 제4호.
양호남, 2002,「경제강국건설에서 기술개건의 절박성」, ≪경제연구≫ 제4호.
오선희, 2002,「지방예산편성을 개선하는데서 나서는 몇가지 문제」, ≪경제연구≫
　　제4호.
장명일, 1999,「사회주의강성대국건설과 경제건설」, ≪경제연구≫ 제4호.
장명호, 1999,「농업생산은 강성대국건설의 천하지대본」, ≪경제연구≫ 제1호.
전룡삼, 2002「현시기 경제발전에서 과학기술의 선행적 지위와 결정적 역할」, ≪
　　경제연구≫ 제1호.
천영철, 2002,「사회주의 경제건설을 다그쳐 인민생활을 결정적으로 추켜세우는 것
　　은 우리 제도제일주의를 구현하기 위한 중요문제」, ≪경제연구≫ 제1호
최영림, 1991,「우리 식의 독특한 사회주의를 빛내여 나가는 위대한 당」, ≪근로자
　　≫ 제2호.
최영욱, 2000,「경제사업에 대한 국가의 중앙집권적 통일적 지도를 강화하는 것은
　　강성대국 건설의 중요한 요구」, ≪경제연구≫ 제4호.
최원철, 1993,「합영 합작을 잘하는 것은 대외경제관계 발전의 중요 요구」, ≪경
　　제연구≫ 제4호.
최윤식, 2002,「품질관리를 개선하는 것은 사회주의 강성대국건설의 중요한 담보
　　」, ≪경제연구≫ 제3호.

최학래, 2000, 「사상중시는 우리 당의 제일 생명선」, 《근로자》 제3호.

한득보, 2001, 「정보산업의 시대와 지능로동의 역할제고」, 《경제연구》 제3호.

한정민, 2002, 「위대한 령도자 김정일동지께서 밝히신 사회주의경제강국건설의 원칙적 문제」, 《경제연구》 제1호.

한창렬, 1997, 「농사를 짓는데 선차적인 힘을 넣을 데 대한 우리 당의 방침의 정당성」, 《근로자》 제8호.

한 철, 2001, 「경제적효과 타산성은 경제사업에서 실리를 보장하기 위한 중요방도」, 《경제연구》 제1호.

함진수, 1999, 「경제관리의 정규화는 사회주의사회의 본성과 대규모 사회주의경제의 특성을 전면적으로 구현하고 있는 독창적인 관리운영방식」, 《경제연구》 제4호.

홍동익, 1989, 「정치적 지도와 경제기술적 지도를 옳게 결합시키는 것은 사회주의경제지도관리의 중요원칙」, 《근로자》 제6호.

홍석형, 1997, "경제제도일군들은 고난의 행군에서 경제사업의 주인으로서의 책임과 역할을 다하자," 《근로자》 제8호.

홍성남, 1997, 「사회주의총진군을 다그쳐 올해를 경제건설에서 대고조의 해로 되게 하자」, 《근로자》 제3호.

홍성남, 1996, 「정무원책임제, 정무원중심제를 강화하여 사회주의 경제건설에서 새로운 전환을 일으키자」, 《근로자》 제7호.

(3) 사전, 신문, 정기 간행물

『경제사전 1, 2』

《경제연구》

《근로자》

《로동신문》

《조선신보》

『조선전사』

『조선중앙년감』

《조선중앙통신》

《철학연구》

398 북한의 강성대국 건설전략

2. 국내문헌

(1) 단행본

경남대 극동문제연구소, 2000, 『김정일체제의 역량과 생존전략』, 서울: 경남대 극
동문제연구소.

고세현 역, 1994, 『역사로서의 사회주의』, 서울: 창작과 비평사.

구영록, 1995, 『한국의 국가이익: 외교정치의 현실과 이상』, 서울: 법문사.

국토통일원, 1988, 『북한최고인민회의자료집, 제4집』, 서울: 국토통일원.

권 율, 1993, 『베트남의 수출가공구 개발정책과 현황』, 서울: 대외경제정책연구
원.

길영환 지음, 이원웅 옮김, 1989, 『남북한비교정치론』, 서울: 문맥사.

김병로, 1999, 『북한의 지역자립체제』, 서울: 통일연구원.

김성철·김영윤·오승렬·임강택·조한범, 2001, 『북한의 경제전환 모형: 사회주의국
가의 경험이 주는 함의』, 서울: 통일연구원.

김성철, 1993, 『주체사상의 이론적 변화』, 서울: 민족통일연구원.

김순규, 1997, 『현대국제정치학』, 서울: 박영사.

김연철·박순성 편, 2002, 『북한 경제개혁 연구』, 서울: 후마니타스.

대외경제정책연구원, 2003, 『2002 북한 경제 백서』, 서울: 대외경제정책연구원.

_____. 1994, 『중국편람: 증보판』, 서울: 대외경제정책연구원.

디이터젱아스 저, 한상진 유팔무 역, 1990, 『유럽의 교훈과 제3세계』, 서울: 나남.

린이푸 외, 한동훈 역, 2001, 『중국의 개혁과 발전전략』, 서울: 백산서당.

민족통일연구원, 1995, 『북한 사회주의체제의 평가 및 내구력 전망』, 서울: 민족통
일연구원.

박 승, 1977, 『경제발전론』, 서울: 박영사.

박재규, 1997, 『북한의 신외교와 생존전략』, 서울: 나남.

박정동, 1998, 『사회주의국가의 체제전환 사례연구-중국-』, 서울: 한국개발연구
원.

박제훈, 2000, 『러시아의 체제전환과 자본주의발전에 관한 연구』, 서울: 대외경제
정책연구원.

박형중, 1997, 『90년대 북한체제의 위기와 변화』, 서울: 통일연구원.

배정호, 2000, 『21세기 한국의 국가전략과 안보전략』, 서울: 통일연구원.

브룬 허쉬 지음, 김해성 옮김, 1988, 『사회주의 북한』 서울: 지평.

서대숙, 2000, 『현대북한의 지도자: 김일성과 김정일』, 서울: 을유문화사.

서재진, 2001, 『북한 '신사고론'의 의도 및 내용 분석』, 통일정세분석 2001- 01,
서울: 통일연구원.

____. 1995,『또 하나의 북한사회』, 서울: 나남.

세종연구소, 1996,『21세기를 향한 한국의 국가전략』, 성남: 세종연구소.

스즈끼 마사유끼 지음, 유영구 옮김, 1994,『김정일과 수령제 사회주의』, 서울: 중앙일보사.

신지호, 2002,『개성공업지구법 분석: 경제적 타당성을 중심으로』, 서울: 한국개발연구원.

양문수, 2001,『북한경제의 구조: 경제개발과 침체의 메카니즘』, 서울: 서울대학교출판부.

오승렬, 2002,『북한경제의 변화: 이론과 정책』, 서울: 통일연구원.

오용석, 1991,『중국 경제특구의 평가와 한국기업의 대응』, 서울: 대외경제정책연구원.

이대근, 2003,『북한의 군부는 왜 쿠데타를 하지 않나』, 서울: 한울.

이우영, 2000,『북한의 자본주의 인식 변화』, 서울: 민족통일연구원.

이종석, 1995,『조선로동당 연구』, 서울: 역사비평사.

전현준, 1999,『북한의 '강성대국' 건설 실태 평가』, 서울: 민족통일연구원.

정규섭, 1997,『북한외교의 어제와 오늘』, 서울: 일신사.

정세진, 2002,『계획에서 시장으로: 북한체제 변동의 정치경제』, 서울: 한울.

____. 1999,『북한 이차경제와 지배구조의 변화에 관한 연구』, 서울: 중앙대학교 박사학위논문.

정형곤, 2001,『체제전환의 경제학』, 서울: 청암미디어.

조동호 외, 2002,『북한의 경제발전전략 모색』, 서울: 한국개발연구원.

조명철·권율·이철원·김은지, 2000,『체제전환국의 경제개발비용 조달』, 서울: 대외경제정책연구원.

조명철·홍익표, 2000,『중국·베트남의 초기 개혁·개방정책과 북한의 개혁방향』, 서울: 대외경제정책연구원.

좋은벗들 편, 2000,『북한사람들이 말하는 북한이야기』, 서울: 정토출판.

中華經濟硏究院 編, 백권호 역, 1985,『中國 經濟特區에 관한 硏究』, 서울: 산업연구원.

최수영, 1999,『북한의 강성대국 건설: 경제부문을 중심으로』, 서울: 통일연구원.

최완규, 1997,『북한은 어디로』, 마산: 경남대 출판부.

최진욱, 1997,『북한의 지방행정체계: 중앙·지방관계 및 당·정관계를 중심으로』, 서울: 민족통일연구원.

통일부, 2000,『북한의 외국인투자 관련 법규집』.

통일원, 1993,『북한의 외국인 투자 관련법』.

통일원, 1994,『북한의 제3차 7개년계획 종합평가』.

한국개발연구원, 2001, ≪KDI북한경제리뷰≫, 제3권 4호.

한국전산원, 2002, 『2002 국가정보화 백서』, 서울: 한국전산원.

함택영, 1998, 『국가안보의 정치경제학』, 서울: 법문사.

현대경제연구원, 2003, 『아산 주요 사업의 발전전략과 과제: 북측 경제적 효과와 성공조건』(비공개 자료, 5월).

홍순직, 1997, 『나진선봉 지대의 투자환경 평가와 진출전략』, 서울: 현대경제사회 연구원.

황장엽, 1998, 『북한의 진실과 허위』, 서울: 통일정책연구소.

_____. 2001, 『어둠의 편이 된 햇볕은 어둠을 밝힐 수 없다』, 서울: 월간조선사.

(2) 논문

「경제관리개선 이제 시작이다」, 2002, ≪민족 21≫ 10월호,

「금강산관광지구 개발규정 및 기업창설 운영규정」, 2003, ≪KDI 북한경제리뷰≫ 제5권 7호.

「북한 경제정책 설명」, 2002, ≪KDI 북한경제 리뷰≫ 제4권 10호(10월호).

「북한경제 변화의 조짐과 시사점」, 2002, 삼성경제연구소, CEO Information(8. 7/360호).

강일천, 2003, 「7.1경제관리개선조치 1년의 평가와 재해석」, 『7.1경제관리개선조 치의 평가와 향후전망』, 고려대 북한학연구소.

_____. 2002, 「최근 우리나라에서 실시된 경제적 조치에 대한 잠정적 해석(1)－전 반적 가격과 생활비의 개정조치를 중심으로」, ≪KDI 북한경제리뷰≫ 제4 권 10호(10월호).

경남대학교 북한대학원, 2003, 「북한의 경제개혁」(2003년 제2회 북한전문가 워크 숍 보고서(8. 21).

고경민, 2002, 「북한의 단번도약 전략산업으로서의 IT산업 발전전략 연구」, 『북한 및 통일관련 논문집 II』, 서울: 통일부.

고유환, 1998, 「북한의 권력구조 개편과 김정일정권의 발전전략」, ≪국제정치논총 ≫ 제38집 3호.

고유환, 1996, 「북한 사회주의체제의 구조적 위기와 김정일 정권의 진로」, ≪한 국정치학회보≫ 30집 2호.

구영록, 1987, 「한국과 국가이익의 우선의 문제점」, ≪한국과 국제정치≫ 제3권 1 호.

권만학, 2000, 「전환기의 도전과 남북한 관계」, 백영철 외 공저, 『21세기 남북관 계론』, 서울: 법문사.

_____. 2001, 「탈국가사회주의의 여러 길과 북한」, ≪한국정치학회보≫ 제35집.

김갑식, 2001, 「김정일의 선군정치: 당, 군관계의 변화와 지속」, ≪현대북한연구≫ 제4권 2호.

_____. 2001, 「당군정 역할분담체계에 관한 연구 - 1990년대를 중심으로」, 서울대 박사학위논문.

_____. 2001, 「북한의 경제정책결정과정 변화에 관한 연구: 내각책임제, 내각중심 제와 당정분리를 중심으로」, 『2001 북한 및 통일관련 논문집: 북한실태 (정치)』, 서울: 통일부.

김근식, 2000, 「김정일 시대 북한의 경제발전전략: 3대제일주의에서 과학기술중시 로」, ≪현대북한연구≫ 3권 2호.

김근식, 1999, 「북한발전전략의 형성과 변화에 관한 연구」, 서울대 박사학위논문.

_____. 1999, 「북한체제 변화론: 가능성과 제약성 논의를 중심으로」, ≪현대북한 연구≫ 제2권 1호, 서울: 경남대 북한대학원.

김석준, 1991, 「산업화정책과 국가능력의 변동: 한국과 대만의 비교」, 강민 외, 『국가와 공공정책』, 서울: 법문사.

김성철, 2000, 「김정일의 경제인식에 관한 담화 분석: 개혁 개방 가능성과 방식을 중심으로」, ≪현대북한연구≫ 제3권 2호.

김연철, 1997, 「체제전환기 북한의 사회주의: 현황과 전망」, ≪동향과전망≫ 겨울 호.

_____. 2001, 「1990년대 쿠바 경제개혁이 북한에 주는 시사점」, ≪극동문제≫ 9 월호.

_____. 2002, 「북한 신경제 전략의 성공 조건: 시장제도 형성과 탈냉전 국제환경」, ≪국가전략≫ 제8권 4호.

김연철, 1998, 「북한의 2차경제와 경제정책 변화 전망」, ≪통일문제연구≫ 제9권 2호, 서울: 평화문제연구소.

_____. 1996, 「북한의 경제개혁 전망: 사회적 압력과 정책선택의 딜레마」, ≪동 향과전망≫ 가을호.

_____. 1996, 「북한의 산업화와 공장관리의 정치(1953-70): 수령제 정치체제의 사 회경제적 기원」, 성균관대 박사학위논문.

김영윤, 2002, 「북한의 기술개건전략과 발전전망」, ≪통일경제≫ 제79호(1-2월호).

김용현, 2001, 「북한의 군사국가화에 관한 연구」, 동국대 박사학위논문.

_____. 2001, 「북한체제 군사화의 정치·사회적 기원: 1990, 1950년대를 중심으로 」, ≪통일문제연구≫ 제13권 1호(상반기호), 서울: 평화문제연구소.

김유향, 2000, 「북한의 정보화와 북한체제의 선택」, 『신진연구자논문집 II권』, 서 울: 통일부.

김창근, 2000, 「북한 당·정·군 권위관계의 변화: 1990년대를 중심으로」, ≪통일 정책연구≫ 제9권 1호, 서울: 통일연구원.

김호섭, 1996, 「베트남의 사회주의 개혁과 관료부패」, ≪한국정치학회보≫ 제30 집 4호.

남궁영, 1997, 「북한 경제개방정책의 한계와 가능성」, ≪통일경제≫ 7호.

_____. 2000, 「북한 경제특구정책: 운용 및 성과」, ≪국제정치논총≫ 제40집 1호.

_____. 1994, 「북한의 외자유치정책 운용실태와 성과분석」, ≪통일연구논총≫ 제3
권 1호.

남문희, 2002, 「자본주의 실험준비 끝」, ≪시사저널≫ 8월 29일자.

남성욱, 2002, 「북한 7.1경제관리개선조치와 농업개혁」, 중앙대 민족발전연구소,
매일경제신문사 공동주최 세미나 발표논문(10월).

_____. 2002, 「북한의 특구정책 어떻게 볼 것인가」, 연세대 통일연구원 정기학술
회의.

박석삼, 2002, 「북한의 금융현황과 개혁전망」, 중앙대 민족발전연구소, 매일경제주
최 세미나 발표논문(10월).

박종민, 1996, 「온정주의 정치문화와 권위주의 통치의 정당성」, ≪한국정치학회보
≫, 제30집 3호, 서울: 한국정치학회.

박헌옥, 2001, 「북한의 선군정치와 군사전략」, ≪북한≫ 4월호.

박형중, 2002, 「노임 및 물가 인상과 경제관리개선강화 조치에 대한 평가」, ≪통
일문제연구≫ 제14권 2호(하반기).

_____. 2002, 「부분개혁과 시장도입형 개혁의 구분: 북한과 소련의 비교를 중심으
로」, ≪현대북한연구≫ 제5권 2호.

배성인, 2001, 「정보화시대 북한의 정보통신 산업과 남북한 교류협력」, ≪통일정
책연구≫, 서울: 통일연구원.

백학순, 2000, 「김정일시대의 국가기구: 1998년 헌법개정을 중심으로」, 이종석·백
학순, 『김정일시대의 당과 국가기구』, 성남: 세종연구소.

_____. 1995, 「북한전권의 생존전략과 전망」, 박기덕·이종석 편, 『남북한 체제비
교와 통합모델의 분석』, 성남: 세종연구소.

부남철, 1992, 「북한의 유교적 전통윤리 정책」, 『북한 및 통일연구 논문집 Ⅳ』,
서울: 통일원.

삼성경제연구소, 2002, 「북한경제의 변화조짐과 시사점」, CEO Information
(08/07).

서동만, 2000, 「강성대국건설과 경제공동체의 접점을 찾기 위하여」, 한국국제정치
학회 춘계학술회의 발표논문(4월 14일).

_____. 1995, 「北朝鮮における 社會主義體制の 成立, 1945-61」, 東京: 東京大
博士學位論文.

_____. 1998, 「북한체제변화에 대한 시론」, ≪정치비평≫ 가을·겨울호.

서진영, 2001, 「북한의 중국식 개혁·개방 전망」, 경남대 극동문제연구소 제22차
통일전략포럼자료(2월 13일).

성채기, 2002, 「김정일 시대의 신경제노선 평가와 전망」, ≪KDI 북한경제리뷰≫

제4권 10호(10월호).

신지호, 2003, 「7.1조치 이후의 북한경제」, ≪KDI 북한경제리뷰≫ 제5권 7호.

심의섭, 2002, 「북한의 경제현황과 개방정책의 전망: 경제특구를 중심으로」, 『제 14회 민족화해 아카데미』, 경실련 통일협회.

아시아사회과학연구원 주최 세미나 자료, 2003, 「6.15 이후 북한법의 변화와 전망 」(9월 23일).

안인해, 1999, 「김일성헌법과 김정일체제」, ≪한국정치학회보≫ 제32집 제4호, 서 울: 한국정치학회.

양문수, 2000, 「북한 기업의 행동양식: 비교경제체제론적 접근」, ≪현대북한연구≫ 제3권 1호.

_____. 2001, 「북한과 중국의 계획화 시스템의 비교」, ≪경제학연구≫ 제49집 제 1호.

_____. 2001, 「북한의 '비약형' 경제개발 전략과 남북IT협력 전망」, ≪LG주간경 제≫ 3월 21일.

_____. 2001, 「북한의 2000년대 경제개발 전략에 관한 연구」, 『2001 북한 및 통 일관련 논문집 IV』, 통일부.

_____. 2003, 「북한의 시장화 초기 거시경제 운용방향」, ≪아세아연구≫ 제46권 3호.

양현수, 1999, 「북한군의 정치적 위상과 역할: 북한 '군사 국가화' 논의 비평」, 1999년도 한국정치학회 추계학술회의, '한국정치학 50년의 현황과 과제' 발표문(9월 18일), 외교안보연구원.

오승렬, 2001, 「북한의 경제개방과 남북경협」, 제22차 통일전략포럼 발표자료(2 월), 경남대극동문제연구소.

_____. 1996, 「북한의 경제적 생존전략: 비공식 부문의 기능과 한계」, ≪통일연구 논총≫ 제5권 2호, 서울: 민족통일연구원.

_____. 「중국과 북한의 경제특구 비교 연구」, ≪통일문제연구≫ 제7권 1호.

오용석, 1995, 「세계 경제특구의 유형 및 전략과 남북한 경제통합에의 적용」, 한 국비교경제학회 편, 『남북한의 경제와 통합』, 서울: 박영사.

유호열, 2000, 「김정일체제의 변화전망」, 전국대학북한학과협의회, 유호열 외, 『현 대북한체제론』, 서울: 을유문화사.

이무철, 2000, 「북한의 국가능력 약화와 분권화 가능성」, 『북한 및 통일관련 논문 집-북한실태 II』, 서울: 통일부.

이병천, 1998, 「발전국가 자본주의와 발전딜레마」, 『위기 그리고 대전환』, 서울: 당대.

이성봉, 1998, 「북한의 자립적 경제발전전략과 김일성체제의 공고화 과정 (1953-70)에 관한 연구」, 고려대 박사학위 논문.

이수석, 2000,「북한의 선군정치에 관한 연구」,≪북한조사연구≫ 제4권 1·2호.

이영훈, 2000,「북한의 경제성장과 축적체제에 관한 연구(1956-64년): Kaleckian CGE모델분석」, 고려대 박사학위논문.

_____. 2001,「북한의 경제체제전환 분석-점진적 이행의 CGE모델」,『2001 북한 및 통일관련 논문집 IV』, 서울: 통일부.

_____. 2002,「이행기 북한경제정책에 대한 가상현실분석: 최근 북한 경제개혁의 의미와 정책적 과제」,≪사회경제평론≫ 겨울호, 서울: 한국사회경제학회.

_____. 2001,「현 단계 북한의 경제발전전략과 체제변화」,『남북정상회담 이후 한 반도질서의 변화』, 북한연구학회 동계학술회의자료집.

이일영·양문수, 2001,「6·15 이후의 북한경제, 어디로?: 축적전략 변경 및 시스템 개혁에 대한 전망과 평가」,≪동북아경제연구≫ 제2호.

이종석, 1999,「1999년 북한정치 전망」,≪통일전략포럼 보고서≫ 99-1, No. 14, 서울: 경남대학교 극동문제연구소.

_____. 1999,「북한의 권력구조 재편과 대남전략」,≪국가전략≫ 제5권 1호(봄·여 름).

이찬우, 2003,「두만강 지역 개발 10년-평가와 과제」,≪KDI 북한경제리뷰≫ 제5 권 2호.

_____. 2003,「북한의 7.1경제관리개선조치와 1980년대 중국개혁 비교」,『7.1경제 관리개선조치의 평가와 향후 전망』, 고려대 북한학연구소.

이태섭, 1996,「북한 경제의 구조적 변화에 관한 연구」,≪통일문제연구≫ 제8권 1호.

이홍영, 1993,「북한의 정책결정 과정 속의 지방과 중앙의 역할」,≪사회과학과 정책연구≫ 제15권 제2호(6월호), 서울: 서울대학교 사회과학연구소.

임동원, 1995,「한국의 국가전략: 개념과 변천과정」,≪국가전략≫ 제1권 1호.

장노순, 1999,「약소국의 갈등적 편승외교정책: 북한의 통미봉남 정책」,≪한국정 치학회보≫ 제33집 1호.

장달중, 1999,「김정일체제와 주체비전: 이데올로기, 당, 그리고 군중을 중심으로」, ≪아세아연구≫ 통권 제101호, 서울: 고려대학교 아세아문제연구소.

장달중, 1993,「북한의 정책결정 구조와 과정」,≪사회과학과 정책연구≫ 제15권 제2호(6월호), 서울: 서울대학교 사회과학연구소.

장명봉, 2003,「북한의 경제특구법에 관한 고찰: 개성공업지구법을 중심으로」,≪ 통일정책연구≫ 제3권 1호.

전국경제인연합회 동북아경제센터 동북아팀, 2002,「한국의 경험에 비추어 본 북 한 경제개발 전략과 과제」(10. 1).

전미영, 2001,「북한 지배담론의 형성과 전개에 관한 연구」,≪한국정치학회보≫ 제35집 1호(봄).

전성훈, 1999, 「한국의 국가이익과 국가전략」, ≪국가전략≫ 제5권 2호, 서울: 세
　　종연구소,

전인영, 1993, 「외교정책 결정구조와 과정 및 개방의 문제: 특정사례분석」, ≪사
　　회과학과 정책연구≫ 제15권 제2호, 서울: 서울대학교 사회과학연구소.

전홍택, 1997, 「북한 제2경제의 성격과 기능」, 현대경제사회연구원 편, ≪통일경
　　제≫ 2월호, 서울: 현대경제사회연구원.

＿＿＿. 1999, 「북한의 금융제도」, 북한경제포럼 편, 『남북한 경제통합론』, 서울:
　　오름.

정갑영, 1999, 「한국적 개발전략의 북한 적용 가능성 진단」, ≪통일경제≫.

정규섭, 2001, 「권력구조의 변화: 유일체제와 국가기관」, 전국대학북한학과 협의회
　　엮음, 『북한정치의 이해』, 서울: 을유문화사.

정성장, 1999, 「김정일체제의 지도이념과 권력체계: '붉은기사상'과 당·정·군 관계
　　의 변화를 중심으로」, 1999년도 한국정치학회 추계학술회의, '한국정치학
　　50년의 현황과 과제' 발표문, 외교안보연구원, 9월 18일.

정세진, 2003, 「이행학적 관점에서 본 최근 북한경제변화 연구」, ≪국제정치학회
　　보≫ 제43집 1호.

＿＿＿. 2001, 「전환기 북한의 '계획경제' 침식에 따른 사회주의적 지배구조의 약
　　화」, ≪한국정치학회보≫ 제34집 2호.

정연호, 2002, 「북한사회주의경제체제의 평가와 추이」, ≪KDI 북한경제리뷰≫
　　제4권 제7호.

정영태, 1998, 「북한 「강성대국」론의 군사적 의미 - 김정일의 군사정책을 중심으로
　　-」, ≪통일연구논총≫ 제7권 2호.

정우곤, 1995, 「북한의 자립적 발전노선 연구-이탈과 편입의 정치경제」, 『북한 및
　　통일연구논문집(I) - 북한의 정치·행정 분야』, 서울: 통일원.

정형곤, 2002, 「동유럽 사회주의 경제체제의 개혁과 북한」, ≪현대북한연구≫ 제5
　　권 2호.

＿＿＿. 「심천 경제특구의 개발 및 운영정책: 성공요인과 시사점」, ≪KDI 북한경
　　제리뷰≫ 제4권 8호.

조동호, 2000, 「정상회담이후 남북경협 전망」, ≪KDI 북한경제리뷰≫ 제2권 6호.

조동호·김상기, 2001, 「북한 경제정책 구도 및 향후 경제정책 전망: 2001년 신년
　　공동사설 분석을 중심으로」, ≪KDI북한경제리뷰≫ 1월호.

조명철, 2000, 「최근 북한의 경제정책 분석」, ≪KIEP세계경제≫ 5월호.

조봉현, 2000, 「기업의 개성공단 진출 전략과 과제」, ≪통일경제≫ 제70호.

中川雅彦, 2000, 「김정일의 경제재건: 공업조직에서 진행되는 리스트럭쳐링」, ≪
　　KDI 북한경제리뷰≫ 제2권 5호.

최신림, 2002, 「북한의 경제개방과 산업정책」, 김연철·박순성 편, 『북한의 경제개

혁연구』, 서울: 후마니타스.

최완규, 2001, 「김정일체제의 변화전망」, 전국대학북한학과 협의회 엮음, 『북한정
　　치의 이해』, 서울: 을유문화사.

＿＿＿. 1995, 「전환기 남북한의 국내정치와 통일게임」, ≪한국과 국제정치≫ 제11
　　권 2호(가을·겨울호).

한국은행 조사국 북한경제팀, 2002, 「최근 북한 경제조치의 의미와 향후 전망」(8.
　　22).

한호석, 「북한학의 새로운 지평」, http://www.onekorea.org/research/e.html.

＿＿＿. 「최근 북(조선)의 정세관과 정세대응에 대한 분석: 1997년 상반기 『로동신
　　문』 분석을 중심으로」, http://www.onekorea.org/research/t18.html.

함택영, 1993, 「경제·국방건설 병진노선의 문제점」, 함택영 외, 『북한사회주의건
　　설의 정치경제』, 서울: 경남대 극동문제연구소.

홍관희, 2002, 「9·11테러 이후 한반도 안보정세 변화와 대북정책 방향」, ≪통일
　　정책 연구≫ 제 권1호.

홍승직·서진영, 1992, 「사회주의 개혁운동과 냉전질서의 변화」, 서진영 편, 『사회
　　주의 개혁과 북한』, 서울: 고려대학교 아세아문제연구소.

황의각, 1995, 「북한의 경제침체: 개괄 및 총량분석」, 『북한 사회주의경제의 침체
　　와 대응』, 서울: 경남대 극동문제연구소.

Marcus Noland, 2003, 「북한에서의 삶」, ≪KDI 북한경제리뷰≫ 제5권 7호.

3. 외국 문헌

(1) 단행본

Chase-Dunn, Christopher. 1989, *Global Formation: Structures of the World-Economy*,
　　Cambridge: Basil Blackwell.

Eberstadt, Nicholas. 1999, *The End of North Korea*, Washington D.C.: The AEI
　　Press.

Etzion, Amitai. 1968, *The Active Society: A Societal and Political Processes*, New
　　York: Free Press.

Friedrich, Carl J. and Zbigniew K. Brzezinski. 1965, *Totalitarian Dictatorship and
　　Autocracy*, Cambridge Mass.: Harvard UniversityPress.

Filtzer, Donald. 1986. *Soviet Workers and Stalinist Industrialization: The Formation of
　　the Modern Soviet Productions Relations, 1928-1941*, London: Pluto Press.

Gerald Ruggie, John(ed.). 1983, *The Antinomies of Independence: National Welfare and
　　the International Division of Labor*, New York: Columbia University Press.

Giddens, Anthony. 1986, *The Nation-State and Violence*, Cambridge: Cambridge University Press.

Gill, Grame. 1990, *The Origins of the Stalinist Political System*, Cambridge: Cambridge University Press.

Gregory, Paul and Robert Stuart. 1990, *Soviet Economic Structure and Performance*, New York: Harper & Row Publishers.

Harrison, Selig S. 2002, *Korean Endgame: A Strategy for Reunification and U.S. Disengagement*, Princeton: Princeton University Press.

H. H. Gerth, and C. Wright Mills(eds.). 1946, *From Max Weber: Essays in Sociology*, New York: Oxford University Press.

J. P. Singh. 1999, *Leapfrogging Development? The Political Economy of Telecommunications Restructuring*, New York: State University of New York Press.

Jeffries, Ian. 1997, *Economies in Transition*, London & New York: Columbia University Press.

Kautsky, John. 1971, *The Political Consequence of Modernization*, New York: John Wiley & Sons.

Kornai, Janos. 1992, *The Socialist System: The Political Economy Communism*, Princeton: Princeton University Press.

Lavegne, Marie. 1995, *The Economics of Transaition: From Socialist Economy to Market Economy*, New York: St. Martin's Press.

Luttwak, N. Edward. 1987, *Strategy: The logic of war and Peace*, Cambridge, Massachusetts: Harvard University.

McCormick, Barret. 1990, *Political Reform in Post-Mao China: Bureaucracy and Democracy in a Lennist State*, Berkely: University of California Press.

Masahiko, Aoki, Kim Hyung-Ki, Masahiro Okuno-FujiWara. 1997, *The Role of Government in Asian Economic Development*, Oxford: Clarendon Press.

N. Vital(ed.). 1977, *Export Processing Zones in Asia: Some Dimensions*, Tokyo: Asian Productivity Organization.

Noland, Marcus. 2000, *Avoiding The Apocalypse: The Future of the Two Koreas*, Washington, D.C.: Institute for International Economics(June).

North, D. C. 1990, *Institution, Institutional Change and Economic Performance*, Cambridge: Cambridge University Press; 이병기 역, 1996, 『제도, 제도변화, 경제적 성과』, 서울: 한국경제연구원.

Nuechterlein, Donald. 1991, *America Recommitted/ United States National Interest in a Restructured World*, Lexington: University Press of Kenturky.

Naughton, Barry. 1995, *Growing Out of the Plan: Reform in 1978-1993*, New York: University of California Press.

O. Blanchard, R. Dornbusch, P. Krugma, R. Layard and L. Summers. 1991, *Reform in Eastern Europe*, Cambridge, MA: MIT Press.

Paquette, Laure. 1992, *National Values and National Strategy*, Ph. D. Dissertation, Kingston: Queen's University.

Polanyi, K. 1945, *The Great transformation: The Political and Economic Origins of Our Time*, London: Gollancz.

Przeworski, Adam. 1991, *Democracy and the Market: Political and Economic Reforms in Eastern Europe and Latin America*, New York: Cambridge University Press; 임혁백, 윤성학 공역, 1997, 『민주주의와 시장』, 서울: 한울아카데미.

Rothchild, Donald and Robert L. Curry. 1978, *Choice, and Public Policy in Middle Africa*, Berkely: University of California Press.

Samary, Catherine. 1988, *Plan, Market and Democracy*, Amsterdam: International Institute for Research and Education.

Shurmann, Franz. 1968, *Ideology and Organization in Communist China*, Berkely: University of California Press.

Suck-Ho, Lee. 1989, *Party-Military Relations in North Korea: A Comparative Analysis*, Seoul: Research Center for Peace and Unification of Korea.

The White House. 1997, *A National Security Strategy for A New Century*, Washington, D.C.: The White House.

Walder, Andr. G(ed.), 1995, *The Waning of the Communist States: Economic Origins of Political Decline in China and Hungary*, Berkely: University of California Press.

_____. 1986, *Communist Neo-Traditionalism; Work and Authority in Chinese Industry*, Berkeley: University of California Press.

Wallerstein, Immanuel. 1984, *The Politics of the World-Economy*, New York: Cambridge University Press.

_____. 1979, *The Capitalist World-Economy*, New York: Cambridge University Press.

White, Gordon. 1993, *Riding the Tiger: The Politics of Economic Reform in Post-Mao China*, stanford, California: Stanford University.

White, Stephen. Judy Batt, and Paul G. Lewis. 1993, *Developments in Eastern European Politics*, London: MacMillan, Open University.

Willam R. Nester, 1991, *Japanese Industrial Targeting: The Neomercantilist Path to Economic Superpower*, London: Macmillan.

(2) 논문

Andras, Inoti. 1991, "Liberalization and Foreign Direct Investment," in Andras Koves and Paul Marer(eds.), *Forein Economic Liberalization: Transformation in Socialist and Market Economy*, Boulder: Westview Press.

David, Elliot. 1993, "Dilemmas of Reform in Vietnam," in Williams S. Turley & Mark Selden(eds.), *Reinventing Vietnamese Socialism: 'Doi Moi' in Comparative Perspective*, Boulder, Col.: Westview Press.

Eberstadt, Nicholas. 1997, "Hastening Korean Reunification," *Foreign Affairs*, March/April; Robert, Manning. 1997, "The United States and the Endgame in Korea," *Asian Survey*, Vol.37, No.7(July).

Fukuyama, Francis. 1989, "The End of History?" *The National Interest*, 16 (Summer); Zbigniew Brzezinski. 1989, *The Grand Failure: The Birth and Death of Communism in the Twentieth Century*, New York: Macmillan.

Hanson, Philip. 1994, "The end of Import-Led Growth? Some Observations on Soviet, Polish, and Hungarian Experience in the 1970s," *Journal of Comparative Economics*, Vol.6. No.2.

Harrison, Selig S. 1997, "Promoting a Soft Landing in Korea," *Foreign Policy*, No.106(Spring).

Johnson, Chalmers. 1970, "Comparing Communist Nations Changes," in Charlmers Johnson(ed.), *Change in Communist Systems*, Stanford: Stanford University Press.

Kautsky, John. 1967, "Communism and the Comparative Study of Development," *Slavic Review*, Vol.26, No.1(March).

Korbonski, A. 1992, "Transition to Democracy in Czechoslovakia, Hungary, and Poland: A Preliminary Analysis," in Margaret Latus Nugent(ed.), *From Leninism to Freedom: The Challenges of Democracies*, Boulder: Westview Press.

Lee, Kuen and Hong-Tack Chun. 2001, "Secrets for Survival and the Role of the Non-State Sector in the North Korean Economy," *Asian Perspective*, Vol.25, No.2.

Lowenthal, Richard. 1970, "Development vs. Utopia in Communist Policy," in Chalmers Johnson(ed.), *Change in Communist System*, Stanford: Stanford University Press.

Lowy, Michael. 1991, "Twelve Theses on the Crisis of Really Existing Socialism," *Monthly Review*, Vol.43, No.1(May).

Lazear, Edward P. 1995, "Economic Reform: Appropriate Steps and Actual Policies" in Edward P. Lazear(ed.), *Economic Transition in Eastern Europe and*

Russia: Realities of Reform, Stanford: Hoover Institution Press.

McCormack, Gavan. 1993, "Kim Country: Hard Times in North Korea," *New Left Review*, No.198(March/April).

Mesa-Lago, Camelo. 1975, "Continuum Model for Global Comparison", in Carmelo Mesa-Lago and Carl Beck(eds.), *Comparative Socialist Systems: Essays on Politics and Economics*, Pittsburgh: Universityof Pittsburgh Center for International Studies.

Mitchell, Anthony R. 1998, "The Current North Korean Economy" in Marcus Noland(ed.), *Economic Integration of the Korean Peninsula*, Washington D.C.: Institute for International Economics.

J. M. Montias. 1970, "Types of Communist Economic Systems," in C. Johnson(ed.), *Change in Communist Systems*, Stanford: Stanford University Press.

Noland, Marcus. 1996. "External Economic Relation of the DPRK and Prospect for Reform," Paper produced for the conference on "North Korean Foreign Policy in the Post-Cold War Eea" sponsored by the Center for Korean Research. East Asian Institute. Colombia University 31 May-1 June.

Nuechterlein, Donald. 1979, "The Concept of National Interest: A Time for New Approach," *Orbis*, Vol.23, No.1(Spring). P. Marer. 1991, "Models of Successful Market Economies" in P. Marer and S. Zecchini(eds.), *The Transition to a Market Economy*, Vol.1, Paris: OECD.

Shaoguang, Wang. 1995, "The Rise of Regions: Fiscal Reform and the Decline of Central State Capacity in China," in Andrew G. Walder (ed.), *The Waning of the Communist States*, Berkeley: University of California Press.

Skocpol, Thead. 1985, "Bringing the State Back In: Strategies of Analysis in Current Research," in Peter B. Evans, Dietrich Rueschemeyer, and Thead Skocpol(ed.), *Bringing the State Back In*, Cambridge University Press.

United Nations Industrial Development Organization. 1980, *Export Processing Zones in Development Countries*. UNIDO Working Papers on Structural Changes, No.19, UNIDO/ICIS 176, New York, August 18.

Verba, Sydney. 1965, "Comparative Political Culture," in Lucian W. Pye and Sydney Verba(eds.), *Political Culture and Political Development*, Princeton: Princeton University Press.

White, Gordon. 1991, "Basic-Level Local Government and Economic Reform in Urban China," in Gordon White(ed.), *The Chinese State in the Era of*

Economic Reform, London: Macmillan.

White, Stephen. 1993, "Eastern Europe after Communism," Stephen White, Judy Batt, and Paul G. Lewis(eds.), *Developments in East European Politics*, London: MacMillan, Open University.

Woo, Wingthye. 1994, "The Art of Reforming, Centurally Planned Economies: Comparing China, Poland and Russia," *Journal of Comparative Economics*, Vol.18, No.9.

Wiarda, Howard J. 1991, "Is Cuba Next? Crisis of Castro Regime," *Problems of Communism*, Vol.XL(January-April).

Wallerstein, Immanuel. 1982, "Socialist States: Mercantilist Strategies and Revolutionary Objectives," in Edward Friedman(ed.), *Ascent and Decline in the World System*, Beverly Hills: Sage.

Warr, Peter G. 1984, "Korea's Masan Free Expport Zone: Benefits and Costs," *The Developing Economies*, Vol.22, No.2(June).

4. 기타 자료

≪경향신문≫
≪北朝鮮政策動向≫
≪북한경제리뷰≫
≪북한동향≫
≪연합뉴스≫
≪월간조선≫
≪조선일보≫
≪중앙일보≫
≪동아일보≫
≪한겨레신문≫
http://nk.joins.com/
New York Times

■ 지은이

강성종

   보성고등학교를 졸업
   미국 브리지포트 대학교 경영학 학사·석사·교육학 박사
   경남대학교 북한대학원 정치·행정학 석사
   경남대학교 대학원 정치학 박사
   현재 학교법인 신흥학원 이사장
      경기도 축구협회장
      경기도 바둑협회장
주요논문 및 저서: "Proposed North and South Korean Education, System
   Consolidation Plan for a Reunified Korean Peninsula"
   『북한의 '대미 생존 외교' 전략에 관한 연구』
   『북한의 '강성대국' 건설전략에 관한 연구』
   『경영학원론(The Principles of Management)』(공저) 외 다수

한울아카데미 617
북한의 강성대국 건설전략

ⓒ 강성종, 2004

지은이 | 강성종
펴낸이 | 김종수
펴낸곳 | 도서출판 한울

편집책임 | 곽종구

초판 1쇄 인쇄 | 2004년 2월 10일
초판 1쇄 발행 | 2004년 2월 19일

주소 | 413-832 파주시 교하읍 문발리 507-2(본사)
       121-801 서울시 마포구 공덕동 105-90 서울빌딩 3층(서울 사무소)
전화 | 영업 326-0095, 편집 336-6183
팩스 | 02-333-7543
홈페이지 | www.hanulbooks.co.kr
등록 | 2003년 12월 23일, 제406-2003-053호

Printed in Korea.
ISBN   89-460-3213-8   93340

* 가격은 겉표지에 있습니다.